A missão de cada um

Elisa Masselli

A missão de cada um

Revisão
Katya Laís Ferreira Patella

Direção de Arte
Adriana Silva

Capa
Arthur Emílio de Oliveira

Diagramação
Luciano Bernardes

1ª Edição
5ª reimpressão
20.000 exemplares
Fevereiro de 2008

Publicação e distribuição
MENSAGEM DE LUZ EDITORA

Av. Costa e Silva, 609 - sala 309
Boqueirão - Praia Grande - SP
CEP 11701-000 - Brasil
Telefax: (13) 3592-2794
Site : www.mensagemdeluz.com.br
E-mail : info@mensagemdeluz.com.br

Todos quando nascemos
trazemos um missão,
para poder cumpri-la
amigos não faltarão.

Dedico este livro a todos aqueles que Deus deu a missão, de bem usar o dinheiro, a mediunidade e o poder. Principalmente o "Poder Político"

Sumário

O Mistério

A cidade de Céu Dourado ficava em um rincão bem distante. Tinha esse nome porque, em quase todas tardes, ao pôr-do-sol, o céu tornase amarelado e a seguir dourado, em contraste com as montanhas verdes. Era uma cidade pequena. Formou-se a partir de imigrantes italianos, espanhóis e escravos que para lá foram no fim do século XIX. Casaram-se entre si e formaram uma comunidade alegre e festiva. Conservaram suas tradições e costumes. Por isso, em todos os anos, havia festas comemorativas de cada uma das colônias. Igual a quase todas as cidades do interior, existia lá uma praça com sua igreja, um coreto e muitas árvores floridas, aonde aos sábados e domingos os jovens passeavam, encontravam-se e começavam a namorar. A cidade vivia da agricultura. Era uma cidade aonde o progresso ainda não havia chegado. Possuía uma única agência do Correio e um pequeno posto médico, onde eram atendidos pacientes com doenças sem gravidade, sendo que as mais sérias eram tratadas em um hospital que ficava numa cidade próxima. Todo o transporte era feito por cavalos, carroças e charretes. Existia apenas um carro, que era usado como táxi. Tudo caminhava normalmente, até aquele dia.

— Seu Simão! Seu Simão! O senhor já sabe o que aconteceu com o seu José?

— Não, Robertinho! O que aconteceu?

— O dinheiro, seu Simão! O dinheiro!

— Que dinheiro? Acalme-se! Fale devagar, Robertinho!

— O senhor sabe que o filhinho dele está muito doente e que precisa ir até a Capital, não sabe?

— Claro que sei! O que aconteceu? O menino morreu?

— Não! O seu José recebeu um montão de dinheiro para levar o menino para a Capital e cuidar dele lá! Tem dinheiro, nome do hospital, do médico! Tem tudo!

— Quem mandou esse dinheiro?

— Aí é que está o mistério! Ele chegou ao Correio com o nome do seu José, mas sem o nome de quem mandou!

— Deve ter sido algum parente!

— Não pode ser, seu Simão! O seu José e a Dona Emília nasceram aqui, toda a família deles também. Não têm nenhum parente rico, não! Todos moram aqui!

— Então, quem terá sido?

— Isso é o que todo mundo está querendo saber!

— É muito estranho mesmo, Robertinho.

— Vou embora, seu Simão! Preciso contar para todas as pessoas! Se eu não contar, como elas vão ficar sabendo?

— Tem razão...vai Robertinho, vai...

O menino saiu correndo, Simão ficou olhando e pensando:

" Eta garoto esperto! Um grande fofoqueiro, mas esperto!"

Em seguida, olhou para a praça. Seu bar, além de servir lanches e café, vendia mantimentos, frutas e verduras. Era também um lugar de encontros. Todas as tardes, alguns moradores lá se encontravam para conversar. Por isso, ele sabia de tudo o que acontecia na cidade. Quando não sabia, Robertinho vinha lhe contar. Seu bar ficava ao lado da igreja.

— Bom-dia, Simão! Está pensando na vida?

— Bom-dia, Zeca! Estou olhando para a praça e tentando descobrir quem enviou o dinheiro para o José.

— Pois é! Quem terá sido? É mesmo um mistério...

— Não tenho a menor idéia... estou pensando, mas não encontro ninguém que possa ter feito isso! Tem que ser alguém da cidade, Zeca, pois o José nunca saiu daqui! Mas quem?

— Não foi você, Simão?

— Eu? Imagine! É muito dinheiro! Eu não tenho tanto! Estou pensando que poderia ter sido você! Ninguém sabe de onde veio, nem quem é! Talvez você seja um rico excêntrico! Fala muito bem. Quando chegou aqui parecia um mendigo. Vai ver, foi você quem enviou, Zeca!

— Eu? — disse Zeca, soltando uma gargalhada — Sou um pobre maltrapilho que vive de bico!

— Estou me lembrando agora do dia em que chegou aqui. Você se lembra? Faz quanto tempo?

— Não sei, talvez dois ou três anos. Só sei que comecei a viver, realmente, naquele dia. Esta cidade me mostrou uma maneira nova de viver. Ficarei aqui até morrer!

— Por que nunca me contou de como era a sua vida antes de vir pra cá, Zeca? Sempre me considerei seu amigo!

— Você é meu amigo, Simão. Foi a segunda pessoa a me receber na cidade. Esse assunto me faz muito mal, não gostaria de falar sobre isso, sou o Zeca... só o Zeca. Agora preciso ir. Estou indo até a casa do delegado, prometi arrumar o seu jardim e, sabe como é, preciso garantir o aluguel do quartinho...

— Está bem. Já que não quer, não fale! Mas não precisa ir embora, antes tome um café. Um dia, quem sabe, me contará tudo. Além do mais, quem você foi não tem importância. Agora é meu amigo e isso me basta.

— Obrigado, Simão. O mesmo lhe digo eu. Pode ter certeza de que sempre serei seu amigo, a qualquer hora! Agora, por favor, me dê um café e um pão com mortadela.

— Mortadela? — agora quem riu foi Simão — Está mesmo se lembrando daquele dia!

— Estou sim...

Zeca tomou seu café e comeu o lanche em silêncio. Despediu-se, foi embora. Simão acenou um adeus.

"Que terá acontecido na vida desse rapaz? Tem boa educação, por que se transformou num andarilho?"

Zeca foi para a casa do delegado. Iria trabalhar no seu jardim, poderia assim pagar o quartinho que alugou na casa de Dona Consuelo, a mãe de Robertinho. Enquanto caminhava, ia pensando naquele dia em que chegou à cidade.

"Só me lembro que já era noite e eu estava cansado. Havia andado muito, não sabia por quantos dias, desde que aquela coisa horrível aconteceu. Sabia e sei que foi minha culpa! Da estrada, vi a cidade. Caminhei em direção a ela. Cheguei aqui e precisava de um lugar para descansar. O melhor lugar que encontrei foi um degrau na escadaria da igreja. Estava cansado, me recostei no degrau e adormeci. Pela manhã, quando acordei, vi que pessoas passavam e entravam na igreja, provavelmente indo à missa. Olhei a minha volta e deparei-me com uma praça. O dia estava apenas clareando. Do interior da igreja, ouvi uma música cantada por várias vozes. Vi também pássaros cantando e voando sobre as árvores muito verdes. Naquele momento me extasiei com tanta beleza. Lembro–me que soltei um suspiro profundo.

— Quanta beleza tem este mundo! Como nunca prestei atenção em tudo isso!? — eu disse em voz baixa.

Estava assim, extasiado com tanta beleza, quando um menino aproximou–se, dizendo:

— Bom-dia! O senhor dormiu aí ?

— Acho que dormi! Estava cansado e nem percebi...

— Deve estar com as costas doendo! Esse chão é muito duro! Aposto que está com fome também!

— Estou não só com as costas doendo, mas com todo o corpo também. Esse chão é duro mesmo! Está perguntando se estou com fome? Estou, mas não tenho dinheiro para comer.

— Como não? O que é isso aí no chão?

Olhei e tinha uma porção de moedas. Provavelmente as pessoas, ao entrarem na igreja, jogaram-nas ali.

— Não posso ficar com esse dinheiro! Não sou mendigo!

— Não é ? Mas que parece, parece!

— Não, eu não sou! Pareço, mas não sou!

— Está bem — disse com a voz pausada. — Não é um mendigo, mas que parece, parece. As pessoas quiseram te dar esse dinheiro! Ele é seu! Por isso, vamos até o bar do seu Simão. Eu estou com muita fome...

— Você está com fome?

— Estou! Meu nome é Robertinho. O seu como é?

— Muito bem, Robertinho, vamos comer, depois irei embora. Meu nome é... Zeca... é isso mesmo... Zeca!

— Daqui pra frente vai ser o meu amigo Zeca! Vem comigo, Zeca! A gente vai lá no seu Simão!

Segui o menino como se ele fosse o adulto e eu a criança. Eu estava mesmo com fome. Não me lembrava de quando fora a última vez em que havia feito uma refeição.

— Bom-dia, seu Simão! — Robertinho disse com a voz pausada — Esse aqui é o meu amigo Zeca! Ele parece mendigo, mas não é! Nós estamos com fome. Quero um copo de café com leite e um sanduíche de mortadela e o mesmo para o meu amigo. Não se preocupe, ele tem dinheiro para pagar os dois sanduíches.

— Está bem, Robertinho. Se ele é seu amigo, é meu também. Vou preparar os sanduíches.

— Eu poderia usar o seu banheiro? — perguntei — Queria lavar as mãos. Estão muito sujas...

— Pode ir, é ali naquela porta.

Entrei no banheiro. Olhei para o espelho e não reconheci aquele que via a minha frente. Meus cabelos estavam compridos e a barba grande. As roupas sujas, estavam rasgadas.

Há quanto tempo estarei andando? Não sei... só sei que, por mais que ande, não esquecerei dele e nem me perdoarei.

Saí do banheiro, voltei para o balcão. Simão terminava de colocar na frente do Robertinho, um copo de café com leite e um enorme sanduíche de mortadela.

— Vem, Zeca! — disse Robertinho com o copo na mão — Vem comer o seu sanduíche de mortadela!

— Mortadela?!

— O que foi? Nunca comeu mortadela?

— Bem, eu não me lembro, mas acredito nunca ter comido mortadela em toda minha vida...

— Nunca comeu? Então não sabe o que está perdendo! Sei que vai gostar, e muito! Não é verdade, seu Simão?

— É verdade sim! Sanduíche de mortadela é muito bom."

Tomei o café e comi o sanduíche de mortadela. Descobri que, por nunca ter comido, havia perdido muito, pois era saborosa. Assim que terminamos de comer, Robertinho disse:

—Agora, quero que venha comigo, Zeca. Acho que está muito cansado e precisa descansar.

— Obrigado, Robertinho, você foi muito bom por me ajudar, mas preciso ir embora.

— Embora? Para onde?

— Não sei, vou continuar andando. Até poder parar...

— Não pode parar? Por quê? Está fugindo da polícia?

— Não! Não estou fugindo da polícia, só não posso parar... preciso continuar andando mesmo que seja sem destino.

— Está bem, mas antes vem comigo.

Até hoje não entendo o que esse menino tem. Só sei que continuei seguindo-o. Chegamos a uma casa que fica em uma rua atrás da praça. Uma casa modesta, mas bem pintada, com um jardim, onde havia roseiras plantadas. Entramos.

— Mamãe! Este é o Zeca! Ele parece mendigo, mas não é! É meu amigo! Ele está com as roupas sujas! Será que a senhora não tem alguma roupa do papai para dar a ele?

— Bom-dia, senhora. O Robertinho trouxe–me até aqui, mas já estou indo. Robertinho, obrigado por tudo! Você é mesmo um amigão! Até qualquer dia...

— Bom-dia, moço! Por que tanta pressa? Se meu filho disse que o senhor é amigo dele, será bem-vindo a minha casa! Ele tem razão, está muito sujo, precisa trocar de roupas. Tenho algumas que meu marido não usa mais. Devem servir no senhor. Estou vendo que está precisando de um banho também.

— Não precisa se preocupar, senhora. Não quero incomodá-la, já estou indo embora...

— Por quê? Não gostou da cidade?

— Gostei! E muito! É acolhedora!

— Então, não precisa ter pressa de ir embora. Lá no fundo do quintal, tem um quarto e um banheiro. Pode tomar um banho. Vou lhe dar algumas roupas.

— Obrigado, senhora. Acho que aceitarei, estou mesmo precisando de um banho!

— Robertinho, leve o moço e esta toalha até os fundos, mostre o banheiro para ele. Depois, venha buscar as roupas.

— Está bem, mamãe! Vem Zeca! Vem comigo!

Acompanhei Robertinho. Precisava de um banho. Há vários dias eu estava andando sem parar. Enquanto eu tomava o banho, Robertinho foi buscar as roupas. Fiquei por muito tempo embaixo daquela água que caía quente sobre o meu corpo. Estava sentindo-me muito bem. Depois de limpo e com roupa nova, senti-me um rei. Olhei-me em um pequeno espelho que havia na parede. Não tinha um pente, por isso passei os dedos por meus cabelos que, por serem lisos, rapidamente se ajeitaram. Tornei a me olhar, gostei do que vi. Me vesti e sai do banheiro. Robertinho entrou, olhou e disse com a voz pausada:

— Agora sim... não parece mais um mendigo...

Eu, calado, acompanhei-o até a cozinha de dona Consuelo.

— Obrigado, senhora. Muito obrigado. A senhora tem um bom coração. Agora, estou indo embora...

— Sabe, senhor, enquanto tomava o seu banho, fiquei conversando com Robertinho. Ele me convenceu de que o senhor poderia morar no quarto do fundo. Está vazio mesmo. Posso lhe alugar por um preço muito bom.

— Desculpe, senhora, mas eu não posso alugar. Não tenho dinheiro e não posso parar de andar...

— Se não está podendo parar de andar, deve ser para fugir de alguma coisa. Não vai adiantar, porque essa coisa está dentro do seu coração. Como não pode viver sem coração, para onde for, essa coisa o seguirá. Quanto ao aluguel, não se preocupe, arranjará algum trabalho e, quando puder, me pagará. Fique por alguns dias para recuperar as forças. Depois, se quiser, poderá ir embora...

— Fique, Zeca! — Robertinho disse pulando — Vou falar com algumas pessoas e você vai arrumar algum trabalho!

— Está bem, preciso mesmo descansar. Ficarei, mas só por alguns dias

Fiquei e estou aqui até hoje. Não pretendo ir embora tão cedo. Faço alguns bicos, ganho o suficiente para comer e pagar o aluguel, mas não consigo esquecer tudo aquilo que aconteceu..."

Alguns moradores da cidade

Zeca seguia pensando, ouviu uma voz.

— Bom-dia, Zeca! Pensei que não viesse! Espero que cuide do meu jardim.

— Bom-dia, Dona Carmem! Fique tranqüila, cuidarei de seu jardim e ficará bonito!

— Sei que posso ficar tranqüila. Você cuida muito bem do jardim, por isso ele sempre dá belas flores. Vou entrar e preparar o almoço. Assim que o Manolo chegar, almoçaremos. Estou preparando aquela carne que você tanto gosta.

— Obrigado, dona Carmem. A senhora e toda a cidade me receberam muito bem, e eu agradeço por isso.

— Não foi difícil. Você é muito educado e gentil. Até logo, meu filho. Cuide do meu jardim.

Dona Carmem entrou. Zeca seguiu–a com os olhos. Era uma senhora de mais ou menos quarenta anos. Alegre e sorridente. Era esposa do delegado. Delegado que não tinha muito o que fazer, pois na cidade nada acontecia, só alguns casos de bebedeira ou brigas de vizinhos que ele cuidava sempre com muita sabedoria.

"No dia em que cheguei, — Zeca continuou pensando — após tomar o banho, estava passando por aqui com o Robertinho. Ele parou em frente à casa e disse, daquela maneira pausada:

— Dona Carmem... bom–dia. Este é o meu amigo Zeca. Chegou hoje na cidade. Eu estava passando por aqui e vi que o seu jardim está muito feio. O Zeca é um ótimo jardineiro e pode cuidar do jardim! Sei que vai deixar tudo uma beleza!

— Eu? — perguntei espantado.

— Você não acabou de falar que gosta de flores e de jardim, Zeca? — me perguntou piscando um olho — Tenho certeza que vai deixar esse jardim uma beleza! Não vai?!

— Vou?! Vou... é... vou!

— Está bem. Se a dona Carmem quiser... nós vamos cuidar do jardim. Sabe, Dona Carmem, eu não entendo nada de jardim, mas o meu amigo aqui sabe tudo. Por isso, vou ficar com ele para que me ensine. Você me ensina, Zeca?

— Eu?! Ensino, claro que ensino!

— Está bem, o meu jardim está precisando de limpeza. Adoro as minhas rosas e está na hora de tratar delas. Podem começar. Se eu gostar, pagarei muito bem e darei almoço.

— Pode deixar, Dona Carmem. O seu jardim vai ficar uma beleza. Não vai, Zeca?

— Vai...claro que vai, Robertinho — respondi, aturdido com aquela situação.

Dona Carmem nos levou até a um quartinho no fundo do quintal e nos deu as ferramentas que iríamos usar. Em seguida, entrou em casa. Eu estava muito nervoso com tudo aquilo. Olhei para Robertinho, dizendo, nervoso:

— Robertinho, o que você fez? Não entendo nada de jardim! Nunca coloquei as minhas mãos na terra!

— Nunca colocou? Mas agora vai ter que colocar. Você disse que ia me ensinar... agora vai ter que ensinar...

— Como vou te ensinar uma coisa que não sei fazer?

— Não sabe?! Então... a gente vai ter que aprender! Não posso chegar agora para Dona Carmem e dizer que você não sabe nada de jardim! Ela vai pensar que sou mentiroso! E eu não sou! Você vai ter que limpar o jardim! Leva essa enxada e vamos começar. Você precisa me ensinar! Não tem outro jeito de sair da confusão em que você meteu a gente...

Fiquei calado. Sabia que a intenção dele era de me arrumar um trabalho. Assim começou a minha vida de jardineiro. Robertinho foi me ensinando tudo. Era tempo de férias, por isso podia ficar comigo o dia inteiro. Após dois dias, o jardim estava todo limpo e as roseiras podadas. Dona Carmem ficou contente e me recomendou para outras pessoas. Desde então, sou o jardineiro oficial da cidade."

Enquanto Zeca ia relembrando, Simão continuava olhando para a praça e tentando descobrir quem havia mandado o dinheiro. Viu entrar na pensão aquela moça.

"Quem será essa moça? Chegou há pouco tempo na cidade, alugou um quarto, não fala com ninguém. Anda sempre com um lenço na cabeça, acho que ninguém viu o rosto dela."

Estava assim distraído, olhando para aquela moça estranha, não percebeu que uma pessoa se aproximou:

— Bom-dia, seu Simão! Preciso levar algum mantimento para preparar o meu almoço! O senhor está bem?

— Estou muito bem, dona Paulina! Estou olhando para aquela moça que entrou na pensão e que está sempre com o rosto todo coberto. Quem será?

— Não tenho a menor idéia de quem ela seja, mas o senhor já soube do dinheiro? Quem será que mandou?

— Não sei, estou pensando, mas, por mais que pense, não consigo chegar à pessoa que mandou, é muito dinheiro! Ninguém aqui na cidade parece ter tanto, a não ser a senhora!

— Eu?! Por que acha isso?!

— Nasceu aqui, depois foi embora, casou e todos sabem que o seu marido era um homem muito rico. Ele morreu e a senhora voltou, deve ter ficado rica também!

— O senhor está certo em quase tudo. Só que o meu marido perdeu tudo no jogo. Quando morreu, fiquei sem nada, só com uma pequena pensão, que dá exatamente para eu viver. Ainda bem que tenho esta casa que foi dos meus pais. Não tive filhos, sou sozinha no mundo. Essa é a verdade.

— Desculpe-me, Dona Paulina! Acho que fui indiscreto e mal-educado, perdoe-me por favor...

— Não tem importância. É bom que as pessoas pensem que tenho dinheiro. Uma pessoa com dinheiro sempre é mais bem recebida. Já pude constatar isso...

— A senhora tem razão. Por que será que as aparências valem tanto? Por que será que só as pessoas ricas têm valor?

— Não sei, mas infelizmente é assim. Por isso, peço ao senhor que não comente com ninguém o que acabei de dizer. Deixe que as pessoas pensem que sou muito rica. Gosto disso!

— Desculpe-me, por favor, pode ficar tranqüila. Tudo o que falamos vai ficar aqui mesmo.

— Vou pegar os meus mantimentos e ir embora, senão o meu almoço vai atrasar. Tenha um bom dia!

Ela pegou a mercadoria, pagou e foi embora.

"Quem sou eu para criticar ou julgar a vida dos outros! Logo eu? O mais infame dentre todas as criaturas! Vim para cá, me escondi e sou respeitado por todos. Tão respeitado que até eu mesmo esqueci do canalha que fui e do mal que fiz a tantas pessoas. Sou mesmo um cretino!"

— Olá, seu Simão! Está pensando na vida? Parece tão distante. Viu o Robertinho por aqui?

— Olá, senhor Pedro! Estou pensando na vida mesmo, mas às vezes é melhor esquecer. O Robertinho passou aqui pela manhã. Veio me contar sobre o dinheiro que o José recebeu, saiu dizendo que ia contar para a cidade toda.

— Aquele menino é danado mesmo. Saiu de casa cedinho e até agora não voltou. A mãe dele está preocupada.

— Não devia, já conhece o filho que tem. Enquanto ele não contar para a cidade toda, não vai sossegar.

— O senhor tem razão. É meu filho, mas não posso negar, ele é mesmo um fofoqueiro, não? Falando no dinheiro, o senhor tem idéia de quem pode ter mandado?

— Não ligue para o menino, é coisa de criança, mas ele é muito querido por todos. Quanto ao dinheiro? Não consigo descobrir quem mandou. Deve ser alguém daqui, mas quem foi? Aí é que está o mistério. O senhor não tem idéia?

— Já pensei muito, mas não encontrei ninguém aqui na cidade, com tanto dinheiro. O José não tem parente algum fora daqui. Terá sido o Prefeito?

— Ele não! Se fosse ele, teria feito um discurso, festa e até banda de música — Simão disse isso gargalhando — Jamais faria uma coisa dessas sem um espetáculo! O senhor o conhece, sabe como ele é...

— Tem razão. Não foi ele, não! Então, quem terá sido?

— Não sei, mas um dia saberemos, com certeza. Mesmo porque quem mandou não interessa. O importante é que o menino agora vai ter uma chance para se curar, não é?

— Sabe que é isso mesmo, seu Simão! O importante é que o menino se cure. Preciso ir. Se o Robertinho passar por aqui, por favor, peça a ele para ir para casa. É o nosso caçula, o meu outro filho está em Brasília e só vem aqui de vez em quando. Por isso a mãe fica tão preocupada com o pequeno.

— O senhor e a sua esposa são daqui mesmo?

— Sim, nascemos aqui. Só saímos quando o meu filho precisou ir para a Capital estudar. Resolvemos ir junto para que não ficasse sozinho. Ficamos lá por um bom tempo. O Robertinho nasceu lá. Como as coisas não estavam dando muito certo, resolvemos voltar. Robertinho era ainda um bebê.

— O senhor sabe que não conheço o seu outro filho? Ele faz o quê em Brasília?

— Ele já esta lá há oito anos. Fez faculdade na Capital, prestou um concurso e foi para Brasília. É advogado. Tem trinta anos e até agora não se casou. Amou muito uma moça, mas os pais dela não permitiram o casamento. Ficou muito triste e até agora não se envolveu com mais ninguém. Trabalha muito. Aliás, só pensa no trabalho. Acho que é para esconder a dor que ainda sente pela separação. Eu, como pai, fico triste, mas não tenho o que fazer.

— A diferença de idade com o Robertinho é muito grande! O senhor não teve outros filhos?

— Seu Simão... seu Simão... o senhor está pior que o Robertinho. Gosta de fazer muitas perguntas. Não, não tivemos outros filhos. Só o Robertinho quando não esperávamos mais. Veio de susto, como se costuma dizer!

— Sabe que o senhor tem razão! — disse Simão, soltando outra gargalhada — Estou me saindo um grande fofoqueiro! É só falta do que fazer. Fico o tempo todo atrás deste balcão, vendo todos passarem pela praça e fico tentando adivinhar o que acontece com a vida de cada um. Pode uma coisa dessa? Vá tranqüilo. Se o Robertinho passar por aqui, eu falo que o senhor está procurando por ele. Até logo, seu Pedro.

— Até logo, seu Simão.

"Não entendo — Pedro pensava assim que saiu — ,como falei tudo isso para o Simão. Não comentamos a nossa vida com ninguém. Mas senti que poderia contar, me parece ser de confiança. Se a Consuelo souber disso, vai ficar muito brava."

Simão continuou olhando para a praça.

Enquanto isso, Paulina chegava em casa. Colocou tudo o que comprou sobre a mesa. Estava de volta à cidade há mais de um ano. Olhou para a sala. Sobre um móvel, viu um porta-retrato com a fotografia de seus pais.

— Papai... mamãe — disse com a voz chorosa — Quando me casei, sei que ficaram felizes. Nunca poderiam imaginar que um casamento tão grandioso, com uma festa tão bonita, fosse terminar assim. Quando saí daqui, tinha apenas quinze anos. Estava com a cabeça cheia de sonhos e a certeza de que iria vencer na vida. Olhem o que me restou. Fiquei casada por anos e agora? O que vou fazer? Não tenho escolha! Não tenho um caminho para seguir!

Começou a chorar. Seu corpo balançava com os soluços. Desde que tudo aconteceu, nunca mais havia chorado. Agora, sem saber o porquê, não conseguia conter as lágrimas.

"Meu Deus do céu, por favor, mostre-me um caminho para que eu possa seguir. Não sei o que fazer da minha vida, a não ser continuar fingindo que sou feliz. Me ajude, Senhor."

Depois de muito chorar, foi até a janela. Olhou para a rua. Àquela hora as crianças estavam na escola. À tarde seria aquela gritaria, com todas elas brincando na praça.

"Crianças. Por que Deus não me deu um filho? Não! Foi muito melhor não ter tido um. Agora, seria pior se eu tivesse um ou mais filhos. Bem, não adianta ficar chorando. Preciso fazer alguma coisa com o meu tempo, mas o quê?"

Enquanto isso, Zeca continuava no jardim de dona Carmem. Ele aprendeu a mexer com a terra e a plantar. Tratava as plantas com tanto amor, que tanto a terra como as flores respondiam. Tudo o que plantava florescia lindamente. Naquele dia, por mais que tentasse, não conseguia esquecer o passado.

"Fazia tanto tempo que eu não pensava no que passou. Por que será? Por que o Simão tinha que tocar nesse assunto sobre o dia em que cheguei? Estou bem, longe de tudo e de todos. Mas e os meus pais? Como estarão? Desde aquele dia não dei mais notícias. Devem estar preocupados. Vou telefonar, ao menos para que saibam que estou bem".

— Oi, Zeca! Você sabe se o Gustavo está em casa?

— Bom-dia, Clarinha! Ele não está. Vi quando saiu logo cedo e não voltou até agora.

— Zeca, por favor, quando ele chegar, diga que preciso falar urgente com ele. Peça para ele me telefonar.

— Pode deixar, eu falo. O que aconteceu?

— Nada importante, não precisa ficar preocupado. Assim que eu conversar com Gustavo, vai dar tudo certo. Tchau.

— Tchau, Clarinha...

"O que será que está acontecendo com essa menina? Ela está nervosa. Esse namoro com Gustavo não vai dar certo..."

Voltou a cuidar do jardim. Estava quase na hora do almoço.

"Dona Carmem disse que ia fazer a carne do jeito que gosto. Isso é muito bom, estou mesmo com fome!"

— Oi, Zeca. O jardim está ficando muito bom!

— Está sim, delegado. Esta terra é muito boa. Em setembro, tudo estará florido. O senhor verá!

— Você não vai entrar para o almoço? Já está na hora. Vou comer e voltar para a delegacia. Estou tentando descobrir quem mandou o dinheiro para o José.

— Por quê? É contra a lei?

— Não! Não é contra a lei, Zeca! Só é estranho. Por que alguém mandaria tanto dinheiro, sem dizer quem é? Por quê?

— É estranho mesmo, delegado. Deve ser alguém da cidade que tem muito dinheiro e não quer que ninguém saiba.

— Também já pensei nisso, mas quem seria? Embora ninguém possa negar que esse dinheiro tenha chegado em boa hora. O menino estava mesmo precisando, e urgente.

— Isso é verdade, delegado. Sem esse dinheiro, o José não poderia cuidar do filho. Ele estava muito angustiado.

— Zeca, deve ser horrível não poder cuidar de um filho. A doença do menino é grave. Agora, ao menos, não vai morrer por falta de tratamento. Seja quem for essa pessoa, que Deus a abençoe. Vamos entrar. Você viu se o Gustavo chegou?

— Não, ele ainda não chegou. A Clarinha também está procurando por ele.

— Não estou gostando desse namoro. Essa menina é filha daquela mulher que não sabe nem quem é o pai da filha.

— Mas a Clara é uma boa moça! A mãe dela também! Sabe-se lá por que não quis dizer quem ele é.

— Não sei, não. Ela nasceu aqui na cidade. De repente ficou grávida e nunca quis dizer quem era o pai. Nasceu a Clara e até hoje ninguém sabe. Gosto da menina. Só que é preciso saber tudo a respeito da família, para que não haja problemas para os futuros filhos. Tomara que esse namoro seja só um passatempo para o meu filho. Não gostaria de vê-lo casado com uma moça igual a ela.

— Já vivi muito, delegado, e aprendi que dinheiro e posição social não mudam o caráter das pessoas. Elas são boas ou não, independentemente do dinheiro ou da posição social. A Clara, embora tenha sido criada sem pai, é uma ótima menina.

— Pode ser, mas não gostaria que se casasse com meu filho. Vou conversar com o Gustavo. Preciso fazê-lo entender que ela não é uma boa moça para se casar.

— Quem sou eu para lhe dar um conselho. Mas mesmo assim vou dar. Deixe-os resolver. Em casos assim, não adianta interferir. Quanto mais proibido for, pior ficará. Afinal, se eles se amarem mesmo, não adiantará o senhor proibir.

— Que é isso, Zeca? Conheço o meu filho! Ele jamais ousaria me desobedecer! Sabe que precisa da minha ajuda para continuar estudando! Sem o meu dinheiro, nunca conseguirá ser médico e esse é o sonho da vida dele. Ele ainda é muito jovem. Está indo para a Faculdade de Medicina. Sem o meu auxílio, jamais conseguirá!

— O senhor tem razão. Ele é ainda muito jovem. Por isso, não há com o que se preocupar. Vamos almoçar? Dona Carmem disse que ia fazer aquela carne assada que só ela sabe preparar. Aquela, que nós dois tanto gostamos.

— É isso aí, vamos comer, e na hora da comida não se deve discutir sobre problema algum.

— Tem razão. Ainda mais quando a comida é a da dona Carmem, é um pecado estragar.

Entraram e a mesa para o almoço já estava arrumada. O casal tinha outros dois filhos. Sônia, com quatorze anos, e Wagner, com onze. Dona Carmem chamou as crianças, que vieram e se sentaram.

— Carmem, onde está o Gustavo?

— Foi até a biblioteca, já deve estar chegando.

— Preciso falar com ele sobre a Clara.

— Ora, Manolo! Não se preocupe com isso. São duas crianças! Ele vai para a faculdade, e esse namoro vai terminar.

— Mesmo assim vou falar com ele.

— Bom-dia, gente! Cheguei na hora!

— Bom-dia, meu filho. Sente-se aqui.

— Gustavo! — disse o delegado com a voz ríspida — Depois do almoço precisamos conversar.

— Está bem papai, mas agora estou com muita fome. Esta comida está cheirando muito bem.

Comeram. Zeca tornou-se parte de todas as famílias para quem trabalhava. Falava e se portava muito bem à mesa, o que fez com que todos tivessem a certeza de que ele era uma pessoa de educação refinada. Por isso, queriam a sua amizade. Na realidade, o que queriam mesmo era saber quem ele era.

Após o almoço, Zeca voltou para o jardim. O delegado chamou o filho e foram para a varanda. Carmem foi levar os outros filhos para a escola. Na varanda, o delegado disse:

— Gustavo, a Clara veio lhe procurar. Quero saber o que está acontecendo entre vocês e por que ela está te procurando?

— Estamos namorando, mas o que ela queria?

– Não sei o que queria. Ela falou com o Zeca. Só quero que termine esse namoro. Ela não é uma boa moça para você!

— Como não é uma boa moça?

— Ela não sabe nem quem é o pai!

— O que tem isso a ver com a moral dela? É uma ótima moça, educada, estudiosa e fiel. Gosto muito dela.

— Você é muito jovem e está indo para a Faculdade. Por isso, acho melhor terminar esse namoro. Mais tarde, quando voltar, já sendo um médico, poderá resolver.

— Papai! Estou namorando! Não vou me casar agora! Gosto muito dela, mas só estou namorando.

— Está bem, meu filho. Só espero que não queira se casar com uma moça como ela.

— Não se preocupe. Vou falar com o Zeca e ver o que ela queria. Até, logo papai. O senhor tem que voltar para a delegacia?

— Tenho e já estou indo.

— Tchau, Zeca! — disse ao passar por ele.

— Tchau, delegado.

Zeca ficou olhando o delegado ir embora. Não ouviu o que os dois falavam, mas percebeu que estavam nervosos.

— Zeca, o que a Clara queria comigo?

— Não sei, Gustavo. Ela disse para você telefonar e que estaria em casa a tarde toda.

— Está bem, vou telefonar. Obrigado, Zeca.

Gustavo entrou, ligou para Clara.

— Gustavo, preciso falar, urgente, com você.

— Clarinha! O que aconteceu? Por que está tão nervosa?

— Não posso falar por telefone. Vamos nos encontrar na praça, lá pela seis horas. Então, conversaremos.

— Está bem, estarei lá. Mas não fique tão nervosa.

Preocupado, desligou o telefone.

À tardinha, após terminar o serviço, Zeca recebeu o dinheiro e foi embora. No caminho parou em um telefone público e telefonou para sua mãe.

— Alô, mamãe! Sou eu!

— Ai, meu filho! — ela disse chorando — Ainda bem que telefonou! Estou muito preocupada com você! Onde está? Como está? Volte para casa! Estamos todos te esperando!

— Calma, mamãe. Deixe-me falar. Liguei porque sabia que estavam preocupados comigo, mas não há necessidade. Estou muito bem, porém ainda não posso voltar. Estou vivendo em uma cidade muito boa. Não se preocupe. Ainda não estou preparado para voltar. Talvez um dia eu volte, mas o importante é que estou muito bem.

— Meu filho, volte! Já passou muito tempo e você não teve culpa de nada. Aconteceu o que tinha que acontecer...

— Eu sei que tive culpa! Se tivesse cumprido com o meu dever, nada daquilo teria acontecido. Não posso voltar ainda e, para ser sincero, acho que jamais voltarei!

— Não diga isso, meu filho! Onde você está? Posso te mandar pelo menos um pouco de dinheiro para se manter!

— Não precisa! Estou morando e comendo muito bem! Estou bem, mamãe! Acredite nisso e fique tranqüila!

— Você está trabalhando? Está vivendo do quê?

— Estou trabalhando! Sou um ótimo jardineiro!

— Jardineiro?! Depois de estudar tanto? De sempre ter sido um dos melhores alunos? Deve estar louco!

— Não, mamãe. Não estou louco! Estou muito feliz!

— Filho, diz onde está! Não agüento mais de saudade...

— Eu também estou com saudade de todos, mas ainda não tenho condições de voltar. Quem sabe um dia. Não se preocupe. Estou muito bem! Vou desligar! Um beijo para todos. Eu amo vocês de todo o meu coração!

— Espere, meu filho! Não desligue.

Ele desligou. De seus olhos, duas lágrimas desceram.

"Por que o Simão me fez lembrar daquele dia? Pobre mamãe. Mas não posso dizer onde estou, pois, com certeza, todos viriam me buscar, e eu não quero voltar para tudo aquilo. Não por enquanto. Quem sabe um dia."

Saiu do telefone e foi para o bar do Simão. Assim que chegou, foi recebido com um sorriso de Simão:

— Olá, Zeca! Terminou mais um dia de trabalho?

— Terminei e estou cansado. Esse negócio de enxada é um bocado pesado. Mas o jardim do delegado vai ficar bonito!

— Olha lá quem vem vindo para cá!

— O Robertinho com aquela moça estranha! O que será que esse menino aprontou agora?

— Só temos que esperar para ver, assim que chegarem, pois estão vindo para cá.

— Oi, seu Simão! Oi, Zeca!

— Olá, Robertinho, mas o que traz você aqui?

— Esta aqui é a minha amiga, Célia! Ela esconde o rosto... porque diz que não gosta que as pessoas vejam a cara dela, mas disse também que não é feia não, é até muito bonita! Ela precisa falar com o senhor, seu Simão!

— Pois não, senhorita! O que deseja? Todos os amigos do Robertinho serão sempre bem vindos!

— Obrigada, senhor. Já descobri que é um privilégio ser amiga dele. Todos o recebem muito bem.

— Pode ter certeza disso! Ele é uma espécie de mascote da cidade. Mas, o que a senhorita deseja?

— O Robertinho me disse que o senhor tem uma casa, aqui na praça, e que ela está vazia. Gostaria de saber se pretende alugar.

— Tenho a casa, sim, e está toda reformada. Quero e preciso alugar. Se a senhorita gostar, terei o maior prazer!

— Poderia me mostrar?

— Claro! Só tem um problema. Estou aqui sozinho. O Juca foi até em casa, voltará daqui a pouco.

— Pode ir, Simão. Eu fico aqui até o Juca voltar.

— Obrigado, Zeca. Não vou demorar.

— Pode ir tranqüilo.

Simão saiu com a moça. Zeca ficou pensando:

"Por que será que ela faz questão de não mostrar o rosto? Será que é muito feia? "

Simão, também curioso, seguia com ela e dizia:

— Senhorita. A casa não é grande. Só tem um quarto, sala e uma cozinha.

— Pode me chamar de Célia. Afinal, agora vou ser uma moradora oficial. O tamanho da casa está ótimo. Moro sozinha. O importante é que seja aqui na praça.

— Sendo assim, seja bem-vinda. Falo em nome da cidade!

Chegaram à casa. Célia olhou tudo e falou:

— Gostei! Era uma casa assim que estava procurando. Quanto é o aluguel?

— Duzentos mil cruzeiros. É muito?

— Não, está ótimo! Alugarei por seis meses. Não decidi ainda por quanto tempo ficarei. Por isso, faremos assim.

— Está bem, pode ficar o tempo que quiser! Vamos voltar para o bar? Lá combinaremos.

Voltaram para o bar. Zeca e Robertinho conversavam alegremente. Célia, ao vê-los, disse:

— Robertinho, gostei muito da casa. Vou alugá-la!

— Que bom que gostou! Mas, se não tivesse gostado, eu arranjava outra! Você é minha amiga!

— Quando ele diz isso é um perigo. Meu nome é Zeca, muito prazer em conhecê-la, senhorita. Seja bem-vinda.

— Muito prazer e obrigada. Como eu disse ao senhor Simão, pode me chamar de Célia. Serei moradora daqui por um tempo.

— Está bem, Célia. Sendo assim, me chame de Zeca!

— Seu Simão, o que está achando dos meus dois amigos?

— Parece que, desta vez também, você soube escolher, Robertinho. Bem senhorita, preciso dos seus documentos para fazer o contrato de locação.

— Sem documentos. Vou pagar os seis meses adiantados.

— Não precisa. Pode pagar por mês.

— Obrigada, mas prefiro pagar adiantado.

— Está bem. Se é assim que quer. Vou lhe dar um recibo.

— Não quero recibo, confio no senhor.

Simão olhou para Zeca e Robertinho. Os dois abanaram a cabeça para que ele aceitasse.

— Está bem. Se a senhorita confia, está tudo certo.

— Olha lá o Gustavo e a Clarinha! — quase gritou Robertinho — Parece que estão brigando!

Olharam para um dos bancos que existia na praça.

— Robertinho, você tem razão — disse Zeca. — Parece que eles estão brigando mesmo. Ela está chorando.

Na realidade, eles estavam apenas conversando:

— Clarinha, que boa notícia está me dando!

— É isso que te contei, Gustavo! Passei no vestibular. Eu era a primeira da segunda chamada da lista de aprovados. O último aprovado desistiu e recebi esta carta da faculdade, dizendo que fui aprovada e que posso fazer a minha matrícula!

— Então, poderemos ir juntos? Isso vai ser a glória!

— Como, irmos juntos? Não tenho dinheiro para fazer a matrícula, muito menos pagar as mensalidades e me manter lá! Estou nervosa. Já tinha aceitado a sua ida para a faculdade. Agora, eu também poderia ir, mas como? Se eu tivesse um pai, com certeza me ajudaria, mas, com o que minha mãe ganha lá no posto de saúde, nunca conseguirá me manter estudando. Estou tão triste.

— O ideal seria você ir comigo para a Capital. Alugaríamos um apartamento e poderíamos morar juntos, mas também não tenho como pagar os seus estudos e sua estadia. Meu pai vai me custear, jamais aceitará o nosso amor. Ele acha que ainda sou criança e tem grandes planos para o meu futuro.

— Eu posso trabalhar!

— O que vai ganhar não dará para pagar nem o aluguel! Vou falar com o meu pai. Quem sabe ele mude de idéia!

— Se eu soubesse ao menos quem é o meu pai, mas minha mãe se recusa a me dizer, por mais que eu insista.

Clara chorava muito. Gustavo a abraçava. Do bar, os quatro continuavam olhando aquela cena.

— Vou até lá ver o que está acontecendo!

— Robertinho! — disse Zeca nervoso — Vai ficar aí mesmo! Não tem que ir até lá! Deve ser um assunto sério e eles estão resolvendo. Vai embora comigo. Sua mãe está nos esperando para o jantar. Até logo, Simão. Até logo, Célia.

Célia e Simão riram do jeito como Zeca falou com o menino.

— Esse menino é terrível, Célia! — disse Simão rindo. — Quer saber tudo o que acontece para ser o primeiro a contar.

— Ele é uma gracinha, Simão. Vou precisar de alguns móveis. Poderia me dizer onde encontrá-los?

— Vá até a loja do Guerino lá na esquina. Ele tem móveis muito bons. Diga a ele que fui eu quem o indicou.

— Hoje já está tarde. Irei amanhã cedo e também trarei o dinheiro dos seis meses. Se tudo der certo, mudarei amanhã.

— Tudo bem, espero que seja feliz na nova casa.

Enquanto Célia saía, José entrou no bar.

— Olá, José! Como vai? Não sei se sabe, mas hoje você foi o assunto preferido da cidade.

— Olá, Simão! Eu sei, ainda bem que esse dinheiro chegou. Estou aqui para ver se você viu o Elias por aqui. Preciso do táxi dele para levar o meu menino amanhã bem cedo para a Capital.

— Ele acabou de sair. Foi levar um passageiro, mas deve voltar logo. Enquanto isso, vamos conversar? Você não sabe mesmo quem mandou esse dinheiro?

— Não! Não sei. Acho que foi Deus. Estávamos desesperados. O meu filho precisava ser operado, mas eu não tinha condições. Rezamos muito, eu e a Emília. Sem esperarmos, chegou um aviso do Correio. Fui ate lá e o Germano me contou sobre o dinheiro que estava a minha espera, e me deu uma carta com o endereço do médico que devo procurar. Tinha muito dinheiro e na carta estava escrito que era para levar o menino àquele médico e naquele hospital. Tem também um quarto reservado em um hotel, perto do hospital, para eu e a Emília ficarmos hospedados, enquanto durar o tratamento do menino. Eu e a Emília, a princípio, não acreditamos, mas era tudo verdade.

— Você não tem algum parente com muito dinheiro? Ou alguém conhecido? Não tem idéia mesmo de quem foi?

— Não! Nunca saímos daqui! Os nossos parentes também nasceram, foram criados e estão todos aqui! Além do mais, aqui nesta cidade, acredito que não tenha alguém com tanto dinheiro. Talvez a Prefeitura, mas acho que não foi o Prefeito. Não sei quem foi, mas agradeço a Deus e a essa pessoa. Que Deus lhe pague. Olha o Elias chegando! Vou falar com ele! Até logo, Simão!

José saiu. Simão o acompanhou com os olhos. José ficou conversando com Elias. Enquanto isso, Clara e Gustavo se despediam, indo cada um para sua casa.

A hora da verdade

Clara chegou em casa com os olhos vermelhos de tanto chorar.

— O que aconteceu, minha filha?

— Não aconteceu nada!

— Como não aconteceu nada? Seus olhos estão vermelhos! Você chorou, e muito!

— A culpada de toda minha infelicidade é a senhora!

— Eu?! O que foi que fiz?

— Não sabe quem foi meu pai? Se sabe, por que não quer me dizer quem é ele? Por não ter pai, sou apontada por todos! Por isso, não vou poder me casar com ninguém!

— O que é isso, Clara? Você não tem culpa de nada!

— Vá dizer isso para o delegado! Ele nunca vai deixar eu me casar com o Gustavo! Só porque não sabe quem é o meu pai! Diz mamãe, por favor! Quem é meu pai?

— Já te disse muitas vezes, mas vou repetir. Seu pai foi um caixeiro viajante que passou por aqui, me apaixonei e ele foi embora. Nunca mais voltou. Nem sabe que você nasceu. Não tem nada que eu possa fazer. Sempre fiz o impossível para te ver feliz. Gustavo é um bom rapaz e vai conversar com os pais. Se eles entenderem que vocês se amam, aceitarão.

— Nunca! — Clara disse olhando com ódio para a mãe. Conhece a mentalidade das pessoas desta cidade. Nunca aceitarão! Como a maioria não aceita! Diz, quantas amigas eu tenho? Para quantas festas fui e sou convidada?

— Você nasceu! Está viva! É uma ótima menina. Tem a vida toda pela frente! Ainda vai ser muito feliz!

— Feliz como a senhora foi? Por que não se casou até hoje? Por que não foi embora daqui? Por que não me criou longe de tudo e de todos e, principalmente, desta cidade?

— Você tem muitas perguntas. Vou tentar responder. Sou muito feliz porque tenho você. Não me casei porque não encontrei ninguém a quem amasse. Não fui embora porque não tinha e continuo não tendo condições financeiras. Sinto que o seu pai faça tanta falta. Infelizmente, não posso te ajudar nesse sentido, mas eu posso te ajudar com todo o resto.

Clara não respondeu. Foi para o seu quarto e, chorando, bateu a porta. Regina ficou pensando:

"Como posso contar tudo a ela? Como posso dizer quem é seu pai? Faz tanto tempo! Eu era ainda uma menina. Meu Deus! Tudo está se repetindo! Do mesmo modo que Gustavo, ele também estava indo estudar fora. Ele foi e eu fiquei. Quando voltou, estava casado. Não me procurou. Nunca quis saber da filha. Não quis nos assumir. Casou-se por interesse, por dinheiro, para continuar com o nome da família. Meu Deus. Eu devia mesmo ter ido embora..."

Gustavo, por sua vez, também falava com os pais.

— Papai, mamãe. A Clara também passou no vestibular. Queria que ela fosse comigo.

— Como?! Quem vai financiar? Ela nem sabe quem é o pai! Você deve se afastar dela. É igual à mãe, logo estará esperando um filho sem pai! Deus queira que não seja seu!

— Manolo! Deixe ele falar. Gustavo, você gosta da Clara?

— Muito, mamãe. Não sei o que o papai quer dizer quando diz que ela é igual à mãe. A dona Regina é uma mulher honesta, que trabalha e cuida com muito carinho da filha!

— Ela devia ter saído desta cidade — disse o delegado raivoso. — Ou ter abortado a criança!

— O senhor está vendo, papai, porque a Clara não sabe quem é seu pai? Deve ter sido um homem que pensava assim como o senhor e que não quis assumi-la! Eu amo a Clara e quero que vá comigo para a faculdade. Só depende do senhor!

— De mim? Está louco! Não tenho nada a ver com ela!

— Se nos ajudar, poderemos continuar juntos!

— Pode esquecer. Já está difícil de te mandar! Esqueça essa menina! Você vai conhecer moças bonitas e da nossa classe social.

— Não adianta, papai, se ela não for, também não irei! O senhor tem dinheiro suficiente para nos manter, nós dois!

— Calma! — interrompeu Carmem. — Vocês estão se alterando e começando a falar uma porção bobagens! Gustavo, vá para seu quarto. Vou conversar com o seu pai. Encontraremos uma solução. No final, tudo dará certo.

Gustavo foi para o quarto. Estava muito nervoso com a atitude do pai. Assim que ele saiu, Carmem disse:

— Manolo, vá com calma. Não adianta agir assim. O problema está aí, temos que resolver. Por enquanto, você não fará nada! Vou falar com a Clara e com a mãe. Depois, veremos o que dá para se fazer. O que não adianta é querer proibir. Isso não vai levar a nada. Só vai precipitar as coisas.

— Está bem, vou esperar. Se você não conseguir, aí então vou tomar as minhas providências.

Carmem sorriu. Ela sabia que o marido fazia sempre uma tempestade num copo d'água, mas no fundo não passava de um menino grande que, quando fica assustado, só sabe brigar para se defender. Foi até o telefone e ligou para Regina. Combinaram que ela iria até a sua casa para conversar a respeito dos filhos.

Regina estava assustada, mas sabia que aquela conversa era inevitável. Pediu para Clara ir comprar alguma coisa para o jantar. Não queria que a visse conversando com Carmem. A menina estava muito revoltada. Era preciso ter cautela.

Gustavo sentia-se sufocado dentro de casa. Resolveu sair e dar uma volta na praça. Encontrou-se com Clara. Sentaram–se em um banco. Ela contou o que havia conversado com a mãe e ele, o que falou com os pais. Abraçaram-se e ela chorava.

— Não se preocupe. Falei para o meu pai que, se ele não te mantiver lá, comigo, também não irei. Ficarei aqui!

— Você não pode fazer isso! Foi sempre o seu sonho, ser médico! Minha mãe disse que não pode me manter lá, pois, com o que ganha, só dá mesmo para nos manter aqui. Você vai para a faculdade, sim! Eu ficarei aqui te esperando.

— Pode ter certeza de que voltarei e, aí, seremos felizes!

Carmem chegou na casa de Regina, que sorriu ao vê-la:

— Boa–tarde, Carmem! Vamos entrar. Faz muito tempo que não vem à minha casa!

— Boa–tarde, Regina! Faz mesmo muito tempo, mas agora precisamos conversar. Vai ser uma conversa difícil.

— Sim, temos que conversar. Estou feliz por estar aqui.

Entraram e sentaram-se. Carmem começou a falar:

— Você está sabendo o que acontece com nossos filhos?

— Estou sabendo e preocupada, sem saber o que fazer.

— Também não sabemos, por isso estou aqui.

— Já conversei com a Clara e disse a ela que, infelizmente, não tenho meios para ajudá-la. Não tenho recursos financeiros.

— Gustavo disse que, se o pai não a mantiver na faculdade, ele também não irá. Estou muito preocupada...

— Ele não pode fazer isso! É o sonho da vida dele! Estudou muito! Infelizmente não posso mandar a minha Clara, mas vocês podem. Vou falar com Clara. Ela fará Gustavo mudar de idéia!

— Você é uma boa mulher. Apesar de todo o preconceito, criou a sua filha com muita dignidade.

— Fiz o possível. Ainda mais em uma cidade como esta, onde todos acusam e discriminam, mas posso lhe adiantar que nunca, nem por um minuto, eu me arrependi de ter tido a minha filha. Ela é maravilhosa e é tudo que tenho nesta vida.

— Sabe, Regina, nunca entendi por que você não contou e nem conta quem é o pai da sua filha. Naquele tempo, éramos amigas, mas mesmo assim você não me contou.

— No momento em que ele não quis assumir, achei que não seria um bom pai e que eu teria de criá-la. Foi isso que fiz.

— Quem é o pai dela? Agora terá de dizer. Sabendo quem é o pai, ele terá que dar todo o dinheiro que ela precisar. Será também mais fácil convencer o Manolo a aceitar sua filha.

— Minha filha é quem é! Não importa se é filha minha ou de qualquer outra e de que pai seja! Ela é uma moça maravilhosa. Se não contei há dezenove anos atrás, não será agora que contarei. Se o Manolo não aceitar, não tem a menor importância. Clara encontrará um homem que a ame, mesmo sem saber quem é seu pai! — Regina disse muito nervosa.

— Você não tem o direito de continuar escondendo a origem da sua filha! Tem que contar a verdade!

— Você é quem não tem o direito de me fazer uma pergunta dessas! Minha filha decidirá a sua vida e eu estarei ao seu lado! Você pode ficar ao lado do seu filho!

— Não vou deixar meu filho estragar a vida dele!

— Então não temos mais nada para conversar! Boa–tarde. Vamos ver como tudo vai ficar. Esse assunto não é nosso!

"Eu a conheço desde menina. Éramos amigas, mas, quando ela ficou grávida, não quis contar a ninguém quem era o pai da criança. Ela não tinha pais, vivia na casa do coronel como empregada. Mas não pode ter sido ele, terá sido o Raul? Ele deve ser uns cinco anos mais velho que ela. Se foi ele, por que ela não contou? Hoje ele está casado e tem dois filhos, mas, naquele tempo, ele era solteiro. Estava estudando na Capital, ele só vinha para cá passar as férias. Terá sido em uma dessas visitas? Não sei. Nunca me preocupei muito com isso, mas se ele for o pai, Clara tem o direito de saber! Não sei o que fazer" — Carmem saiu pensando.

Foi para casa. Manolo não estava lá. As crianças e Gustavo também não estavam em casa. Carmem não sabia o que fazer.

Zeca, após conversar com a mãe, ficou tranqüilo e foi até o bar do Simão. Depois de muito tempo, estava sentindo saudade de casa. Durante o caminho, foi pensando:

"Como minha mãe disse, já faz muito tempo que tudo aconteceu. Mas ainda parece que foi ontem. Não posso voltar. Ainda não. Não tenho esse direito."

Chegou ao bar. Simão estava lavando alguns copos e pensando em tudo o que estava acontecendo. Zeca sentou-se em uma cadeira e pediu um refrigerante.

— Você está preocupado com alguma coisa, Zeca? Parece que não está bem — Simão perguntou preocupado.

— Estou bem. Só tirei o dia hoje para pensar, e pensar nem sempre é bom. Olhe o Gustavo e a Clarinha! Estão novamente conversando lá na praça. Parece que estão com algum problema.

Simão olhou para a direção em que os dois estavam e disse:

— Não sei não, Zeca, mas, parece que alguma coisa está acontecendo e, do modo como estão, parece ser grave.

— Tem razão, Simão, mas nessa idade, posso apostar que estão fazendo uma tempestade em copo d'água.

— Pode ser, mas parece que é algo grave e só mesmo o Robertinho pode descobrir.

— Simão, você tem razão. Só mesmo ele.

Zeca sorria enquanto dizia isso. Em seguida, foi embora. Ele não estava bem. Queria deitar e ficar pensando em tudo o que havia se passado. Conversar com a mãe o deixou muito triste.

"O que será que aconteceu na vida desse moço? — Simão pensava enquanto Zeca se afastava. — Enfim, quem sou eu para me preocupar com o passado das pessoas? A minha sorte foi ter o meu tio, que viveu aqui a vida toda e, quando tudo aconteceu, foi me buscar. Trouxe-me para cá. Fiquei por muito tempo na casa dele. Fui aos poucos aprendendo a lidar com este bar e, quando ele morreu, acabei continuando a viver uma vida que não era a minha. Vivo hoje com simplicidade e na companhia de pessoas simples. Nunca me senti tão bem. Como, de repente, tudo pode mudar na nossa vida? Agora chega! Vou para casa. Amanhã será outro dia."

Fechou o bar e foi embora. No caminho ia olhando as casas. Todas com jardins muito bem cuidados. Aquele lugar era o melhor do mundo para se viver. Longe da poluição e do barulho das grandes cidades.

A noite caiu sobre Céu Dourado. O sol, que estava amarelado, foi aos poucos ficando dourado e se escondeu. Surgiu um céu muito estrelado. A lua cheia iluminava a cidade, que se preparava para dormir.

Recomeçando

No dia seguinte, as pessoas foram acordando e retomando as suas atividades. Zeca acordou tarde. Perdeu a hora, estava atrasado porque não havia dormido bem. Sonhou com seu irmão. Não se lembrava do sonho, mas sabia que havia sonhado. Levantou, escovou os dentes, olhou pela janela. O sol já estava alto, por isso sabia que o dia seria quente.

"Algo não está bem comigo. Preciso voltar, nem que seja para rever os meus pais. Não devia ter falado com a minha mãe. Embora saiba que, para ela, foi muito bom saber que estou bem. Será que foi mesmo? Ou ela estará assim como eu? Talvez eu volte, nem que seja só para visitar. Gosto daqui. Estou muito bem e não pretendo viver aquela vida novamente."

Saiu e foi tomar o seu café no bar de Simão, como fazia todos os dias. Simão já estava lá, esperando os fregueses.

— Bom–dia, Zeca! Estava preocupado, você está atrasado! Já vou preparar o seu café.

— Hoje acordei tarde. À esta hora, já devia estar trabalhando. Mas eu recupero até o fim do dia.

— Você trabalha por conta própria, não tem que ser tão rígido com o horário. Pode começar a trabalhar a qualquer hora.

— Tem razão, mas gosto de começar cedo, antes que o sol fique muito quente.

— Bom-dia!

— Bom-dia, dona Paulina, como vai a senhora?

— Estou bem, senhor Simão. Vim buscar manteiga. Ontem esqueci de levar. Parece que hoje vai ser um bonito dia, não?

— Tem razão. A senhora não quer tomar café com a gente?

— Sim, obrigada. Não gosto de fazer as refeições sozinha.

—Então, sente-se aí com o Zeca. Tomem, juntos, o café. Eu não posso, porque agora é a hora de mais movimento, mas participarei da conversa aqui de longe.

— Bom-dia, Zeca! Estava mesmo precisando falar com você. Estive olhando o meu jardim. Ele está precisando de cuidados. Poderia cuidar dele?

— Claro, Dona Paulina! Assim que terminar o do delegado, irei cuidar do seu e ele vai ficar uma beleza.

— Não tenho dúvida, por isso estou te pedindo. Você é um ótimo jardineiro! Estudou jardinagem em algum lugar?

— Não! Eu apenas gosto de flores, me sinto muito bem cuidando delas e mexendo com a terra.

Célia se aproximou, com um lenço branco na cabeça e os inseparáveis óculos que escondia quase todo o seu rosto, deixando só a boca aparecendo.

— Bom-dia para todos!

— Bom-dia, Célia, mas o que faz aqui tão cedo?

— Ontem fiquei de trazer o dinheiro do aluguel, Simão.

— Não precisava ser tão cedo, mas, já que está aqui, por que não se senta aí com o Zeca e a dona Paulina? Como vai morar na cidade, é bom que comece a fazer algumas amizades.

— Se eles permitirem, eu gostaria. Estou muito sozinha!

— Claro que pode! — disse Zeca sorrindo — Estamos só jogando conversa fora! Esta é dona Paulina. Mora a duas casas da sua. São vizinhas.

— Que bom! Muito prazer, dona Paulina!

— O prazer é todo meu, mas não precisa me chamar de dona, não sou tão velha assim...

— Tem razão, não é velha mesmo. É jovem e bonita. Está bem, todos nos chamaremos pelo primeiro nome.

Eles concordaram com a cabeça. Paulina sorriu. Célia, que já conhecia Zeca, sentou-se.

— Então, Célia, resolveu mesmo ficar aqui?

— Sim, Zeca, ficarei por um tempo. A cidade é calma e hospitaleira. Sinto–me bem aqui. Estou precisando de paz e tranqüilidade. Creio que não exista melhor lugar que este!

— Se é isso que está procurando, posso lhe garantir que achou o lugar certo! Aqui encontrará o que procura.

— Eu também estou muito sozinha. — disse Paulina — Se quiser, pode vir à tarde tomar um chá em minha casa.

— Gostaria muito, Paulina, mas estou mudando. Comprei alguns móveis na loja do senhor Guerino e ele ficou de entregar hoje. Assim que me instalar, poderemos combinar, não só de ir a sua casa, mas também de recebê-la na minha.

— Então, fica combinado. Já que todos vivemos aqui, nada melhor do que sermos amigos!

— Zeca, após cuidar do jardim da dona Paulina, poderia cuidar do jardim da casa que aluguei para a Célia?

— Pode deixar, Simão, vou sim. Parece que vou ter muito trabalho por esses dias e isso é muito bom!

— Olhem lá! Gustavo e a Clarinha estão brigando novamente — disse Simão, apontando para a praça.

Os três, seguindo o espanto de Simão, olharam para a praça. Realmente, Gustavo e Clara estavam conversando:

— Clara! Não sei como vai ficar! Meu pai não quer o nosso casamento! Disse que se eu continuar com você, não vai me ajudar a ir para a faculdade. Não sei o que fazer.

— Também não sei! Só sei que não pode deixar de estudar por minha culpa! Sempre foi o seu sonho!

— Não? O que não posso é ficar longe de você, sabendo que agora poderia estar ao meu lado para sempre!

— Se eu fosse embora com você?

— Seria muito bom, mas iríamos viver do quê? Vou estudar o dia inteiro, não vou ter tempo para trabalhar. Vou morar em uma república. Meu pai vai pagar tudo.

— Se eu tivesse um pai, também poderia ir. Do que adiantou eu passar no vestibular, se não tenho como pagar?

— Tem razão. Não sei o que fazer. Se tivéssemos dinheiro, alugaríamos um apartamento, você também estudaria.

— Como não temos dinheiro, Gustavo, o melhor é você ir, se formar e, quando voltar, nos casaremos. Acho que essa será a melhor solução. Não quero que desista do seu sonho!

— Talvez seja essa a única solução, mas ainda temos um tempo. Quem sabe eu consiga convencer os meus pais. Você só tem que ter uma certeza: te amo muito!

Abraçaram–se. Do bar todos acompanhavam a cena. Não dava para ouvir o que falavam, mas sabiam que algum problema existia. Terminaram de tomar o café.

— Gostei muito da companhia para o café, mas tenho que ir. Estou ansiosa para arrumar a minha casa. Preciso ainda comprar algumas roupas de cama, mesa e banho — disse Célia.

— Eu também vou, Célia. Preciso ir cuidar do jardim da dona Carmem. Ela deve estar preocupada.

Zeca e Célia saíram, iam para o mesmo lado. Paulina continuou sentada, olhando para a praça.

— Sabe, Simão, aqui é muito bom mesmo. Parece que tudo caminha tranqüilamente. Durante o tempo em que estive fora, muitas vezes, nas minhas atribulações, eu lembrava daqui e sentia saudade. E, algumas vezes, fiquei tentada em voltar.

— É mesmo. Aqui parece um pedacinho do céu...

— Por que será que a Célia esconde o rosto, Simão? Tem um corpo bonito e parece ser jovem.

— Não sei, Paulina, já me perguntei, mas não obtive resposta! Deve ter um motivo... quem sabe um dia saberemos!

— É! Deve haver um motivo para todo esse mistério. Mas quem não tem seus segredos, não é? Creio que todos nós os temos.

— Está certa. Todos sempre têm um segredo qualquer.

— Você tem algum?

— Eu?! Não, não tenho nenhum.

— Nem eu. Segredos só podem nos fazer muito mal. Estou indo. Até mais tarde!

— Até mais tarde, Paulina!

Paulina saiu pensativa. Clara e Gustavo não estavam mais na praça. Zeca e Célia seguiam juntos. Ao chegar na esquina, Célia se despediu e entrou em uma loja, onde eram vendidas roupas de cama, mesa e banho. Zeca continuou o seu caminho. Na loja, Célia comprou tudo o que precisava. Saiu acompanhada por um menino que a ajudou com os pacotes. Entrou em casa. Logo depois, dois homens chegaram. Vieram montar os móveis. Ela deu algumas moedas para o menino. Deixou os pacotes e foi para a pensão, onde estivera hospedada.

Conversou com a dona da pensão, pagou sua conta, foi até o quarto, pegou suas coisas e voltou para casa. A cozinha já estava montada. Um fogão, uma geladeira, um armário, uma mesa e quatro cadeiras. Lembrou-se de que não tinha louças nem talheres. Voltou para a praça e entrou em outra loja. Comprou o que precisava. Para a sala, comprou dois sofás, um aparelho de televisão e uma pequena estante. Para o quarto, uma cama e um guarda-roupa, cuja montagem os homens estavam agora terminando.

"Esse cheiro de móveis novos está me fazendo muito bem. Agora, recomeçarei a minha vida. Talvez, daqui a algum tempo, eu consiga me encontrar novamente."

Os montadores terminaram e saíram. Sozinha, começou a arrumar suas roupas. Percebeu que a hora do almoço chegou e que não tinha nada para comer. Foi até o bar do Simão.

— Simão, já está tudo montado, só que não tenho nada para comer. Vou tomar um lanche.

— Já está instalada? Está feliz?

— Muito feliz. Sei que vou retomar a minha vida.

Comeu um sanduíche e voltou para casa.

"Agora está tudo certo. Ficarei aqui, até conseguir descobrir tudo. Esta casa é exatamente o que eu precisava. Amanhã irei até a cidade comprar algumas telas e bisnagas de tinta e voltarei a pintar. Será um meio de me distrair e também de poder investigar. Quem sabe eu consiga descobrir tudo."

Paulina em sua casa também pensava:

"Já estou aqui há um bom tempo. Não sei como será, mas somente aqui poderei viver tranqüilamente, até que tudo aconteça."

No dia seguinte, Célia levantou-se, tomou o táxi de Elias e foi para a cidade vizinha, que era maior e possuía um comércio grande. Voltou trazendo vários pacotes. Já em casa foi abrindo todos. Comprou tintas, pincéis, telas e um cavalete. Estava radiante. Começaria uma nova etapa em sua vida. Na manhã seguinte, ela montou o cavalete na praça, em frente à igreja. Resolveu que a pintaria. Esticou a tela e começou a pintar. Estava lá por algum tempo, quando Robertinho se aproximou:

— Célia, você vai pintar a igreja? Você sabe pintar?

— Vou sim, Robertinho! Gosto muito de pintar. Este quadro vai ficar muito bonito! Você vai ver!

— Será que vai? Só estou vendo uns rabiscos! Eu também gostaria muito de aprender a pintar.

— Estes rabiscos logo tomarão forma e você verá a igreja surgindo. Se quiser, eu te ensino a pintar, não é difícil.

— Não é difícil? Você me ensina mesmo?

— Ensino sim. Se quiser, poderá vir até a minha casa que eu te ensino. Verá como é fácil!

— Quero! Vou falar com a minha mãe e vou aprender.

— Ótimo, gostarei muito de te ensinar.

Robertinho se despediu, correu até em casa e falou com sua mãe. Consuelo gostou. Sabia que o filho ficava andando por toda parte, querendo saber de tudo. Enquanto ele estivesse pintando, ela saberia, com certeza, onde ele estava.

— Célia! Minha mãe deixou! — Robertinho disse, ao voltar correndo — Amanhã venho aqui para você me ensinar!

— Venha sim. Verá como é bom pintar e ver os rabiscos se tornarem belas figuras.

Célia estava feliz. Encontrava agora um novo sentido para a sua vida. As pessoas paravam para ver aquela moça com o rosto coberto, que pintava com tanta facilidade. Se encantavam com a firmeza com que ela movimentava os pincéis. A igreja ia se transportando para a tela. Zeca voltava do seu dia de trabalho. Viu aquela aglomeração, parou para saber o que estava acontecendo. Como os demais, também ficou encantado. Ela estava tão absorta, que não sentiu a presença dele, que ficou por algum tempo lá. Depois, foi para o bar.

— Simão, você viu a tela que a Célia está pintando? Parece que ela resolveu sair da casca, não é?

— É sim, Zeca. Já vi a tela e parece que ela sabe o que está fazendo. Deve ser uma pintora famosa que está, por algum motivo, se escondendo aqui.

— Que é isso, Zeca? Está com devaneio? Ela deve estar matando o tempo, nada mais!

Em uma cidade pequena como aquela, as notícias corriam depressa. Logo, muitas pessoas chegaram para ver a tela. Célia começou a sentir-se mal e, sob protestos, resolveu ir embora.

Quando começou a pintar, sabia dos riscos que corria, mas mesmo assim tentou. Gostava de pintar e precisava fazer alguma coisa para que o tempo passasse.

"Estando na praça, conhecerei mais pessoas e, talvez, descobrirei tudo. Preciso saber onde ele está. A maldade que fizeram comigo não tem perdão, mas mesmo assim, tenho certeza de que eu vou encontrá-lo."

Guardou o material de pintura, tomou um copo de leite, deitou–se e começou a ler um livro.

A noite já vinha caindo. Célia saiu e foi andar pela praça. Não conhecia muito da cidade. Só sabia que era um lugar agradável. Entrou na igreja, ajoelhou–se e começou a rezar.

" Meu Pai! Estou aqui, mais uma vez, para pedir que me mostre o caminho a seguir. Estou perdida e sem rumo, mas sei que tenho a sua proteção. Faça com que alguma coisa aconteça para que eu possa encontrar a minha paz!"

Saiu da igreja e foi para a sua casa. No coração, sentia um misto de alegria e solidão. Já tivera tudo na vida e agora estava sem saber o que fazer, sem um caminho.

— Olá, Célia! Que aconteceu? Parece que está triste.

— Oi, Paulina! Não estou triste, não. Só fui até a igreja e agora estou voltando para casa.

— A noite está linda e quente. Por isso saí de casa. Gosto do cheiro das árvores e desta brisa. Vamos nos sentar, Célia?

— Não seria melhor tomarmos um suco no bar? Podemos nos sentar em uma daquelas mesinhas e olharmos a praça.

— Boa idéia, está calor mesmo.

Foram em direção ao bar. Simão estava conversando com Zeca, que tomava um refrigerante. Elas chegaram, pediram um suco e sentaram–se. Eles, sorrindo, cumprimentaram-nas. Célia perguntou:

— Paulina, você é daqui mesmo, não é?

— Sim, Sou daqui. Morei aqui até terminar o primeiro grau. Quando eu tinha quinze anos, meus pais me mandaram para São Paulo. Fui morar com minha tia e comecei a estudar. Arrumei um emprego como recepcionista em uma grande indústria. Casei e, por quinze anos, fui muito feliz, até ele morrer. Voltei para cá e estou recolhendo meus cacos. Tenho ainda muitos para recolher.

— Que história interessante.

— Outro dia qualquer eu te conto. Hoje, não. A noite está muito bonita e não quero ficar lembrando de coisas que só me trazem tristeza.

— Desculpe! Estou sendo indiscreta...

— Não se preocupe. Um dia te contarei tudo.

Simão e Zeca ficaram olhando as duas conversando.

— Zeca, parece que elas estão se tornando amigas, não é?

— É sim, Simão. Vou até lá conversar com elas.

— Vá mesmo, Zeca! Você está precisando conversar.

— Posso me sentar e tomar parte da conversa?

— Claro que pode, Zeca! A noite está quente, mas agradável! Estamos aqui só jogando conversa fora.

— Sabe, Paulina, não há coisa melhor a fazer do que jogar conversa fora. Às vezes, a gente trabalha tanto, faz tanta coisa, que deixamos passar esses momentos de paz e tranqüilidade.

— É isso mesmo! E você, Zeca, como está?

— Estou bem! Estava observando vocês conversando. Parece que estão se tornando amigas.

— É, estamos nos conhecendo. Falei para a Célia que, em um lugar pequeno como este, é bom conhecermos as pessoas. Zeca, você vai me desculpar, mas não agüento a curiosidade. Por que um rapaz culto como você vive aqui dessa maneira? Você não é jardineiro, basta te ouvir falando, para se notar que é uma pessoa com boa educação e, com certeza, deve ser formado.

— Realmente sou formado, mas, agora, estou aprendendo outras coisas e pretendo me formar na vida. Tentar entender o porquê de certas coisas acontecerem. Para isso, nada melhor do que mexer com terra e flores.

— Essa matéria é a mais difícil. A vida é tão estranha! Tantas coisas nos acontecem, somos levados de um lado para outro. Acho que uma força estranha nos comanda.

Célia prestava atenção na conversa dos dois, mas pensava:

"Ele é um bonito rapaz e realmente deve ter tido uma boa educação. Quem será? O que estará fazendo nesta cidade?"

— E você, Célia? — perguntou Zeca — Está pensativa?

— Estou prestando atenção na conversa de vocês. A vida é realmente estranha. Às vezes nos prega trotes, nos abandona e ficamos sem saber que caminho tomar e o que fazer.

— Você é muito misteriosa — Zeca disse sorrindo — ,mas agora parece que encontrou um caminho. Estive te observando hoje, lá na praça. Parece que pinta muito bem. Não vejo a hora de ver o seu quadro pronto.

— Você gostou? Eu adoro pintar! Quando estou pintando, me transporto para o mundo das tintas, fico viajando.

— Qualquer expressão de arte faz muito bem para o espírito. Infelizmente, não tenho aptidão alguma para a arte. A única coisa que sei fazer é plantar.

— Ouvindo isso — disse Paulina — ,acho que também tenho uma aptidão. Adoro tocar piano e faz muito tempo que não o toco. Acho que vou recomeçar. Quem sabe, assim, eu consiga afastar os fantasmas que me perseguem.

— Você deve tocar sim, Paulina! — disse Zeca — Os fantasmas existem, mas todos devem ser afastados. Estou aprendendo a enfrentá-los e sinto que estou conseguindo.

— Olha o que uma conversa pode fazer! Aqui, conversando como quem não quer nada, estamos cada um de nós, encontrando um caminho para as nossas vidas! Você, Célia, vai pintar. Você, Zeca, plantar, e eu, a partir de hoje, tocarei piano. Cada um de nós, fazendo o que gosta, afastará seus fantasmas e, quem sabe, um dia, voltaremos a ser felizes e a sorrir verdadeiramente!

Zeca olhou para Paulina e sorriu. Depois disse:

— E você, Simão? Qual é a sua aptidão?

— Artística? Acho que não tenho nenhuma! O que sei fazer é ficar ouvindo as pessoas. E isso me faz muito bem!

— Saber ouvir também é muito importante. Pronto! Está surgindo aqui um quarteto muito bom. Quem sabe, através de nossas aptidões, possamos nos ajudar mutuamente.

Os quatro riram. Realmente sentiam-se muito bem. Uma amizade estava nascendo ali. Quatro almas perdidas, que se encontravam; para que e por quê?

Já estava tarde. Despediram-se e foram para suas casas, cada um envolvido por seus pensamentos.

Paulina entrou em casa. Lá estava o seu piano.

"Meu pai o comprou quando eu tinha sete anos. Dona Francisca me ensinou. Todos os dias eu tocava por duas horas. O meu sonho e o dos meus pais era que eu me tornasse uma concertista, mas o meu caminho foi outro. Estou aqui por tanto tempo e até agora nunca abri a sua tampa, mas hoje, não sei por qual razão, estou com uma vontade imensa de tocar."

Sentou–se, abriu a tampa e começou tocar. A música invadiu o ambiente e a sua alma. Ela foi entregando–se e esqueceu de tudo o que havia acontecido em sua vida.

Célia entrou em casa. Olhou a sua volta:

"Tudo simples, mas tão aconchegante. Estou realmente começando uma nova vida e com novos amigos. Consegui ficar ao lado de outras pessoas, sem me sentir mal. Coisa que há muito tempo não fazia. Voltei a pintar, estou começando a entender que a vida não pára. Acredito que descobrirei tudo. Só assim poderei voltar a ser feliz..."

Zeca, por sua vez, também pensava.

"Falei que estou estudando a vida, mas o que é a vida? Será que é aquela que eu tinha ou a que tenho hoje? Por que ela muda tão de repente? Por que parece que tudo está acabado e de repente tudo recomeça? Estou me sentindo muito bem. Essas duas moças que estão se tornando minhas amigas, me parecem duas pessoas boas. Embora, talvez, carreguem problemas, assim como eu."

Simão viu cada um dos três seguindo o seu caminho e pensou:

"Em se tratando de vida, ninguém sabe nada mesmo..."

Início de missão

Durante aquela noite choveu. O barulho da chuva fez com que todos dormissem com com tranqüilidade. O dia amanheceu com o sol escondido entre as nuvens, mas todos sabiam que ele logo brilharia. Para aquelas pessoas, ele já brilhava, mas de uma forma diferente. Eles estavam com seus corações mais leves. Encontraram amigos, com os quais aos poucos conseguiriam falar e, quem sabe, contar seus problemas.

Zeca chegou ao bar para tomar seu café.

— Bom-dia, Simão! Parece que Paulina está mesmo se encontrando. Passei agora por sua casa e ela está tocando piano. Não entendo muito de música, mas o meu ouvido gostou. Portanto posso dizer que ela toca muito bem.

— Ainda não ouvi, mas se você está dizendo acredito. Olha lá a Célia! Está na praça pintando a sua tela. Temos artistas aqui na cidade e não sabíamos!

— Vou passar por lá para ver a tela. Do jeito que ela esconde o rosto, vai ver é uma grande artista escondida aqui.

Após tomar o seu café, Zeca foi até a praça e parou perto de Célia, que, distraída, pintava. Por isso, não percebeu a sua presença. Ele ficou parado, olhando. A cabeça de Célia estava envolvida pelo lenço e continuava com aqueles óculos escuros que só deixavam aparecer sua boca.

"Como será o rosto dela? — Zeca pensava enquanto a olhava — Parece ser jovem e bonita, por que se esconde assim?"

— Bom–dia, Célia. A sua tela está ficando bonita!

— Bom–dia, Zeca. Está mesmo. Eu adoro pintar. Este jogo de cores me faz muito bem. Estou muito feliz.

— Fico contente por você. Irei agora para junto das minhas flores. Hoje vou tratá-las melhor ainda. Depois daquela conversa que tivemos ontem à noite, me convenci ainda mais de como elas me são importantes.

— Oi, Zeca! Oi Célia!

— Olá, Robertinho! Está indo para a escola?

— Não, Zeca! Hoje não tem aula e achei muito bom, porque vou poder aprender a pintar com a Célia! Ela disse que ia me ensinar! Você vai, não vai, Célia?

— Claro que vou! Pensei que viria só à tarde. Por isso, não trouxe a sua tela. Se ficar aqui, tomando conta de tudo, vou até em casa buscá-la.

— Pode ir! Eu fico aqui e não saio nem um pouquinho. Vou pintar uma tela todinha e levar pra minha mãe ver!

Célia sorriu enquanto dizia:

— Não é bem assim. Você não vai pintar uma tela todinha em um só dia! Vai levar alguns dias, mas ficará muito boa.

— Estou indo para aquele lado, Célia, podemos ir juntos.

— Está bem, Zeca, vamos!

Saíram juntos. Caminhavam lado a lado. Zeca perguntou:

— Célia, não sei por que esconde o rosto, mas estou curioso para saber! Qual é a sua idade? Parece que é jovem.

— Tenho um bom motivo para esconder o meu rosto. Não sou velha, tenho vinte e oito anos. Estou conhecendo você agora. Ainda não me sinto à vontade para falar da minha vida. Quem sabe, daqui a algum tempo, eu tenha coragem de contar tudo. Por enquanto vamos ficar assim, está bem?

— Claro! Mas precisa entender que, assim como eu, todos estão curiosos para saber o motivo de esconder o seu rosto. Alguns dizem que você é muito feia. Eu não acredito, embora a beleza não esteja só no rosto. Essa, com o tempo, termina, mas o tipo de beleza que vejo em você não terminará nunca.

— Paulina tem razão ao dizer que você não é um simples jardineiro. Fala muito bem e também é galanteador. Obrigada pelo que disse, mas, por enquanto, vamos deixar como está.

Chegaram à porta da casa. Ele se despediu com um sorriso e foi embora. Ela entrou. Pegou a tela de Robertinho e voltou para a praça. Ele estava rodeado de pessoas e dizendo, animado:

— Vou aprender a pintar! Logo vou fazer uma tela igual a essa. A Célia vai me ensinar. Se alguém quiser pode ficar e aprender também, ela não se importa!

Célia chegou. Todos a olharam. Ela sorriu:

— Robertinho vai mesmo aprender. Isso se ele tiver dom para a pintura e, se alguém mais quiser, eu posso ensinar.

Um menino olhou para ela dizendo:

— Meu nome é Maurício. Também quero aprender.

Célia olhou para o menininho. Um menino bonito com os cabelos pretos, olhos muito espertos e brilhantes.

— Está bem, se quiser, eu ensino. Se vai aprender, eu não sei; mas vou tentar ensinar. Quantos anos você tem?

— Tenho nove anos. Minha mãe trabalha no Correio.

— Ela sabe que você está aqui?

— Sabe, o Robertinho foi avisar pra ela e pediu para deixar você me ensinar. Ela deixou. Vai passar aqui pra me pegar. Se você for embora antes, é para eu ir até lá no Correio.

— Quer dizer que Robertinho sabia que eu ia te ensinar?

— Ele sabe de tudo! É muito inteligente!

— É muito inteligente e parece conhecer a todos. Hoje, você ficará somente olhando e, amanhã se quiser, trago uma tela e começará pintar.

Robertinho sorrindo satisfeito disse:

— Célia, eu não quero fazer esses rabiscos...

— Se quiser aprender a pintar, terá que começar com os rabiscos. Vamos começar?

Maurício sentou–se no chão e ficou atento a tudo o que Célia ensinava para Robertinho, que, devagar, pegou o pincel e seguia os movimentos que ela ia lhe ensinando.

Ao meio dia, Zeca voltou e parou novamente. Célia estava preparando-se para ir embora. Paulina também chegou:

— Célia, sua tela está ficando muito bonita mesmo!

— Está mesmo, obrigada. Ouvi dizer que você estava tocando piano, mas não pude ir até lá, pois agora sou professora.

— Olha, dona Paulina, o quanto já pintei!! A Célia disse que depois de todo esse rabisco, vai aparecer uma tela muito bonita! A senhora acha?

— Acho, sim, Robertinho. Não entendo de pintura, mas, se a Célia disse, deve ser verdade. Vamos esperar para ver.

— Sabe, dona Paulina, a tela da Célia também era só rabiscos, mas agora está ficando bonita.

Robertinho tomou uma certa distância para ver a tela, falou:

— Está ficando bonita mesmo, mas... olhando bem... a igreja está precisando ser pintada... Eu nunca tinha prestado atenção... mas está precisando mesmo....

Olharam para a tela e para a igreja, Zeca disse:

— Eu também não tinha prestado atenção! Está desbotada! Na sua tela, Célia, é que dá para ver!

— É mesmo, Zeca! Quando estava pintando, notei, mas não dei muita atenção.

— Só mesmo você, Robertinho — Paulina disse passando a mão nos cabelos dele — ,que tudo sabe, poderia ter notado.

— Dona Paulina, eu sei de tudo! Só não sei por que o padre não mandou pintar a igreja! Vou perguntar pra ele!

— Espere, Robertinho! — disse Célia. — Para pintar uma igreja precisa de muito dinheiro. Acho que o padre não tem.

— Não tem, Célia? Mas precisa arrumar! A igreja não pode ficar feia desse jeito! A minha mãe disse que a igreja é a casa de Deus! A casa de Deus deve ser bonita!

— Ele mora lá mesmo e em todos nós!

— Em todos nós? Como?

— Está dentro dos nossos corações.

— Assim não vale, Célia! Ele tem que ter uma casa pra morar e essa casa tem que ser bonita! Vou falar com o padre!

— Quem sabe as pessoas não ajudem? Podemos pensar nisso. O Prefeito também pode ajudar.

— Ora, Célia — disse Paulina com ar de deboche — ,esse Prefeito não faz nada pela cidade. Ele só quer fazer estradas que vão até as suas fazendas.

— Se ele é assim, por que as pessoas votam nele?

— A sua família já está no poder há muito tempo. Sempre que há eleição, ganham. Todos os candidatos são da família, qualquer um que ganhe, a Prefeitura pertencerá a eles.

— Isso não está certo! — Célia disse irritada. — Tem que haver alguém para derrotá-los! Alguém que seja respeitado!

— Sabem de uma coisa — disse Paulina — ,estou pensando em alguém! Venham comigo.

Paulina foi na frente, os outros a seguiram.

— Simão! — ela disse quando chegaram no bar — Você viu que a igreja está precisando de pintura?

Simão foi até a porta do bar e olhou para a igreja.

— Está mesmo, Paulina! Eu não tinha notado!

— Ninguém tinha notado, mas, hoje, todos notamos depois que o Robertinho, como não poderia ser outro, a viu através da tela da Célia. Simão, sabe por que estamos aqui? Queremos que você seja o nosso candidato a Prefeito!

— O quê?! Eu, Prefeito? Nunca! Vocês estão loucos?! Nunca serei político! Muito menos Prefeito!

— Por que não? Você é a pessoa mais conhecida da cidade! Seria o único em condições de competir com o Prefeito e sua família, que mandam nesta cidade há muito tempo!

— Não, Paulina. Nunca serei político! — disse Simão, irritado — Vocês escolherão outro! Eu não posso e nem quero!

— Com um Prefeito diferente daqueles que temos tido até hoje, a cidade e as pessoas viverão melhor!

— Não! Eu não!

— Esta cidade precisa de tanta coisa, Simão! Essa família, já está há muito tempo no poder. Eles não têm mais interesses sociais. Um Prefeito diferente viria com idéias novas.

Simão respondeu furioso, num misto de raiva e tristeza:

— Não! Não quero! Escolham outro! Se continuarem insistindo, irei embora da cidade e não voltarei nunca mais!

— Por que está tão nervoso? Por que não quer ser político? Qualquer um ficaria feliz com uma proposta dessa!

— Qualquer um, menos eu! Não quero! Nunca serei Prefeito ou qualquer outra coisa nesse sentido! Não insistam!

— Está bem, não precisa ficar tão nervoso. Arrumaremos outro, vamos pensar. Mas, a sua atitude é muito estranha...

— Não tem nada de estranho! Só quero continuar assim, como estou desde que cheguei. Com certeza existe, na cidade, alguém com muito mais qualidades do que eu. Prometo ajudar e apoiar em tudo o que for preciso. Desde que não seja eu!

— Está bem, não vamos mais falar sobre isso. Até mais.

Saíram do bar. Estavam abismados com a reação de Simão. Foram até a praça. Sentaram-se. Robertinho sentou–se também. Em seguida, levantou–se e voltou para o bar.

Simão estava pensativo, com uma expressão triste no rosto.

— Seu Simão, por que está triste?

— Eu não estou triste, Robertinho. Só estou pensando...

— Não precisa ficar triste! Minha mãe sempre diz que tudo dá sempre certo. Se não quer ser Prefeito, não precisa. Vou continuar gostando do senhor do mesmo jeito. Mas... que parece que o senhor ia ser um bom Prefeito... parece...

— Obrigado, Robertinho, mas, para ser Prefeito, tem que ser primeiro político, e isso não sou. Um bom político tem que estar voltado para o bem-estar do povo, e isso é difícil.

— Como sabe tudo isso? Já foi político?

— Quem?! Eu?! Não! Nunca!

— Parece que foi e que não gostou... parece... mesmo...

— Não! Nunca fui, mas já li muito e sei que a maioria deles não cumpre o que promete e nem com suas obrigações.

— Eu ainda não entendo nada disso, mas, quando crescer, vou ser o Prefeito desta cidade!

— Acredito que vai ser mesmo! — Simão disse sorrindo. — Da maneira que conhece a todos, com certeza, quando crescer, o seu eleitorado já estará pronto!

— O que é eleitorado? Nunca ouvi falar disso...

— São as pessoas que irão votar para que você possa ser o Prefeito e são elas que, na maioria das vezes, são enganadas.

— Bom, agora que o senhor já deu uma risada vou lá, perto deles, escutar o que estão falando! Aposto que estão falando do senhor, não acha?

— Devem estar, sim, mas são meus amigos e, com certeza, esquecerão essa idéia louca de eu ser Prefeito.

Robertinho afastou–se. Simão ficou olhando.

"Meu filho poderia ser como ele e estar aqui. Se não fossem o meu orgulho, ganância e desmandos."

Robertinho se aproximou dos outros, que realmente estavam falando de Simão. Quem falava agora era Célia:

— Por que será que ele ficou tão nervoso, Paulina?

— Nervoso não, Célia! Ele ficou quase histérico!

— Poderia simplesmente dizer que não queria!

Zeca, pensativo, as interrompeu:

— Alguma coisa de muito grave deve ter acontecido para que ele ficasse daquela maneira.

— É mesmo — disse Paulina. — Parece que já foi político.

— Será que ele foi?!

— Não sabemos, Célia, mas ele é nosso amigo. Um dia talvez confie em nós o suficiente para nos contar a sua história. Se não quer contar, é porque deve ter os seus motivos. Devemos respeitar. Quem não tem os seus segredos, não é?

— É, Zeca... — respondeu Célia — quem não os tem...

Robertinho estava sentado no chão, escutando a conversa dos outros. Levantou-se dizendo:

— Não adianta ficar falando do seu Simão. Acho melhor a gente ir falar com o padre para ver se ele vai pintar a igreja!

Todos se voltaram e começaram a rir.

— Você tem razão, Robertinho! — Zeca disse, enquanto passava a mão sobre os cabelos do menino. — Essa história de Prefeito deve ficar para outra hora. As eleições estão longe. Teremos muito tempo. É melhor irmos falar com o padre.

Padre Jorge estava ajoelhado diante do altar quando eles chegaram. Robertinho aproximou–se, tocou devagar em seu ombro. Ele voltou–se e, ao ver o menino, sorriu:

— Robertinho, como vai? Que bom que está aqui! Faz tempo que não vem à igreja. Posso saber por quê?

— A benção, seu padre, é que ando muito ocupado! Estou pintando uma linda tela!

— Não sabia que você era pintor!

— Não sabia? Pois eu sou um grande pintor. Quando a minha tela ficar pronta, vou trazer ela aqui *pro* senhor ver. Estes são meus amigos e estão aqui para falar com o senhor. Esta é a dona Paulina, que o senhor já conhece. Esta é a Célia e este é o Zeca. Eles têm uma coisa muito séria pra falar.

— Pois não, estou à disposição, qual é o assunto?

— Nós notamos que a igreja está precisando de uma pintura e queríamos saber o que o senhor acha disso?

— Bem, como é o seu nome mesmo?

— Zeca...

— Pois bem, Zeca. Eu já havia notado há muito tempo que a igreja está precisando de pintura, mas o senhor deve saber que esta cidade é muito pobre e as ofertas são pequenas. Uma pintura, agora, seria quase impossível. Além do mais, existem aqui muitas pessoas pobres que precisam de ajuda e, se eu tivesse dinheiro para pintar a igreja, naturalmente eu só o faria depois de ajudar as famílias que moram lá no Grotão.

— Padre, moro já há algum tempo na cidade e não sou muito religioso. Nunca entrei na igreja, conheço o senhor só de passagem. Não está interessado na pintura?

— Eu sei desde quando está aqui, Zeca. Você não me conhece, mas eu te conheço muito bem. No dia em que chegou, eu te vi dormindo na escada. Durante a missa pedi aos meus poucos fiéis que, se pudessem, te ajudassem. Quando a missa terminou, saí para falar com você, mas não estava mais lá.

— Então foi por isso que, quando acordei, havia aquele dinheiro em minha volta? Muito obrigado, padre! Eu não estava mais ali, porque não comia já há muitos dias e então o Robertinho me levou até o bar do Simão, e estou aqui até hoje!

— Sei que está aqui até hoje e me parece que muito bem. Tenho acompanhado a sua vida. Sei que é uma pessoa querida.

— Sou sim e quero muito bem a todos. Aqui encontrei um paraíso, por isso quero ajudar em tudo o que puder.

— Garanto a você que há muito para ser feito. A pintura da igreja não é a minha prioridade. Mas falaremos disso mais tarde. Paulina, por que, desde que voltou, não veio à igreja?

— Não tive vontade, estou muito triste com o seu Deus.

— Meu Deus? O que é isso? Ele é Deus de todos nós! O nosso Pai! Que está sempre ao nosso lado, nos ajudando.

— Comigo, Ele não foi pai. Ao contrário, foi um padrasto, e dos mais cruéis! Posso lhe garantir!

— Não, minha filha! Deus é sempre bom! Nós é que nem sempre sabemos entendê-lo...

— Pode ser, mas não entendi o que aconteceu comigo. Por isso, ainda não estou com vontade de conversar com Ele.

Célia percebeu que a amiga estava ficando nervosa e que tinha que quebrar aquele clima:

— Padre, esse assunto deve ficar para outro dia. Estou

interessada na pintura da igreja e saber mais sobre esse Grotão.

— Como é o seu nome?

— Célia. Eu cheguei há pouco tempo na cidade, mas sempre freqüento a sua igreja.

— Tenho te visto várias vezes, mas não veio falar comigo.

— Só hoje senti necessidade. Primeiro, pela pintura da igreja e, agora, por causa do Grotão. O que é que acontece lá?

— Lá é o lado pobre da cidade. Muitas famílias que ali vivem têm trabalho só na época da colheita das laranjas. Durante o resto do ano passam por várias dificuldades. Tento ajudar, mas os meus recursos são poucos. Por isso é que, quando falaram em pintar a igreja, lembrei de todas aquela pessoas e prefiro ajudá-las, ao invés de gastar dinheiro com a pintura. Se tiverem uma idéia para arrumar dinheiro, prefiro usá-lo para ajudar as pessoas do Grotão.

— O senhor tem razão. Não sabemos como conseguir dinheiro, mas, se conseguirmos, iremos discutir como será gasto.

— Foi Deus quem os iluminou! Há muito tempo estou tentando conseguir alguém para me ajudar nesse assunto.

— Agora conseguirá. Conversaremos e depois voltaremos.

— Muito obrigado e que Deus os abençoe!

Despediram-se do padre e foram para o bar do Simão. Robertinho entrou na frente, falando:

— Seu Simão! O padre vai deixar gente pintar a igreja!

— Que bom, Robertinho, mas como farão isso?

— Fique quieto, menino! — Zeca disse tapando, com a mão, a boca de Robertinho — Simão, não é nada disso. O padre disse que a sua prioridade é ajudar as pessoas que vivem no Grotão. Ele disse que são muito pobres. Você já foi até lá?

— Nunca, Zeca, mas sei que é um bairro muito pobre...

— Também nunca fui até lá. Já ouvi falar alguma coisa, mas nunca me despertou muito interesse! E você Paulina?

— Fui lá algumas vezes, quando era criança. Lá perto tem um pequeno rio, onde meu pai me levava para pescar. Se não fosse pela pobreza que existe, seria um lugar muito mais bonito. No domingo, poderíamos ir até lá conhecer.

— Eu só posso ir à tarde. Não posso deixar o bar sozinho!

— Está bem — disse Zeca — ,iremos domingo à tarde.

— Também vou, Zeca! — gritou Robertinho.

— Se sua mãe deixar, irá! Como deixar você fora? Foi quem começou tudo!

— Nossa! — disse Célia. — Quando Paulina nos trouxe até aqui, saí correndo e esqueci as telas e tintas lá na praça!

Célia saiu correndo, os outros a seguiram. Ao chegarem lá, pararam e ficaram olhando. Maurício continuava sentado perto das telas. Ao vê-los, disse:

— Fiquei aqui tomando conta, ninguém mexeu em nada.

— Obrigada, Maurício. Ainda bem que você ficou aqui. Agora pegaremos tudo e amanhã, se quiser, pode vir que trarei outra tela – – Célia disse, passando a mão por sua cabeça.

— Eu quero sim! Quero pintar igual a você!

Recolheram todo o material e foram até a casa de Célia, que os convidou para entrarem. Zeca e Paulina não aceitaram, foram embora. As crianças entraram e ela deu a cada um deles um copo com suco. Beberam e também se foram.

"Tudo está mudando na minha vida. Indo até o Grotão, talvez eu consiga descobrir alguma coisa. Sinto que está perto o dia da minha felicidade."

Conhecendo o grotão

O tempo passou. No domingo, após o almoço, quando chegaram diante do bar, Simão já estava fechando. Ajudaram-no a guardar as mesinhas e cadeiras. Quando terminaram, fecharam o bar e foram para o Grotão, que ficava vinte minutos distante da cidade. Eles foram andando e conversando. Robertinho ia na frente, com um galho na mão, parecendo um cajado. A estradinha era de terra, mas toda cercada por árvores. A tarde estava agradável. Seguiram conversando. A amizade aos poucos foi se cristalizando. Ao chegarem no Grotão, admiraram-se. O lugar era realmente pobre. As casas eram pequenas e de madeira. A rua principal tinha muitos buracos e a água corria livre por ela, trazendo um cheiro não muito agradável. Perceberam que não havia água encanada, só pequenos poços. A água era tirada com um balde, preso a uma corda sobre uma roldana. Sem luz elétrica, as pessoas iluminavam suas casa com velas, lamparinas e lampiões. Crianças brincavam correndo pela rua. Homens e mulheres com suas roupas gastas e aparência doentia. Eles andavam pela rua. Os moradores estranharam e olhavam desconfiados. Robertinho ia acenando com a mão e sorria para todos, no que era correspondido. Zeca perguntou:

— Robertinho, você já esteve aqui?

— Já, venho sempre com a minha mãe. Ela sempre traz roupas e comida. Ela tem muita pena de todos aqui.

— Eu não sabia disso! Você nunca contou, Robertinho!

— O senhor é que nunca me perguntou, seu Simão. Minha mãe falou que, quando a gente ajuda alguém, não deve ficar comentando. Ela sabe o que fala... sabe sim...

Célia sentiu uma ternura muito grande por aquele pequeno menino, que às vezes falava como gente grande:

— Sua mãe tem razão, Robertinho. Ela parece ser uma boa mulher. É isso mesmo que tem que fazer.

Zeca lembrou do dia em que chegou à cidade:

— Pode ter certeza de que é a pessoa mais humana que já conheci, Célia. É uma grande mulher e eu a respeito muito.

Continuaram andando e observando tudo. Robertinho parou em frente de uma casa. Uma senhora estava sentada, penteando os cabelos de um menino que, pela aparência, parecia estar doente.

— Boa–tarde, dona Rosaura! Estes são meus amigos, vieram conhecer o Grotão!

— Boa–tarde, Robertinho. Sejam bem-vindos, embora aqui não tenha muita coisa bonita pra se ver.

Robertinho deu uma batidinha com a mão no ombro do menino doente e, olhando para os outros, disse:

— Como não? O Paulinho é muito bonito! Não é?

Sorriram, concordando com a cabeça. Simão perguntou:

— Dona Rosaura, o que ele tem? Parece que está doente!

— O doutor lá do posto disse que ele está com o sangue ruim porque, desde que nasceu, eu nunca dei pra ele uma boa comida. Disse que agora ele tem que tomar remédio, também comer muita carne, fruta e tomar leite, mas tudo isso é muito caro e não posso comprar. Como vou poder dar tudo isso pra ele? Não tenho dinheiro e ainda tenho mais duas crianças.

— É, minha gente — disse Paulina — ,acho que o padre Jorge tem razão. A pintura da igreja não é prioridade!

Estavam perplexos com aquela situação. Simão não acreditava. Aquele menino, tão bonito, naquela situação. Sentiu uma saudade imensa e um aperto no coração.

— Dona Rosaura, tenho um bar e mercearia lá na cidade. Compro muito mantimento. Quero que a senhora me dê uma lista de tudo o que precisa, mandarei todas as semanas a comida necessária para ele e também para seus outros filhos.

— Quanto aos remédios, pode deixar por minha conta — continuou Paulina — ,mandarei todos que precisar. Esse menino lindo vai ficar bom, a senhora verá.

Rosaura, com os olhos cheios de lágrimas, quis beijar as mãos deles, mas não permitiram.

— Quantas famílias vivem aqui? — perguntou Zeca.

— Não sei muito bem, mas devem ser umas trinta. Todas estão na mesma situação. Só ganhamos um pouco de dinheiro na colheita das laranjas, mas é apenas uma vez por ano.

— Aqui não tem só tristeza, não! — Robertinho disse ao perceber a tristeza dos amigos — Tem um lugar muito bonito. Vem ver! Vocês vão gostar!

Saiu correndo e os outros o seguiram. Chegaram a um rio que seguia mansamente. Robertinho continuou correndo até surgir diante deles uma linda cachoeira.

— Olha aqui! Alguém já viu um lugar como este?

Olharam, abismados, a beleza do lugar. A cachoeira, com uns cinco metros de altura, caía fazendo um barulho ensurdecedor. Em baixo, após a queda, a uns cinqüenta metros, havia uma área muito grande de água quase parada, no meio de pedras, formando, assim, uma espécie de piscina natural. Dali em diante o rio corria manso. Tudo cercado por muitas árvores coloridas. Pássaros voavam em volta da água. Peixes nadavam tranqüilamente. Aquilo parecia um pedaço do paraíso. Simão olhava tudo, não podendo acreditar no que estava vendo. Observou por um bom tempo:

— O que essas pessoas precisam é de trabalho! — disse animado. — Aqui está uma fonte muito grande de recursos.

Os outros olharam admirados para ele, que parecia estar em outro lugar. Parecia, também, ser outra pessoa.

— O que está querendo dizer com isso, Simão?

— Zeca! Isto aqui é uma beleza! Pode ser tudo transformado em um lugar de lazer. Pode ser cercado! Lá na entrada da estrada que vem para cá, pode ser colocada uma espécie de porteira, onde as pessoas, para entrar, pagarão uma taxa! Pode ser feito um estacionamento para carros! Ao lado do estacionamento, poderão ser construídos quiosques com mesas e churrasqueiras! Podem ser construídas várias cabines, onde as pessoas trocarão de roupas e nadarão nessa piscina formada pela natureza! Os moradores terão trabalho, cuidando da conservação! Com alguma reforma, e muita publicidade, isto pode se transformar em uma fonte de renda para o Grotão. Céu Dourado se transformará em uma cidade turística!

Eles iam acompanhando a descrição de Simão:

— Por essa estrada que viemos, Simão? Os carros não

conseguirão chegar até aqui!

— É só asfaltar a estrada, Zeca. A distância da cidade não é tão grande assim. Trinta casas, não são muitas. Podem ser construídas e se tornarem confortáveis para os moradores!

Zeca, como os outros, estava gostando da idéia.

— Estou gostando de tudo o que está dizendo, mas e o dinheiro para tudo isso? Estas terras devem ter dono.

— Terras em volta dos rios são mananciais. Não podem ser usadas para moradia. Pertencem ao Estado. Precisamos falar com o Prefeito. Ele poderá liberar os recursos para construir um parque balneário. Será bom para cidade toda.

— O Prefeito? — Robertinho disse rindo — Só se o senhor for o Prefeito, seu Simão! E, olhe gente, ele não está falando como se fosse Prefeito?

Eles riram e tiveram a mesma impressão. Simão parecia um político quando sonha em fazer alguma coisa.

— O que é isso? Já falei que não sou político!

— Tudo bem, seu Simão! Mas se quiser fazer tudo isso que está sonhando, vai ter que ser o Prefeito, porque o meu pai falou que esse que é Prefeito não faz nada pela cidade. Por isso acho que não vai gastar um tostão pra isso!

— Robertinho! — disse Célia — Não acredito que o prefeito seja tão insensível assim! Vamos falar com ele. Tenho certeza de que farei com que ele entenda que será bom para a cidade e para ele também. Será uma boa propaganda para conseguir votos na próxima eleição.

— Ele não se preocupa com votos, Célia — Simão disse, mais calmo. — Sabe que não há opositores.

— Por isso queríamos você como Prefeito, Simão.

— Paulina! — disse Simão, outra vez nervoso. — Não serei Prefeito e nada ligado à política! Nunca! Nunca!

— Está bem! Não precisa ficar tão nervoso. Pessoal, vamos tentar fazer o prefeito compreender? Quem sabe ele aceite, não é?

— Isso mesmo! — disse Zeca. — Não custa nada! Amanhã tentarei marcar uma audiência com ele.

Voltaram para a cidade. No caminho, foram conversando sobre como poderiam transformar aquele lugar. Sentiam-se renovados. Em cada coração, uma nova esperança nascia. Sabiam agora que, embora cada um tivesse passado por experiências ruins e por isso pensaram ter a vida desfeita para sempre, alguma coisa poderia ser feita por aquelas pessoas que tanto precisavam. Isso lhes fazia muito bem.

No dia seguinte, logo pela manhã, Zeca, Paulina e Célia foram à Prefeitura marcar uma audiência com o prefeito. Foram informados de que ele estava viajando na Europa e de que só voltaria quinze dias depois. Saíram de lá e foram para o bar.

— Simão, por favor — disse Zeca enquanto se sentavam — ,nos dê um refrigerante, está muito quente. Temos uma péssima notícia. Não conseguimos nada!

— Como não conseguiram nada, Zeca?

— Simão! Por favor, nos dê o refrigerante!

— Vou dar, Zeca, mas antes me diga, o que disse o Prefeito?

— Nada! Porque ele não está na Prefeitura, está viajando e só voltará daqui a quinze dias!

— Viajando?! Quinze dias?!

— Isso mesmo! Viajando! Como se a cidade não tivesse problema algum! — Zeca disse, mais nervoso ainda.

Simão serviu o refrigerante. Outro freguês chegou e ele foi atender. Enquanto os outros conversavam, ele ficou olhando à distância, querendo saber do que falavam.

— Estão vendo como funciona a Prefeitura? Foi sempre assim, meu pai já reclamava. A família tem muito dinheiro, por isso fica viajando pelo mundo todo. Precisamos dar um jeito de arranjar alguém capaz de enfrentá-los. Essa família está há muito tempo no poder – – Paulina falou, irritada.

Eles concordaram e automaticamente olharam para Simão. Ele percebeu. Sabia que estavam conversando a seu respeito e, com certeza, era sobre aquela idéia ridícula de ser Prefeito. Assim que atendeu o último cliente, foi para junto deles.

— E daí?! Para quando foi marcada a audiência?

— Vamos ter que esperar um pouco. O nosso amado prefeito está viajando e, quando voltar, precisará de mais uma semana para descansar da viagem, e aí talvez nos receba.

— Paulina! Você está brincando!

— Não estou não, Simão! É isso mesmo que ouviu! É bom que perceba como a nossa cidade funciona. Quem sabe mude de idéia e resolva ser o nosso Prefeito.

— Por favor, Paulina, não venha novamente com essa idéia ridícula. Não serei prefeito, porque não sei como fazer isso!

— Como não? Aquela sua idéia sobre o Grotão! A riqueza de detalhes com que transformou um lugar imundo como aquele em um lugar maravilhoso! A maneira como se preocupou em criar emprego para os moradores, em construir casas para dar-lhes conforto. É uma prova de que você sabe como fazer e de que seria um bom Prefeito!

— Aquilo foi um entusiasmo de momento. Qualquer um, vendo toda aquela miséria e depois toda aquela beleza, com certeza teria a mesma idéia. Não precisa ser político para isso!

— Todos nós vimos a mesma coisa e nenhum teve a idéia. Só você! Por quê? É um engenheiro? Foi político?

— Não! Não sou engenheiro e nem político. Sei enxergar além. É impossível que não tenham visto também!

— Não adianta ficarmos insistindo nisso, Paulina — Zeca os interrompeu. — O importante é conseguirmos fazer o que o Simão idealizou. Precisamos falar com o Prefeito. Como isso vai demorar, que tal começarmos a planejar no papel? Assim, quando ele chegar, já teremos um plano de ação para apresentar.

— Mas como faremos isso? Não somos engenheiros.

— Na cidade deve ter algum — respondeu Zeca. — Precisamos escrever o que queremos. Apresentaremos ao engenheiro, e assim ele poderá fazer o nosso projeto.

— Não sei — disse Paulina. — Me lembro que, no tempo em que morava aqui, o Juarez, um amigo de infância, foi para a Capital estudar engenharia. Não sei se voltou depois disso. Preciso descobrir. Vou até a casa da mãe dele e perguntar.

— Faça isso, Paulina! — disse Célia entusiasmada — Mas nada impede que cada um de nós vá dando a idéia de como queremos que tudo seja feito.

— Creio que seria melhor falarmos com o padre antes de tomarmos qualquer atitude. Ele conhece tudo aquilo muito bem. Saberá se é uma boa idéia ou não!

— Paulina, você tem razão — disse Zeca. — Ele conhece e já deve ter tido alguma idéia. Vamos nos juntar a ele.

Foram até a igreja. Encontraram Robertinho, que voltava da escola e quis ir junto. Padre Jorge estava sentado em um banco, lendo. Aproximaram-se e Célia tocou em seu ombro:

— Padre Jorge, precisamos falar com o senhor.

— Pois não, meus filhos. Vamos até a sacristia.

Seguiu à frente e foi acompanhado por eles.

Paulina tomou a frente.

— Padre, fomos até o Grotão...

— O que viram lá?

— Vimos que o seu Deus se esqueceu daquela gente!

— O meu Deus, que também é o seu, Paulina, não se esqueceu daquela gente, nem se esquece de ninguém...

— De mim, com certeza, esqueceu. Mas isso agora não importa. O que queremos é contar ao senhor a idéia que tivemos para tomar o lugar de seu Deus e ajudar aquelas pessoas.

— Nunca poderão tomar o lugar de nosso Deus, Paulina! Porque é assim mesmo que Ele trabalha. Só de ouvir o modo como está falando, vejo que Deus não esqueceu daquela gente e nem de você, mas qual foi a idéia?

Zeca começou a falar, os outros queriam também. Estavam ansiosos. Robertinho tentava, mas não conseguia ser ouvido.

— Esqueceram de dizer que precisa fazer um parque de diversão para as crianças! — Robertinho disse, subindo nas costas de Zeca e pulando sobre seus ombros.

Todos pararam de falar. Zeca tirou o menino de seus ombros, colocando-o em cima da mesa, dizendo:

— Não se preocupe, Robertinho! Você também faz parte da comissão! Vá pensando em tudo o que achar ser bom para as crianças. Depois nos falará e veremos se dará para ser feito.

Padre Jorge agradecia a Deus por aquelas pessoas que Ele havia lhe enviado. Há tanto tempo acompanhava a vida daquelas pessoas do Grotão. Ajudava no que podia, mas sabia que precisavam de muito mais.

— Está bem. Sobre tudo o que falaram, estou de pleno acordo. Se conseguirmos fazer tudo isso, os problemas acabarão. Mas como poderá ser feito? Onde arranjaremos dinheiro?

— Simão falou que precisamos falar com o prefeito. — Zeca respondeu. — Não sabemos muito bem como funciona. Ele disse que há necessidade de uma autorização do Prefeito e dos vereadores para que aquelas terras sejam doadas e transformadas em um ponto turístico. O dinheiro poderá vir da Prefeitura.

— Da Prefeitura? — disse o padre desolado — Com o Prefeito que aí está? Vai ser muito difícil! Já falei com ele muitas vezes a respeito do Grotão. Ele sempre diz que não pode fazer nada, porque não tem verba. Na realidade, não se preocupa com o povo...

— Falaremos com ele e demonstraremos que será bom para a arrecadação da cidade. Com o turismo, ela vai se desenvolver e ele poderá dizer que foi sua a idéia. Será um herói perante o povo.

— Pode ser que, usando a vaidade dele, vocês consigam. Já foram até a Prefeitura?

— Já, ele não está. Foi passear pela Europa...

— É o que mais faz, Zeca, viajar. Mas isso não tem importância. O importante é conseguirmos fazer tudo isso que me contaram! Será maravilhoso!

— Conseguiremos. Se ele não quiser ajudar, encontraremos outra maneira, mas conseguiremos! Esta cidade me deu muito. Preciso retribuir de alguma forma. Se puder ser dessa maneira, ajudando a toda aquela gente, assim será...

Olharam para Zeca, que dizia essas palavras com o olhar distante, como se estivesse relembrando algo.

— Zeca, do que está lembrando? — perguntou Paulina.

— De quando cheguei e de como fui recebido por todos.

Percebeu que havia, por um momento, deixado transparecer toda a dor que havia em sua alma.

— Bem, o que passou, passou — Zeca se recompôs e continuou falando — ,hoje, o que precisamos é nos preocupar com o presente. E de que forma conseguiremos, certo?

Naquele momento, Célia e Paulina também se lembraram dos seus passados. Os olhares, como o de Zeca, ficaram distantes. Padre Jorge percebeu e disse:

— Meus filhos, não importa o passado. Deus sempre nos mostra um caminho. Vamos seguir na tentativa de fazer com que esse plano dê certo... De alguma forma, conseguiremos fazer tudo o que estão planejando. Deus nos mostrará o caminho. Temos em nossos corações tristezas e sofrimentos, mas Ele é o Pai...

Despediram-se do padre e voltaram ao bar. Simão atendia aos seus clientes, mas estava ansioso para saber o que tinham falado com o padre. Contaram tudo o que o padre havia dito. Resolveram que não tinham o que fazer antes da volta do Prefeito, a não ser, por enquanto, mandar alimentos e remédios para Rosaura. Simão já havia preparado duas caixas, que enviaria a ela através de Elias, no táxi. Paulina lembrou que havia prometido os remédios.

— Espere, Simão. Não mande os mantimentos ainda. Preciso ir até a farmácia comprar os remédios para o Paulinho.

Simão concordou com a cabeça. Ela foi até a farmácia, comprou tudo e voltou sorridente:

— Aqui estão todos os remédios prescritos na receita.

— Mandarei logo, Paulina. Aquele menino precisa se alimentar e iniciar o tratamento.

Despediram-se. Foram para suas casas. Estavam com o coração feliz. Haviam encontrado um motivo para continuar a vida. Robertinho acompanhou Célia.

— Célia, hoje você não me ensinou a pintar...

— Hoje já está tarde, Robertinho, mas amanhã continuaremos as nossas aulas. Avise ao Maurício para que venha também.

Beijou-o na testa e entrou em casa. Estava feliz:

"A minha vida está mudando tão rapidamente! Há pouco tempo, quando descobri a maldade que me fizeram, pensei que minha vida havia terminado, mas, agora, tenho a certeza de que estou recomeçando. Talvez não consiga consertar o meu passado, mas não importa mais. Aquelas pessoas precisam da minha ajuda e tudo farei para ajudá-las. Enquanto for possível, ficarei aqui na cidade. Sinto que este é o meu caminho. Já que não posso mais ser feliz, ao menos poderei ajudar aquela gente. Está muito calor. Vou tomar um banho e fazer algo para comer."

Fez isso. Depois do banho e de comer um lanche, pegou o livro que alguém lhe dera quando esteve internada.

"Naquele tempo, estava tão distante de tudo que não tive curiosidade de ler. Hoje, estou sentindo vontade de lê-lo."

Pegou o livro na mão, olhou sua capa e leu: *O Evangelho Segundo o Espiritismo.*

"Que será que está escrito aqui? Já ouvi falar sobre essa religião, conheço alguma coisa da Bíblia. Quando criança ia à igreja, todos os domingos. Mas, depois que cresci, não dei muita atenção a religião alguma. Tinha outras coisas para fazer."

Abriu o livro ao acaso. Falava da reencarnação, através de alguns capítulos do Evangelho. Começou a ler e assim continuou durante a tarde toda. Estava escurecendo quando ela fechou o livro e ficou pensando:

"Estranha essa religião, mas tem algo que me convence. Será que existe mesmo reencarnação? É uma coisa diferente, mas se existir mesmo, haveria respostas para muitas coisas que não entendi até hoje. Por que será que aquelas pessoas do Grotão vivem daquela maneira? Deus não seria justo se escolhesse seus filhos e desse a cada um destinos diferentes. Por que uns são tão pobres, que não têm nem o que comer, enquanto outros têm tanto, que poderiam jogar fora e não lhes faria falta? Por que algumas pessoas são saudáveis e outras doentes? Por que umas têm o corpo perfeito e outras não? Talvez a reencarnação seja uma resposta para tudo isso. Preciso estudar mais essa religião, saber mais..."

Sentiu calor. Foi para a praça. Sentou–se em um banco e ficou pensando em tudo o que havia acontecido em sua vida.

Paulina olhou pela janela. Viu Célia na praça e foi até lá.

— Olá, Célia, está pensando na vida?

— Sim, e também nas pessoas do Grotão. Sabe, Paulina, ainda bem que gosto de pintar.

— É mesmo, e a sua tela está ficando muito boa mesmo. Deve ser uma pintora famosa!

— Por que diz isso? De onde tirou essa idéia?

— Porque pinta muito bem. Não entendo muito de pintura, mas posso ver que não é nenhuma amadora.

— Gosto muito de pintar, Paulina, mas não sou profissional, é só um meio que encontrei para me distrair. Enquanto pinto, não penso em meus problemas.

— Entendo bem o que está dizendo, comigo acontece o mesmo com o piano. Enquanto toco, minha alma viaja.

— Estive lendo um livro hoje à tarde que me fez pensar em algumas coisas. Estava aqui refletindo sobre o que li.

— Que livro, Célia? Adoro ler!

— Você já ouviu falar sobre Espiritismo?

— Qual? Aquele em que as pessoas colocam coisas nas encruzilhadas e só fazem o mal?

— Não sei, mas pelo livro que li, não me pareceu ser essa! O livro fala sobre a reencarnação e a responsabilidade que cada um de nós temos com os nossos atos. Quem escreveu foi Allan Kardec.

— Sobre reencarnação, já ouvi falar alguma coisa, mas nunca me interessei por esse assunto.

— Ganhei este livro quando estive internada, mas até hoje nunca tive curiosidade de lê-lo. Não sei por quê, hoje, ao vê-lo, abri uma página e a leitura me interessou. Fiquei lendo por horas. O assunto é interessante.

— Você esteve internada, Célia?

— Sim, mas não gostaria de falar sobre isso, Paulina.

— Está bem, não insistirei. Quando confiar o bastante em mim, talvez queira me contar. Desabafar faz muito bem.

— Talvez um dia eu te conte toda a minha vida, mas sinto que ainda não chegou a hora.

— Quando precisar desabafar, estarei aqui. Mas, voltando ao livro. Há muito tempo deixei de acreditar em Deus e nas religiões. Acho que nada disso existe. Se Deus realmente existisse, não permitiria tanta maldade, doenças e diferenças no mundo. Já terminou de ler?

— Não, ainda não terminei. Mas percebi que não é um livro para simplesmente ser lido. É um livro para ser consultado sempre. Já que você pensa assim a respeito de Deus, acho que seria bom ler! Talvez, como eu, encontre algumas respostas!

— Estou ficando curiosa, me empresta depois que terminar de ler?

— Com certeza! Agora vou embora, já está escurecendo.

— Irei com você até o seu portão. Estou lendo um livro também, só que o meu é um romance policial. Quando terminar, se quiser, posso te emprestar.

— Quero sim. Depois de pintar, o que mais gosto de fazer é ler. Leio sobre todos assuntos.

Célia entrou em casa. O livro ainda estava sobre a cama, deitou-se e voltou a ler.

"Talvez agora eu consiga entender muita coisa do que se passou na minha vida. Amanhã irei a uma livraria na cidade e comprarei mais alguns livros que falem desse assunto. Sinto que me farão muito bem."

O mistério continua

No dia seguinte à tarde, Célia foi para a praça. Lá estavam Robertinho e Maurício. Célia sorriu, montou as telas e começou a ensinar os dois. Robertinho já começava a ver a sua tela se formando. Não era perfeita, mas para ele se tornou a coisa mais importante. Célia disse:

— Robertinho, não sei onde mora, nem quantos anos tem.

— Moro lá atrás da praça. Logo vou fazer dez anos.

— Que bom! Vamos ter bolo?

— Minha mãe sempre faz. Ela disse que todos os anos são diferentes. E que nunca mais eu vou fazer dez anos.

— Ela tem razão. O tempo passa depressa, e a gente nunca mais pode voltar e mudar o que fizemos de certo ou errado.

— O que está falando, Célia? Não estou entendendo...

— Nada! Não estou falando nada. Só estou pensando. Você gosta muito da sua mãe, não é?

— Gosto sim, ela é tudo pra mim, faz tudo o que quero. Às vezes me coloca de castigo, mas só quando faço alguma coisa errada. Parece que ela é ruim, mas não é não! Só parece...

— Tem mais irmãos?

— Só um. Ele mora em Brasília faz um tempão! Só vem aqui às vezes e sempre me traz muitos presentes.

— O que ele faz em Brasília? Trabalha ou estuda?

— Não sei muito bem, parece que é advogado.

— Quando ele vai voltar?

— Não sei, ele nunca avisa.

— Gostaria de conhecer a sua mãe, parece ser muito boa.

— Ela é mesmo! Vou falar com ela e pedir pra ela vir conversar com você. Você vai gostar dela! Eu sei!

Maurício sujou as mãos e roupas com tinta vermelha. Célia, distraída e conversando com Robertinho, não notou. Robertinho, quando viu, começou a rir, e Maurício, a chorar.

— Não chore, Maurício... — Célia disse abraçando-o — No começo é assim mesmo. Olhe, vamos pegar essa estopa e num instante limparemos tudo. Quando aprender a mexer com as tintas, isso não acontecerá mais. Desculpe, eu me distraí e esqueci que você nunca tinha mexido com as tintas.

Com a estopa, limpou as mãos do menino. Recolheu todo o material. A mãe de Maurício veio buscá-lo. Quando viu o menino todo sujo, e com cara de quem havia chorado falou:

— Que aconteceu? O pincel caiu em sua roupa?

— Não — respondeu Célia — ,ele está começando a aprender. Logo mais será um grande pintor!

A mãe do menino sorriu, deu um beijo nele, despediu–se e agradeceu à Célia. Foi embora levando o menino pela mão. Célia foi para casa. No dia seguinte, como já fazia há alguns dias, foi para o bar se encontrar com Zeca e Paulina para tomarem o café da manhã. Simão já os esperava com a mesa colocada. Tinham muito que conversar. Paulina disse:

— Ontem falei com o meu amigo, Juarez. Ele se interessou pela idéia e quer falar com vocês na tarde do próximo domingo.

— Muito bem, Paulina! — Simão disse sorrindo. — O primeiro passo já está dado. Quando o Prefeito voltar e resolver nos atender, vamos convencê-lo a nos ajudar!

Simão sabia que o convenceria. Enquanto conversavam, viram que Gustavo e Clara também estavam conversando.

— Clara, meu pai disse que não vai nos ajudar. Disse a ele que não irei sozinho. Ele está muito nervoso.

— Você vai sim! Não deve se preocupar comigo. Ficarei bem e te esperando. Só estou triste por ter tanta vontade de estudar e não poder por causa de dinheiro. Que país é este? Também, o país não tem culpa. Se tivesse um pai, ele me mandaria para a faculdade e estaria orgulhoso como o seu está. Somos muito jovens ainda. Vou esperar por você...

Do bar eles os viam, mas não conseguiam escutar. Ficaram ali por um bom tempo, depois cada um foi cuidar de sua vida. Zeca foi trabalhar e Célia, para a praça, pintar. Paulina foi para sua casa tocar piano e Simão ficou no bar, pensando nas pessoas do Grotão e em como poderia transformar tudo aquilo.

Os dias foram passando, sem grandes novidades. Encontravam–se pela manhã e à tarde. No domingo, se encontraram com Juarez, que, após ouvi-los, disse:

— Posso fazer o projeto e não cobrar, mas penso que o custo será alto e, se o Prefeito não aprovar, será muito difícil.

Simão, de todos, era o que estava mais animado:

— Vamos falar com ele! Tenho certeza que entenderá. Saberá que será bom para a cidade e para ele próprio!

Como os outros, Juarez também riu, dizendo:

— Simão, pode tentar, mas acho que será difícil. Ele não se importa muito com a cidade, só com suas viagens.

— É impossível que ele seja tão insensível, Juarez.

— Espero que consigam. A minha parte farei. Quando estiver pronto, avisarei. Vai demorar, porque só poderei fazer nas horas vagas. Mas farei o mais depressa que puder.

— Se fizer até a volta do Prefeito será ótimo, assim mostraremos o projeto pronto. Acredito que será mais fácil.

— Vou tentar, Paulina, mesmo que não seja o projeto final, mas ao menos terão uma idéia aproximada do custo-benefício.

Simão serviu refrigerante para todos. Eram agora amigos e tinham muita coisa para conversar a respeito do Grotão.

— Já pensaram como vai ser bom, se todas aquelas pessoas tiverem uma boa casa para morar, além de trabalho?

— Seria bom mesmo, Zeca, mas corremos o risco desta cidade deixar de ser o que é, com tantos turistas...

— Não havia pensado nisso, Paulina. Mas será inevitável. Aquelas pessoas do Grotão precisam viver com dignidade.

Célia, enquanto concordava com a cabeça, disse:

— Paulina, terminei de ler o livro. Confesso que gostei. Você vai mesmo querer emprestado?

— Já te disse que não acredito em Deus e em nada disso, mas, se achou bom, vou ler. Não lhe prometo chegar ao fim.

— Para mim foi muito bom. Se não quiser, não tem importância. Não precisa se preocupar.

— De que livro estão falando? — Simão perguntou.

— Estive lendo um livro a respeito do Espiritismo. Gostei do que li, encontrei algumas respostas para os meus problemas.

— Isso de Espiritismo é tudo charlatanice, Célia! Aliás, todas as religiões são. Em todas elas o dinheiro corre solto!

— Que é isso, Simão? Existem muitas pessoas que se dedicam sem nada ganhar!

— Pode ser que algumas não ganhem, mas, por trás delas, alguém está ganhando. Já há muito tempo foi dito que a religião é o ópio do povo. Enquanto as pessoas rezam, os poderosos ficam cada vez mais ricos e mais poderosos!

— Ele é um socialista! — Zeca começou a rir. — Seguidor de Karl Marx! Já foi provado que luta de classes não é a solução!

— Não estou falando de luta de classes. Estou falando de religião. Todas elas pregam o conformismo. Enquanto isso, o povo fica esperando ajuda de Deus e não luta por seus direitos. Por isso disse a Célia que não acredito nem mesmo em Deus. Ele não existe, porque se existisse não haveria tanta tragédia, sofrimento e desigualdades neste mundo! Não, Ele não existe!

Zeca e Paulina concordaram com a cabeça.

— Também pensava assim, mas, depois que li esse livro, encontrei algumas respostas para tudo isso. Quem sabe, se lerem, não encontrão também. Gostei do que li. Vou procurar saber mais. O livro está comigo. Quem quiser pode ler.

— Vou tentar ler, Célia, embora saiba que vai ser difícil voltar a acreditar em Deus — afirmou Paulina.

Mudaram de assunto. Voltaram a falar sobre o projeto.

Robertinho, a cada dia que passava, trazia mais um amiguinho para vê-lo pintar. Alguns queriam aprender. Célia já ensinava a seis crianças. Só conseguia pintar a sua tela em casa, durante a noite. As crianças tomavam toda a sua atenção.

As pessoas da cidade, que a princípio estranharam aquela moça com o rosto coberto, agora já gostavam dela, por todo amor e carinho que ela demonstrava no trato com as crianças.

Naquela tarde, após voltar da escola, Robertinho entrou no bar, gritando, nervoso e ofegante:

— Seu Simão! Seu Simão! O dinheiro! O dinheiro!

— Calma, Robertinho! De que dinheiro está falando?

— Do dinheiro da Clarinha!

— Que dinheiro?

— Chegou um monte de dinheiro pra ela!

— O que está dizendo?! Simão perguntou curioso:

— Igual o dinheiro do seu José. Está lá no Correio! Veio uma carta que fala pra ela usar o dinheiro para estudar.

— Não acredito! Outra vez?! Tem certeza?!

— Tenho sim! No Correio todos estão comentando. Eu fui até lá buscar o Maurício e escutei!

— Quem será que mandou?

— Não sei e ninguém sabe! Isso é que está me deixando nervoso! Preciso descobrir...

— Quer ser o primeiro a saber e contar, não é?

— É isso mesmo, mas não faz mal, tem muita gente que não sabe, e eu preciso contar, senão vão ficar sem saber! Tchau!

— Tchau Robertinho! Vá correndo, senão pode ser tarde.

Robertinho saiu correndo, Simão ficou rindo.

Na casa de Regina, a alegria era total. Clara via todo aquele dinheiro e a carta dizendo que era para ela ir para a faculdade.

— Mamãe, quem terá mandado? Com esse dinheiro poderei morar e estudar! Vou poder realizar o sonho de toda minha vida! Ser médica! Deus existe mesmo!

— Sempre acreditei nisso. Mas, quem terá mandado?!

— Mamãe, não terá sido o meu pai?

Regina já tinha pensado nisso, mas sabia que não havia sido ele. Nunca se preocupou com ela, nem com a filha.

— Não filha! Não foi ele. Não sabe da sua existência.

— Tem certeza disso?

— Tenho. Mas não importa quem foi. O importante é que, agora, poderá ir à faculdade. Quem fez isso, acredita que você se esforçará muito para ser uma ótima médica.

— Será que foi o seu Manolo? Não comentei com ninguém, a não ser com o Gustavo que falou com os pais.

— Também não comentei com ninguém. Só com você.

— Só posso agradecer a Deus, mamãe. Vou estudar muito! A pessoa que me deu este dinheiro não vai se arrepender!

— Acredito nisso, minha filha. Sei que estudará muito!

O telefone tocou, ela correu para atender.

— Alô, Clarinha!

— Oi, Gustavo! Já soube?

— Sim! Mas não estou acreditando! É verdade mesmo?!

— É sim! Agora já poderei ir com você!

— Seremos os melhores médicos que possam existir neste planeta! Amo você!

— Também amo você! Mas, comentou com alguém que eu não tinha dinheiro para ir à faculdade?

— Não. Só em casa, com meus pais.

— Será que não foi o seu pai?

— Não. Ele não tem todo esse dinheiro. Vai me mandar todos os meses. Todo de uma vez, assim, ele não teria. Não sabe mesmo quem foi?

— Não! Estávamos conversando eu e a minha mãe. Não contamos a ninguém. Por isso não sabemos quem mandou.

— Estranho, mas quem mandou caiu do céu!

— Isso mesmo! O importante é que agora iremos juntos. Seja quem for, que Deus o abençoe!

O comentário na cidade era novamente sobre o dinheiro que, como o primeiro, chegou misteriosamente e da mesma maneira. No Correio, não havia o nome do depositante. Todos estavam curiosos e toda e qualquer pessoa queria ser a próxima ganhadora. A carta que chegou só dizia que era para Clara estudar e se manter na faculdade.

Zeca, Simão, Célia e Paulina, como os outros, também falavam sobre isso. Zeca estava abismado:

— Quem terá mandado?

— Ninguém sabe! — respondeu Paulina. — É um mistério!

— Esse benfeitor deve ter muito dinheiro...

— Ora, Célia — disse Paulina — ,talvez seja alguém que ganhou na loteria, fez algum tipo de promessa!

— Ou talvez algum milionário condenado à morte e sem herdeiros! — agora quem falou foi Simão.

Cada um dava a sua opinião, mas não se convenciam.

— Gustavo e Clara, há dias, estavam muito nervosos. Seria por causa disso, Paulina?

— Talvez. Eu sabia que Gustavo ia para a faculdade, mas não sabia que a Clara também quisesse ir.

— Zeca, você que freqüenta a casa do delegado, nunca ouviu nada a respeito? Nunca comentaram?

— Sabia que estavam namorando, e que o delegado não queria esse namoro, mas sobre dinheiro? Nunca comentaram! Eu não tinha a menor idéia.

— Agora a Clara deve estar achando que Deus existe.

— Por quê? Você não acredita, Célia?

— Estou começando a acreditar!

— Célia, falando nisso, comecei a ler o livro que me emprestou. O assunto é mesmo interessante! Não me convenceu ainda da existência de Deus, mas está me fazendo pensar. Vou ler mais um pouco, depois discutiremos sobre o assunto. O que acha?

— Pensar é ótimo, Paulina. Quem sabe encontre respostas.

— É, Zeca, parece que as nossas amigas encontraram algo em comum para discutirem!

— Sempre fui da opinião que não se deve descartar qualquer coisa, dizendo não acreditar, Simão.

— Nunca pensei que fosse mística, Célia!

— Zeca, durante muito tempo fiquei afastada da sociedade, o que me fez pensar em Deus. Por muito tempo, cheguei a acreditar que Ele não existia. Aliás, só voltei a considerar este assunto agora, depois de ter lido este livro. Tudo o que está escrito nele até pode ser verdade, e, se for, é maravilhoso...

— Sou eu quem não quer saber de Deus ou de qualquer religião. O que aconteceu em minha vida, me fez acreditar que somos todos vítimas de um destino que pode ser muito cruel. Deus nos castiga através daqueles a quem amamos.

— Quer falar sobre isso, Simão?

— Quem? Eu? Não, não quero, Paulina. E nem tenho condições de falar. Ainda não consegui curar as minhas feridas. Vamos mudar de assunto. Não quero e nem posso me recordar do passado. Estou há muito tempo querendo esquecer tudo.

— Após ter lido o livro, Simão, entendi que, talvez, o nosso encontro aqui, nesta cidade, tenha um propósito maior.

— O que está querendo dizer, Célia?

— Viemos, cada um trazendo um passado que insistimos em não revelar. Nos encontramos e estamos juntos, envolvidos em um projeto. Vocês não acham isso estranho?

— É — disse Zeca — ,dá para pensar. Como nos tornamos amigos tão depressa? Como nos demos tão bem?

— Não será por que já nos conhecíamos?

— Como, Célia? Um não sabe nada da vida do outro!

— Ela está querendo dizer de outra encarnação! — disse Paulina. — Não é isso, Célia?

Célia ficou olhando para cada um bem devagar, e respondeu:

— É isso mesmo! Foi sobre isso que li no livro.

— O quê? Reencarnação? — disse Simão. — Não acredito nisso! É coisa de louco! De charlatão! Não dá para aceitar!

— Por que não? Só ela pode nos explicar muitas coisas!

— Nunca soube nada a esse respeito — disse Zeca — e confesso que não tenho vontade alguma de saber.

— Pois eu, desde que li, a primeira vez, estou pensando seriamente nisso.

— Talvez algum dia eu leia, mas agora só estou interessado no nosso projeto. Quem sabe, talvez... um dia... esse negócio de espíritos e reencarnação me chame a atenção.

— Está bem, Zeca. Nesse dia, voltaremos falar a respeito. Hoje, temos outra prioridade.

Continuaram conversando. Aquela ida até o Grotão despertou um sentimento de solidariedade que há muito não sentiam. Estavam, todos eles, presos ao passado. Mas agora era diferente, eles deixaram de pensar nos seus problemas e sonhavam em mudar as coisas para aquelas pessoas sofridas.

Ingratidão

Os dias passaram e, finalmente, o Prefeito retornou. Paulina foi até a Prefeitura e marcou uma audiência, que seria em três dias. Juarez trouxe o projeto, colocando tudo o que pretendiam fazer. Não era o projeto final, mas dava para se ter uma idéia aproximada do custo-benefício.

No dia marcado, os quatro, acompanhados por Juarez, foram até a Prefeitura. Foram recebidos pelo Prefeito. Um homem com pouco mais de quarenta anos e com boa aparência.

Sentaram-se em cadeiras apontadas por ele:

— O que os traz aqui? — o Prefeito perguntou com um sorriso forçado. — Em que posso ajudá-los?

— Meu nome é Simão. Estes são Célia, Zeca, Juarez e Paulina. Somos moradores da cidade e estivemos no Grotão. Tivemos algumas idéias para mudar tudo ali.

— Aquele lugar me traz muitos problemas. Preciso tirar aquelas pessoas dali, mas não tenho para onde mandá-las. O que viram lá, podem estar certos de que não será por muito tempo. Logo todos serão mandados embora e tudo ficará bem. É um manancial e a lei estará ao meu lado para tirá-los de lá!

— Prefeito, espere! Não estamos aqui para que as pessoas saiam de lá! Ao contrário, queremos que fiquem, pois são pessoas pobres. Quando lá estivemos, surgiu uma idéia que gostaríamos de passar ao senhor, para que possa avaliar.

— Qual foi a idéia?

Juarez mostrou os projetos. O Prefeito prestava atenção em tudo. Quando terminaram de falar, ficaram olhando para ele, esperando uma resposta. Ele olhou para todos, depois para os papéis que estavam sobre a mesa:

— A idéia é boa, mas é um projeto inviável.

— Como inviável? — perguntou Simão.

— A cidade não tem dinheiro para uma obra como essa. Lá é um manancial, não pode haver moradias. Esse projeto teria que ser aprovado pela maioria dos vereadores.

Simão interrompeu nervoso:

— Como a cidade não tem dinheiro? Há muito tempo não é feito nada de novo aqui! Uma cidade como esta, que planta para exportar, deve arrecadar muito imposto! Quanto às moradias, elas podem ficar em um lugar próximo, sem pertencer ao perímetro do manancial. As pessoas, tendo emprego, poderão pagar por suas casas.

— Todo dinheiro arrecado só dá para manter os gastos. Não dá para arriscar em um projeto mirabolante como este!

— Mirabolante? O senhor entendeu bem a extensão dos benefícios que traria para os moradores e para a cidade? Ela se tornaria uma cidade turística, trazendo para cá pessoas de todos os lugares. Essas pessoas gastariam e ajudariam o comércio da cidade, trazendo para a Prefeitura muito dinheiro!

— Seria uma ótima idéia, senhor Simão, mas também deixaria de ser uma cidade calma e tranqüila, como é!

— Por outro lado, as pessoas viveriam melhor, e o senhor cresceria no conceito delas e poderia se reeleger outras vezes!

— Isso não me interessa, porque já há muito tempo a minha família cuida desta cidade. Todos votam sempre em nós... — disse, com um sorriso irônico.

Simão não conseguia esconder sua raiva. Como ele podia ser tão pedante e insensível? Jogou a sua última cartada.

— Tem algo que o senhor não pensou — falou com voz mansa e prestando atenção no rosto do Prefeito — Para que tudo seja feito, o senhor terá que contratar construtoras...

O Prefeito parou, pensou, pensou e pensou; depois, com um brilho nos olhos, disse:

— O senhor me fez pensar. Vou falar com algumas pessoas. Depois voltarei a conversar com os senhores.

Estendeu a mão, despedindo-se. Levantaram–se e foram embora. Simão mantinha no rosto um sorriso maldoso. Os outros olhavam para ele sem entender o que havia acontecido. Quando saíam, encontraram Regina, que entrava. Cumprimentaram-se e ela entrou. Eles foram para o bar.

Regina aproximou–se da secretária do Prefeito:

— Boa–tarde, Sueli, — disse Regina aproximando-se da secretária do Prefeito — ,preciso falar com o Prefeito. É urgente!

— Boa–tarde, Regina. Você tem hora marcada?

— Não, mas é urgente!

— Vou falar com ele. Aguarde um momento, por favor.

Entrou na sala do Prefeito, voltando logo depois.

— Ele pediu para eu dizer que está ocupado, mas, se a senhora quiser esperar um pouco, logo a atenderá.

— Vou esperar. Preciso falar com ele ainda hoje.

Sentou-se em uma poltrona, pegou uma revista que havia sobre a mesa e começou a ler.

Esperou por quase duas horas, até que a secretária pediu que ela entrasse. Entrou, com o coração na boca.

— Olá, Regina! Como vai? O que aconteceu? Nunca veio aqui para falar comigo!

— Nunca vim mesmo, mas agora precisei. Quero saber se foi você quem mandou o dinheiro para Clara.

— Eu não! Nem sabia ela que queria ir para a faculdade! Você nunca me pediu nada!

— Nunca mesmo, e não vou pedir. Só não estou entendendo por que esse dinheiro chegou, e quem mandou. Pensei que fosse você querendo fazer algo por sua filha.

— Não! — ele disse quase gritando. — Volto a dizer que não sabia que ela estava precisando! Estive viajando por mais de um mês. Retornei ao trabalho há poucos dias. Também estou querendo descobrir quem é essa pessoa que mandou tanto dinheiro. Primeiro para o José, agora para Clara. Preciso saber qual é o interesse que está por trás de tudo isso! Sim, só pode existir algum! Ninguém faria uma doação assim se não houvesse.

— Por que sempre acredita que haja um interesse? Quando a Clara nasceu, me acusou de insistir na gravidez, só porque você era filho de uma família rica e poderosa! Por isso, eu nunca quis nada do que era seu. Criei a minha filha sozinha e hoje é uma moça maravilhosa, que só me traz felicidade. Não sei onde estava com a cabeça quando pensei que poderia ter sido você! Sou uma idiota mesmo! Ela está querendo saber quem é o pai. Não disse e nunca direi! Tenho vergonha de um dia ter te amado. Você é mesquinho e cruel! Boa–tarde!

— Espere, vamos conversar. Por que toda essa revolta? Você sabe que eu dependia do dinheiro dos meus pais. Jamais poderia ter assumido você e a criança. Eles nunca aceitariam!

— Você foi um covarde, mas eu não precisei de nada! Precisaria agora, para poder mandar minha filha estudar. Mas, graças a Deus, alguém fez isso por mim.

— Não será alguém com quem você mantém um romance escondido? Não se casou até hoje, por quê?

— Você é mesmo um cretino! Sendo um mau-caráter, pensa que todos também são! Não me casei porque tive que continuar morando aqui e todos sabem que sou mãe solteira. Jamais, qualquer homem se aproximaria de mim! Também seria muito difícil eu acreditar em outro homem! Não temos mais nada para falar! Até logo. Ou, melhor, até nunca mais!

Regina saiu da sala. Tremendo de raiva, saiu do prédio.

"Sou mesmo uma cretina! Como consegui pensar, por um minuto, que esse canalha poderia ajudar a filha? É egoísta, covarde e orgulhoso! No final, foi bom não ter sido ele. Assim não precisarei mais voltar a vê-lo ou ficar devendo-lhe favor!"

Foi até a igreja. Ajoelhou-se. Padre Jorge se aproximou:

— Como vai, Regina? Estou feliz por te ver aqui!

— Estou bem padre. Só vim aqui buscar paz.

— Soube do dinheiro que Clara recebeu. Pensei que você estivesse feliz, mas parece que está triste e nervosa.

— Estou sim, Padre. Acabei de falar com o Raul. Como sempre, se mostrou o canalha que sempre foi e que é!

— Quando tudo aconteceu, você era muito criança. Ele usou da sua boa fé. Você me contou tudo em confissão, por isso, não comentei, mas aconselhei você a lutar por todos os direitos da sua filha. Preferiu ficar calada, pois dizia que ele, sendo da família que era, além de nada fazer, talvez te prejudicasse. O tempo passou, você criou Clara e muito bem. Ela é uma moça de um grande caráter. Agora, com esse dinheiro, vai ser uma boa médica. Você deve agradecer a Deus.

— Estou nervosa, porque cheguei a pensar que ele havia mandado o dinheiro. Mas, não! Continua o mesmo cretino de sempre. Na época, eu devia ter aceitado o seu conselho para que fosse embora da cidade antes da Clara nascer. Não fui, porque, no fundo, achava que ele a assumiria, mas não fez isso. Quando voltou da faculdade, tentei falar com ele, que simplesmente me ignorou, dizendo estar casado com uma moça da classe dele! O senhor se lembra de que vim até aqui?

— Claro que me lembro! Quis te mandar para a Capital. Iria trabalhar na casa da minha irmã, mas você não quis, porque sempre acreditou que um dia ele reconheceria a filha. Você o amava muito e não sei se ainda não ama.

— Tem razão, eu não queria acreditar que tudo havia sido só um capricho. Que simplesmente me usou. Ele dizia que me amava e, assim que voltasse da faculdade, seríamos felizes para sempre. Sozinha no mundo, morando em sua casa. Padre, acreditei em tudo o que ele me prometeu.

— Agora já passou. Não adianta ficar presa ao passado, nem guardar mágoa ou rancor. Sua filha está bem, você tem um bom emprego, mas, mesmo assim, deveria ir embora daqui e morar com ela. Com o dinheiro que receberam, poderão alugar uma casa e ficarem juntas. Longe dele e desta cidade, quem sabe não conseguirá recomeçar a sua vida? É ainda muito jovem e bonita! Arrumará um emprego e poderá estudar mais, tornando–se uma profissional. Não perca mais tempo, já esperou demais por ele.

— O senhor está mostrando um caminho que eu não havia pensado! — Regina começou a chorar, não mais de mágoa ou tristeza, mas de alegria. — Estou há muito tempo presa ao passado. Vou tomar a frente da minha vida e continuar. O que passou, passou! Vou falar com Clara e irei com ela! Obrigada, padre! O senhor me ajudou muito, como tentou fazer naquela época. Estava nervosa, mas agora estou calma e tranqüila.

— Vá, minha filha. Você tem todo o direito de ser feliz. Se continuar aqui, só vai sofrer; tem a vida toda pela frente.

Regina levantou-se, beijou a mão dele e saiu leve e calma. Passou pela praça. Ficou olhando tudo, como se já não pertencesse mais àquele lugar. Chegou em casa. Clara não estava. Foi até a cozinha, pegou um copo com suco. Dirigiu-se para a varanda, sentou-se numa cadeira de balanço, fechou os olhos e ficou pensando em tudo o que havia passado. Só que, desta vez, não estava brava. Só podia agradecer a Deus por ter lhe dado uma filha maravilhosa.

Clara chegou.

— Mamãe! Está dormindo?

— Não, filha, só estou pensando em tudo que aconteceu.

— Também estive pensando. Quero pedir desculpas por todas aquelas coisas que falei naquele dia.

— Que coisas?

— Quando disse que a senhora era a culpada por todo o meu sofrimento! Mesmo dizendo todas aquelas barbaridades, Deus ainda foi bom e me ajudou. Cheguei à conclusão de que não quero e nem vou mais me preocupar em saber quem é o meu pai. Não me importa, só tenho a senhora, que me criou com todo amor e sempre me deu tudo o que eu precisei. Agora que tenho dinheiro para ir embora, vou começar uma nova vida, longe de tudo e de todos. Vou esquecer que esta cidade existe. Nunca mais voltarei para cá!

— Não diga isso, minha filha! — Regina disse, sem acreditar no que estava ouvindo. — Você nasceu aqui, vai estudar e, quem sabe, poderá voltar e trabalhar aqui, ajudando as pessoas pobres da cidade! Eu, estando junto com você, sem a preocupação de dinheiro, poderei estudar também e arrumar um bom emprego!

— O quê?! — Clara gritou. — Está pensando em ir comigo? Nem pensar! Vou com Gustavo! Quando disse que iria esquecer de tudo e de todos, a senhora estava incluída! Tive uma infância infeliz por sua culpa! Só fiquei porque não tinha alternativa, mas agora posso viver a minha vida! A senhora não está incluída em meus planos! Vai continuar aqui! Vivendo ao lado desse povo inútil! Se quiser ir, vá. Mas sozinha! Não preciso mais da sua ajuda, e muito menos da sua companhia!

Clara entrou em casa para telefonar para Gustavo. Regina continuou na varanda, com os olhos cheios de lágrimas. Não queria acreditar no que tinha acabado de ouvir:

"Como é estranha esta vida. Alguns dias atrás, eu estava triste e desesperada por não poder dar o que minha filha precisava e, agora, que tudo estava se ajeitando, descubro que ela sempre me odiou. Será que Deus comanda mesmo a nossa vida e as pessoas?

Será que temos mesmo um destino preparado? Conheço todas essas respostas, mas, mesmo assim, me custa aceitar..."

Enquanto tudo isso acontecia, no bar, os amigos conversavam.

— Simão, o que aconteceu? — perguntou Zeca — Não entendemos o que falou para que, de repente, o Prefeito mudasse de atitude e de opinião!

Simão respondeu com um sorriso sarcástico:

— Não se preocupem mais, o nosso projeto ao menos será estudado e, no que depender do Prefeito, ele será aprovado...

— Como pode ter tanta certeza? Confesso que não percebi qual foi o motivo que o fez mudar de idéia.

— Fiquem tranqüilos. Pode continuar com o projeto, Juarez. Tenho certeza que logo o Prefeito vai nos chamar e dizer que o projeto está sendo estudado.

Olharam-se sem entender, mas o importante era que o Prefeito realmente havia mudado de atitude. Simão continuou:

— Alguns políticos não pensam no bem estar do povo, a não ser quando possam tirar algum proveito. Esse nosso Prefeito é uma prova viva disso...

— Em que hora ele mudou de idéia, Simão?.

— Espere, Célia. Acho que estou descobrindo...

— Quando foi, Zeca? — insistiu Célia.

— Foi quando Simão falou a respeito das empreiteiras, não foi, Simão? Você acha que ele agora vai estudar o projeto, porque, com a contratação das empreiteiras, poderá ganhar dinheiro?

— É isso mesmo! Ele só construirá o que queremos se notar que poderá ganhar algum!

Todos agora estavam entendendo qual foi a jogada de Simão.

— Você tem razão, Simão — disse Paulina abismada — ,mas como sabia o que dizer e qual seria a reação dele? Já conhece como o mundo da política funciona?

— Claro que conheço e todos vocês deveriam conhecer também. É só ler jornal ou assistir aos noticiários na televisão.

— Confesso que leio jornais e assisto aos noticiários, mas nunca percebi essas coisas. Jamais teria essa idéia.

— Bem, Paulina, isso agora não importa! Vamos esperar e ver o que acontece!

— Simão, se ele aprovar, aquelas pessoas do Grotão mudarão de vida! Poderão viver com dignidade.

— Claro, Célia, tenha certeza de que não só aquelas pessoas, mas toda a cidade!

Todos riram. Simão sabia o que estava dizendo. Começaram a desconfiar que ele entendia do mundo da política. Despediram-se e foram embora.

Ao chegar em casa, Paulina viu sobre a mesa o livro que Célia lhe emprestara. Pegou-o e foi para o quarto. Deitou-se e continuou a ler do lugar onde havia parado. Leu algumas páginas, deixou-o de lado, fechou os olhos e ficou pensando...

Encontro casual

Regina saiu de casa sem saber o que fazer e para onde ir. Chorava muito. Zeca também estava indo para sua casa. Desde que falou com a mãe, não conseguia esquecer do passado. Ao dobrar a esquina, deu de encontro com Regina que vinha no sentido contrário. Assustaram-se, ele deixou cair um pacote com doces que levava para Robertinho. Abaixaram-se para pegar. Os olhos se encontraram e ele percebeu que ela estava chorando. Pegou suas mãos e levantaram-se juntos.

— Por que está chorando, Regina? O que aconteceu? Imaginei que estaria muito feliz com a chegada do dinheiro!

— Desculpe pelo esbarrão. Eu estava distraída e pensando na vida. Estou um pouco nervosa, mas logo vai passar...

— Nervosa, por quê?

— Desculpe, mas agora, não quero falar sobre isso...

— Está bem, mas já que está nervosa e eu estou triste, por que não vamos até a praça e poderemos conversar.

— Não sei se quero conversar. Estou abismada...

— Não adianta ficar pensando, vamos conversar. Sei que não quer falar, mas eu preciso conversar com alguém.

— Está bem, me convenceu. Vamos conversar.

— Eu e alguns amigos, estamos envolvidos em um projeto, para melhorar a vida das pessoas que moram lá no Grotão.

— Como é?! Um projeto para o Grotão?

Sentaram-se em um banco na praça. Zeca contou os planos. Regina ouvia com muita atenção.

— Mas é formidável! Quem teve essa idéia? Quais são as pessoas envolvidas nisso?

Zeca percebeu que ela estava entusiasmada. Contou da visita que ele e os companheiros fizeram ao Grotão.

— Posso participar também?

— Não só pode, como deve! Quanto mais pessoas se interessarem, mais fácil vai se tornar em realidade.

— Só vejo um inconveniente. Se depender do Prefeito, vai ser difícil. Ele é muito egoísta para querer ajudar o povo.

— Simão já sabe como cuidar disso. Ele jogou o anzol e tem certeza que o peixe morderá a isca!

— Se houver alguma vantagem financeira para ele, pode ter certeza que Simão conseguirá.

Ela parou de chorar. Aquele assunto envolveu–a e, enquanto conversavam, esqueceu-se de Clara e de tudo o que ela havia dito. Do bar, Simão via os dois conversando.

— Nossa, Zeca! Estamos falando tanto, que esqueci dos meus problemas! É muito triste... não estou entendendo e não quero acreditar no que ouvi hoje.

— Você estava com um sorriso ouvindo o que eu dizia e, agora, está triste novamente. Quer falar sobre isso?

— Não sei, para ser sincera, estou muito infeliz. Descobri, hoje, que toda a minha vida foi inútil. Não vi o mal que estava fazendo para a minha filha. Ela se tornou uma pessoa revoltada, infeliz, e sente um ódio imenso por mim.

— O que está dizendo?! Não acredito! A Clarinha é uma menina doce e educada, e isso se deve a você, com certeza!

— Sempre achei isso dela, mas não era verdade. Hoje, ela me disse coisas que jamais pensei ouvir da minha filha.

As lágrimas voltaram a cair de seus olhos. Zeca tirou um lenço e lhe ofereceu. Ela aceitou. Enxugou as lágrimas e contou tudo o que Clara havia dito. Ele ouvia e não acreditava.

— Está dizendo que ela não quer que você a acompanhe? Acredita que, por não precisar de você financeiramente, pode te abandonar? Foi isso o que ela disse?

— Sim, mas ela tem razão. Eu deveria ter ido embora antes que ela nascesse, mas eu era muito jovem e não sabia como viver fora daqui. Aqui eu teria a chance criá-la. Nunca pensei que ela seria discriminada e que os outros a apontariam como uma bastarda. Por isso é que ela me odeia tanto...

— Ela não pode fazer isso! Você a criou com carinho, tanto é que a pessoa que mandou o dinheiro deve conhecer vocês e, sabendo o quanto ela quer estudar, quis facilitar tudo. Com certeza, não pensou que a reação dela seria essa!

— Não sei quem foi, mas, de qualquer maneira, ainda agradeço a essa pessoa. Nasci e vivi nesta cidade. Tenho o meu emprego e, na medida do possível, fui feliz. Hoje, Clara está uma moça, pode e deve escolher o seu caminho. Eu não vou impedir. Se vocês me deixarem participar desse projeto, sei que preencherei o meu tempo. Ajudando as pessoas, conseguirei esquecer os meus problemas.

— Você é uma grande mulher. Deixe que ela vá. A vida costuma ensinar, eu sou uma prova viva do que estou dizendo...

— Por que você chegou como um mendigo? Ao conversar com você, logo se vê que teve uma boa educação e nunca deve ter sido jardineiro!

— Bem, já conversamos muito. Não quer ir até o bar do Simão? Vamos falar com ele da sua participação no projeto?

— Vamos, mas prometa que não vai falar com ninguém o que te contei. Não quero que a pessoa que deu o dinheiro venha a saber! Poderia prejudicar a Clara, e isso não quero. Só desejo que ela estude e se torne a médica que sempre sonhou!

— Não falarei com ninguém, pode ficar tranqüila! Agora só quero ver o sorriso de volta ao seu rosto...

Ela enxugou as lágrimas e sorriu. Foram falar com o Simão. Zeca lhe contou da vontade de Regina em participar.

— Regina, vai ser muito bom — disse Simão alegre. — Quanto mais pessoas participarem, melhor será! Está fazendo isso em agradecimento pelo dinheiro que recebeu?

— Sempre quis ajudar, mas nunca soube como. Estou agradecida pelo dinheiro, sim, mas ele não é meu, é da Clara.

— Sendo da Clara, é seu também! Não vai com ela?

— Não, ela não vai! — disse Zeca, ao perceber que Regina ficou sem saber o que dizer. — Gosta daqui e acha que será melhor para Clara ir sozinha. Portanto, acha que, com esse projeto, poderá distrair–se e não sentirá tanta falta da filha!

— Tem razão, Zeca! Eu concordo ser saudável termos algo para fazer. A falta disso é o motivo de muitas doenças.

— Ainda somos poucos, Regina — continuou Simão — ,mas sei que outras pessoas virão, quando perceberem que o projeto é honesto e que está realmente sendo implantado! Por enquanto nos encontraremos todos os dias, se quiser poderá vir! Estamos esperando uma resposta do Prefeito. Assim que ele autorizar, começaremos a envolver a cidade.

— Esse vai ser o nosso principal problema, mas quem sabe ele deixe de ser egoísta e resolva ajudar o povo.

— Sei que já lhe dei um bom motivo para nos ajudar.

— O Zeca me contou. Espero que consiga. Vou embora e voltarei amanhã. É bom que seja pela manhã, pois à tarde eu trabalho no posto de saúde e não poderia vir! Até logo, Zeca! Obrigada por tudo, a conversa que tivemos me fez muito bem.

— Até logo, Regina! Vá com calma e tenha paciência.

— Zeca, vi vocês dois lá na praça — Simão disse, enquanto ela se afastava. — O que conversaram?

— Nada! Eu estava falando para ela sobre o nosso projeto. Ela ficou interessada e fez muitas perguntas. É uma boa moça.

— Ela contou quem mandou o dinheiro para a Clara?

— Ela não tem a menor idéia. A Clara vai embora e ela ficará aqui sozinha. Quer trabalhar conosco no projeto.

— Qualquer pessoa será bem–vinda!

— Vou embora, Simão. Aliás, estava indo quando me encontrei com Regina. Não poderemos fazer nada antes da decisão do Prefeito. Só podemos esperar. Tchau!

— É isso, Zeca. Só podemos fazer isso mesmo. Tchau.

Regina foi para casa. Sentia um aperto no coração por descobrir o que a filha pensava a seu respeito. Sentiu que toda a sua vida havia sido inútil, mas agora sentia um novo alento.

"Não entendo porque contei tudo ao Zeca. Não quero que as pessoas saibam. Tenho medo que, se a pessoa que mandou o dinheiro souber, se arrependa e prejudique a Clara. Vou me envolver nesse projeto. Trabalhando muito, não terei tempo para ficar chorando. Deus abençoe a minha filha. Que ela seja muito feliz na sua nova vida."

Entrou em casa. Clara estava em seu quarto. Regina foi para a cozinha. Clara percebeu que a mãe entrou em casa.

— Mamãe — disse, aproximando–se — ,estive falando com Gustavo. Ele brigou, porque achou que eu a levaria comigo. Disse não ser justo a senhora ficar aqui sozinha. Por isso, pode se preparar. Vamos juntas começar uma nova vida.

Regina olhou para ela. A filha que criara com tanto amor estava ali se desculpando, só porque o namorado pediu.

— Não, filha! Eu não vou! Em tudo que falou, você tinha razão. Nasci e cresci aqui, tenho o meu emprego, amigos e pessoas a quem posso ajudar. Vá com Gustavo, ele é um bom menino e te fará feliz. Vou continuar aqui e, sempre que quiser, poderá vir me visitar. É agora uma moça e deve continuar o seu caminho. Realize o seu sonho, estarei aqui torcendo para que tudo dê certo.

— A senhora não pode fazer isso! Gustavo não vai acreditar que não quer ir! Vai achar que eu não quero levá-la!

— Falarei com ele e mostrarei que não posso simplesmente abandonar o meu trabalho e tudo o que tenho aqui. Foi uma idéia tola esta que tive! Não seria feliz longe de tudo e de todos! Vocês são jovens, e está na hora de construírem as suas vidas. Não se preocupe, estarei bem como sempre estive!

— Então, fale com ele! Não quero que ele pense que sou eu quem não quer! Estou pedindo desculpas, quero que venha conosco! Será bom, mamãe...

— A minha parte em relação a você já fiz. Permiti que nascesse. Hoje, Deus te mandou esse dinheiro que não sabemos de onde veio, para que realize o seu sonho. Agradeça a Ele e devolva, estudando muito e sendo uma boa médica. Não se preocupe, ficarei bem...

Saiu da cozinha, foi para o seu quarto. Deitou–se.

"Ela só veio falar comigo, porque o Gustavo mandou. Como eu poderia aceitar, sabendo, agora, o que pensa de mim? Não, não irei. Continuarei aqui e farei o possível para não guardar rancor. Só posso agradecer a Deus por ter me feito encontrar o Zeca e ele vir com aquela proposta de trabalho. Me fez lembrar o que eu sempre soube, que, quando pensamos estar tudo perdido, há sempre um caminho novo a seguir. Clara seguirá o dela e eu o meu..."

A noite chegou. Uma nova manhã surgiu. Em cada vida, sempre, uma surpresa chegando. Os amigos levantaram-se e foram todos para o bar. Agora, tinham mais um motivo para se encontrarem.

Um projeto que tomaria todo o tempo ocioso que tivessem para ficar pensando em seus problemas.

Foram chegando. Sorrindo, mostravam em seus rostos a felicidade por estarem ali, mas, agora, com um propósito maior.

Zeca foi o primeiro a chegar. Simão já estava com a mesa colocada, inclusive com um lugar a mais para Regina. Aos poucos, foram chegando.

— Para quem não conhece, — Simão disse quando todos chegaram — ,esta é Regina, que vai fazer parte do nosso grupo. Ela também está entusiasmada e quer nos ajudar.

— Já a conheço — disse Paulina sorrindo — ,nos criamos juntas. Tenho certeza que o nosso grupo só vai se enriquecer com a sua presença. Seja bem–vinda!

— Obrigada, Paulina — Regina disse emocionada. — Realmente nos criamos juntas e freqüentamos a mesma escola, mas o destino nos separou. Agora nos une novamente.

— Eu não a conheço, — disse Célia —,mas por essa apresentação, sei que seremos amigas. Seja bem–vinda!

Simão, enquanto servia o café, ouvia a conversa e pensava:

"O nosso grupo está aumentando. Logo seremos muitos..."

Tomaram o café e conversavam animadamente. Zeca era o mais feliz:

— A cada dia que passa, fico mais feliz por ter chegado a esta cidade. Regina, será que foi o destino que nos uniu?

Um olhou para o outro como se estivessem se conhecendo só naquele momento. Célia disse:

— Acredito que sim. De acordo com esta doutrina que estou estudando, nada acontece por acaso. Todos temos um caminho para seguir, e esse caminho vem sempre acompanhado por amigos e inimigos. Mais cedo ou mais tarde, todos se encontram. Talvez, nós tenhamos algo para fazer juntos.

— Essa idéia é interessante — disse Simão. — Regina é a única que nunca saiu daqui. Paulina foi embora e voltou. Zeca chegou, naquele dia, parecendo não querer mais nada da vida e ficou. Célia veio para ficar uns dias e está aqui até agora. Eu vim atendendo a um pedido de meu tio, também fiquei. Todos nos encontramos e estamos juntos, lutando por uma mesma causa. Célia talvez esteja certa. Se assim for, estamos no caminho certo.

Olharam-se e, por alguns minutos, ficaram calados. Cada um tentando encontrar no outro o amigo ou inimigo.

— Célia, que doutrina está estudando?

— A doutrina espírita. Encontrei nela muitas respostas para os meus problemas. Entre elas a reencarnação, que pode nos explicar muitas coisas. Sabe, Regina, depois que comecei a ler sobre o assunto, estou revendo a minha vida.

— Já sigo essa doutrina há muito tempo. Por isso, sempre que algo de ruim me acontece, procuro saber o porquê. Com ela, aprendi que nada acontece por acaso. Deus está, todo tempo, nos dando graças e oportunidades. Jesus veio nos ensinar que o perdão é o único caminho para se chegar à perfeição. Tenho vários livros e, se quiserem, posso lhes emprestar. Sei que muita coisa mudará em suas vidas.

— Regina, não acredito em religião ou religiosos.

— Nem eu, Simão!

— Como não? Está agora mesmo pregando uma!

— Estou falando em doutrina, não em religião! Todas as religiões que existem no mundo foram criadas por homens. Jesus passou por aqui e deixou muitas mensagens, mas cada um interpreta da maneira que quer. Penso que o importante é o ser humano na sua caminhada. Religião é como partido político, no qual as pessoas ficam por acreditarem no que ele propõe. Nós estamos aqui porque acreditamos no projeto e nos sentimos bem. Poderíamos dizer que é uma religião. Deus não tem religião. Ele é pai de todos e a todos ama...

— Tudo isso que está falando tem fundamento Regina. — disse Paulina. — Dá até para pensar.

— Isso mesmo, Paulina. Dá até para se pensar, mas sem preconceito. Acredito que estamos unidos para uma missão. Deus está nos dando uma oportunidade de, juntos, fazermos algo em favor de alguém ou de muitos. Cabe a nós, através do livre-arbítrio, cumprirmos a nossa parte ou não. Existem várias perguntas que devemos nos fazer. Se o nosso passado tivesse sido diferente, hoje, estaríamos aqui, envolvidos nesse projeto?

Zeca enquanto se levantava, disse:

— É, dá para se pensar. Mas agora preciso ir cuidar do meu jardim. Senão, como pagarei o meu aluguel?

— Também tenho que ir embora. As crianças já devem estar me esperando — levantou-se Célia.

Foram embora. Simão, sozinho, começou a pensar:

"Elas têm uma certa razão. Eu era um homem feliz e realizado. Tudo corria tão bem em minha vida, que jamais me preocuparia com outra pessoa que não fosse eu mesmo. Era muito egoísta e ganancioso para isso..."

— Bom–dia, seu Simão!

— Bom–dia, José! Estava tão distraído que não o vi chegar. Como vai? Seu filho fez a operação? Como ele está?

— Ele fez a operação e está muito bem! Precisamos ficar por lá, até que o médico dê alta. Ele está fazendo um tratamento pós-operatório, mas em breve voltaremos. Vim até aqui ver como está tudo. Estou muito feliz e agradeço todos os dias a Deus, bem como à pessoa que me mandou o dinheiro. Se assim não fosse, com certeza o meu menino já estaria morto.

— Foi mesmo. Deve agradecer a Deus que iluminou essa pessoa. Não descobriu até agora quem foi?

— Não, mas também parei de me preocupar com isso. Se essa pessoa não quer ser reconhecida, acho que devo respeitar. Não tive problema algum com o dinheiro. Estou com a minha família morando em um hotel muito bom. Eu quis me mudar para um mais simples, mas o gerente do hotel não permitiu, disse que tinha recebido ordens de nos dar tudo o que precisássemos. A despesa do hospital foi toda paga, a dos médicos também. Ainda vai sobrar algum dinheiro. Quando o meu filho tiver alta, vou pegar o dinheiro que sobrar e dar ao padre. Ele dará a alguém que, como eu, também esteja precisando.

— Bonita essa sua atitude!

— Toda a minha vida trabalhei e vivi relativamente bem. Não preciso de mais dinheiro do que aquele ganho com o meu trabalho. Só de ver o meu filho com saúde, já é o bastante. Esse dinheiro veio para a cura dele, o que sobrar será para ajudar aos outros. Preciso ir embora. Até logo, seu Simão!

— Até logo, José. Que tudo continue dando certo.

José sorriu e foi embora. Simão ficou olhando e pensando:

"Qual é o valor do dinheiro? Por que tantas coisas más são feitas em nome dele? Por que existe tanta maldade e ganância no mundo, se é tão fácil viver em paz?"

Célia chegou à praça. As crianças já estavam esperando.

— Bom–dia, crianças! — sorrindo — Hoje está um bonito dia para pintarmos! Vocês me ajudam a montar as telas?

As crianças sorriram. Embora ela continuasse com o rosto quase totalmente coberto, elas não tinham mais medo. Aprenderam a confiar naquela moça e a gostar dela. Célia montou as telas e começou a ensinar. Estava distraída, ensinando, e não percebeu a chegada de uma senhora:

— Bom–dia! As crianças estão aprendendo mesmo!

— Bom–dia, estão sim. Algumas, no início, têm um pouco de dificuldade, mas depois entendem e, aí, é só esperar.

— Desculpe, não me apresentei. Meu nome é Consuelo, sou a mãe do Robertinho.

— Muito prazer! A senhora tem um filho maravilhoso!

— É sim, ele é o meu tesouro, mas, por tudo o que ouvi ele e Zeca falarem a seu respeito, a senhorita também é uma pessoa muito boa.

— Nada disso! Sou só alguém que precisava de um caminho, e, graças ao seu filho, encontrei.

— Como assim?

— Quando crescer, acho que deve trabalhar com relações públicas! Ele é muito bom nisso.

— Ah, é porque ele fala demais e conhece todas as pessoas que moram na cidade, não?

— Quando cheguei, não conhecia ninguém, me hospedei na pensão. Fiquei muitos dias perambulando pela cidade, até o dia em que ele veio falar comigo. Num instante me apresentou a todos, e logo eu tinha vários amigos.

— Ele gosta muito da senhorita!

— E eu dele! Por favor, não me chame de senhorita! Gostaria que me chamasse de Célia!

— Está bem, Célia. Vim aqui por dois motivos. Para conhecê-la e convidá-la para ir no próximo domingo almoçar lá em casa. É o aniversário do Robertinho. Todos ficaremos felizes com a sua presença. Vou falar com os outros do grupo. Além disso, eu e meu marido queremos saber mais a respeito desse projeto do Grotão. O Zeca e o Robertinho estão entusiasmados!

— Almoçar na sua casa? Não sei se poderei! Costumamos todos os domingos, à tarde, ir até o Grotão!

— Muito bom, iremos todos juntos... ou é proibida a presença de pessoas estranhas no grupo?

— Não é isso! É que me pegou de surpresa.

— Não precisa responder agora! Vou falar com os demais. Se decidirem ir, ficarei muito contente.

— Obrigada! Estou feliz com o seu convite!

Consuelo saiu, Célia ficou olhando:

"Que bonita mulher, não deve ter ainda cinqüenta anos e é tão agradável, mas não sei se devo ir até a casa dela."

Consuelo foi falar com Simão, fez o mesmo convite. Pediu a ele que transmitisse aos outros. Com o Zeca, ela mesma falaria à noite. Simão ficou alegre com o convite e com a possibilidade dela e do marido também se envolverem no projeto. Assim que ela saiu, pensou:

"Só falta o Prefeito aceitar."

Recordações

Regina voltou para casa. Entrou, foi até a geladeira e pegou um pedaço de bolo de laranja. Comeu o bolo e andou por toda a casa. Seu pensamento voltou ao passado.

"Que caminho longo percorri para chegar até aqui! Estou com trinta e oito anos. Não conheci o meu pai. Quando nasci, ele já havia morrido. Para minha mãe, coitada, sem instrução, só restou ser cozinheira, e era muito boa! Foi trabalhar na casa do Raul, a família mais rica da cidade. Estudei um pouco e, quando fiz quinze anos, também fui para lá, ser arrumadeira. Um ano depois, minha mãe morreu. Fiquei sozinha, sem ninguém. Não tendo onde morar, continuei ali. Raul tinha vinte e cinco anos e estudava na Capital. Vinha para casa só nas férias. Eu lembrava dele muito pouco. Quando, depois de muito tempo, o revi, meu coração disparou. Alto, forte e muito bonito. Assim que chegou, me olhou sem nada dizer. Fiquei sem jeito. Era tímida, sem conhecer nada da vida. Ele continuou me olhando, o seu olhar me deixava feliz. Sentia que gostava de mim. Eu, por minha vez, já o amava. Em uma manhã, eu estava arrumando seu quarto quando ele entrou:

— Bom-dia, menina! Um bom-dia, mesmo, pois está fazendo um lindo dia! Não está?

Fiquei olhando para ele, sem conseguir desviar os olhos.

— O que você tem? Está assustada?

— Estou, sua mãe me disse que nunca deveria conversar com qualquer pessoa da família. Se ela vir o senhor falando comigo, irá me castigar e, quem sabe, até me mandar embora. Não tenho para onde ir, por isso peço que não fale mais comigo!

— O que é isso? Você é gente e pode conversar com quem quiser! Só lhe desejei um bom-dia, nada mais!

— Não posso conversar não! Bom-dia!

Saí do quarto. Meu coração batia forte. Na semana seguinte, dona Raquel avisou que naquele domingo a família iria viajar. Eu deveria levantar, arrumar a casa e ir à missa. Assim fiz. Fui para a parte superior da casa em direção ao quarto de Raul. A cama estava desarrumada. Peguei o travesseiro, comecei a cheirar. O cheiro dele era bom. Encostei o travesseiro no meu rosto, fechei os olhos e fiquei pensando nele. Eu sabia que não podia estar ali fazendo uma coisa daquelas, mas foi mais forte que eu. De repente, senti umas mãos que me abraçavam por trás.

— Gosta do meu cheiro?

Levei um grande susto, tentei me livrar daqueles braços, mas ele começou a beijar minha nuca e os meus cabelos. Sem que eu pudesse resistir, meu corpo começou a amolecer. Ele me virou de frente e me beijou. Senti que minha alma voava para o céu. Aquele beijo, o primeiro da minha vida, me deixou sem defesa. Eu o amava muito. Ele me deitou na cama e continuou me acariciando. Como se uma bomba tivesse me atingido, voltei à realidade, me levantei, saí correndo do quarto e da casa. Fui à missa. Por mais que quisesse ficar brava, não conseguia. Estava me sentido a mulher mais feliz do mundo."

— Mamãe! A senhora está em casa?

Regina voltou de seus pensamentos. Clara a chamou.

— Estou, filha! Aqui no quarto!

— Ainda bem que está em casa — Clara disse, entrando no quarto. — Gustavo está aí fora e quer falar com a senhora.

— Está bem, já vou.

Levantou, ajeitou os cabelos e foi até a sala.

— Boa-tarde, Gustavo! Quer falar comigo?

— Boa-tarde! Sim, preciso falar com a senhora.

— Vamos nos sentar. Clara, por favor, pegue na geladeira um suco para tomarmos enquanto conversamos.

Clara foi à cozinha. Gustavo e Regina sentaram-se.

— O que quer falar comigo, Gustavo?

— Clara disse que a senhora não quer ir conosco. Vim aqui lhe dizer que ficarei muito feliz se nos acompanhar. Tendo a senhora por perto, teremos comida caseira e uma mãe para nos cuidar. Afinal, a senhora só tem a Clara e não é justo separar-se dela. Ficaria muito feliz se fosse conosco!

Clara voltava da cozinha trazendo uma jarra e copos. Olhou para a mãe. Estava assustada e com medo que ela falasse algo sobre o que haviam conversado.

— Você é um ótimo menino, Gustavo. Seus pais têm muita sorte de ter um filho como você, mas não posso abandonar tudo aqui. Minha casa, meu trabalho e meus amigos. Clara já está crescida e sei que, estando com você, estará bem. Eu também estarei bem e, agora, melhor ainda. Vou participar de um projeto para ajudar as pessoas do Grotão. Sentirei saudade, mas o meu tempo será tomado por esse projeto.

Gustavo olhou para Clara, que disfarçou, como se só agora estivesse falando com a mãe sobre aquele assunto. Regina olhou para a filha. Sentiu um aperto em seu coração. Não entendia como nunca percebeu o ódio que ela sentia:

— Se acredita que ficará bem, dona Regina, está bem. Mas, se quiser, poderá ir. Não vamos morar juntos. Eu já tenho uma república para ir e Clara poderá alugar um apartamento perto da faculdade. Gosto dela, mas não poderemos nos distrair com namoro. estamos indo para estudar.

— Tenho absoluta confiança em você. Sei que minha filha estará bem. Estou e ficarei bem, e peço a Deus que abençoe vocês dois. Preciso sair. Até logo, Gustavo.

"Gustavo é um bom menino — pensou, assim que saiu, com lágrimas caindo por seu rosto. — Clara não o merece, mas quem sou eu para julgar?"

Continuou andando. Chegou na praça, sentou-se em um banco. Ficou olhando à sua volta. Aquela praça, a igreja e as pessoas indo e vindo. Começou a pensar.

"Sempre vivi aqui, não conheço outro lugar. Dediquei minha vida ao trabalho e à Clara. Agora, estou me sentindo tão sozinha Depois daquela manhã em que Raul me beijou, não consegui mais deixar de pensar naquele beijo e nele. Ele continuou me perseguindo e, para ser sincera, bem que eu gostava de vê-lo sempre a minha procura. Eu dormia em um quarto que havia nos fundos da casa Naquela noite, acordei com ele deitando-se ao meu lado. Quis fugir, mas ele me segurou, beijando-me. A princípio resisti, mas o amor que sentia por ele era muito grande e, aos poucos, cedi aos seus carinhos. Ele, carinhosamente, me possuiu. Entreguei-me a ele com amor. Quando tudo terminou, eu estava feliz. Ficou junto a mim abraçando-me. Depois me beijou e foi para o seu quarto. Fiquei ali, sonhando com tudo o que havia acontecido. Pela manhã fui para a cozinha. Benedita, a cozinheira, já estava terminando de preparar o café. Ao me ver, disse:

— Não sei se sonhei, mas ouvi um barulho estranho esta noite. Parecia que alguém andava e falava baixo. Você ouviu?

— Quem?! Eu? Não! Dormi pesado e acordei só agora.

— Acho que sonhei mesmo.

— Deve ter sido isso que aconteceu.

Tomei o café e saí. Fui para a sala e comecei a arrumar. Estava ansiosa para vê-lo. Desceu acompanhado por sua mãe. Passou por mim sem olhar. Sentaram-se para tomar café. Ajudei Benedita a servir a mesa, e ele não me olhou. Não me preocupei, sabia que, para o meu próprio bem, sua mãe não podia desconfiar. Eu estava feliz! Terminaram de tomar café. Naquela manhã não brincou como sempre fazia. Foi para seu quarto e voltou logo depois trazendo duas malas.

— Meu filho, faça uma boa viagem, estude muito e volte nas férias de julho. Cuidado com a sua alimentação.

— Não se preocupe mamãe. Vou me cuidar direitinho. Estudarei o mais que puder. Vou ser um ótimo advogado!

Saiu sem me olhar. Senti um aperto no coração e fiquei pensando naquilo que aconteceu. Será que sonhei? Ele não podia ir assim, sem falar comigo, sem me dar adeus... mas ele foi e eu fiquei ali, sem saber o que fazer. O tempo passou. Estranhei quando minha barriga começou crescer. Era muito ingênua. Eu não sabia como se fazia uma criança. Depois de quatro meses, Benedita me chamou.

— Regina, por que sua barriga está tão grande?

— Não sei, começou crescer, acho que estou engordando...

— Ninguém engorda só na barriga. Isso está parecendo criança! O que você fez?

— Criança? Como assim?

— Você está esperando uma criança. Com quem foi?

— Não sei do que está falando, Benedita...

— Você se deitou com algum homem?

Fiquei quieta pensando...será que foi naquela noite?

— Fale menina! Se deitou com algum homem?

— Acho que sim!

— Como acha, Regina? Quem foi?

Contei a Benedita tudo o que havia acontecido.

— Meu Deus do céu! Como pôde fazer isso? E, agora, como vai ser na hora que a patroa descobrir?

— Não sei, mas ele disse que me ama e que vai se casar comigo, por isso, sei que ficará feliz em saber que vai ser pai.

— Você é muito boba mesmo! Acha que ele vai se casar com você? Pode esquecer, ele vai dizer que nunca te olhou!

— Não! Sei que gosta de mim! Vai voltar daqui a um mês, vai ver como ficará feliz!

— Está bem. Tomara que você esteja certa.

Após alguns dias, dona Raquel ficou de longe me olhando. Olhou, olhou e disse:

— Regina, você está esperando criança?

Fiquei olhando para ela sem saber o que responder.

— Você está esperando uma criança? — ela repetiu.

— Não sei, acho que sim, dona Raquel...

— Acha? Como acha? Está ou não?

— Benedita disse que sim, mas eu não sei...

— Com que homem esteve?

Chorando, contei tudo a ela. Pensei que ficaria feliz por aquela criança. Assim como eu estava.

— Está dizendo que foi o meu filho? Está inventando! Meu filho jamais se aproximaria de uma moça como você! Ele vai esclarecer tudo. Por enquanto, vá ficando aqui, mas depois que ele chegar e tudo for esclarecido, você irá embora e terá essa criança em qualquer outro lugar, menos aqui!

Fiquei parada, olhando para ela. De seus olhos parecia que saía fogo. Muito vermelha e tremendo, saí dali chorando. Benedita, que ouviu tudo, me abraçou falando:

— Não espere que ele vá dizer que fez isso com você. É melhor já ir arrumando um lugar para ir. Assim que ele chegar e tudo for esclarecido, vai ter que se mudar daqui!

— Vou para onde, Benedita? Não tenho ninguém!

— Não posso te ajudar, também não tenho mais ninguém e preciso continuar morando aqui...

Dona Raquel nunca mais me olhou ou falou qualquer coisa. Raul chegou. Meu coração, ao vê-lo, disparou. Sabia que tudo seria esclarecido. Ele fez questão de me ignorar. Após o almoço, dona Raquel me chamou no escritório. Ao chegar, me deparei com Raul, seu pai e sua mãe. Ela me olhava com muito ódio. Olhou para Raul dizendo:

— Regina está esperando uma criança e disse que só esteve com você! O que tem a dizer sobre isso?

Ele olhou para mim, para os pais e disse raivoso:

— Está louca! Nunca me aproximei dela! Ela, sim, andou me dirigindo olhares, mas eu sempre a ignorei!

Ao ouvir aquilo, meu coração quase parou. Ele falava com tanta firmeza, que até eu estava acreditando que havia sonhado. Dona Raquel, com muito ódio nos olhos, falou:

— Ouviu o que o meu filho disse? Achou que poderia entrar para a nossa família usando esse pretexto barato? Arrume suas coisas e saia desta casa! Ainda bem que a tua mãe está morta! Se estivesse viva, estaria com muita vergonha de você!

— Mas eu não tenho para onde ir! Não sei o que fazer! Só estive com o Raul! Com mais ninguém!

Ela, tomada de muito ódio, gritou:

— Nunca mais repita isso! Não me importo para onde vá! Tentou enlamear o nome de nossa família! Saia daqui já!

— O senhor sabe que nunca estive com outro homem, me ajude, por favor! Não tenho para onde ir!

Ele desviou os olhos, dizendo:

— Nunca estive com você e estou abismado com essa sua afirmação! Jamais me aproximaria de uma moça como você! Não tem estudo e nem sabe falar! É melhor fazer o que minha mãe ordenou! Siga o seu caminho e nos esqueça!

Fui chorando para o meu quarto. Peguei minhas roupas, todas usadas e gastas pelo tempo, e coloquei em uma sacola. O salário que recebia não dava para comprar muita coisa. Sem saber o que fazer, saí de lá e fiquei andando por muito tempo. Cheguei a este mesmo banco e, chorando, me sentei, sem saber para onde ir e o que fazer."

— Olá, Regina, em que está pensando?

— Olá, Zeca — ela respondeu levantando a cabeça. — Estou realmente pensando nas voltas que a vida dá para nos levar a determinados lugares.

— Parece que está triste...

— Não estou triste, só pensando em tudo o que aconteceu na minha vida e pensando se poderia ter sido diferente.

— Não sou a pessoa mais indicada para lhe responder, mas acho que viver sempre é bom. Como você mesma disse, são estranhas as voltas que a vida dá para nos levar a determinados lugares. A minha vida também deu muitas voltas e hoje estou aqui, junto a pessoas que me ajudaram e me ajudam muito. Quando cheguei aqui na cidade, pensava estar tudo perdido, mas não! Só estava começando, Regina.

— É isso mesmo, Zeca. Estamos sempre recomeçando. Agora mesmo, sinto que estou começando uma nova etapa na minha vida. Se Clara tivesse deixado eu ir com ela, não teria conversado com você e não ficaria sabendo desse projeto!

— Está vendo! Coloque um sorriso nesse rosto e vamos nos juntar aos outros. Está na hora do lanche da tarde.

Regina levantou e acompanhou aquele novo amigo que Deus havia lhe mandado em tão boa hora. Foram para o bar e sentaram-se ao lado de Célia e Paulina, que já estavam lá.

— Então, meninas, como foi o dia hoje?

— Bem, Simão, eu cuidei muito bem das minhas plantas.

— Eu — disse Regina — ,fiquei perdida no passado. Só parei quando Zeca chegou e me trouxe de volta.

— Regina, relembrar o passado nem sempre é saudável.

— Tem razão, Paulina, mas pode também nos confortar pelas batalhas vencidas.

— Eu recebi a visita de Dona Consuelo e um convite para almoçar na casa do Robertinho. É o aniversário dele. Aliás, estendeu o convite a todos vocês!

— Ela também esteve aqui, Célia — disse Simão.

— Ela é uma mulher maravilhosa. Quando cheguei na cidade, sem me conhecer, me recebeu em sua casa e me deu todo apoio. Desde então, me tornei amigo da família e principalmente do Robertinho. Acho que devem ir.

— Já os conheço e sempre gostei de todos. Por mim, iremos — disse Paulina.

— Está bem, Zeca. Diga a ela para preparar um bom almoço e, que eu levarei as bebidas! Depois do almoço, poderemos ir até o Grotão. Não vou abrir o bar neste domingo!

— Pode deixar, falarei com ela.

— Tenho algo mais para dizer a vocês — disse Simão. — O Prefeito marcou uma audiência para amanhã às dez horas. Quer nos dar uma resposta sobre o nosso projeto. Confesso que estou ansioso para saber!

— Já?! — Os quatro disseram juntos.

— Ele está agindo rápido! — disse Zeca — Será que isso quer dizer um não, Simão?

— Talvez, Zeca, mas precisamos ir até lá para saber.

— Seu Simão! Seu Simão! O dinheiro! O dinheiro!

— De que dinheiro está falando, Robertinho?

— O dinheiro que chegou pro padre pintar a igreja!

Todos se olharam abismados:

— Quando chegou o dinheiro? Quem mandou?

— Não sei, Zeca! Só sei que chegou muito dinheiro para o padre. Também veio uma carta dizendo que o dinheiro é pra pintar a igreja, não deve ser usado pra outra coisa!

— Estranho, quem será essa pessoa que está mandando tanto dinheiro para a cidade?

Paulina, tão admirada quanto os outros, respondeu:

— Não sei, Célia, mas que é estranho, isso é!

— Sabem de uma coisa? Acredito que seja um político que logo vai se revelar para conseguir votos!

— Você acredita nisso, Célia?

— Acredito, Paulina! Ninguém gasta tanto dinheiro à toa. Deve ter um plano, e só pode ser ganhar uma eleição.

— Pode ser, mas por que não se revela?

— Quer fazer suspense, quer que todos falem sobre ele. Essa deve ser a sua idéia!

— Vamos até a igreja conferir isso?

— Vamos!

Foram para a igreja. O único que ali permaneceu foi Simão. Não poderia abandonar o bar. Na igreja, o padre estava feliz:

— Olhem, meus filhos! Chegou muito dinheiro, mais até do que preciso para pintar a igreja! Preferia usar para ajudar as pessoas do Grotão, mas a carta foi bem explícita. Só pode ser usado para pintar a igreja. Quem será que mandou este dinheiro e os outros?

— Célia acha que seja alguém tentando se eleger na próxima eleição! O que o senhor acha?

— Pode ser, Paulina, mas se assim fosse, essa pessoa iria querer que todos soubessem! Se isso for verdade, não é ninguém da família do atual Prefeito, o que, por si só, seria muito bom, afirmou Regina.

— Isso é verdade! Se fosse alguém da família, faria questão de aparecer e fazer propaganda. Mas quem será então?

— Meus, filhos. Isso não importa. Vou contratar alguns pedreiros e pintores. Preciso pedir ao Simão que me ajude na compra do material. Ele deve saber como fazer. Vocês podem pedir para ele vir até aqui falar comigo?

— Claro, padre! Ele só não está aqui, porque não pode deixar o bar sozinho. Mas, assim que fechá-lo, virá — Explicou Zeca.

— Já está escurecendo, está na hora de irmos para casa. Amanhã iremos falar com o Prefeito. Quem sabe ele autoriza o projeto. Vamos embora pessoal?

— Vamos sim, Paulina — disse Zeca. — O dia hoje foi cheio de surpresas, mas amanhã deverá ser melhor.

Voltaram para o bar. Contaram a Simão tudo o que o padre havia dito e o pedido que fizera para que ele fosse até lá.

Simão concordou. Após fechar o bar, foi falar com o padre:

— Padre, vim para saber o que quer que eu faça.

— Como sabe, chegou dinheiro para a pintura da igreja...

— Claro que sei. Eu e toda a cidade. A esta hora, quem não sabia, Robertinho já contou. Aquele menino é danado. O senhor não sabe mesmo quem mandou?

— Por que eu saberia?

— O senhor ouve as pessoas no confessionário.

— Geralmente, as pessoas que se confessam só contam aquilo que para elas é um pecado, e doar dinheiro para a pintura da igreja não é pecado. Se essa pessoa não quer se fazer reconhecer e quer guardar segredo, devemos respeitar. Aliás, quase todos temos segredos, o senhor mesmo deve ter um, não tem?

— Quem, eu?! Não, nao tenho segredo algum!

— Sabe, meu filho, cada gesto que fazemos para ajudar a alguém nos traz muita felicidade. Cada amigo sincero que conquistamos também nos traz muita felicidade. Todo segredo que guardamos, ao nos lembrarmos dele, pode nos trazer tristeza. Por isso, a melhor coisa a fazer é não termos segredos, é confiarmos nas pessoas que são nossas amigas. Como você mesmo disse, eu ouço a todos no confessionário. Por isso, se quiser abrir seu coração, estarei sempre aqui para lhe ouvir e ajudar no que for preciso. Mas o que realmente quero de você é que me ajude a comprar o material para pintar a igreja. Você deve ter facilidade, pois compra de vários fornecedores. Pode fazer isso?

— Claro que posso! Não se preocupe, vou providenciar tudo. Assim que o senhor me der a relação de materiais, mandarei vir tudo. Quanto ao que disse sobre segredo, não tenho nenhum, mas, se tivesse, o senhor seria a pessoa em quem eu confiaria..

Nunca estamos desamparados

Enquanto Simão conversava com o padre, os outros foram embora. Paulina e Célia seguiram na mesma direção. Zeca, embora morasse do lado oposto ao de Regina, fez questão de acompanhá-la. Ao chegarem ao mesmo banco da praça, disse:

— Vamos nos sentar um pouco, Regina?

— Vamos sim, este banco me traz muitas recordações.

— Já percebi. Da maneira como te encontrei, hoje, as recordações não devem ser boas. Parece que está triste.

— Realmente, quando você chegou, eu estava relembrando coisas que aconteceram e que me deixaram triste.

— Quer falar sobre isso?

— Você é a única pessoa que sabe da reação da Clara. Reação que me deixou muito triste e me fez repensar a minha vida. Estou procurando encontrar onde errei na educação dela e como nunca percebi o ódio que ela sente por mim.

— Você não deve ter errado. Ela é jovem, não conhece coisa alguma da vida. Não deve se preocupar com isso.

— Quando chegou, eu estava pensando exatamente no dia em que me vi aqui, neste mesmo banco, com uma sacola de roupas, sem saber o que fazer e para onde ir!

— Quer me contar? Prometo que escutarei com atenção e pode contar somente o que quiser. Nada além disso.

— Depois que te contei sobre Clara, fiquei pensando por que havia confiado em você. Não sei o porquê. Só sei que confio. Preciso falar com alguém. Preciso de um caminho.

— Não me conhece muito bem, mas posso te garantir que também já sofri muito e que te ajudarei no que for possível.

Regina contou tudo, até o momento em que estava sentada naquele mesmo banco, com a sacola na mão, e ele chegou.

— Como tiveram a coragem de te colocar na rua, Regina? Esperando uma criança e sem ter para onde ir?

— Não sei, mas fizeram. Eu estava aqui sozinha, chorando e sem saber o que fazer, quando se aproximou a dona Júlia, uma velha amiga de minha mãe que, ao me ver aqui, perguntou:

" — O que está fazendo aqui, Regina? Com essa sacola e chorando desse jeito? O que aconteceu? "

— Ao vê-la, não consegui controlar o meu choro e desabei. Depois que contei tudo, desesperada eu disse:

" — Dona Júlia, estou sem saber o que fazer. Acho que o único caminho será me matar e levar comigo essa criança."

— Ela ouviu sem me interromper e, quando terminei, levantou-se, pegou as minhas mãos:

" — Minha filha, nunca estamos sozinhos. Deus está sempre ao nosso lado. Somos nós quem não confiamos Nele. Fui muito amiga de sua mãe e sei o quanto ela sofreu para te criar. Moro sozinha e tenho um quarto sobrando, você vai agora comigo e ficará lá até essa criança nascer. "

— Ouvi aquelas palavras com o coração cheio de alegria. Fui para a casa dela. Ao chegarmos, ela me mostrou o quarto em que eu iria ficar. Um quarto amplo e arejado.

" — Não precisa se preocupar com nada, Regina. Não tenho muito, mas o que tenho dará para vivermos muito bem. Esta casa é minha, não pago aluguel. Fui casada durante vinte anos e não tive filhos. Com a pensão do meu marido e com a minha aposentadoria, dá para eu viver muito bem. Sempre que uma criança nasce é um presente de Deus. Devemos receber com carinho e amor a sua criança.

— Dona Júlia, não sei como agradecer...

— Não tem o que agradecer. Aprendi, através da minha religião, que todos temos uma missão nesta terra. Até agora, eu não sabia qual seria a minha, pois nem um filho tive para criar, mas hoje descobri que é acolher você e a sua criança. Está me fazendo um bem enorme. Não ficarei mais sozinha. Se alguém tem que agradecer, esse alguém sou eu.

— De uma coisa a senhora me convenceu. Deus nunca nos desampara mesmo! Estava tão desesperada e a senhora me apareceu como se fosse um anjo mandado por Ele...

— Não sou um anjo, mas mandada por Ele, sim. Pode ter certeza disso! Agora, vamos arrumar o seu quarto? Ele só foi usado por alguns amigos que vinham nos visitar enquanto meu marido era vivo. Depois disso, as visitas foram se tornando cada vez mais escassas e por fim terminaram. Ficará com essa cama e logo mais compraremos o berço, que será colocado aqui também. Não fique preocupada! Deus nos ama...

— Só posso agradecer a Deus e à senhora, mas ao Raul nunca perdoarei. Não podia ter me feito aquilo! Mentir daquela maneira. É um canalha! Sabe que eu lutei muito contra o amor que sentia por ele e que muitas vezes fugi para não conversar! Vai me pagar! A senhora pode ter certeza disso!

— Aprendi, com a minha religião, que Deus nunca nos abandona. Aprendi que devemos perdoar os nossos inimigos. Jesus, quando veio a Terra, foi humilhado e até levado à cruz, mas, nos últimos momentos da sua vida, perdoou a todos aqueles que tinham lhe feito tanto mal. Quem somos nós para julgar? Deus é quem sabe por que tudo acontece. Só temos que continuar a nossa vida sempre. Aconteça o que acontecer.

— A senhora vai me desculpar, mas não dá para perdoar. Só se eu não tivesse sangue em minhas veias!

— Tudo bem, Regina. O perdão só deve ser dado quando partir do fundo do coração. Sei que esse dia ainda chegará para você. Por enquanto, vamos arrumar este quarto?

— Vamos sim. Preciso arrumar um emprego, não posso ficar aqui em sua casa sem ajudar nas despesas.

— Por enquanto não precisa, já te disse que o que tenho dá muito bem para nós duas. Depois que a criança nascer, se quiser, poderá arranjar um emprego, mas não vai ser preciso. O que tem a fazer é dar todo seu amor e carinho para a criança."

— Arrumamos o quarto e a cama. Ela trouxe roupas de cama, me deu uma toalha e mostrou o banheiro. Agradeci e me dirigi para ele. Em baixo do chuveiro, com a água quente caindo por meu corpo. senti um bem enorme.

" Há poucas horas atrás eu estava em tão grande desespero e, agora, tudo está resolvido. Obrigada meu Deus."

— Fiquei lá, só sentindo a água escorrendo por meu corpo e lembrando de Raul. Naquela noite, me senti a pessoa mais feliz do mundo. Mas o ódio que sentia por Raul era imenso. Eu realmente o amava e não entendia como pôde fazer de conta que nada havia acontecido. Como iria conseguir perdoá-lo? Dona Júlia que me desculpasse, mas não dava, não! Saí do banho. Dona Júlia estava na cozinha com a mesa colocada.

" — Não esperava visitas, Regina, por isso o jantar vai ser simples. Amanhã vou ao armazém comprar mais mantimentos.

— Para mim está ótimo! Pensei que hoje nem teria o que comer. A senhora é mesmo um anjo!

— Que nada, menina. Senta aí e vamos comer."

— Daquele dia em diante minha vida se transformou em um paraíso. Dona Júlia foi mais do que uma mãe. Me levou ao médico para eu fazer o pré-natal. Clara nasceu e ela foi a madrinha. Nós duas demos para Clara todo o carinho possível. Atendendo a um pedido de dona Júlia, o doutor Carlos me deu um emprego no Posto de Saúde. Comecei a trabalhar. Ele, com muita paciência, me ensinou tudo sobre enfermagem e é onde trabalho até hoje. Nada faltou para Clara e sempre teve amor também. Com dona Júlia, comecei a aprender esta doutrina da qual estávamos falando hoje pela manhã. Essa doutrina está agora me ajudando a aceitar a reação de Clara. Tenho a minha consciência tranqüila. Fiz o possível para que nada lhe faltasse. Resolvi continuar a minha vida. Esse projeto veio bem a calhar. Como sempre, Deus não me abandonou!

— Ainda mora com dona Júlia?

— Não. Quando Clara fez doze anos, ela morreu, deixando a sua casa em meu nome. É lá onde ainda moro.

— O Prefeito nunca te procurou?

— Não, ele voltou casado e tem hoje a sua família. Não tenho mais ódio, embora ainda guarde muita mágoa.

— Não pode provar que ele é o pai de Clara?

— Não tenho como provar e seria a minha palavra contra a dele. Quem sabe, um dia apareça algum exame que possa ser usado para isso, mas, hoje, do que adiantaria? Clara ficaria mais revoltada Teve sempre uma vida simples. Sabendo agora que o pai é rico e que escondi isso dela, o seu ódio seria maior.

— Creio que tem razão. Será que não foi ele quem mandou o dinheiro para que ela pudesse estudar?

— Cheguei a pensar nisso, por isso fui à Prefeitura outro dia para falar com ele.

— Nós nos encontramos lá. O que ele falou? Confirmou?

— Não. ele continua o mesmo orgulhoso de sempre. Não foi ele quem mandou o dinheiro e ainda insinuou que talvez tenha sido um admirador meu. Continua sendo um cretino! Eu. mesmo sabendo que não devo, às vezes o odeio muito!

— Bem, o que importa agora é que está bem. Como você mesma disse, procurou fazer o melhor. Sua filha é uma bonita moça e, com certeza, um dia entenderá tudo o que fez por ela. Agora. vamos embora? Estou ficando com fome.

— Vamos sim, estou me sentindo muito bem. É muito bom poder desabafar com um amigo. Acredito que você também tenha muita coisa para me contar. Quem sabe um dia confie em mim o bastante para revelar um pouco mais.

— Quem sabe um dia, mas por enquanto não, ainda não

— Tudo bem. Estarei sempre aqui, disposta a te ouvir

— Posso te fazer só mais uma pergunta?

— Claro que pode, já te contei tudo.

— Por que nunca se casou? É jovem e bonita.

— Morando em uma cidade pequena como esta, onde todos conhecem tudo e a todos, qual seria o homem que se atreveria a se casar com uma mãe solteira? Também, nunca mais apareceu alguém que me atraísse.

— Ainda é muito jovem. Hoje, os tempos são diferentes. Uma mãe solteira já não é tão discriminada como antes.

— É, quem sabe. Só falta aparecer alguém de quem eu goste — disse rindo.

Zeca também riu. Despediram-se e foram embora. Durante o caminho, ele foi pensando em tudo o que ela havia contado.

"Essa moça é uma vencedora, mas ela mesma ainda não se deu conta disso. É bonita, rindo ficou muito mais! Que é isso, seu Zeca?! Está com o coração batendo diferente?! Pode parar! Você não tem o direito de pensar em amar e receber o amor de uma moça como essa! Tem que continuar sozinho e, mesmo assim, nunca conseguirá reparar o grande mal que fez!"

Chegou em casa. Já há muito tempo fazia as refeições junto com a família de Robertinho.

— Boa-noite, Zeca. Hoje chegou tarde!

— Mamãe! — disse Robertinho, com olhar maroto — Passei pela praça e vi o Zeca conversando com a mãe da Clara! Parece que estão namorando... parece... mesmo...

— O que é isso, Robertinho? — Zeca disse nervoso. — Estava conversando com ela sim, mas só somos amigos!

— Espere, Zeca! — disse Consuelo rindo. — Não precisa ficar nervoso. Que mal haveria em estar namorando? Ela é uma boa moça. Honesta e trabalhadora.

— Sei disso, dona Consuelo, mas não estou namorando. Somos amigos. Estávamos falando sobre a ida de Clara à faculdade. É a primeira vez que vai se separar da filha e está preocupada. Só isso! Viu, seu falador!

— Mãe! Ele disse que não está namorando, mas que parece... parece... sim...

— Cala a boca seu falador!

— Está bem, não está namorando, mas que parece... parece...

Zeca e Consuelo começaram a rir.

— Quem pode com esse meu filho! Até que essa idéia dele não parece ser tão ruim assim. Você é um bom moço e vive sozinho. Já não está na hora de se casar e ter uma companhia?

— Não posso e nem quero me casar!

— Por que não pode? Já é casado?

— Não, não sou casado, mas não posso me casar...

— Por que não?!

— Não posso lhe dizer, mas eu nunca me casarei, nunca!

Saiu e foi para o seu quarto. Consuelo ficou assustada com a reação dele. Estava mesmo desesperado. Já no quarto, ele foi para o banheiro tomar banho.

"Como posso pensar em me casar? Depois de tudo que fiz, só posso continuar a minha vida assim, sozinho. Mas, por que não consigo esquecer Regina? Foi a primeira mulher que me chamou a atenção depois que tudo aconteceu. Que bom seria se eu pudesse ficar com ela. Mas não tenho esse direito!"

— Vá tomar banho, Robertinho! — Consuelo disse, assustada com a reação de Zeca. — Assim que seu pai chegar vamos jantar.

— Está bem, mamãe! Já estou indo!

Robertinho entrou no banheiro e fechou a porta. Consuelo foi até os fundos da casa, no quartinho em que Zeca morava. Chegou e bateu na porta. Ele estava terminando de se arrumar. Penteava os cabelos em frente a um espelho.

— Posso entrar, meu filho?

— Pode sim, a senhora é sempre bem-vinda!

— Zeca, olhe bem em meus olhos e me responda: Se já não é casado, por que não pode se casar? Deve saber que, aqui em casa, você é considerado como se fosse da família. Eu poderia ser sua mãe. Quando chegou aqui, percebi que carregava em seus ombros grandes problemas. O tempo passou, você se adaptou à cidade. É um rapaz agradável, o que fez com que todos gostassem muito de você. Hoje, está com aquela mesma expressão do dia em que chegou. Novamente seu rosto está triste e pesado. O que está acontecendo, meu filho? Por que não confia em mim?

— Dona Consuelo, quando cheguei, estava perdido, sofrendo muito e sem um rumo na vida. Aprendi que, embora me sentisse só, nunca estive. Deus colocou no meu caminho Robertinho, esse menino iluminado que a todos quer ajudar. Depois, a senhora que me deu uma chance de recomeçar. Confiou em mim e, sem me conhecer, abriu as portas da sua casa, me hospedou, dando-me até roupas. Graças a isso, fiquei na cidade e, aos poucos, fui me esquecendo de tudo que havia acontecido. Voltei a viver uma vida normal. Mas, hoje, percebi que nunca poderei ter uma vida normal. Não tenho esse direito. Devo continuar como estou até aqui. Destruí muitas famílias e não tenho o direito de ter a minha. Nunca! Nunca!

Zeca chorava sem conseguir evitar. Consuelo se aproximou, passou as mãos em sua cabeça, dizendo:

— Chore, meu filho. As lágrimas fazem muito bem quando vêm lá do fundo, como as suas estão vindo agora. Depois que chorar o bastante, se sentirá muito melhor e enxergará tudo de uma maneira diferente. Nada acontece por acaso, como você disse: Deus não nos abandona nunca. Confie nele e tudo ficará bem. Vou para casa preparar o jantar. Assim que estiver melhor, vá até lá. Estaremos esperando por você. Depois do final, só resta o recomeço. Acredite nisso...

Ela deu um beijo na testa dele e foi embora. Sozinho, continuou chorando por um bom tempo. Relembrou tudo o que havia acontecido. No meio das recordações tristes, o rosto de Regina surgia, rindo, e lindo. Finalmente conseguiu parar de chorar. Lavou o rosto, sentiu que um peso enorme havia saído de seu coração. Foi jantar. Quando chegou, os outros estavam sentados e começavam a comer. Pedro, falou:

— Sente-se, Zeca. Estávamos te esperando. Enquanto come, me conte mais sobre o projeto do Grotão.

Zeca sentou-se e começou a contar tudo. Seu coração estava leve e, da mesma forma que Regina, agradecia a Deus por aquele projeto ter surgido. Deus havia lhe mostrado um novo rumo para sua vida. Após o jantar, pediu licença e voltou para o seu quarto. Deitou-se na cama, mas não conseguia tirar o rosto de Regina de sua frente. Estava absorto em seus pensamentos, não percebeu que Robertinho entrou e ficou olhando para ele:

— Zeca, quero falar uma coisa pra você...

Voltou-se e o viu encostado na parede sem se aproximar.

— O que quer falar, Robertinho?

– Estou muito triste porque deixei você nervoso com aquela história da mãe da Clara... Vi que você estava tão feliz conversando com ela, que achei que seria bom que você namorasse com ela...

Zeca sorriu, abriu os braços e Robertinho o abraçou.

— Robertinho, fiquei nervoso, sim, porque não queria acreditar naquilo que você viu primeiro. Não estou namorando com ela, mas, depois do que me disse, não posso mais negar, gosto dela. Não sei se tenho o direito, mas, se ela me quiser, vamos namorar. Só que vai prometer uma coisa. Sei que é um grande fofoqueiro, mas sobre isso não contará a ninguém, antes que eu fale com ela. Promete?

Robertinho soltou-se do abraço, dizendo:

— Prometo! Prometo! Só que, depois que falar com ela, vou ser o primeiro a contar para todo mundo! Você deixa?

— Deixo sim, você merece. Percebeu antes de mim. Só não sei ainda o que ela pensa a respeito. Por isso, preciso falar com ela primeiro. Está bem?

— Pode deixar, não vou contar pra ninguém.

Saiu correndo do quarto. Entrou em casa afobado. Consuelo percebeu a agitação do menino:

— O que conversou com o Zeca que deixou você assim?

— Não foi nada, mamãe — falou com a voz pausada — prometi *pra* ele que não vou contar *pra* ninguém que ele vai falar com a mãe da Clara e começar a namorar com ela!

— Prometeu? Como? Você está me contado!

— Não estou contando nada! Mas também a senhora não é todo mundo! A senhora é minha mãe!

— Está bem, mas não conte para mais ninguém. Deixe primeiro ele acertar tudo. Vamos dormir?

Enquanto tudo isso acontecia com Zeca, Regina chegou em casa. Clara estava em seu quarto. Ao ouvir a porta abrir, foi encontrar sua mãe.

— Mamãe, a senhora demorou. Onde estava?

— Estava conversando com alguns amigos. Não precisa se preocupar comigo, estou muito bem...

— Gustavo até agora não se conforma em deixar a senhora aqui sozinha, ele quer que venha conosco...

— Não, Clara. Vou continuar aqui, você continuará a sua vida. Assim tem que ser. Agora não precisa mais me aturar.

— Será que um dia poderá me perdoar? Pensei muito a respeito do que falei. Fui injusta, eu não tinha esse direito...

— Não tenho o que perdoar. Ficarei aqui. Tenho muito para fazer e ,agora, acho que encontrei uma companhia.

— Uma companhia? Um homem? Quem é ele? É rico?

— Ainda não posso falar, porque ele mesmo não falou, nem sei se gosta de mim. Não, ele não é rico, mas é uma pessoa maravilhosa. Precisa de mim, assim como preciso dele.

— Não estará se aproximando porque pensa que, agora, a senhora está rica?

— Por que está dizendo isso? Acha que não tenho qualidades para agradar a um homem? Não, ele não está interessado no meu dinheiro, pois sabe que é só seu! Também tem outra coisa, ele não está se aproximando, sou eu quem está pensando no assunto. Agora já está criada e com dinheiro para cuidar da sua vida, não preciso me preocupar. Chegou a hora de pensar em mim e, pela primeira vez, estou pensando nisso. Boa-noite.

Clara quis falar algo, mas Regina não permitiu. Foi para o quarto com o coração apertado, por ter criado uma filha tão materialista e sem compaixão. Deitou-se e ficou pensando.

"Ele é tão amoroso, tão amigo. Mas, até agora, não deixou transparecer que está interessado em mim. Não consigo esquecê-lo. Não sei quem é, e nem de onde veio... por que não sai do meu pensamento? Queria ficar para sempre ao seu lado, conversando. Meu Deus, o que é isso? Nunca senti isso por ninguém, nem mesmo por Raul! Será que Clara já dormiu? Vou esperar mais um pouco, depois vou à cozinha comer alguma coisa."

Enquanto esperava, adormeceu. Sonhou que estava com Zeca em um lugar bonito. Acordou e fechou os olhos novamente, querendo continuar aquele sonho. Não conseguiu. Estava com fome, seu estômago doía. Levantou e passou pelo quarto de Clara, que dormia. Foi até a cozinha, abriu a geladeira, pegou um pedaço de bolo e um copo com leite. Foi para a varanda, sentou–se em um banco e começou a comer. Já era tarde da noite. A Lua estava alta, na fase crescente, havia muitas estrelas. Era verão. Pensou em Zeca, que, neste momento, devia estar dormindo.

"Ele é tão misterioso, não fala sobre si. O que terá acontecido com ele? O que será aquilo? Parece que vem vindo alguém, mas quem será? Vou entrar."

Levantou-se rápido para entrar em casa. Estava assustada.

— Regina, espere! Sou eu! Não precisa ter medo.

— Zeca?! O que está fazendo aqui à essa hora?

— Está muito calor e não consegui dormir. Saí andando e vim parar aqui. Você também não está conseguindo dormir?

— Acordei com fome, mas entre, venha até aqui!

Ele abriu o portão e foi até ela. Sentou-se em outro banco. Ficaram por algum tempo calados. Não sabiam o que falar. Regina terminou de comer o pedaço do bolo.

— Quer um pedaço? Vou buscar, está muito bom.

Ela se levantou para entrar em casa. Ele a segurou. Os olhos se encontraram. Os rostos foram se aproximando, sem que tentassem impedir, os lábios se encontraram, e um longo beijo foi trocado. Naquele momento, como se o céu quisesse dar a sua aprovação, a lua se escondeu atrás de uma nuvem. O amor transbordou em carinho e silêncio. Não havia o que dizer. Os corações batiam juntos, no mesmo ritmo. Eles se amavam de uma maneira definitiva.

— Regina, eu não devia estar aqui, mas não consigo te esquecer. Não consegui dormir porque a sua imagem não saía do meu pensamento. Queria te ver ,pelo menos, passar por aqui e saber que estava aí dentro, dormindo. Jamais poderia pensar que estaria acordada e aqui fora. Não tenho esse direito, mas estou te amando, de uma maneira total e absoluta.

— Eu também não consigo te esquecer. Sonhei que estávamos em um lugar bonito. Acordei e vim olhar a Lua. Jamais pensei em te encontrar. O que faremos agora?

Zeca não respondeu. Tomou Regina em seus braços e continuaram se beijando. O desejo tomou conta de seus corpos. Ela o puxou para dentro de casa, para dentro de seu quarto. Nem lembrou que Clara estava dormindo no quarto ao lado. Ali dentro só existiam os dois. Amaram-se com intensidade. Naquele momento, nada importava. Só queriam estar juntos.

Quando terminaram de se amar, permaneceram deitados e abraçados, em silêncio. Não queriam falar. Só o silêncio, sentindo ainda aquela sensação boa do amor consumado.

— Estou muito feliz, mas como será daqui para frente?

— Também não me sentia assim, há muito tempo. Não sei como será, só sei que não quero mais me separar de você.

— Clara está aí, no quarto ao lado. Na semana que vem, ela irá embora, e você poderia vir morar aqui.

— Não tenho o que te oferecer. Sabe que só sou um simples jardineiro, nada além disso!

— Nada disso me importa, não quero saber do seu passado. Só me importa o futuro, o nosso futuro. Você me fez reviver e posso te garantir que estive à sua procura por todos esses anos. Te amo, e é só isso que me importa!

— As pessoas vão comentar, Regina!

— Não me importo! Perdi muito tempo preocupada com o que as pessoas iriam dizer. Descobri que te amo! E que amo muito! Só isso me interessa!

Beijou-a suavemente. Levantou-se e começou a se vestir:

— Preciso ir embora, tentarei dormir o resto da noite. Às duas horas temos um encontro com o Prefeito.

— Não quero ir, não quero mais vê-lo, Zeca. Mas, à tarde, passarei no bar, e vocês me contarão como foi.

— Não vai pela manhã tomar café conosco?

— Estou tão feliz, que não sei se conseguirei esconder toda essa felicidade! Precisamos esperar a Clara ir para a faculdade.

— Está bem, Regina, até lá não falaremos com ninguém.

— O primeiro a saber deve ser o Robertinho, Regina. Eu prometi, porque foi ele quem me fez ver o quanto te amo!

— Aquele menino não existe! Está bem, concordo.

Abraçaram–se. A porta do quarto abriu:

— Mamãe, com quem está conversando? Você? — gritou quando viu Zeca. — O que está fazendo aqui?

— Calma, filha! Vou te explicar tudo!

Clara estava fora de si e gritava muito:

— Explicar? Explicar o quê? Que está em seu quarto, a essa hora da madrugada, com um jardineiro sujo?

— Não admito que fale assim!

— Clara, você sempre me tratou bem! — Zeca disse constrangido. — Sempre pareceu ser minha amiga!

— Não se enxerga?! Sempre te tratei como a qualquer um. Nunca como a um igual! Você é sujo, não tem onde cair morto! Mamãe, como pôde se envolver com ele?

— Nós nos amamos e vamos ficar juntos!

— Ficar juntos?! Está louca! Nunca vou permitir!

— Você não tem que permitir! Tem dinheiro, vai embora e será feliz! Já decidiu o que vai fazer da sua vida! Não tem o direito de querer decidir a minha!

— Mamãe! Ele é um ninguém! Se a pessoa que me deu o dinheiro descobrir que anda com um mendigo, o que vai pensar? Pode se arrepender e querer o dinheiro de volta!

— Zeca é o homem que amo! Ficarei com ele, quer você queira ou não! Já te criei, hoje não precisa mais de mim. Vou poder viver a minha vida! Até aqui, nela, só existiu você, mas daqui para frente vou ser feliz! A pessoa que te deu o dinheiro, com certeza, não sabe como você é ruim e mesquinha!

— Agora sei por que nunca quis dizer o nome do meu pai! Andou com tantos, que não sabe de quem sou filha!

Regina deu uma bofetada no rosto de Clara:

— Saia do meu quarto! Você não tem o direito de falar assim! Seu pai foi um canalha que me abandonou na rua, sem se importar se eu tinha para onde ir ou não! Saia daqui!

Clara colocou a mão no rosto e saiu chorando. Regina tremia e chorava. Zeca a abraçou:

— Não fique assim. Ela é jovem, e eles não admitem que as mães sejam mulheres e possam sentir desejo e amor como eles. Ela vai embora, sentirá a sua falta e tudo ficará bem.

— Eu não merecia isso! Dediquei toda a minha vida a ela! Talvez eu tenha errado, mas sempre procurei dar a ela tudo o que podia. Sempre procurei fazer o melhor!

— Você fez, Regina! Ela é uma boa moça! Você fez o seu melhor, mas ela foi a primeira das muitas pessoas que não entenderão a nossa união. Precisamos estar preparados.

— Tem razão. Vá, e vamos tentar dormir o resto da noite.

— Irei, mas não se esqueça que te amo, muito.

— Também te amo, e muito.

— Você fica linda com esse sorriso!

— Pretendo ficar sempre assim! Muito feliz!

Beijaram-se, ele foi embora. No caminho, foi pensando:

"Como consegui fazer aquilo? Não podia, não tenho esse direito, mas ela é um amor e eu a amo! Se a Clara descobrir tudo sobre mim com certeza, me odiará ainda mais. E Regina? Qual seria a sua reação? Bem, só sei de uma coisa, eu a amo!"

Chegou em casa, já em seu quarto, deitou-se e adormeceu.

Acordou com o barulho do despertador. Pensou:

"Será que aconteceu mesmo? Não terá sido um sonho? Não! Eu a tive em meus braços e ela me ama também. Deus do céu, não sei se mereço toda essa felicidade. Só posso agradecer. Se está me dando este caminho, talvez seja porque já tenha me perdoado!"

— Zeca! Não vai levantar? Hoje, eu não tenho aula. Vou brincar na casa do Tiago! Você disse que ia me levar até lá.

— Já estou indo, Robertinho. Pode ir tomando o seu café.

Robertinho foi tomar café, e Zeca levantou. Tomou um banho e, juntos, foram embora. Levou o menino até a porta da casa de Tiago, depois foi para o bar. Quando chegou. Paulina e Célia já estavam conversando com Simão.

— Bom-dia para todos!

Elas responderam com um sorriso e Simão disse:
— Bom-dia mesmo! Hoje está um lindo dia!
Zeca sentou-se e Simão serviu o café:
— Simão, hoje estou especialmente feliz. Preciso comemorar! Que tal um belo sanduíche de mortadela?
— Mortadela! Deve estar acontecendo algo especial! Você só come mortadela quando está triste ou alegre! Pela sua cara, não está triste! Podemos saber o motivo de tanta alegria?
— Ainda não, mas saberão logo!
— Temos que nos preparar para conversar com o Prefeito. Estou ansiosa para saber qual será a sua resposta.
— Tem razão, Célia. Estamos ansiosos, mas eu tenho que ir trabalhar. Voltarei na hora do almoço para ir à Prefeitura.
— Preciso ir para a praça, as crianças estão me esperando.
— Pedirei ao Juca que fique aqui no bar. Um pouco antes das duas nos encontraremos aqui.
Foram cuidar de suas obrigações. Regina, em sua casa, levantou, tomou um banho, se trocou e saiu, sem falar com Clara, que fez questão de continuar no quarto, pois não podia aceitar que a mãe estivesse envolvida com aquele mendigo.
"Ela não pode fazer isso! Não sei se conto ao Gustavo, mas, se ele vier a saber por outra pessoa, será pior. O melhor é eu contar. Depois que ela sair e eu tomar café, vou telefonar e pedir que venha até aqui. Contarei tudo e pedirei perdão por ela. Ele vai aceitar. Afinal, estamos indo embora."
Assim que Regina saiu, Clara se levantou e ficou andando por toda a casa. Enquanto andava, falava em voz alta:
— Não consigo aceitar que minha mãe esteja envolvida com um homem como aquele. Preciso falar com Gustavo. Ele a defendeu tanto, até brigou comigo! Queria que fosse conosco para a faculdade! Agora saberá quem ela é! Mudará de idéia! Verá que eu tinha razão!
Telefonou para a casa dele. Assim que ele atendeu, falou:
— Gustavo, preciso falar com você!
— O que aconteceu, Clarinha?
— Algo muito grave, mas não posso falar por telefone. Você não vai acreditar! Venha logo!
— Está bem, vou terminar de tomar o meu café e irei.

Ela desligou o telefone e ficou pensando em como faria para contar aquela coisa horrível para ele. Depois de quinze minutos, Gustavo chegou. Encontrou Clara muito nervosa.

— O que aconteceu? Por que está tão nervosa assim?

— Não sei como começar a te contar. É tudo tão horrível!

— Fale logo! Não me deixe nervoso também!

Ela contou. Ele escutou arregalando os olhos.

— Está me dizendo que o Zeca e a sua mãe....

— Isso mesmo! Pode acreditar em uma coisa dessas?

— Nunca pude sequer pensar nisso! Mas estou muito feliz. Zeca é um cara legal e sua mãe é uma pessoa muito sozinha. Nada melhor poderia acontecer para os dois. Devia estar feliz por sua mãe ter encontrado uma companhia, alguém que goste dela, ao invés de colocar obstáculos!

— Está dizendo que acha certo? Ele é um mendigo! Não tem onde cair morto!

— Que está dizendo? Sua mãe te criou com tanto amor e carinho! Ela sempre se dedicou a você! Agora que vai embora e aparece para ela uma companhia, você vem me falar de dinheiro! Não estou te reconhecendo! Tenho percebido que mudou muito, depois que recebeu aquele dinheiro!

Clara ficou aturdida com a reação de Gustavo. Mudou o tom de voz, dizendo:

— Não é nada disso! Só acho que a minha mãe merecia alguém melhor... não um mendigo...

— Está querendo dizer, com dinheiro? Se eles se amarem, nada disso importa! Serão felizes, e isso é o que interessa. Pense nisso e deixe de ser tão egoísta. Vou embora, tenho algumas coisas para fazer antes de viajar. Por favor, reflita no quanto a sua mãe representa para você! Eu, por minha vez, vou refletir sobre essa atitude que está tomando agora.

— Espere, Gustavo! Estou nervosa, mas te amo muito!

— Clara, mas você está diferente! Ou sempre terá sido assim? Não estou gostando da sua maneira de agir. Enfrentei meu pai por você. Acho que deveria refletir sobre isso.

— Mas o Zeca é um mendigo!

— Ele pode ser um mendigo, mas é também um bom amigo! Sabe quantas vezes me ouviu por horas, quando eu tinha algum problema com meu pai? Gosto dele! Gosto de sua mãe também! Depois dessa tua atitude, estou pensando seriamente se ainda gosto de você! Até logo!

Gustavo saiu apressado, estava realmente nervoso.

"Será que estive por todo este tempo enganado? Será que Clara não passa de uma menina mimada e egoísta? Tenho que pensar a respeito. Mas agora preciso ir até a biblioteca, tenho que devolver este livro."

Entrou na biblioteca.

A resposta do prefeito

Regina foi até o bar. Os amigos estavam despedindo-se. Ela se aproximou:

— Bom-dia, não poderei ir à Prefei-tura, tenho que trabalhar, mas à tardinha passarei aqui para saber como foi. Como todos, também estou curiosa!

— Estaremos te esperando, Regina — disse Célia.

Regina olhou para Zeca, seu rosto se iluminou. Ficou calada, mas estava evidente que alguma coisa havia acontecido. Zeca também sorriu para ela. Simão percebeu os olhares.

"Hum! Aqui tem coisa. Aconteceu algo entre eles. Ontem, estavam conversando lá no banco da praça, será que se entenderam? Deus queira que sim, mas não vou comentar. Zeca, quando quiser, me contará."

O dia transcorreu tranqüilo. Só Zeca e Regina se flagravam pensando em tudo o que havia acontecido. Haviam se encontrado, e isso era o que importava. Antes das duas horas da tarde, foram chegando. Robertinho também veio. Queria ir a Prefeitura, afinal foi ele quem levou todos ao Grotão.

-- Está bem, você irá — disse Zeca — ,mas tem que prometer que ficará quieto e não interromperá a conversa.

-- Prometo, Zeca! Você sabe que sei guardar segredo! Não contei pra ninguém até agora.

Zeca colocou a mão na boca de Robertinho:

— Está bem, não contou e nem contará. Irá junto, mas terá que ficar só escutando, sem falar nada!

Foram para a Prefeitura. A secretária pediu que esperassem.

Sentaram-se. Depois de cinco minutos, ela pediu que entrassem. O Prefeito os recebeu com um sorriso largo:

— Meus, amigos! Sentem-se. Sueli, por favor, providencie um café para os meus convidados.

A secretária saiu e voltou logo depois, trazendo café.

— Bem, Sr Prefeito, — Simão disse com a xícara na mão – – ,estamos todos ansiosos para saber qual é a sua resposta.

— Conversei com algumas pessoas. O Presidente da Câmara de Vereadores disse que a desapropriação do terreno não será difícil. Mas, quanto ao dinheiro para a construção do parque e das casas, terá algum problema. É uma quantia grande, e a cidade não tem. Se os senhores se comprometerem a conseguir o dinheiro, o terreno será logo liberado.

— Não sei como, mas conseguiremos o dinheiro. O senhor pode liberar o terreno. Esse projeto é importante para todos nós, muito mais para os moradores do Grotão.

— Os senhores viram que me esforcei — disse, com olhar malicioso. — Por isso, se conseguirem o dinheiro, deixem-me contratar, em nome da Prefeitura, as construtoras. Que tal?

— Está bem, Prefeito, quando conseguirmos o dinheiro, voltaremos a conversar.

Simão falava, os outros apenas ouviam. Zeca estava com muita raiva, olhando para aquele homem que, agora, sabia ter sido o causador de tanta infelicidade para Regina e que fazia aquela proposta indecente. Acreditava ainda mais em tudo o que ela havia lhe contado. O Prefeito continuou:

— Quem sabe esse benfeitor da cidade não manda o dinheiro! Precisam descobrir quem é! Quem sabe ele poderá subir no palanque ao meu lado!

— Não sabemos quem é. Estamos pensando que talvez seja um político querendo agradar o povo para poder se eleger.

— Um político?! Não! Conheço a todos, e nenhum deles gastaria tanto dinheiro, senhor Simão.

— Quem sabe um dia descobriremos quem seja, não é?

— Espero que sim. Em quinze dias o terreno será liberado para o projeto. Senhor Simão, onde as casa serão construídas?

— Sabemos que terá que ser distante da área do manancial. Estudaremos um bom lugar, não se preocupe. Iremos domingo até lá, conversaremos com as pessoas e veremos qual será o melhor lugar. Depois, comunicaremos ao senhor.

Despediram-se, foram embora. Estavam abismados com a atitude do Prefeito. Já na rua, Simão disse:

— Só o fato de termos conseguido a liberação do terreno, já está ótimo.

— Como conseguiremos tanto dinheiro? Se a Prefeitura não ajudar, jamais conseguiremos!

— Calma, Célia! — disse Paulina. — De alguma forma o dinheiro virá. Vamos falar com as pessoas da cidade. Se cooperarem, teremos ao menos uma parte do dinheiro.

— Paulina tem razão, agora já temos um começo — disse Simão. — Muito mais que no princípio. O Prefeito, ao doar o terreno, quis dizer que, se o projeto não sair, a culpa não será dele. Temos que pensar em um modo de conseguir o dinheiro.

— Simão, o que quis dizer com aquela história de deixar as construtoras por conta dele?

— Se ele contratar a construtora, Zeca, o preço aumentará muito. Pois uma boa parte do dinheiro irá para ele.

— Que canalha! Não se preocupa com o povo!

— Infelizmente quase todos os políticos usam dessa prática, Zeca. Ainda bem que temos muitos que são honestos e realmente se preocupam com o povo. Por isso, muitas leis são aprovadas. Mas, iguais ao nosso Prefeito, existem muitos.

— Sabe que nunca me preocupei com política?

— Pois deveria se preocupar, Paulina. Aliás, todos deveriam.

Chegaram ao bar. Célia disse:

— Estive pensando. Se os moradores do Grotão fizerem algumas peças de artesanato, elas poderão ser vendidas aos turistas, e as famílias teriam um dinheiro a mais para a sobrevivência. Para isso, deveria ser incluído no projeto um galpão, onde aprenderiam a lidar com tinta e madeira.

— É uma ótima idéia, Célia, mas quem ensinaria?

— Eu, Paulina! Entendo muito de artesanato, não só de pintura. Ensinarei algumas pessoas, que ensinarão outras.

— É mesmo uma boa idéia, Célia. Posso ensinar música e dança. Poderemos oferecer aos turistas um bom espetáculo!

— Estão vendo como as idéias vão surgindo? — disse Simão. — Assim é que as mudanças vão acontecendo. Não podemos deixar tudo para o governo. Unidos, conseguiremos isso e muito mais. Isso se chama cidadania...

Robertinho ficou quieto o tempo todo. Só agora, ao tirar o copo de refrigerante da boca, disse:

— Seu Simão... o senhor disse que não é político. Mas que parece... ah... isso parece..

Todos olharam para Simão e começaram rir:

— Já disse que não sou e nem quero ser político, Robertinho! Simão disse nervoso.

— Está bem — disse Zeca — ,não precisa ficar nervoso.

Mudaram de assunto. Sabiam que seria difícil conseguir o dinheiro, mas também não era muito. Se a população se interessasse conseguiriam.

— Temos que bolar um meio para que todos ajudem.

— Que tal uma festa típica, Zeca? Temos aqui espanhois, italianos e negros. Poderia ser uma festa com dança e comida típica de cada colônia!

— Célia, hoje você está iluminada! É uma idéia muito boa! Podemos mandar os convites para as cidades próximas! Podemos fazer barracas e jogos!

— É, Zeca — disse Simão — ,parece que as mulheres têm sempre boas idéias. Poderá até dar certo.

— Como as crianças vão participar?

— Não se preocupe, Robertinho. Se a idéia for em frente, arrumaremos alguma coisa também para as crianças.

Estavam todos animados e nem perceberam o tempo passar. Regina saiu do trabalho e veio até eles. Queria saber o que tinha acontecido na Prefeitura. Ao chegar, Zeca se levantou e puxou uma cadeira para que ela sentasse, e contaram a ela tudo o que aconteceu.

— Posso ensinar primeiros socorros e tudo sobre enfermagem! — ela disse animada. — Podemos fazer um miniposto de saúde!

— Idéias não estão faltando e todas dadas pelas mulheres, Simão! Com essa equipe conseguiremos tudo.

Já eram seis horas da tarde. Despediram-se e foram para suas casas. Zeca acompanhou Regina. Sentaram-se no banco de sempre. Mantinham a distância de sempre:

— Não consegui te esquecer durante o dia todo, Regina.

— Nem eu, tive que me beliscar algumas vezes para ver se não estava sonhando. Nunca fui tão feliz em minha vida!

— Clara falou alguma coisa?

— Não a vi. Estava dormindo quando saí pela manhã. Não sei se a encontrarei agora.

— Tenha calma, para ela está sendo difícil ver a mãe interessada em outra pessoa que não seja ela!

— Sei disso, mas não me importo com o que ela esteja pensando. Depois que recebeu o dinheiro, ela mudou muito.

— Acredita que tenha sido por causa do dinheiro?

— O dinheiro só fez com que ela se revelasse, mas sempre me culpou por não dizer quem era o seu pai. A atitude dela me libertou. Posso agora cuidar da minha felicidade.

— No que depender de mim, será a pessoa mais feliz do mundo. Pode acreditar...

— Boa-tarde, como estão?

— Olá, Gustavo! Estamos muito bem! — respondeu Zeca.

— Clara me contou tudo e estou muito feliz por vocês. Espero que sejam felizes!

— Clara te contou? Ela não tinha esse direito!

—Não se preocupe, dona Regina. Gosto de vocês dois e sei que serão felizes. Pelo menos, é o que desejo de coração.

— Obrigada, Gustavo. Você é um bom rapaz. Já disse isso a sua mãe e agora estou dizendo a você. Espero que você possa fazer a minha filha muito feliz.

— Farei, porque gosto muito dela. Embora, às vezes, ela haja como criança, mas, mesmo assim, farei o possível para que seja feliz. Agora, entendo porque a senhora não quis ir conosco. Acho que ficará muito melhor aqui, junto com o melhor jardineiro que existe! Gosto muito de você, cara! Cuide muito bem da minha sogra. Ela é uma mulher maravilhosa!

— Sei disso, pode deixar. Com certeza, seremos felizes. Obrigado por ter entendido e aceito o nosso amor.

Gustavo abraçou os dois e foi embora. Regina, disse:

— Gustavo é bom, Zeca. Sei que fará Clara feliz.

— É sim, Regina. Clara teve sorte de encontrá-lo.

Sentiam vontade de se abraçar, mas sabiam que não podiam. Despediram-se, indo cada um para o seu lado. Regina entrou em casa. Clara estava na sala vendo televisão.

— Ainda bem que chegou, mamãe. Precisamos conversar.

— O que quer falar?

— Estive pensando em tudo o que aconteceu. Acho que não tenho o direito de me envolver, mas é que ele não passa de um mendigo. Se gosta dele, tudo bem, vá em frente! Irei embora e só voltarei nas férias. Por isso, faça da sua vida o que quiser. Não vou me envolver. A vida é sua.

— O que te fez mudar de idéia?

— Nada, só fiquei pensando sozinha.

— Contou para alguém?

— Não, claro que não!

— Está bem, minha filha. Tenho certeza que serei feliz e você também. Vamos jantar?

Regina não quis dizer que havia encontrado com Gustavo e sabia que ela mudara de idéia por causa dele. Jantaram.

Surpresa para todos

Era quinta-feira, o domingo estava chegando e seria o dia do almoço na casa de Robertinho. Ao meio dia, Robertinho voltava da escola com alguns amiguinhos. Viram, entrando na cidade, um carro grande e luxuoso. Ficaram olhando, pois nunca viram um igual. Na frente, um homem com quepe dirigia. O carro se aproximou e parou perto deles. A janela de trás do carro se abriu e uma senhora elegante, sorrindo, perguntou:

— Vocês conhecem um jardineiro chamado Ricardo?

— Aqui na cidade, não tem nenhum jardineiro chamado Ricardo, não... só tem o Zeca — Robertinho respondeu.

— Ele é jardineiro?

— Ele não era, mas agora... é... por que quer saber?

— Preciso falar com ele. Sabe onde posso encontrá-lo?

— Sei, deve estar me esperando, lá no bar do seu Simão.

— Você me leva até ele?

— Só se a senhora deixar a gente andar nesse carrão!

— Podem entrar — ela disse gentilmente — João, acomode os meninos. Eles vão nos acompanhar.

— Não cabem todos aqui na frente, senhora!

— Coloque alguns aqui atrás!

O motorista desceu, abriu a porta traseira. Dois meninos sentaram-se junto a senhora, que sorria para eles. Robertinho e um outro menino sentaram na frente, com o motorista. Robertinho foi indicando o caminho. O carro circulou toda a praça e, finalmente, parou em frente ao bar. Todos olharam. Robertinho desceu do carro, depois de o motorista ter aberto a porta, correu gritando:

— Zeca! Zeca! Essa senhora quer te conhecer! Acho que tem um jardim grandão pra você arrumar!

Zeca se levantou. O motorista abriu a porta de trás do carro. A senhora desceu olhando para ele, que estava paralisado, sem saber o que fazer. Ela abriu os braços:

— Meu filho! Finalmente te encontrei!

— Mamãe! O que está fazendo aqui?!

— Durante todo esse tempo tenho te procurado, filho...

Ele a abraçou chorando também. Os amigos olhavam sem entender o que estava acontecendo. Regina, que estava chegando. ficou parada, sem ação.

Continuaram se abraçando e chorando. Ela se afastava, olhava para o rosto do filho, o abraçava e beijava novamente, não escondendo a alegria que estava sentindo.

— Meu filho! Te procuramos por toda parte! Como pôde nos deixar tanto tempo sem notícias? Como está?

— Estou muito bem, mamãe, não precisa se preocupar. O papai, como está?

— Desde aquele dia, ele ficou muito triste. Depois que você foi embora, se arrependeu daquelas coisas que te disse. Está muito doente e quer te pedir perdão.

—Me pedir perdão? Mãe, o que fiz não tem perdão! Ele teve toda razão! Fui o único culpado!

Continuavam abraçados, falando e esquecidos de onde estavam. A presença daquele carro, ao parar diante do bar, atraiu a atenção. Muitas pessoas vieram para ver de perto. Todos acompanhavam aquele encontro. Simão se aproximou, colocou a mão sobre o ombro de Zeca:

—Zeca, acho melhor irem conversar em outro lugar. Todos estão curiosos e olhando. Vá para sua casa.

— Vou, sim, Simão, mas antes preciso dizer uma coisa — levantou-se, olhando para as pessoas, e disse: — Fui muito bem recebido por todos, aqui na cidade. Quero que conheçam a minha mãe! É a mulher mais fabulosa deste mundo!

As pessoas, surpresas, começaram a aplaudir.

— Simão, você tem razão. Levarei mamãe para casa e lá conversaremos. Preciso contar tudo o que me aconteceu.

Olhou para Regina que, como os outros, não estava entendendo, e continuou falando com Simão: — Voltarei mais tarde e lhes contarei tudo. Vamos, mamãe, para a minha casa. Robertinho, leve o João até em casa e eu irei caminhando com minha mãe.

— Pode deixar, Zeca, eu levo o seu João! Seu Simão! Não disse que ele parecia... um mendigo... mas que não era?

— É, Robertinho, você tinha razão — disse sorrindo.

Mãe e filho saíram abraçados. Robertinho, todo imponente, entrou no carro. As pessoas foram se afastando, só ficando ali os amigos, que se olhavam. Clara se aproximou de Regina:

— Mamãe, o que significa tudo isso?

— Não sei, Clara, mas parece que o seu mendigo, não era tão mendigo assim! Estou muito feliz por ele...

— Vamos tomar alguma coisa? — perguntou Simão, abismado — e não vai ser refrigerante! Preciso de algo coisa mais forte!

— Nós ficaremos com refrigerante. Sabe que não bebemos, Simão — disse Paulina.

— Está bem, mas o que estão achando de tudo isso?

— Ele é muito educado. Sempre me tratou muito bem e elogiou a minha pintura.

Ficaram conversando. Cada um imaginando quem seria Zeca, e por que havia largado tudo. Regina pensou:

“Por que não me contou que era rico? Eu estava tão feliz... e agora? Como vai ser? A mãe dele é uma pessoa fina e educada, não vai aceitar uma moça pobre, sem instrução.”

O carro estacionou na frente da casa de Consuelo. Robertinho desceu correndo e gritando:

— Mãe! Mãe! Vem ver que carrão!

Consuelo ouviu os gritos do filho, saiu assustada:

— O que aconteceu? Por que está gritando tanto?

Ao ver o carro parado em sua porta, parou, dizendo:

— Robertinho! Que carro é esse?

— É da mãe do Zeca! Eles estão chegando!

— Que mãe? Quem está chegando?!

— O Zeca e a mãe dele, mamãe! Parece que ele é rico...

— Moço, não ligue para o meu filho, ele é um pouco estabanado. Posso saber o que deseja?

— Sou motorista. A minha patroa está chegando. Olhe lá, ela está vindo com o meu patrão.

Ela olhou e viu Zeca chegando abraçado com a senhora.

— Dona Consuelo — disse, aproximando-se — ,esta é a minha mãe. Mamãe, esta é Dona Consuelo, o anjo bom que me acolheu em sua casa e me deu todo o carinho, como se fosse uma mãe. Este é o Robertinho, que a senhora já conhece.

— Sou o primeiro amigo dele!

A mãe de Zeca passou a mão sobre a cabeça de Robertinho, sorriu e estendeu a mão para cumprimentar Consuelo, que estava envergonhada, com as mãos enroladas no avental e sem saber o que fazer ou dizer. Soltou uma das mãos e estendeu-a para a senhora, tão fina, mas que mantinha no rosto um sorriso feliz tão humilde.

— Muito prazer, minha senhora. Quero lhe agradecer por ter acolhido o meu filho e ter cuidado dele todo esse tempo.

Consuelo, tímida por estar na presença dela, gaguejou:

— O prazer é todo meu, mas não foi difícil. Seu filho é um ótimo rapaz. Vamos entrar?

— Vou ficar aqui no carrão com o seu João, posso?

— Pode, Robertinho, mas o seu João talvez queira entrar.

— Não, senhora. Obrigado, vou ficar aqui fora.

Entraram. Zeca levou a mãe até o seu quarto. Consuelo sabia que eles tinham muito que conversar, disse:

— Acredito que tenham muito que conversar. Vou preparar um suco. Assim que terminarem a conversa, eu levarei.

— Obrigada, Dona Consuelo — disse a senhora — ,temos mesmo muito para conversar.

— Mamãe! Este é o meu quarto! — disse, abrindo a porta.

Ela entrou pela porta que ele abriu e olhou.

— Como pode viver em um lugar como este? Uma cama, um guarda-roupa! Teve tudo na vida! Essas roupas que está vestindo, parece um mendigo!

— Como diz o Robertinho, "Pareço, mas não sou" — disse, imitando Robertinho. — Mamãe, não se deixe enganar pelas aparências. Estou vivo e muito feliz. Hoje, entendo que foi preciso que tudo aquilo acontecesse para que eu pudesse encontrar a verdadeira felicidade!

— Não estou entendendo! Como pode ser feliz morando em um lugar como este? Deve estar louco!

— Nunca fui tão feliz em toda minha vida, mamãe!

— Meu filho! Agora que te encontrei, não precisa mais ficar aqui! Já passou muito tempo! Tudo terminou! Voltará comigo. Precisa falar com seu pai, ele está ansioso para te ver.

— Estou muito feliz por vê-la. Mas não sairei daqui. Tenho muitos amigos, que me aceitaram sem mesmo saber quem eu era. São amigos verdadeiros, como nunca tive.

— Não pode continuar aqui!

— Depois falaremos sobre isso; mas como me encontrou?

— Seu pai contratou vários detetives. No dia em que telefonou para casa, um deles foi até a Companhia Telefônica. Não me pergunte como, pois não sei, mas conseguiu descobrir a cidade de onde você havia telefonado. Daí foi fácil.

— Muito inteligente. Adoro a senhora! Não telefonei antes, porque não queria voltar. Naquele dia senti muita saudade, por isso telefonei. Não podia imaginar que me encontraria. Agora, já sabe onde estou. Volte para casa e diga ao papai que estou bem e que logo irei até em casa para vê-lo.

— Não posso te deixar aqui! Vivendo dessa maneira!

— Por favor, mamãe! Estou feliz, descobri a magia que existe em trabalhar com a terra e sou muito feliz mesmo! Pode acreditar! Não voltarei! A não ser que os meus amigos mudem de atitude, ao saberem que não sou um simples jardineiro!

— Você estudou tanto! Foi um aluno brilhante! Como pode ser feliz sendo jardineiro?

— Sou feliz, mamãe. Pode acreditar! Irei até em casa. Agora, não tenho mais motivo para me esconder! Acho que Deus está me dando uma nova oportunidade.

— Deus?! Você está falando em Deus? Não posso estar escutando isso do meu filho! O maior ateu que conheci!

— Está vendo como mudei? A vida nos ensina muito, além disso, estou ouvindo certas coisas que estão me fazendo pensar. Aprendi muito, e o mais importante foi que, hoje, eu amo a senhora e o papai muito mais de que antes.

Ela recomeçou a chorar. Zeca a abraçou e beijou seu rosto.

— Perdoe, mamãe, por todo mal que fiz. Sei que a fiz sofrer muito, mas hoje sou outro homem. Descobri que a felicidade está nas coisas mais simples. Está no rosto das pessoas quando recebem uma ajuda. Está também no rosto de quem ajuda sem interesse, fique tranqüila. Volte para casa. Para que tanta coisa boa esteja acontecendo, é porque Deus já me perdoou. Estou agora envolvido em um projeto que vai ajudar muitas pessoas. Essa, agora, é a minha felicidade.

— Que projeto?

Zeca contou para ela, desde o dia em que chegou na cidade, quando Robertinho o encontrou na escadaria da igreja. Contou até mesmo sobre o sanduíche de mortadela, chegando até ao projeto do Grotão. Ela ouvia calada, mas prestando muita atenção. Quando ele terminou, ela disse:

— Viveu uma experiência maravilhosa! Por isso mudou. Jamais eu poderia imaginar que você, um dia, se preocuparia com outras pessoas! Podemos ajudar nesse projeto.

— Sei disso, mamãe, mas por enquanto não. Tentaremos mobilizar os moradores. Se não conseguirmos o dinheiro necessário, falarei com a senhora.

— Está bem, não vou insistir. Vejo que está muito bem. Mais forte e bronzeado... só me prometa que não fugirá novamente, e que irá em casa falar com seu pai.

— Prometo, mamãe. Não tenho mais motivos para fugir. Estou feliz por me ter encontrado. Vamos falar com Dona Consuelo? Ela, como os outros, não deve estar entendendo.

— Vamos, sim. Tenho muito que agradecer a essa senhora!

— Dona Consuelo — a mãe de Zeca disse, entrando na cozinha. — Agora que sei de tudo, só posso agradecer novamente por tê-lo acolhido e ajudado.

— Não tem o que agradecer! Ele só nos trouxe alegria.

Estavam conversando, quando seu Pedro chegou. Ao entrar na sala, e vendo aquela senhora conversando e tomando um suco, parou sem saber o que falar.

— Olá, seu Pedro! Esta é minha mãe. Mamãe, este é o senhor Pedro, esposo da Dona Consuelo e pai de Robertinho. Assim como dona Consuelo, também me recebeu em sua casa.

Ela estendeu a mão. Pedro, abismado com tudo aquilo, também estendeu a sua; e ela disse:

— Muito prazer, obrigada por ter cuidado de meu filho.

— Seu filho é um ótimo rapaz. Eu o considero como se fosse meu próprio filho.

— Obrigada, senhor. O seu filho também é uma gracinha! Agora preciso voltar para casa e contar ao meu marido tudo o que aconteceu aqui. Meu filho, você prometeu que irá visitar o seu pai. Ele não está bem e precisa muito falar com você!

— Irei, sim, ainda tenho mais surpresas!

— Mais?! Não sei como o meu coração está agüentando toda a emoção que senti hoje!

Todos riram. Zeca acompanhou a mãe até o carro. Robertinho, dentro do carro, mexia na direção.

— Zeca! Que carrão! Nunca vi um igual! Posso ir com o seu João e a sua mãe até a entrada da cidade?

— Se sua mãe deixar, pode.

Consuelo concordou. A senhora beijou o filho, entrou no carro e foi embora. Robertinho, feliz, a acompanhou.

— Dona Consuelo, seu Pedro, tenho que ir conversar com meus amigos que estão lá no bar. Depois lhes contarei tudo. Não se preocupem. Continuo o mesmo Zeca de sempre e não quero, por favor, que nada mude! Estou e ficarei nesta cidade.

Acenou com a mão e foi para o bar. Ao chegar, todos o olharam como se fosse um desconhecido que havia chegado.

— Que é isso pessoal? Que caras são essas? Sou o Zeca! O jardineiro! Lembram de mim?

Eles tentavam encontrar algo diferente no amigo, mas, por mais que olhassem, não encontravam. Ele parecia ser o mesmo:

— Zeca, sente aqui — disse Simão. — Sabemos agora, que não é quem dizia ser, mas para nós isso não muda nada. É nosso amigo. Está aqui e será sempre bem-vindo! Se quiser, se achar necessário, pode contar tudo. Caso contrário, sente-se e continuaremos de onde paramos, falando sobre o Grotão.

— Obrigado, Simão. Só poderia esperar isso de vocês. Foram e serão sempre meus amigos. Chegou a hora de contar tudo, não tenho mais o que esconder. Contarei. Por favor, tenham paciência, porque a história é longa!

— Está bem, vou pegar mais alguns refrigerantes.

Simão levantou-se e voltou logo depois:

— Vamos fazer uma coisa diferente? Esse assunto parece que vai ser demorado e importante. Quero ouvir tudo sem perder nada. Se ficarmos aqui, estaremos sendo interrompidos a todo momento. Que tal irmos para a casa de alguém? Pedirei ao Juca que fique aqui no bar.

Todos concordaram com a cabeça. Simão foi ao telefone e ligou para o Juca, um estudante de toda confiança, que às vezes o ajudava, em troca de algum dinheiro. Além disso, era muito bem aceito por toda a clientela. Assim que ele chegou, os outros se levantaram e foram todos para a casa de Paulina. Simão levou refrigerantes. Sentaram-se ao redor da mesa, na sala. Depois de todos acomodados, Zeca começou a falar:

— Quando eu terminar de contar a minha história, entenderão o motivo de eu estar aqui e talvez não me queiram mais como amigo. Esse será o preço que terei de pagar por tudo de errado que fiz, a mim e a outras pessoas.

Paulina olhou para os outros e disse:

— Zeca, não seria melhor não contar e tudo permanecer como está? Não vejo necessidade.

— Obrigado, Paulina, mas preciso contar. Pretendo recomeçar a minha vida, e isso só será possível se não houver mais mistério. Agora, não tem mais volta...

— Se é assim que quer, assim seja! — disse Simão.

Zeca conta sua história

Estavam um tanto apreensivos. Zeca respirou profundamente, soltou lentamente o ar e, apertando as mãos, começou a contar:

— Começarei do início. Meu nome é Ricardo. Nasci em Santa Catarina. Meu avô, um jovem inglês, veio para o Brasil no início do século. Na Inglaterra, pertencia a uma família rica e de tradição. Levado pelo desejo de aventura, veio para cá trazendo muito dinheiro e sonhos. Chegou em São Paulo, na época em que o estado começava a se industrializar. Casou-se e teve três filhos: meu pai, um tio e uma tia. Começou com dois teares em um galpão. Depois o galpão ficou pequeno, mudou para um outro maior e comprou mais teares. O negócio foi se expandindo e logo ele possuía várias tecelagens espalhadas por todo o Brasil. Mais tarde, meu pai e tios resolveram entrar no ramo de confecção. Os bens da família cresceram cada vez mais. Meu pai casou-se com minha mãe, que pertencia a uma família rica e tradicional. A fortuna dela se somou com a do meu pai. Estou contando tudo isso para que saibam que nasci em berço de ouro. Por ter nascido homem, fui a felicidade de toda a família. Fui muito bem criado, freqüentei as melhores escolas. Meu pai queria que eu continuasse no lugar dele à frente das indústrias e ao lado de meus primos, mas eu não gostava e nem queria ser um industrial. Desde pequeno, sempre assistia a filmes de tribunais e lia sobre advogados: esse era o meu sonho, ser um bom advogado. Quanto às indústrias, poderia no máximo dar assistência jurídica. A gravidez de minha mãe foi muito difícil, por isso, quando nasci, ela foi proibida, pelos médicos, de ter outro filho. Depois de doze anos, não sei como, talvez tenha sido um descuido, minha mãe teve mais um menino. Embora essa gravidez tenha sido também difícil, o menino nasceu saudável e bonito. Como eu já era grande, ele se tornou a alegria de toda família. Seu nome, Cláudio. Fiquei feliz com a chegada dele. Eu era muito sozinho e agora tinha uma companhia. Crescemos felizes e nos dávamos muito bem. Embora a diferença de idade fosse grande, isso não atrapalhava as nossas brincadeiras. Eu me tornei seu amigo e protetor. Quando tinha algum problema na escola ou com os meninos maiores, sempre me pedia socorro, e sempre eu estava presente.

Zeca parou de falar. Seus olhos estavam distantes. Do canto de seus olhos uma lágrima insistia em cair.

— Não precisa continuar, Zeca. Pode parar. Somos seus amigos, gostamos de você do jeito que é. Essas recordações estão te fazendo mal. Está sofrendo muito.

— Não posso parar, Regina, preciso continuar. Sinto que me fará bem.

— Você é quem sabe, Zeca. Sou seu amigo e também digo que não precisa continuar.

— Simão, sei que são meus amigos, por isso, preciso continuar. Talvez, quando eu terminar, não me aceitem mais.

Antes que dissessem algo, Zeca continuou:

— Me formei com louvor em Direito. Estava muito feliz, porque finalmente era um advogado. Realizei o meu sonho. Quando se tem na vida tudo o que o dinheiro pode comprar, sobram poucas opções. Ser advogado não dependia de dinheiro, mas de mim mesmo, da minha vontade de estudar. Quando peguei aquele diploma em minhas mãos, me senti poderoso. Tinha conseguido conquistar alguma coisa, não por todo o dinheiro da minha família, mas por ter estudado e aquilo me fazia muito bem. Disse aos meus pais que abriria um escritório e que passaria a meu irmão e primos o trabalho nas empresas. Queria ser advogado, nada mais. Meu pai ficou furioso, mas, vendo que eu estava decidido, aceitou. Estava com vinte e quatro anos quando me formei. Em meu escritório, comecei atendendo causas de família.

Um dia, fui procurado por uma senhora. Ela chorava muito enquanto dizia:

"— *Doutô*, vi a sua placa aí fora! Preciso de sua ajuda, nunca mexi com isso, não, mas o meu filho está preso.

— Minha senhora, — eu disse, ao perceber que ela era uma pessoa humilde e sem recursos — ,não sei se posso ajudá-la, não trabalho na área criminal.

— Precisa me ajudar, cheguei do Ceará e não conheço ninguém. Não sei o que *fazê* — ela disse chorando.

— O que seu filho fez para estar preso?

— Ele mora aqui, já tem muito tempo. A polícia pegou ele com muita droga, lá onde ele mora.

— Traficante? Isso é grave!

— Não! Aquelas coisas não é dele, foi alguém que colocou lá. Meu filho não é bandido, não!

— Como sabe disso?

— Ele falou e eu acredito no meu filho. Tem só dezenove anos. Veio pra cá, porque lá no Ceará não tinha emprego. É um bom menino, nunca ia se misturar com essas coisas não! Pelo amor de Deus, o senhor precisa me ajudar!

— Está bem, falarei com ele — eu disse, mais para me livrar dela — ,mas será difícil. Qual é o nome dele? Em que delegacia está preso? Irei até lá para saber o que está acontecendo."

Ela deu o nome dele e da delegacia, onde estava preso.

" — Agora, a senhora vai para casa, eu irei até lá e verei o que pode ser feito. Depois disso, direi se pego o caso ou não.

— Tá bem *doutô*! Sei que o sinhô vai livrar o meu menino!

— Farei o possível."

— Ela foi embora e eu não estava interessado naquele caso, mas, após algum tempo, fui até a delegacia. Fiquei sabendo que não era a primeira vez que ele havia sido preso. Estava envolvido com uma quadrilha de traficantes. Das outras vezes que foi preso, sempre foi por furto, nunca por tráfico. Conversei com o delegado e consegui permissão para falar com ele. Encontrei um jovem, magro e nervoso.

" — Sou seu advogado. Sua mãe me contratou. Precisamos conversar. Quero que me conte como aconteceu.

— O senhor tem um *'bagulho'* pra mim?

— Claro que não!

— Eu preciso Doutor! Estou ficando louco!

— Não tenho e nem sei onde arrumar. Nunca estive em uma delegacia a não ser quando estudava, mas não vou ser um advogado de porta de cadeia. Estou aqui só para atender a um pedido da sua mãe, que te julga inocente.

— Doutor, faz um favor, mande a minha mãe de volta pro Ceará! Ela veio porque eu sempre escrevia dizendo que estava bem, que tinha um emprego. Cada vez que ia visitar ela, levava muitos presentes e ia sempre com uma bela *'beca'*, mas era tudo mentira. Faz três anos que cheguei, tentei arrumar emprego, mas foi difícil porque não tinha profissão."

— O rapaz tremia muito enquanto me contava a sua vida, querendo me convencer a ajudar a sua mãe e falou:

"— Quando cheguei, fui morar na casa de um tio. Ele morava numa favela e trabalhava como pedreiro. Me arrumou um trabalho como servente. Comecei a trabalhar, mas o que ganhava era muito pouco e eu tinha que dar quase tudo pro meu tio. O trabalho era pesado, eu comecei a ficar com raiva de ter vindo pra cá. Um amigo me ofereceu um cigarro de maconha, eu sabia que aquilo não era bom, mas quis experimentar. Daí pra frente fui precisando cada vez mais e passei pra outros tipos de drogas. O dinheiro que ganhava não dava pra comprar. Então, comecei a vender."

— Ele parou de falar e ficou me olhando, mas parecia não me ver na sua frente. Na realidade, estava falando para si mesmo. Parou de falar por alguns minutos, depois continuou:

"— Foi assim que entrei pro mundo do crime e me dei sempre bem. Tenho muitos amigos, sei que vão me tirar daqui, Doutor. Por isso, não precisa me defender. Por favor, só ajuda a minha mãe a voltar pra casa é lá onde ela deve ficar."

— Saí de lá e voltei para o escritório. Estava sentindo algo estranho. Sempre tive muito dinheiro, não conhecia esse lado da vida. A senhora estava me esperando ansiosa.

"— Então *Doutô*? Falou com ele?

— Falei e a senhora não precisa se preocupar. Pode voltar para a sua terra. Ele logo ficará livre.

— Não vai não, doutô! Ele não está em boa companhia, precisa de ajuda. Só o senhor pode ajudar!

— Não posso! Ele já tem advogado!

— Não quero aquele advogado. Ele precisa ser livre sem a ajuda daquela gente! Senão, não vai adiantar!"

— Percebendo todo o desespero da mulher, prometi a ela que iria ajudar, embora soubesse que não poderia. Ela foi embora e no dia seguinte fui visitado por um sujeito estranho.

" — Olá, Doutor. Estou aqui porque fui mandado por meu chefe. Sabemos que o senhor foi contratado pra defender o Jabá. Meu chefe quer falar com o senhor.

— Não conheço o seu chefe e nenhum Jabá. Por isso, não preciso falar com ele!

— É bom o Doutor ir. O chefe não gosta de ser contrariado. O Doutor pode vir junto com a gente, agora!"

— Fiquei assustado e resolvi ir, para me livrar daquela situação. Chegamos à frente de um restaurante respeitável e freqüentado por pessoas da classe alta. Estranhei que aquelas pessoas me levassem até um lugar como aquele.

— O Doutor vai descer e entrar no restaurante. Em uma mesa bem em frente da porta, está um homem com um terno escuro e um lenço vermelho no bolso. O Doutor senta na mesa. O Doutor entendeu tudo direitinho?"

— Concordei com a cabeça dizendo que sim. Antes que o manobrista chegasse, eles saíram com o carro, me deixando lá em pé. Entrei no restaurante e vi na minha frente o tal homem. Me sentei olhando para ele. Um homem elegantemente vestido, com um copo com uísque na mão. Começou a falar com um sotaque estrangeiro. Eu estava nervoso, ele disse:

"— Doutor, fique à vontade. Quer beber alguma coisa?

— Não, obrigado. Por que me trouxeram até aqui?

— O Doutor aceitou a defesa de um dos meus homens. Preciso saber por que e qual o seu interesse?

— Não sabia que era um de seus homens, fui procurado pela mãe dele que insistiu para que eu o libertasse.

— Essa mulher pode se tornar perigosa para a nossa organização. Por isso, o Doutor deve continuar a defesa. Deve libertar o meu homem.

— Não sei se conseguirei. Nunca trabalhei em um processo criminal, e tráfico é um crime muito grave!

— Não se preocupe. O doutor vai telefonar para estas pessoas. Eles facilitarão tudo."

— Me entregou uma lista com nomes. Pagou a conta e se despediu. Saiu, me deixando sozinho. Fiquei ali, olhando para aquela lista. Lá havia nomes de policiais e delegados. Não queria acreditar no que estava lendo. Depois de algum tempo, saí. Assim que cheguei na calçada, um táxi parou:

"— O Doutor está precisando de um táxi?

— Eu?! Estou, sim, obrigado."

— Entrei no táxi e, sem eu falar para onde queria ir, o motorista seguiu em direção ao meu escritório. Desci do carro.

"— Já tá pago, Doutor." — ele disse, quando tentei pagar.— Entrei no escritório segurando aquele papel em minhas mãos. Estava meio tonto, ainda não entendendo, ou não querendo entender, o que havia acontecido. Já em minha sala, me sentei, peguei o papel e fiquei olhando aqueles nomes. Fiquei estarrecido com os nomes que encontrei lá.

"Como isso pode estar acontecendo? Detetives e policiais, que deveriam proteger as pessoas e são coniventes com marginais? Não posso entrar em uma situação como essa!"

— Pensei por muito tempo, até que o meu telefone tocou. Atendi e era aquela voz com sotaque:

" — O Doutor já telefonou para alguém?

— Ainda não, estou pensando...

— Não pense muito Doutor, o nosso homem não pode ficar preso por muito tempo."

— Assim que desliguei o telefone, peguei novamente o papel. Comecei a ligar para as pessoas.

"— Amanhã, ao meio dia, esteja em frente à delegacia com um táxi — disse o último para quem liguei."

— No dia seguinte e na hora marcada, eu estava em frente à delegacia. Meu cliente saiu tranqüilamente pela porta da frente, dando adeusinho a todos que encontrava no caminho. Fiquei abismado vendo a facilidade com que se conseguia burlar as leis. Jabá se aproximou e entrou no carro, dizendo:

"— Obrigado, Doutor! Eu sabia que ia me libertar."

— O motorista, assustado, olhava pelo retrovisor:

"— Não se preocupe, sou advogado e este é meu cliente, por favor, nos leve ao mesmo lugar em que me pegou."

— Ele obedeceu, mas ficou o tempo todo olhando e prestando atenção a cada movimento nosso. Assim que chegamos, paguei à ele o dobro da corrida e mesmo assim, saiu rápido e assustado. Entramos no escritório. Não entendia como ele havia sido solto, sem que eu fizesse nada, perguntei:

"— Como saiu assim?

— Não saí de lugar nenhum! Nunca fui preso...

— Está me dizendo que todos os documentos da sua entrada desapareceram? Como pode ser isso?

— Isso mesmo! Se eu nunca entrei, como podia estar lá?"

— Disse isso soltando uma gargalhada. Eu estava ouvindo aquilo, mas não queria acreditar.

— Não pode estar dizendo a verdade! Não posso acreditar nisso! A polícia não pode ser tão corrupta.

— Doutor, o senhor é inocente. Não é a polícia que é corrupta, são alguns policiais. Sabe como é... todos têm seu preço. O senhor não teve hora marcada prá ir lá na delegacia?

— Sim, mas não percebi. Por que isso aconteceu?

— Se tivesse vindo em outra hora, os policiais que o senhor ia encontrar, não iam deixar eu sair, não. Agora o Doutor vai me levar até na casa onde minha mãe está e vai dizer que o Doutor me libertou e que era tudo mentira. Vou viajar com ela pro Ceará. Depois eu volto e ela fica lá, entendeu, Doutor?

— Entendi, entendi tudo..! — respondi assustado.

— Fiz tudo como o combinado. Ele viajou com a mãe e eu voltei para a minha vida. Estava enojado de tudo aquilo, mas não tinha o que fazer. Quando me formei e montei o escritório, disse ao meu pai que não queria mais o seu dinheiro. Só viveria com o que conseguisse com o meu trabalho. Já fazia seis meses que o escritório estava aberto. Eu estava defendendo algumas causas que, se ganhasse, poderia me render um bom dinheiro. Mas, até o dia em que recebi a visita daquela senhora, estava difícil e tive ainda que pegar algum dinheiro com o meu pai. Eu estava nervoso por ter que fazer aquilo. Era muito orgulhoso, queria mostrar a ele que precisar do seu dinheiro me fazia muito mal.

No dia seguinte ao que o rapaz e a mãe haviam ido embora, chegou em meu escritório um mensageiro que me entregou um pacote. Assim que saiu, eu com muita curiosidade, abri o pacote.

Dentro dele havia uma carta e dinheiro. A carta me cumprimentava pela minha boa atuação na libertação do Jabá e dizia que aquele dinheiro era o pagamento do meu trabalho. O triplo do que eu receberia, caso ganhasse os processos que estavam tramitando no Fórum. Fiquei olhando todo aquele dinheiro que tinha ganhado fazendo praticamente nada, sorrindo pensei:

"Até que não foi ruim esse trabalho. Nunca quis o dinheiro do meu pai, mas para isso preciso ter o meu dinheiro. Com trabalhos como este, me manterei financeiramente e não precisarei mais dele."

Zeca novamente parou de falar, continuava com o olhar distante. Simão o interrompeu:

— Que mal há em nascer rico e viver do dinheiro do pai? Os pais vivem para conseguir exatamente isso.

— Hoje também acredito que não há mal algum, mas naquele tempo achava que não tinha o direito de usar o dinheiro que não fosse conquistado por meu trabalho. Quando conheci aquela senhora, vi que havia muita pobreza no mundo e me perguntei, por que eu havia sido escolhido para já nascer rico. Não achava justo e, por isso, não acreditava em Deus. Se existisse Deus, por que escolheria alguns para dar tudo e a outros nada? Essas perguntas eu me fazia sempre. Por isso, queria vencer por mim mesmo. Olhando para todo aquele dinheiro, decidi: Já que esse Deus injusto me escolheu para ter tudo o que o dinheiro pode comprar, não aceitarei. Não quero o dinheiro da minha família. Vou ser muito rico, mas com o meu trabalho.

Desse dia em diante, comecei a trabalhar com a organização. Não fazia praticamente nada. Os rapazes eram presos, eu telefonava para as pessoas certas e eles eram soltos.

Descobri que o meu dinheiro vinha da organização, através dos pagamentos feitos pelos presos, que conseguiam vendendo droga, roubando e assaltando. Mas não me importava.

A minha conta bancária foi ficando cada vez mais gorda. Viajei e conheci muitos lugares sofisticados, guardei dinheiro no exterior para não pagar impostos aqui no Brasil e, o mais importante, assim agindo, não teria que provar de onde viera toda aquela fortuna.

Comprei um apartamento e tinha a mulher que quisesse. Minha família estava orgulhosa por me ver vencer, pensando que era com causas justas. Trabalhei na organização por mais de dois anos. Um dia meu pai veio me visitar no escritório. Meu irmão ia fazer quinze anos e a família estava planejando uma festa surpresa para ele. Papai chegou e eu não estava. Ele resolveu me esperar. Enquanto esperava, chegou um rapaz da organização e meu pai o recebeu:

"— O Doutor não está. Pode esperar ou deixar o recado.

— Diz pra ele que o Alemão está preso e é pra ele ir lá na delegacia hoje mesmo. O Alemão precisa sair de lá."

— Meu pai não quis entender, falou que transmitiria o recado. Quando cheguei, ele estava muito nervoso:

"— Você está envolvido com bandidos?

— Quem disse isso?

— Um homem esteve aqui e disse que é para você ir à delegacia libertar um tal de Alemão. Disse que o chefe o mandou. Por que, meu filho? Por que está fazendo isso?

— Por dinheiro, meu pai!

— Você não precisa disso, temos muito dinheiro, todo o que quiser ou precisar! Não tinha motivo para agir assim!

— O seu dinheiro, eu não quero! Este é meu! Eu ganhei com o meu trabalho!

— Por que não quer o meu dinheiro? Foi ganho honestamente! Damos emprego para pessoas que mantêm as suas famílias! Como ganha esse dinheiro? Com o comércio de drogas? Destruindo os jovens? As famílias?

— Não vendo drogas!

— Mas protege os traficantes, deixa-os soltos pelas ruas atraindo jovens e até crianças!

— Não tenho nada a ver com isso! Cada pai que cuide de seu filho! Conquistei o meu diploma e vou usá-lo para ganhar dinheiro! Gosto de dinheiro, mas não quero o seu!

— Estou muito triste por você. Espero que sua mãe e seu irmão nunca descubram o que está fazendo. No domingo, faremos uma festa para o seu irmão. Espero que compareça e, por favor, faça de conta que nada desta sujeira existe!"

— Meu pai saiu do escritório muito nervoso. Depois que saiu, fiquei por algum tempo pensado, mas peguei o nome do preso e liguei para a pessoa certa. Ela me garantiu que no dia seguinte ele seria solto e isso aconteceu.

No domingo fui para a casa dos meus pais, onde seria realizado o almoço com toda a família, e à noite a festa surpresa. Cheguei, meu pai me recebeu como se nada houvesse acontecido, mas me evitou o tempo todo. Minha mãe estava muito feliz. Durante o almoço, houve muita alegria. Após o almoço, Cláudio, saiu dizendo:

"— Vou até a casa de um amigo. Volto logo mais."

— Minha mãe foi obrigada a revelar a surpresa. Ele ficou feliz e prometeu que voltaria logo. A tarde passou, alguns na piscina, outros jogando cartas. O tempo foi passando e Cláudio não retornava. Fomos ficando apreensivos.

Onze horas da noite e ele não regressou. Começamos a entrar em pânico. O telefone tocou. Meu pai atendeu e, à medida que ia escutando, seu rosto ia mudando, deixando a todos muito nervosos. Ele largou o telefone e caiu no sofá. Enquanto alguém o socorria, peguei o telefone:

"— Alô! Sou o filho dele, meu pai desmaiou! Por favor, o que está acontecendo?

— Foi encontrado um rapaz morto, por overdose de cocaína. Em seu bolso havia o número desse telefone, seu nome é Cláudio. Ele mora aí?

— Como? O que está dizendo?"

— A pessoa repetiu, e eu, da mesma maneira que meu pai, também levei um choque imenso. A família estava me olhando, querendo adivinhar o que havia acontecido. Contei. Houve uma correria, ninguém sabia o que fazer, cada um correndo para um lado. Minha mãe chorava desesperada. Eu parecia estar num outro mundo.

Junto com meu primo, fomos até o Instituto Médico Legal para reconhecer o corpo. Durante o trajeto, eu ia rezando para que não fosse ele. Ao chegar lá me identifiquei e, depois de algum tempo, trouxeram o corpo em um caixão de alumínio. Quando vi o meu irmão ali, meu coração começou a bater acelerado, saí correndo para a rua. Não sabia o que fazer. Meu primo veio atrás e me segurou.

"— Espere, Ricardo. Precisamos ser fortes e cumprir toda a burocracia. Procure se acalmar. Fique aqui, sentado nesse banco, vou cuidar de tudo e depois voltaremos para casa."

— Fiquei, ali sentado, sem conseguir me mover, ouvindo a voz daquela pessoa no telefone:

"— Morreu de overdose de cocaína! Morreu de overdose de cocaína."

Fiquei ali, até que meu primo voltou:

"— Vamos para casa, está tudo certo. O corpo só será liberado amanhã. Não temos mais o que fazer aqui."

— Segui meu primo, como se fosse um autômato. Não conseguia esquecer aquela voz. Ao chegar em casa meu pai, ao me ver, correu em minha direção gritando:

"— Você matou o seu irmão! Foi você! Deixou aqueles malditos nas ruas, envolvendo jovens! Você é o culpado! Saia da minha casa! Não quero nunca mais te ver na minha frente!"

— Fiquei parado, olhando meu pai que eu amava e que estava sofrendo como ninguém. Os outros me olhavam, sem saber o que estava acontecendo. Minha mãe correu para mim, perguntou assustada e nervosa:

"— O que ele está dizendo? O que você fez? "

— Olhei para ela e para ele. Senti uma dor muito grande na cabeça e no coração. Com vergonha de todos, e de mim, saí correndo. Andei sem rumo, tentei me jogar embaixo de um carro, mas não tive coragem. Sabia que, sem necessidade, havia vendido a minha alma ao diabo e que, com a minha ajuda, o meu irmão se tornou um viciado. O vício era tanto, que chegou a morrer. A minha dor e remorso eram enormes. Andei, andei muito. Não sei por quanto tempo, até chegar a esta cidade e à escadaria da igreja. O resto vocês já sabem.

Ao terminar, Zeca chorava muito. Seu corpo tremia. Os amigos o olhavam com carinho. Não sabiam o que dizer. Regina, que estava sentada a sua frente, se levantou e foi até ele. Colocou as mãos em sua cabeça e afagou seus cabelos.

— Não podemos mentir e dizer que não errou, mas a culpa da morte de seu irmão não foi sua. Não sei quanto aos outros, mas eu acredito que, se algum erro praticou, já pagou. Viveu todo esse tempo humildemente e aprendeu o justo valor do dinheiro. É amigo de todos que te conheceram. Sua mãe, te encontrando hoje, é a prova viva que Deus te perdoou. Levante a cabeça, Deus está ao seu lado e eu também.

Ele continuava chorando. Eles foram se levantando e o abraçando. Simão fez com que ele o olhasse de frente:

— Meu amigo, o único que conhecemos e amamos é o Zeca. Queremos agora conhecer o Ricardo. Toda essa história, em nada mudou o meu sentimento com relação a você.

Quem falou em seguida foi Célia:

— A minha opinião não mudou. Quem somos nós para julgar? Todos temos as nossas mazelas. Ricardo, seja bem-vindo, mas vou continuar te chamando de Zeca! Posso?

Zeca não pôde deixar de sorrir:

— Claro que pode! Também gosto mais do Zeca!

— Bem, meninas! O mistério do nosso jardineiro terminou! Agora ele já não precisará mais esconder sua origem. Tudo isso aconteceu em outro tempo e com outra pessoa. Continuaremos os mesmos amigos de sempre? — disse Célia.

Todos se deram as mãos e as levantaram para o alto:

— Somos, e seremos os mesmos amigos de sempre!

— Voltarei agora para o meu bar, o Juca deve estar louco com a minha demora!

— Espere um pouco, Simão! Já que me aceitaram, apesar de tudo, tenho um pedido a fazer.

— Você também me aceita, Regina, apesar de tudo?

— Claro que sim! Como disse a Célia, que seja bem-vindo, mas eu também, como ela, vou continuar te chamando de Zeca. O que vai fazer agora? Voltar para a sua casa?

— Voltarei para falar com meu pai. Minha mãe disse que ele está doente e querendo me ver. Hoje, já posso falar com ele e pedir perdão, mas levarei minha noiva comigo!

— Noiva!?

Todos falaram ao mesmo tempo.

— Isso mesmo! Noiva! Se ela ainda me aceitar. Regina, quer se casar comigo?

Regina ficou vermelha e sem ação, não pensou que ele faria o pedido na frente dos outros:

— Zeca... eu... quero! Claro que quero! Sabe o quanto te amo! Não me importa quem você foi. Te amo...

— Eu sim, te amo, e muito!

— Olhem só! Há quanto tempo estão namorando?

Olharam para Paulina que havia feito a pergunta:

— Há exatamente, algumas horas. Para ser sincero, foi nesta madrugada. Nos encontramos por acaso.

Todos riram, Célia disse:

— Que sejam muito felizes, é o que desejo de coração.

Foram abraçados e beijados.

Depois dos abraços e cumprimentos, Simão voltou para o bar. Célia lembrou das crianças que deviam estar na praça esperando por ela. Regina e Zeca saíram abraçados andando na praça. Paulina sentou ao piano e começou a tocar uma linda melodia. Todos pensavam na incrível história de Zeca.

A reação de Clara

Zeca e Regina não cabiam em si de tanta felicidade. Encabulada, ela perguntou:

— Por que fez o pedido na frente de todos? Fiquei encabulada...

— São nossos amigos, poderia até dizer que são a nossa família. Ontem à noite, eu não podia te pedir em casamento, porque queria continuar escondendo a minha identidade, mas, agora, isso não é mais necessário. Poderemos nos casar, só que será com o Ricardo!

.—Não tem problema, mas foi por um certo Zeca que me apaixonei e com ele é que quero me casar. Eu te amo muito.

—Também te amo muito!

Chegaram em casa e entraram. Clara estava na sala escutando música e lendo um livro. Zeca com um sorriso disse:

— Boa-tarde, Clara.

— Boa-tarde, Zeca! Quero te pedir desculpas por todas aquelas coisas idiotas que falei!

— Não tenho o que te desculpar. Você tinha toda razão. Onde se viu eu entrar em sua casa durante a noite. Não se preocupe, já me esqueci. Preciso te fazer um pedido. Quero me casar com sua mãe e queria o seu consentimento.

— Casar?!

— Sim, casar! Se consentir, me tornará o homem mais feliz do mundo! Pode acreditar.

— Claro que consinto! Sempre gostei muito de você — disse, com um largo sorriso.

— Eu também sempre gostei de você, mas continuaremos morando aqui, nesta mesma casa. Sua mãe continuará trabalhando no Posto e eu continuarei sendo o jardineiro. Não pretendo mudar a minha vida. Estou feliz assim.

— Continuarão morando nesta cidade? Nesta casa? Por quê? Agora todos sabem que você tem muito dinheiro!

— Sua mãe se apaixonou por mim, mesmo pensando que eu era um mendigo. Não sou rico, quem tem dinheiro é a minha família. Enquanto tive muito dinheiro, nunca fui feliz. Só encontrei a felicidade depois que cheguei aqui. Todos os amigos que conquistei foi por mim mesmo, não por meu dinheiro. O dinheiro é importante, mas não pode se tornar prioridade em nossas vidas. Devemos respeitar e ser amigo de qualquer pessoa, independente de sua condição financeira.

— Está me dizendo que não liga para o dinheiro?

— Dou a ele o justo valor! Você, hoje, tem dinheiro e poderá estudar e ser médica. Essa profissão exigirá que atenda a pobres e ricos. Será que terá para ambos o mesmo tratamento? Será que, realmente, atenderá a todos da mesma maneira? Sabe o que é ser uma boa médica? Será que a pessoa que te deu o dinheiro, não esta arrependida por ter dado?

— Por que está dizendo isso? Foi você quem me deu o dinheiro? É, só pode ter sido!

— Não fui eu! — Zeca disse muito nervoso. — Mas, se tivesse sido, com certeza estaria arrependido! Tem uma mãe maravilhosa que te deu tudo na vida. Só não deu mais porque não tinha. Você a condena por não dizer quem é o seu pai, um canalha que a abandonou sem se preocupar com a criança que iria nascer. Você é injusta e mesquinha! Só está me recebendo bem, porque pensa que tenho muito dinheiro! Repito, não fui eu quem te deu o dinheiro, mas, se tivesse sido, estaria arrependido! Espero que tenha aprendido a não julgar as pessoas por sua aparência. Não sou ninguém para te julgar, espero que seja uma boa médica, mas seja capaz de atender a todos os seus pacientes da mesma maneira.

Ele falou com tanta firmeza, que elas não ousaram interromper. Não parecia o mesmo Zeca de sempre.

Desculpem — Zeca disse chorando — ,não sei o que deu em mim. Não sou ninguém para julgar. Clara, não ligue para o que eu disse. Sei que será uma boa médica, me perdoe.

Saiu correndo. Já na rua, as lágrimas correram sem que ele conseguisse evitar. Lembrava do irmão, que tanto amava, do pai expulsando-o de casa e da mãe que, apesar de tudo, o procurou por tanto tempo.

"— Meu Deus! Quem sou eu para julgar?!"

Andou por muito tempo. Quando se deu por conta, estava em frente ao cemitério. Não soube o porquê, mas teve vontade de entrar. Já lá dentro, sentiu muita paz. Foi caminhando por entre os túmulos. Olhava as fotos das pessoas enterradas. Não pensava em nada, somente ia olhando. Chegou em frente a um túmulo, onde havia a foto de um rapaz negro, cujo nome era Cláudio. Parou e ficou olhando. A cobertura rasa da sepultura estava bem tratada, com flores plantadas. Se ajoelhou olhando a foto do rapaz. Olhou a lápide, notou que ele havia morrido com dezoito anos. Continuou olhando e pareceu que a fotografia tomava uma nova forma, o rosto de seu irmão foi se formando. Na foto, Cláudio sorria. Escutou uma voz:

"— Ricardo, meu irmão querido, te conduzi até aqui para que finalmente consiga ver que não estou mais ao teu lado. Para que finalmente consiga me enterrar e continuar vivendo em paz. A morte é como um sono, quando acordamos estamos em outro lugar, mas junto com muitos amigos. Não se culpe, nada que tivesse feito poderia mudar o meu caminho. Caminho este que eu mesmo escolhi, me desviando do verdadeiro. Deus, na sua infinita bondade, me retirou da Terra, antes que me afastasse mais e fizesse coisas piores. Mande um beijo para mamãe e papai, diga a eles que não precisam continuar chorando. Estou muito bem, feliz e esperando a todos, porque um dia, com certeza, chegarão."

Zeca estava paralisado, com medo, porque estava realmente escutando a voz do irmão.

— Devo estar louco! Não posso estar te ouvindo!

"— Não, Ricardo, não está louco. Sou eu mesmo. Te amo muito, quero que seja feliz."

Zeca continuou olhando a foto que, aos poucos, foi se transformando novamente e o rosto do rapaz negro voltou. Zeca chorava, assustado e emocionado. Só então percebeu que estava ajoelhado. Levantou-se dizendo em lágrimas:

— Cláudio, meu querido. Não sei se ouvi mesmo a sua voz ou se estou louco, mas espero, do fundo do meu coração, que realmente esteja bem e feliz ao lado de Deus. Sinto que me perdoou, estou feliz por isso — falou em voz alta.

Um pouco tonto saiu do cemitério. Continuou andando e foi parar no Grotão. As pessoas o reconheceram e acenavam enquanto ele passava. Chegou na cachoeira. Ficou olhando para aquele lugar mágico.

— Não tenho certeza se realmente ouvi o meu irmão, mas sinto que, agora, estou realmente liberto daquela pressão que sentia em meu peito. Sinto que realmente ele está bem e feliz. Acredito que tenha algo para fazer por toda essa gente que mora aqui. Farei o possível e o impossível para ajudá-los.

Foi até a água. Com as mãos, molhou o rosto e a cabeça. Olhou para a mata que circundava a cachoeira. Respirou fundo. O ar frio e puro entrou em seus pulmões. Sentiu seu corpo forte e que havia recebido muita energia.

Voltou para a cidade. Estava calmo e tranqüilo. Já estava escurecendo quando chegou. Foi até a casa de Regina, que estava preocupada com a saída dele daquela maneira. Clara não estava em casa, tinha ido encontrar Gustavo na praça.

Zeca bateu no portão. Regina abriu, percebeu que ele estava muito bem e com um brilho de tranqüilidade nos olhos.

— Zeca! Que bom que voltou! Logo que você saiu, fiquei conversando um pouco com Clara. Depois fui até a praça, pensei que estivesse lá, mas não te encontrei, por onde andou?

— Regina, preciso te contar algo que me aconteceu e que até agora não sei se foi verdade ou se estive sonhando.

Contou tudo o que havia acontecido, desde quando saiu de sua casa. Ela ouviu com atenção, não perdendo uma palavra. Quando ele terminou de contar, segurou as mãos dela:

— O que você acha de tudo isso? — perguntou, aflito. — Aconteceu, realmente? Estou ficando louco?

— Aconteceu, Zeca, pode ter certeza. Você não está louco. Ao contrário, você é uma pessoa especial. Deus permitiu que visse o seu irmão para que soubesse que a morte realmente não existe. Você está recomeçando a tua vida. Está, agora, no rumo certo e sendo abençoado por isso.

— Só não entendi, quando ele disse que Deus o retirou por estar no caminho errado e antes que fizesse coisas piores.

— De acordo com o que aprendi, todos nascemos para sermos bons. Quando voltamos, sempre trazemos algo para fazer. Um resgate, perdoar e ser perdoado, encontrar amigos e inimigos e etc. Cada um de nós tem livre-arbítrio. Deus nos dá toda a oportunidade para que nossas metas sejam cumpridas, mas, às vezes, por motivos outros, nos afastamos de nossos propósitos. Esse afastamento pode nos levar a erros piores do que aqueles que já tínhamos. Nesse momento, dependendo do merecimento e dos amigos que temos, somos retirados antes de cometermos erros maiores.

— Quer dizer que o meu irmão estava se desviando do caminho e por isso morreu? É isso que está dizendo?

— Sim, deve ter sido isso que aconteceu. O caminho que tomou seria de difícil retorno. Sendo jovem, um tanto inocente e com amigos espirituais que devem ter intercedido por ele, Deus não permitiu que se prejudicasse ainda mais.

— Quanto a mim? Também estava desviado do caminho certo. Prejudiquei a muitas pessoas, por que não morri?

— Não sei tudo, talvez tenha sido porque, no momento em que viu seu irmão morto, você poderia ter tido várias reações. Ir atrás dos traficantes para se vingar, culpar seus pais por seu irmão ter entrado no mundo das drogas ou não dar atenção e continuar na mesma vida que antes. Você usou o seu livre-arbítrio e fugiu de tudo e de todos. Durante todo esse tempo, viveu na mais completa humildade. Aprendeu que o dinheiro, quando se torna a única prioridade na vida, pode nos causar muito mal. Quando voltou à Terra, deve ter trazido alguma missão para cumprir. Por um tempo se afastou dela, agora deve ter voltado para o rumo certo. Deus te deu uma nova chance, então, deve esperar e ver o que vem por aí.

— Acredita mesmo nisso? O que quer dizer quando fala em voltar à Terra?

— Acredito sim, Zeca. Aprendi com a vida, que todos estamos aqui por algum motivo. Quando digo em voltar à Terra é porque acredito na reencarnação. Hoje, viu e ouviu o seu irmão falando com você, como se estivesse vivo. Deus, na sua infinita bondade, não iria ter filhos preferidos, não permitiria que um de seus filhos fosse perfeito, sadio, e outros doentes e deformados. Uns ricos com tudo, assim como você, e outros pobres como as pessoas que vivem no Grotão. Só a reencarnação pode nos dar essas respostas. Se ela não existir, então, Deus também não existe. Estamos em um processo de eterno aprendizado. Sempre evoluindo para chegarmos, um dia, à perfeição. Aprendemos com a vida. A reencarnação é um bem enorme que Deus deu à humanidade.

— Da maneira como fala, parece que tem tanta convicção!

— Tenho sim, aprendi tudo isso com dona Júlia. Ela acreditava piamente e ainda conversa comigo em sonhos.

— Gostaria de aprender mais sobre isso.

— Posso te emprestar vários livros, Zeca, tenho muitos. Acredito que o primeiro que deve ler é o Evangelho. Nele, você vai poder entender tudo o que Jesus disse.

— Antes eu não queria, mas, agora, se emprestar, vou ler.

— Vou te emprestar e, se precisar de alguma explicação, estarei sempre aqui para responder as que souber.

— Está bem, vou levar. Nossa!

— O que foi, Zeca?

— Com toda a agitação deste dia, esqueci de almoçar e estou morrendo de fome. Simão já deve ter fechado o bar!

— Também estou com fome! Vou preparar algo. Já que vai ser o meu marido, tem que ver se a minha comida te agrada!

— Se eu não gostar da tua comida, te ensino a cozinhar.

Estavam jantando, quando Clara chegou, acompanhada por Gustavo. Gustavo, sorrindo, disse:

— Zeca! Como vai?

— Muito bem, Gustavo e você?

— Muito feliz por você. A cidade toda está comentando! Robertinho está indo de porta em porta contando para todos que andou no carrão da sua mãe!

— Aquele menino é mesmo um fofoqueiro!

— Está dizendo que o seu nome é Ricardo, mas que você parece com o Zeca! Espero que continue a ser como sempre foi. Gosto muito de você, sendo Ricardo ou Zeca.

— Obrigado, Gustavo, você é um bom menino. Merece e vai conseguir tudo de bom na vida!

Clara, em pé ao lado de Gustavo, com os olhos baixos, ficou calada. Regina percebeu que a filha não estava bem.

— Vocês não querem jantar? Tem para todos!

— Obrigado, dona Regina, mas jantei em casa.

Zeca, também percebendo que Clara estava calada, disse:

— É uma pena! A comida da Regina está muito boa! Clara! Você está bem?

— Estou, sim, Zeca, só com um pouco de dor de cabeça.

— Por isso eu a trouxe para casa — Gustavo disse. — Está entregue. Preciso ir embora, boa noite!

— Boa-noite, Gustavo e obrigada por ter trazido a Clara.

Gustavo saiu. Clara se dirigia para o quarto.

— Clara — Zeca a chamou — ,preciso falar com você. Quero te pedir desculpas por tudo aquilo que te disse. Não é verdade que, se fosse eu quem tivesse dado o dinheiro, estaria arrependido. Aconteceu muita coisa hoje. Fui obrigado a recordar de coisas que, durante o tempo todo em que estive aqui, tentei esquecer. Gosto muito de sua mãe, quero me casar com ela e quero que você me receba de coração.

Ela olhou para ele, depois para a mãe e disse emocionada:

— Zeca, sou eu quem tem que te pedir desculpas. Todas as tuas palavras estavam certas. Só me mostrou a cretina que tenho sido. Nunca soube reconhecer o amor de minha mãe. Com certeza teria sido mais fácil para ela ter tomado uma droga qualquer e impedido o meu nascimento. Mas não, além de me deixar nascer, ainda me criou com todo carinho e amor que havia em seu coração. Obrigada, Zeca. Saiba que aprovo o casamento, não por você ser hoje um homem rico, mas por ser quem é, um homem de bem. Sei que fará a minha mãe muito feliz. Mamãe, por favor, me perdoe! Estou sofrendo muito por todas aquelas coisas horríveis que falei!

Regina se aproximou da filha e a abraçou:

— Minha filha, eu te amo muito. É assim mesmo que aprendemos. Sinto que está sendo sincera, só posso agradecer por este momento. Agora vá se deitar e tenha uma boa-noite.

Zeca sorriu para ela, concordando com a cabeça.

Após terminarem o jantar, Zeca se despediu e foi embora. Andando pela praça em direção a sua casa, sentia o coração leve. Via em seu pensamento o rosto e as palavras de Cláudio. Sabia que o seu irmão estava vivo em algum lugar e, o mais importante, estava feliz. Levava em sua mão o Evangelho que Regina havia lhe dado. Chegou em casa, já era tarde e todos dormiam. Devagar, foi para o seu quarto. Olhou aquele lugar pobre, mas tão aconchegante. Quantas horas de solidão ali passou. Tomou um banho, pegou o livro e começou a ler. Abriu o livro ao acaso. Leu. " Sem caridade não há salvação". Parou de ler, pensou um pouco e continuou lendo. Adormeceu com o livro sobre o peito e a luz acesa. O sol entrou por sua janela. Sem perceber, e por ser tarde quando chegou, dormiu com ela aberta. Olhou o relógio, era ainda muito cedo. O livro estava caído no chão. Durante a noite deve ter se virado. Estava aberto na página que continha uma parábola: *A quem muito foi dado, muito será pedido*. Leu com atenção. Fechou os olhos e ficou pensando em tudo o que havia lido.

"Deus me deu tudo. Nasci em uma casa com todo o conforto, muito mais do que precisava. Meus pais são pessoas de bem, trabalhadores e honestos. Me desviei de seus ensinamentos, parti para uma vida marginal. Ganhei muito dinheiro, que está agora espalhado por vários Bancos. No dia em que Cláudio morreu, jurei que nunca mais tocaria naquele dinheiro, mas, neste livro, li que é preciso fazer caridade. O dinheiro que está lá é meu, ninguém poderá sacá-lo sem a minha autorização. Não é justo que fique parado. Agora estou começando a entender o que aconteceu comigo! Tenho certeza que meu irmão está vivo em algum lugar e sei que a vida não termina com a morte. Posso fazer algo com aquele dinheiro."

Levantou e foi para o bar. Simão estava abrindo as portas:

— Bom-dia, Simão!

— Bom-dia! Mas o que é isso? Caiu da cama? Esqueceu que hoje é sábado? Não dormiu bem?

— Dormi muito bem! Aliás, como há muito tempo não fazia. Tive uma idéia e preciso falar com você!

— Entre, o café ainda não está pronto. Enquanto preparo, vamos ver que idéia é essa.

Zeca contou ao amigo tudo o que havia acontecido no cemitério na noite anterior. Simão ouvia, um pouco descrente. Zeca falava com tanta certeza, que ele foi obrigado a aceitar, embora um pouco relutante.

— Não será que isso aconteceu pelo fato de ter estado com sua mãe e lembrado de tudo?

— Não, Simão, quando entrei no cemitério, nem sabia por que estava lá. Mas não é sobre isso que quero falar. Quero falar sobre dinheiro.

— Dinheiro? Esse assunto é sempre bom.

— Quanto acha que será preciso para construir as casas?

— Não sei, quem pode calcular é o Juarez. Por que quer saber? Estranha essa tua pergunta.

— Tenho muito dinheiro guardado em bancos, não sei bem a quantia. Talvez dê para construirmos as casas.

— Tanto assim? Se o dinheiro é seu, por que não ficar com ele e ter uma boa vida, ainda mais agora que vai se casar?

— É um dinheiro sujo, que ganhei ajudando a destruir muitos jovens e suas famílias. Jurei que nunca mais tocaria nele. Mas, esta noite, lendo um livro, entendi que sempre temos uma nova chance e que os nossos erros sempre poderão ser reparados, nem que para isso leve muito tempo. Aprendi que o caminho é a caridade. Por isso, decidi que o mesmo dinheiro que destruiu a tantos hoje pode trazer felicidade para muitos.

— Se acredita mesmo, se acha que o caminho é esse, que seja. Mais tarde iremos falar com o Juarez e pedir que calcule o total. O café já está pronto, vamos tomar?

Tomavam o café, quando Regina chegou:

— Bom-dia!

— Bom-dia, Regina. Chegou em boa hora, terminei de coar o café. Sente aí com o Zeca, já vou te servir.

Ela sentou. Zeca segurando a sua mão disse:

— Temos que conversar, mas faremos durante a viagem.

— Viagem?! Que viagem, Zeca?

— Estou esperando o Elias chegar com o seu táxi, verei se nos leva até a Capital. Vamos visitar o meu pai, preciso falar com ele e te apresentar à minha família.

— Me apresentar à sua família?! Assim, de repente? Ainda é muito cedo. Não estou preparada!

— Preparada para quê? A minha vida está mudando. Você mesma disse que sempre temos uma nova chance. Aproveitarei essa chance que a vida está me dando e, desta vez, farei tudo direito. Nos amamos e vamos nos casar. O primeiro passo é te apresentar aos meus pais. Qual é o problema?

— Estou surpresa! Não pensei que faria isso. Não sei, sua mãe me pareceu uma pessoa fina e educada. Sou só uma moça do interior. Não vou saber conversar com ela.

— Por que não? Como diz Robertinho: ela parece fina ... mas só parece... é muito boa. Você nunca saiu daqui? Não conhece a Capital? Ótimo! Hoje conhecerá!

— Aproveite o convite dele, Regina! Vá até a Capital. No mínimo, fará uma viagem. Ele está mesmo apaixonado!

Regina apenas sorriu. Não sabia o que dizer. Elias chegou com o táxi e, como todos os dias, entrou no bar para tomar o seu café e disse com malícia:

— Bom-dia! Estão todos bem? Doutor Zeca, como vai o senhor? — disse, fazendo uma reverência e rindo.

— Pode parar, Elias. Não sou doutor, sou só o Zeca!

— Não é isso que estão dizendo. Não pode mais enganar ninguém. Todos viram o carrão que veio te procurar e, se não bastasse isso, para quem não viu, Robertinho contou!

— Pois é, todos tiveram uma alucinação. Não veio carrão algum me procurar. Continuo o mesmo Zeca de sempre.

— Ainda bem! Fiquei com medo que fosse mudar...

— Não mudarei. Estava te esperando. Quer nos levar à Capital. Esse carro velho conseguirá chegar lá?

— Carro velho? — respondeu, ofendido. — Meu carro está muito bom e chega a qualquer lugar! Posso ir aonde quiser!

— Então, encha o tanque. Prepare-o para a viagem.

— Zeca! — disse Regina preocupada — Não posso ir com esta roupa. Vou até em casa me trocar!

— Você está linda. Aliás, de qualquer modo que esteja vestida, será sempre a mulher mais linda do mundo. Mas, se lhe fizer bem, vá. Fico te esperando aqui.

Elias foi preparar o carro, e Regina foi trocar de roupa. Simão ficou olhando para o amigo; após alguns segundos disse:

— Você está bem mesmo. Fico feliz.

— Tirei um peso das costas. A vergonha e o remorso me consumiam. Hoje, estou bem. Reencontrei os meus pais, encontrei uma mulher divina. Que mais posso querer da vida?

— Nada mais, meu amigo. O pior sentimento que um ser humano pode carregar é o de culpa, nem todos têm a mesma sorte que você. Nem todos conseguem se libertar.

— Por que está dizendo isso, Simão?

— Por nada! Só estou jogando conversa fora.

— Bom-dia, senhores...

— Bom-dia, Célia! Como passou a noite?

— Na medida do possível, muito bem, Simão. E você, Zeca, como está? Passou bem a noite?

— Ele está bem, — quem respondeu foi Simão, rindo. — Vai para a Capital apresentar a noiva para a família! Vai se casar mesmo!

— Fico feliz por isso. É sempre bom ver as pessoas realizarem os seus desejos.

— Sente-se aí, já vou te servir o café.

Célia estava sentando quando Paulina chegou. Sentou-se também e ficaram tomando o café e conversando. Zeca contou a elas o que havia acontecido no cemitério.

— Não ficou com medo?

— Não, Paulina, não senti medo. Ao contrário, fiquei feliz por ver e ouvir meu irmão, mas achei que estava louco.

— Será que não teve uma alucinação, Zeca?!

— Não! Foi real, ele estava lá falando comigo.

— Sabem de uma coisa? Desde que comecei a ler aquele livro, também tenho encontrado algumas respostas.

— Se estiver lendo o Evangelho que Regina me emprestou, posso te garantir que é mágico, Paulina, nos faz pensar.

— Foi esse mesmo, a Célia me emprestou.

Simão pensou por um instante e disse:

— Já que todos leram e estão tão impressionados, acho que está na hora de eu ler também.

— Simão, mais tarde trarei para você.

— Tenho uma idéia melhor, Paulina! Esse livro não é para simplesmente se ler uma vez, mas para se ler sempre. Estou indo para a Capital, trarei um para cada um de vocês! O que acham?

— Por mim, agradeço, Zeca — disse Célia. — Eu já tenho o meu. Precisa trazer um para a Paulina e outro para o Simão.

— Está bem, farei isso.

Regina chegou deslumbrante. Com um vestido azul e os cabelos presos no alto da cabeça.

— Nossa! O que é isso? Aonde vamos?

— Ela vai conhecer os futuros sogros! — respondeu Simão.

— É mesmo? Que bom! Desejo que sejam felizes.

— Obrigada, Paulina. Estou muito feliz mesmo.

Zeca e Regina se despediram e entraram no táxi. Regina, ao mesmo tempo em que estava feliz, sentia muito medo; não sabia como seria recebida. No primeiro posto de gasolina da estrada, Zeca ligou para sua mãe avisando que chegariam logo.

Obsessão por afinidade

O carro corria. Regina olhava tudo e se admirava. Nunca fizera uma viagem. Tudo para ela era novidade. Depois de três horas, avistaram os primeiros prédios da cidade. Regina nunca imaginou que poderiam ser tão altos. Ao entrarem na cidade, o barulho era imenso. Muitos carros, buzinas, motores e alto falantes.

Zeca se divertia com a expressão de admiração dela. Depois de atravessar a cidade, o carro percorreu vias mais calmas. Zeca pediu que Elias parasse o carro em frente a um grande portão. Assim que parou, um porteiro se aproximou. Olhou para o carro. Zeca colocou a cabeça para fora:

— Ivan! Sou eu!

— Doutor Ricardo! Como vai?

— Estou muito bem. Pode, por favor, abrir o portão?

— Claro, doutor.

O grande portão foi aberto. Elias entrou com o carro. O porteiro mantinha no rosto um sorriso, que era correspondido por Zeca. O carro seguiu por uma alameda florida e, lá no alto, aparecia uma enorme mansão. Ao ver tudo aquilo, Regina começou a tremer, sem conseguir se controlar.

Zeca, percebendo o seu descontrole, a abraçou:

— Não se preocupe, Regina! Lembre-se do Robertinho. Parece... que é muito... mas não é...

Ela sorriu, mas não conseguia se controlar. Finalmente o carro parou em frente a uma porta grande. A mãe de Zeca já estava esperando por eles. Assim que o carro passou pelo portão, Ivan, o porteiro, ligou avisando que estavam chegando.

— Meu filho! Que bom que veio! Eu e seu pai estávamos ansiosos por sua chegada. Quem é essa linda moça?

— Também estou feliz por voltar. Esta linda moça é Regina, minha noiva e vamos nos casar.

— Noiva?! Vai se casar? Seja bem-vinda, minha filha!

Estendeu a mão para Regina que, tremendo muito, segurou a mão daquela mulher que era tão fina e diferente dela.

— Está tremendo? Suas mãos estão geladas! O que é isso? Estou muito feliz por tê-la em minha casa. Se meu filho vai se casar com você, só posso te abençoar.

— Não te disse, Regina! Robertinho tem razão quando diz: Parece... mas... só parece...

Regina sentiu tanta sinceridade na voz daquela mulher, que sorriu aliviada. Entraram em casa. Ela segurava o braço de Zeca com força. Ele fez questão que Elias também entrasse.

— Mamãe, este é o Elias. Além de ser motorista de táxi, é também um dos meus amigos.

— Muito prazer, senhor. Amigos de meu filho são meus também. Serão sempre bem-vindos em minha casa.

Elias, assim como Regina, não estava sentindo-se bem. Não estavam acostumados com tanto luxo. Uma grande sala surgiu, com cortinas, quadros e obras de arte.

Regina não prestou atenção. Continuava tremendo, mas, agora, sabia não ser de nervoso. Olhou à sua frente e viu um senhor sentado em um sofá. Pálido, abatido e parecendo muito fraco. Ao seu lado, duas entidades que falavam:

— Você foi o culpado, sim! Seu filho morreu por sua causa! O outro virou bandido também por sua causa! Nós também somos culpados de muitas coisas! Por isso, somos seus amigos! Não vamos te deixar, nunca! Sofreremos juntos!

Regina fez uma força imensa para não demonstrar aos outros o que estava vendo. Há muito tempo via e ouvia espíritos, mas não comentava com ninguém. Seguia o conselho de dona Júlia, para não ser apontada como louca. Aprendera, com ela, como controlar essas situações. Zeca também viu o pai e foi até ele. Regina ficou olhando para as entidades:

"Pai Supremo, protegei seus filhos. Que esses nossos irmãos sofredores possam encontrar a luz, pois, com certeza, não estão querendo fazer mal. Que a Sua luz de amor e bondade nos ilumine. Dona Julia, me ajude para que eu saiba agir com sabedoria e amor."

Zeca ajoelhou em frente do pai.

— Papai! Sou eu, Ricardo. Voltei para pedir o seu perdão!

O pai abriu os olhos. Ficou olhando para o filho como se estivesse sonhando. Seus olhos encheram-se de lágrimas.

— Meu filho! É você mesmo?!

— Sim, papai! Perdão por todo sofrimento que lhe causei...

— Você é quem tem que me perdoar, meu filho... eu não soube te dar uma boa educação, nem ao Cláudio. Fui o culpado por tudo o que aconteceu com vocês.

— O que é isso, papai?! O senhor foi o melhor pai do mundo! Nos deu tudo! Educação, carinho e muito amor...

Abraçaram-se. Regina viu que as entidades se afastaram. Uma luz iluminava pai e filho, que, juntos, choravam. Zeca beijava o pai e era beijado por ele. As entidades abraçadas pareciam perdidas, sem saber o que fazer. Não sabiam que Regina as estava vendo. O momento era muito emocionante. A mãe de Zeca também chorava. Regina se aproximou dela:

— Senhora, sei que este momento é importante para sua família, se permitir, vou sair com Elias.

— Não precisa, minha filha, mas, se quiser, fique à vontade.

Regina olhando firme para as entidades, pensou:

"Meus irmãos, sei que não estão aqui para fazer o mal. Por isso, peço que me acompanhem até o jardim, conversaremos."

As entidades ouviram aquela voz, mas não sabiam de onde vinha. Uma outra entidade se aproximou. Um rapaz jovem e sorridente disse para Regina:

— Regina, sou Cláudio, irmão do Zeca. Estou feliz por meu irmão ter te encontrado. Pode ir lá fora, eu os guiarei.

As entidades, cada vez mais assustadas, viam agora Regina, que estava iluminada por uma luz que saía das mãos de Cláudio. Elias não via, mas, assim que Regina saiu da sala, ele a acompanhou em silêncio. Lá fora, ela foi para baixo de uma árvore. Olhou para trás e viu Cláudio vindo em sua direção, acompanhado pelas entidades. Ao chegaram perto, ela perguntou em pensamento:

— O que os meus irmãos estão fazendo nesta casa?

Uma das entidades respondeu, nervosa e assustada:

— Não somos teus irmãos e nem te conhecemos! Não queremos fazer mal, só estamos ao lado do nosso amigo. Ele está sofrendo muito, por causa dos filhos. Nós, como ele, somos culpados de muita coisa. Então, ficamos aqui para compartilhar seu sofrimento.

— Estão me dizendo que não o conheciam?!

— Não! O sofrimento dele foi o que nos atraiu. Nós dois estávamos vagando e sofrendo juntos. Aí fomos atraídos por seu choro e sofrimento. Ficamos junto dele, sofrendo e chorando também.

— Assim como vocês — ela disse com muita pena — ,ele não tem culpa. Já perderam muito tempo vagando e ficando por aqui. Agora podem ir embora com nosso irmão, Cláudio, que está aqui para acompanhá-los.

Eles olharam para o lado em que ela apontava. Viram Cláudio, ficaram com medo e se abraçaram ainda mais.

— Não vamos com ele! Não vamos sair daqui! Não vamos abandonar o nosso amigo, ele precisa da nossa companhia!

— Ele precisou e vocês ajudaram, mas agora não precisa mais. O seu filho voltou e ele está feliz. Devem estar muito cansados e assustados, mas não precisam ficar com medo. Cláudio é nosso amigo e vai levá-los para um lugar bonito, onde poderão descansar.

Olharam para Cláudio, que não estava mais cercado de luz. Ao verem que ele era igual a eles, ficaram mais tranqüilos:

— Estamos cansados mesmo — disse um deles. — A senhora tem certeza que ele vai nos levar para um lugar bom?

— Tenho sim, podem confiar no que estou dizendo.

— Lá poderemos continuar sofrendo?

Antes que Regina respondesse, o outro disse;

— Não podemos ir para um lugar bom. Erramos muito! Se não pudermos ficar aqui, teremos que encontrar outro que esteja sofrendo e precise da nossa companhia.

— Não precisam sofrer mais, nem ficarem ao lado de ninguém. Já estão há muito tempo parados sem nada fazer e já perderam um tempo precioso. Agora chegou a hora de irem para um mundo onde tudo lhes será mostrado e onde entenderão que sempre é possível recomeçar e consertar os erros passados.

— Tem certeza disso que está dizendo? Podemos consertar os erros passados?!

— Claro que tenho certeza. Deus é Pai de infinita bondade, nunca deixou, nem deixará um filho seu sem uma chance de resgatar os erros cometidos.

Um olhou para o outro, querendo acreditar naquilo que ela estava dizendo, o primeiro disse:

— O que precisamos fazer para encontrar esse lugar?

— Basta pedir perdão, desejar sinceramente resgatar seus erros e seguir o Cláudio, que está aqui para lhes ajudar.

Voltaram a olhar para Cláudio, que continuava sorrindo.

— É verdade o que ela está dizendo? — perguntou um deles. Pode nos levar a esse lugar?

— Posso sim, só depende de vocês. Estou aqui para isso.

Um pouco confusos, estenderam as mãos para Cláudio, num claro pedido de ajuda.

Cláudio segurou em suas mãos, sorriu para Regina e foi caminhando com eles. Ela sorriu e acenou um adeus.

Elias, assim que chegaram ao jardim, sentou-se em um banco e adormeceu, não vendo o que havia acontecido. Enquanto eles iam embora, Regina, de olhos fechados, elevou uma prece a Deus e agradeceu.

Quando abriu os olhos, pôde apreciar o lindo jardim que rodeava a casa. Muitas flores, e pássaros que voavam de um lado para o outro. Uma linda piscina, forrada de azulejos azuis, com água muito limpa. Percebeu como tudo ali era bonito:

"Como é estranha a vida, quantos caminhos percorremos para conhecer a bondade de Deus. Zeca, que aqui teve tudo, não encontrou a sua felicidade; e lá, em Céu Dourado, mexendo na terra e vivendo simplesmente, a encontrou."

Enquanto isso, dentro da casa, Zeca continuava conversando com os pais. O momento de emoção havia passado e agora eles conversavam tranqüilamente. Ele contava como havia sido a sua vida, desde que saiu de casa, chegou a Céu Dourado e como se tornou jardineiro. Quando ele terminou de falar, seu pai, agora um pouco refeito, sem a presença das entidades, disse:

— Não entendo, meu filho, por que sempre teve tanta raiva do nosso dinheiro? Foi sempre um dinheiro honesto, ganho com muito trabalho!

— Sei disso, papai, não se tratava do dinheiro, mas, sim, do que ele faz. Desde que nasci, sempre tive tudo. Nunca precisei lutar para conseguir o que queria e tudo o que vem fácil não tem valor. A única coisa que consegui por mim, foi o meu diploma, que só consegui também por ter dinheiro. Eu não precisei trabalhar, portanto tive muito tempo para estudar, diferente de tantos outros que, por trabalhar, quase não têm tempo para estudar, além de que, o salário é tão baixo que não conseguem pagar uma faculdade. Entrei naquela vida, não por sua culpa, que sempre fez o que julgou ser o melhor. Entrei porque queria o meu próprio dinheiro. Sei, hoje, que tudo aquilo foi infantilidade. Apesar de ter começado com vinte e cinco anos, a minha mentalidade era a de um adolescente. Nem tudo foi ruim. Depois que tudo aconteceu, aprendi a viver com o meu próprio dinheiro. Aprendi a ser humilde e ser feliz com o que conseguia ganhar como jardineiro. Aprendi a beleza que há em se ver uma semente brotar e tornar-se flor. Tenho hoje muitos amigos que me conheceram como um jardineiro, portanto são amigos sinceros. Conheci uma mulher maravilhosa, que também se apaixonou por um jardineiro, e tenho a certeza de que realmente me ama. Aprendi tudo isso, pai. Sou, hoje, na minha humildade, um homem muito feliz. A minha felicidade só não era completa porque estava separado de vocês, mas hoje, até isso está superado. Estou aqui e nunca mais me afastarei.

— Então, assim que se casar, voltará a morar aqui?

— Não, mamãe. Continuarei naquela pequena cidade. Lá encontrei uma nova vida e estou feliz. A senhora sabe que estamos agora envolvidos, eu e meus amigos, num projeto que trará felicidade para muitas pessoas. A minha ajuda será uma maneira de agradecer tudo o que fizeram por mim.

— Que projeto é esse? — perguntou o pai.

— Mamãe já conhece, ontem contei a ela e agora contarei tudo para o senhor, mas, onde está a Regina?

— Ela quis ir para fora, enquanto vocês conversavam.

— Vou buscá-la. Voltarei logo.

— Está bem, enquanto isso, pedirei a Josefa que prepare a mesa para um lanche. Devem estar com fome.

— Obrigado, mamãe, estamos com fome sim, poderemos conversar enquanto comemos.

Foi para o jardim. Regina estava de olhos fechados, sentada em um banco e respirava fundo, sentindo o cheiro das flores. Elias, no banco ao seu lado, continuava dormindo. Zeca se aproximou e a beijou na testa. Ela abriu os olhos sorrindo.

— Por que saiu, Regina?

— Precisei, mais tarde te contarei. Além do mais, este jardim é maravilhoso. Estou encantada.

— Gostaria de morar aqui?

— Gostaria muito, porém temos um trabalho para ser feito no Grotão, mas farei o que quiser. Te amo e vou seguí-lo para onde for. Como foi tudo lá dentro?

— Muito bom. Meu pai parece outra pessoa. Está alegre e feliz, como era antes.

— Eu sabia que ele ia ficar bem — disse sorrindo.

— Como sabia?

— É uma longa história. Outra hora contarei. Agora, só deve se preocupar em dar muito amor a seus pais.

— Vamos entrar. Elias, Elias, acorde. Vamos tomar um lanche que mamãe preparou?

Elias acordou assustado, não percebeu que havia dormido.

— Desculpe, Zeca, adormeci. Mas, hoje acordei cedo.

— Não se preocupe com isso, vamos entrar. Mamãe deve estar com uma mesa cheia de coisas boas!

Entraram. Regina agora estava bem. Não tremia mais e não estava se sentindo mal por estar naquela casa.

A mesa realmente estava servida e repleta de guloseimas. Elias arregalou os olhos ao ver tudo aquilo. O pai de Zeca sorria feliz, não parecia, em momento algum, o mesmo homem que encontraram. A mãe de Zeca apontou os lugares para que se sentassem. Começaram a comer, sem muita cerimônia. Regina e Elias não estavam acostumados com tantos pratos e talheres. Zeca, entendendo a situação deles, começou a comer da maneira simples, como eles estavam acostumados. Os pais também seguiram o exemplo do filho. Logo, todos estavam à vontade e conversando. Em dado momento, Zeca disse:

— Mamãe, está faltando algo nesta mesa!

— O quê, meu filho? Aqui tem tudo o que sempre gostou de comer! Fiz questão de que não faltasse nada!

— Não tem o que mais gosto atualmente! Mortadela!

— Mortadela?! Nunca comeu mortadela!

— Porque a senhora nunca comprou! Pois fique sabendo que é uma delícia, e eu adoro comer!

— Você mudou mesmo. Está bem. Na próxima vez que vier, prometo que terá mortadela!

Ela estava feliz. Seu filho mudara mesmo, e para melhor.

Continuaram conversando. Zeca contou tudo ao pai sobre o projeto. Falou que iria usar o dinheiro que estava nos Bancos para construir quantas casas fossem necessárias. Regina e Elias não sabiam dessa sua intenção.

— Você não me contou sobre isso, Zeca!

— Só resolvi após ler aquele livro que me emprestou.

— Entendo. Acho uma ótima idéia.

— Filho, você acredita que o dinheiro que tem vai dar para construir as trinta casas?

— Não sei, papai, mas construirei as que puder.

— Pois bem, já que essa cidade te fez tanto bem, já que voltou e está feliz, o que faltar eu completo.

— Só podia esperar isso do senhor. Obrigado, papai.

—Meu filho, se não quer voltar para casa, se não quer o nosso dinheiro, se vai doar todo o seu, do que você viverá?

— Da mesma maneira que vivi até agora. Sendo jardineiro. Regina continuará trabalhando no posto de saúde.

— Não precisa viver assim. Aqui tem tudo para que seja feliz. Agora que já entendeu que não teve culpa, poderia voltar a viver aqui.

— Não, mamãe, por enquanto, não. Depois que o projeto estiver pronto, que todas as pessoas que moram naquele lugar estiverem vivendo bem, talvez eu volte. Está bem assim?

— Se não tem outra maneira, que seja como quer. Te amo muito, meu filho.

— Sei disso, mamãe, e também a amo muito. Agora que já conversamos e comemos, está na hora de irmos embora.

— Por que não dormem aqui esta noite? Amanhã será domingo, passarão o dia aqui e voltarão à tarde.

— Não podemos. Amanhã temos um almoço que não podemos faltar. É o aniversário do meu primeiro amigo. Além do mais, Elias tem família e precisa voltar para casa.

— O seu carro está lá na garagem. Elias pode voltar hoje, e amanhã você volta com o seu carro.

— Meu carro ainda está aqui, mamãe?

— Está sim! O João cuida muito bem dele.

— Vou até lá vê-lo!

Segurando Regina pela mão, saiu correndo em direção à garagem. Se aproximou de um carro esporte muito bonito e andou em volta dele, passando a mão sobre ele com carinho. Parecia uma criança quando ganha um presente.

— É lindo, não é, Regina?

— Muito lindo!

— Está em perfeito estado! O João cuidou mesmo dele. Já sei o que farei. Vou deixá-lo aqui e, quando houver aquela festa das colônias, voltaremos aqui para pegá-lo e irei leiloá-lo. O dinheiro será usado no projeto. O que acha?

— Uma boa idéia, mas é o seu carro. Parece que gosta tanto dele. Teria coragem de doá-lo?

— Gosto muito! Mas para que precisarei de um carro como este, se aquela cidade é tão pequena?

— Não precisa mesmo.

Voltaram abraçados para o interior da casa.

— Mamãe, obrigado por ter conservado o meu carro. Virei buscá-lo. Lembrei agora que preciso dar um presente para o meu primeiro amigo. Onde estão as minhas miniaturas?

— Mesmo quando mudou para o seu apartamento, conservei o seu quarto. Estão todas lá.

— Poderia arrumar uma caixa?

— Claro que sim. Vá indo, que levarei em seguida.

Zeca foi para o seu antigo quarto, estava tudo como antes. Na parede, várias estantes com muitas miniaturas de carros. Seu pai e ele compraram em todos os lugares do mundo por onde passaram. Olhando tudo, lembrou do irmão:

"Quantas vezes ele quis conversar e eu, envolvido naquele trabalho sujo, nunca lhe dei atenção..."

Lembrou de Robertinho e pensou na felicidade que sentiria ao ganhar aqueles carrinhos. A mãe e Regina chegaram:

— Vai levar todos, meu filho?

Zeca pegou a caixa e começou a guardar os carrinhos:

— Vou, mamãe! Não tenho mais idade para brincar com carrinhos, e o menino a quem vou dar merece, e muito.

— É aquele que me levou até você?

— Ele mesmo, mamãe. Robertinho. Como já sabe, foi o primeiro a me receber na cidade e, com seu jeitinho de quem não queria nada, me fez comer sanduíche de mortadela. Depois arrumou um lugar para eu ficar e trabalho. Devo muito a ele.

— É um menino abençoado, que Deus o proteja.

— Será abençoado, mas agora temos que ir embora. A viagem é longa, não quero chegar muito tarde.

Beijou a mãe e o pai, que agora parecia outra pessoa. Sorria feliz e voltara a ser o mesmo homem que sempre conheceu.

— Até logo! Em breve voltaremos para buscar o carro e, naturalmente, revê-los.

— Vá com Deus, meu filho. Não nos esqueça e, por favor, não se case sem nos avisar.

— Não, mamãe. Não se preocupe. Voltarei sempre. Agora não quero mais me separar dos dois, nunca mais.

Entraram no carro e reiniciaram a viagem. Já na estrada, Zeca perguntou para Regina:

— Por que disse que sabia que meu pai estava bem?

Ela contou tudo a ele.

— Falou com meu irmão? Por isso acreditou quando eu disse ter ouvido e visto o meu irmão.

— Sim, falei com ele e já vi e falei com muitos espíritos.

— Nunca comentou sobre isso.

— Depois que Clara nasceu, em uma noite acordei sentindo um perfume. Gritei. Dona Júlia correu para o meu quarto e me encontrou sentada na cama com o lençol no rosto, deixando aparecer apenas os meus olhos arregalados:

"— Regina! Que aconteceu? — perguntou assustada.

— Acordei com alguém me chamando! Mas não tem ninguém no quarto! Estou com medo!

Ela me abraçou, dizendo:

— Deve ter sonhado. Volte a dormir.

— Por trás de seus ombros, vi nos pés da minha cama, um senhor sorrindo, vestido com um terno azul claro. Gritei:

— Olhe ali!

— Ela se voltou e, também sorrindo, disse:

— Não se preocupe e nem fique com medo, é o Jarbas. Ele veio nos visitar e conhecer a Clarinha.

— Jarbas?! Mas esse não era o nome do seu marido?!

— É ele, sim. De vez em quando vem me visitar. Não se preocupe. Está tudo bem."

— Fiquei com muito medo, aquele senhor sorriu, acenou dando adeus e sumiu. Dona Júlia, também sorrindo, deu adeus. Eu estava apavorada! Ela vendo o meu estado, disse:

"— Você está muito nervosa, Regina. Sinto que não vai conseguir voltar a dormir, por isso, acho melhor irmos até a cozinha. Vamos tomar um leite e conversar sobre o que se passou aqui."

— Fizemos isso, eu realmente não iria conseguir dormir, estava com muito medo. Na cozinha, já sentadas, com um copo de leite nas mãos, ela começou a falar:

"— Já leu e conversamos muito a respeito da vida espiritual, não é mesmo?

Concordei com a cabeça.

— Pois, bem. Você notou que a criança chega ao mundo sempre chorando? Sabe, também, que, quando alguém que nos é querido morre, choramos, não é?"

Continuei concordando com a cabeça. Estava apavorada demais para falar.

"— Quando alguém parte, Regina, nós sofremos e choramos. O mesmo acontece no mundo espiritual, quando voltamos à Terra. Deixamos lá muitos amigos, que ficam tristes, por não saberem se conseguiremos cumprir todos os nossos compromissos. Durante a nossa vida, aqui na Terra, eles ficam sempre nos visitando para ver como estamos nos saindo. Algumas vezes, havendo a mínima possibilidade, eles nos ajudam, mas sem nunca interferir no nosso livre-arbítrio. Eu e o Jarbas fomos muito felizes. Ele partiu na minha frente, mas está me esperando. Pois sabe que, a qualquer momento, estarei chegando e, enquanto esse dia não chega, ele às vezes vem me visitar. Foi isso o que ele fez hoje."

— Tudo aquilo para mim parecia loucura, Zeca, mas eu havia visto e escutado, isso não podia negar. Dona Júlia, continuou:

"—Você, hoje, vendo e ouvindo o Jarbas, me mostrou que é uma médium vidente e auditiva.

— O que é isso? — perguntei, entre curiosa e amedrontada.

"— Quer dizer que vai ver e ouvir espíritos.

— Não quero isso! Tenho medo!

— Não precisa ter medo, eles nunca te farão mal. O que precisa é aprender a usar essa faculdade para ajudar tanto a encarnados, como a desencarnados.

— Não estou entendendo.

— Irei, daqui para frente, te ensinar como fazer, mas hoje já está tarde. Você precisa dormir, sabe que amanhã, bem cedo, a Clarinha vai acordar e começar a chorar com fome. Só mais uma coisa. Não precisa ter medo dos mortos, mas, não comente com ninguém o que aconteceu esta noite. Pois os vivos dirão que está louca e não conversarão mais com você."

— Por isso, nunca comentei com você ou com ninguém, Zeca. Daquele dia em diante, ela foi me ensinando tudo sobre a espiritualidade e como eu deveria agir cada vez que visse ou escutasse um espírito. No princípio tive medo, mas me acostumei. Hoje, converso com eles como se fossem vivos.

— Agora, já entendo por que não se admirou quando eu disse ter visto o meu irmão.

— Foi isso mesmo que aconteceu.

— Quer dizer que também vou ver e ouvir espíritos?

— Não sei. Vamos esperar, quem sabe. Mas se isso acontecer, não precisa ficar com medo, basta conversar normalmente, como está falando agora comigo. A única coisa que precisa ter é a vontade sincera de ajudar, nada mais.

— Estou começando a entender; mas quem eram esses que estavam com o meu pai?

— Nós atraímos as nossas companhias. A pessoa quando morre não muda. Se aqui ela era feliz, continuará sendo feliz, mas se for triste e deprimida, também continuará assim. Quem está feliz, não gosta de ficar ao lado de alguém deprimido, triste e vice-versa. Seu pai, com tudo o que aconteceu, ficou muito triste e deprimido. Aqueles irmãos passavam por sua casa e foram atraídos por toda aquela tristeza e depressão que seu pai sentia. Na intenção de ajudá-lo, juntaram-se a ele e começaram a chorar também. Quanto mais o seu pai sofria, mais eles se aproximavam.

— A maioria das pessoas não sabem disso! Como podemos nos livrar dessas influências?

— Durante a nossa vida, por muitas vezes passamos por situações e injustiças que nos trazem tristeza e sofrimento. É natural que soframos, sintamos raiva e até ódio. Faz parte do ser humano. O que não podemos é conservar esses sentimentos por muito tempo. Precisamos sempre estar bem conosco, sabendo que nunca estamos sozinhos e que as coisas boas e ruins passam. Podemos brigar, chorar e até xingar, mas depois disso precisamos voltar ao nosso equilíbrio. Sabendo isso, poderemos sempre escolher as nossas companhias espirituais. Devemos fazer o possível para estarmos sempre bem conosco e com os outros.

— Como conseguiu afastá-los de meu pai?

— Ao ouvir a sua voz, Zeca, seu pai ficou feliz, imediatamente a energia dele se modificou. Seus amigos se assustaram e se afastaram, porque não conheciam esse sentimento. Com a minha mediunidade, pude vê-los e ser vista. Eles se assustaram também com esse fato e, com a ajuda de seu irmão, consegui conversar com eles. Por não serem espíritos ruins, apenas perdidos, aceitaram tudo o que falei.

— É sempre fácil assim?

— Não, se forem espíritos ruins, querendo vingança, demora um pouco mais. Mas na maioria das vezes podem ser afastados.

— Está querendo dizer que eu posso atrair para mim maus companheiros?

— Isso mesmo. Por isso, é importante nunca desanimarmos. Sempre que algo ruim acontecer, devemos ter a reação normal do momento, mas em seguida procurar esquecer, perdoar e continuar a caminhada em paz. Se quisermos companhias felizes e alegres, assim é que devemos nos comportar. Acreditando sempre em Deus e em tudo de bom que a vida pode nos dar.

— Isso é muito difícil!

— Como diz o Robertinho: — e ela falou imitando Robertinho — Parece que é... mas na realidade... não é!

— Só uma pessoa santa, pura e sem pecado pode atingir essa perfeição! Um ser humano normal, não consegue!

— Não existe pessoa pura, boa e sem pecado. Somos todos aprendizes caminhando para a perfeição. Um dia chegaremos lá, mas vai demorar muito. Todos temos nossos erros e defeitos, porém temos também nossa santidade e perfeição. Esses sentimentos misturam-se e nos ajudam a caminhar e crescer!

— Como sabe tanta coisa?

— Aprendi muito com dona Júlia, através dos livros e fui observando, vivendo. Mas tenho, ainda, muito que aprender.

— Eu também... eu também...

— Olhem, a cidade já pode ser vista! — disse Elias — Estão conversando tanto que, aposto, não notaram.

— É mesmo, Elias! A nossa cidade está chegando!

— Dona Regina, a senhora vai me desculpar, mas não pude deixar de ouvir tudo o que conversava com o Zeca. Achei muita coisa interessante, gostaria de ouvir mais.

— Tudo bem, Elias, assim que quiser, venha até a minha casa, terei prazer em conversar e te emprestar alguns livros.

— É que a minha mulher anda estranha. De repente só chora, sem motivo. A menos que eu não saiba, e exista algum.

— Leve-a até a minha casa, quem sabe poderemos encontrar o problema. Não sei se poderei ajudar, mas tentarei.

— Posso mesmo?

— Claro que pode, não sendo na hora em que eu esteja trabalhando no posto de saúde, tudo bem.

— Vou levar, sim. Ela anda muito estranha. Parece que não gosta mais de mim e nem das crianças.

— Depois que eu a ver, saberei o que fazer.

O carro saiu da estrada principal e entrou em uma estrada menor que os levaria para a cidade. Já era noite. Elias deixou Regina em casa, depois levou Zeca, e voltou para casa. Todos entraram em casa, pensando em tudo o que havia acontecido naquele dia. Quando se deitou, Regina agradeceu a Deus por ter podido ajudar aqueles pobres irmãos e ao pai de Zeca. Adormeceu rapidamente.

Elias, já em casa, viu que todos dormiam. Sua mulher se agitava, mas dormia também. Deitou e começou a pensar em tudo o que Regina disse. Pensou por um tempo, mas a viagem foi cansativa, então, adormeceu.

Zeca estava feliz e tranqüilo por ter reencontrado os pais, o seu passado e, agora, sabia que a sua vida seria perfeita. Adormeceu.

O aniversário de Robertinho

O dia amanheceu lindo. Um céu muito azul, sem nuvens e com certeza não iria chover. Todos sabiam que Dona Consuelo tinha resolvido fazer um churrasco, ao invés de um almoço. Enquanto terminava de decorar o bolo, pensou, feliz:

" Dez anos... Meu filho está fazendo dez anos..."

Robertinho não se agüentava de felicidade. Convidou muitas crianças, que viriam à tarde para cortar o bolo.

— Mãe, vou ganhar muitos presentes! O Fábio vem?

— Não sei, mas todos os anos ele vem.

— Sempre me traz um presentão! O que será que vai ser este ano? A senhora não sabe, mesmo?

— Não sei, meu filho, mas com certeza vai ser um presentão mesmo! Sabe que ele gosta muito de você.

O telefone tocou, Robertinho correu para atender:

— Alô! Alô! Quem é?

— Sou eu, o Fábio! Como você está se sentindo? Hoje é o seu dia! Parabéns e feliz aniversário!

— É o Fábio, mamãe! Estou bem e estou esperando por você, quando vai chegar?! Parece... que estou esperando o presente, né? Mas não estou não! Só parece...

— Está bem — disse Fábio rindo — só parece, não está mesmo esperando o presente. Este ano não poderei estar aí. Tenho um muito trabalho e não posso abandonar, mas, na semana que vem, irei até aí para te ver. Está bem assim?

— Está bem, mas...

— O presente?! Não se preocupe, levarei quando for aí. Sei que gostará muito do que comprei! É só esperar!

— Hoje o papai vai fazer um churrasco, vêm muitos amigos meus! Vai ser uma festança! O dia mais feliz da minha vida! Só vai faltar você! Por que você não vem?

— Terá muitos outros aniversários e estarei em todos, prometo. Tenha um feliz aniversário e que Deus te abençoe.

— Obrigado! Eu gosto muito de você! Agora fica falando com a mamãe. Meus amigos estão chegando, vou lá fora falar com eles e ver os presentes que trouxeram!

— Vá correndo! Um beijo, e seja muito feliz!

Robertinho largou o telefone e saiu correndo. Realmente os amigos chegaram, todos traziam nas mãos pacotes de presentes. Simão se aproximou e lhe entregou um pacote.

— Robertinho, eu trouxe este presente, espero que goste.

Ele abriu o pacote e surgiu uma bola de futebol, oficial.

— Seu Simão! Com esta bola vou ser o dono do time!

Simão sorriu. Célia deu a ele uma caixa com tintas, pincéis. Paulina deu uma mochila para ir à escola. Robertinho agradecia a todos com entusiasmo. Zeca estava com as mãos vazias. O menino ficou olhando para ele sem nada dizer. Zeca conhecia Robertinho o bastante para saber no que estava pensando.

— Robertinho, lá no meu quarto tem uma caixa, é um presentinho pra você — Zeca disse rindo. — Não sei se vai gostar. Eu sempre gostei muito. Agora é seu, pode ir lá pegar.

O menino correu para o quarto de Zeca. Logo depois se ouviu um grito. Todos correram. Regina e Zeca se olharam.

— Mãe! Pai! Vem ver o que o Zeca me deu!

— São lindos, meu filho!

Ele pegava os carrinhos um a um. Todos foram obrigados a reconhecer que eram bonitos e caros. Robertinho não conseguia falar de emoção. Naquele momento, ele era a única criança na festa, pois as outras chegariam mais tarde, para cortar o bolo. Então aproveitou, pegou os carrinhos e foi para o quintal. Esparramou todos pelo chão e ficou brincando, até chegar um empregado de seu Guerino trazendo uma bicicleta. Robertinho estava distraído e não o viu.

— Olhe, Robertinho, parece que chegou outro presente.

Ele olhou para a mãe e depois para o portão. Quando viu a bicicleta, ficou alucinado:

— É minha, mamãe?! Quem mandou?!

— Seu irmão ligou e pediu para seu Guerino trazer! Acabou de me contar enquanto falava comigo ao telefone. Só pediu para tomar cuidado e não se machucar.

— Não vou me machucar! Já sei andar!

Pegou a bicicleta, saiu para a rua e feliz, foi pedalando. Todos ficaram olhando por um momento, mas, vendo que Robertinho andava muito bem, entraram e foram para junto do fogo, onde estava sendo assada a carne. Estavam descontraídos, conversando. Comiam e bebiam, rindo e felizes.

Célia ainda conservava o rosto coberto. Estava com um vestido, lenço azul e continuava com seus inseparáveis óculos escuros. Robertinho voltou e ficou brincando ora com um presente, ora com outro. A manhã transcorreu normal e tranqüila. À tarde, as crianças foram chegando. Dona Consuelo tinha feito um grande bolo e as velinhas foram colocadas. Célia e Paulina entraram na casa para pegar os docinhos que estavam sobre a mesa da sala. Encostada a uma parede, havia uma estante com várias fotografias, desde o casamento dos pais de Robertinho, seus filhos quando bebês, depois quando crianças. A fotografia de um rapaz muito bonito que chamou a atenção de Célia. Ela ficou olhando para a fotografia por alguns minutos, olhando aqueles olhos, cabelos e rosto. Paulina se aproximou e, notando a atenção da amiga, disse:

— Esse é Fábio, o filho mais velho da casa. Está em Brasília, ocupa um cargo importante.

— É um bonito rapaz. Será que vem para o aniversário?

— Não sei, mas creio que não, senão já estaria aqui.

— Que pena. Gostaria muito de conhecê-lo.

— O que é isso? A nossa amiga misteriosa se interessando por um homem?

— Não é isso! Só o achei interessante!

Saíram com os docinhos, ajudaram a colocar na mesa que foi montada fora da casa. O parabéns foi cantado e as velas sopradas. Dançaram, brincaram e comeram muito. Foi uma festa para ficar, durante muito tempo, na lembrança de todos. Já era noitinha quando os convidados foram embora. Despediram-se e prometeram que voltariam no próximo ano. Robertinho também estava feliz com seus presentes. A noite chegou e foram para suas casas. O dia havia sido agradável.

O dia seguinte amanheceu e tudo voltou ao normal. Simão, logo cedo, abriu o bar. Aos poucos as pessoas foram chegando. O primeiro a chegar foi Elias. Parou seu táxi em frente ao bar. Em seguida chegaram Célia, Paulina e por último Zeca. Naquela segunda-feira, era feriado escolar e as crianças, por esta razão, estavam brincando na praça. Os amigos tomavam café e conversavam como sempre. Da mesa em que estavam sentados, podiam ver quase toda a praça. Falavam sobre a festa, sobre o projeto, bem como sobre a ansiedade que estavam sentido para saber se a Câmara de Vereadores tinha aprovado a desapropriação das terras do Grotão. Viram Robertinho chegando de bicicleta. O menino irradiava felicidade. Vinha ao longe acenando e gritando para que todos o vissem. Estava tão distraído que não viu uma pedra que havia no meio da rua. A roda pegou na pedra, a bicicleta foi para frente e o atirou a distância. Caiu e bateu com a cabeça na guia da calçada. Logo o sangue começou a escorrer. Todos correram. O primeiro a chegar foi Zeca. Com a queda, um imenso corte abriu na cabeça de Robertinho por onde escorria muito sangue. Elias disse nervoso:

— Coloquem ele no meu carro e vamos para o posto médico!

Zeca colocou a cabeça de Robertinho no colo de Célia e as pernas sobre as suas. O menino estava desmaiado. Paulina e Simão sentaram-se no banco da frente. O carro saiu em disparada. Célia acariciava o rosto do menino. O sangue escorria com muita força. Ela arrancou lenço que estava em seus cabelos e enrolou na cabeça dele. Chegaram no Posto de Saúde. Regina estava lá e, ao ver o ferimento, disse:

— O corte está muito grande. Vou fazer uma bandagem, mas é melhor levá-lo ao hospital da próxima cidade. Ferimento na cabeça sempre é muito perigoso.

Fez uma bandagem e eles foram para a próxima cidade que ficava, mais ou menos, vinte minutos de carro. Foram rezando. Célia, com a cabeça de Robertinho no colo, chorava muito. Paulina também. Simão, sério e tremendo muito disse:

" Por favor, Deus, não permita que nada de mal aconteça! Outra vez não! Não suportarei, proteja-o, por favor."

Célia chorava tanto, que foi obrigada a tirar os óculos escuros para enxugar as lágrimas com a ponta do vestido. Estavam todos apreensivos e assustados. O sangue já estava aparecendo na bandagem quando, finalmente, chegaram ao hospital. Desceram. Zeca pegou Robertinho no colo e entrou correndo na emergência. Colocou-o em uma maca e imediatamente uma enfermeira o levou para dentro. Só então foram fazer a ficha e contar o ocorrido.

Estavam nervosos. Aquele menino representava muito para todos. Era amado e querido. Zeca lembrava de tudo o que havia ouvido de Regina sobre Deus:

"Deus do céu, se realmente existe, proteja esse menino. Já fiz muita coisas errada nesta vida. Já vivi muito, se for preciso, troco a minha vida pela dele."

Todos estavam envoltos em seus pensamentos. Paulina parou de chorar e, olhando para Célia, admirada disse:

— Célia! Como você é bonita!

Os outros também olharam. Ficaram abismados com tanta beleza. Os cabelos muito pretos, a pele clara e um par de olhos verdes. Uma beleza exótica, e diferente. Só aí Célia percebeu que, em seu desespero, havia tirado o lenço da cabeça para segurar o sangue que escorria. Por chorar muito, foi obrigada a tirar os óculos. Sem perceber, esqueceu de seu disfarce.

— Agora não adianta eu querer continuar disfarçando, fiquei tão nervosa, que esqueci do meu disfarce. Todos já me viram.

Zeca, depois de sair da surpresa, disse:

— Como diz o Robertinho, parece... ser feia, mas não é... Você é realmente muito bonita! Por que esconder tanta beleza?!

— Desculpem, mas tive os meus motivos. O importante agora é que Robertinho fique bem. Vamos rezar?

Começaram a rezar, cada um de seu jeito.

O médico entrou na sala dizendo:

— Ele vai ficar bem, foi mais o susto. Quem são os pais?

— Não estão aqui. Somos só amigos. — respondeu Zeca.

— Isso vai ser um problema, ele perdeu muito sangue e está precisando de uma transfusão. O sangue foi examinado e é do tipo A negativo. Não é um tipo muito comum e não temos aqui no hospital. Com certeza um dos pais deve ter o tipo de sangue igual. Precisam avisá-los para que venham logo.

Estava terminando de falar, quando viu Consuelo, Pedro e o delegado. A notícia correu rápido, o delegado os levou no carro da delegacia. Ao vê-los, Simão disse:

— Doutor, eles chegaram! São os pais do menino.

— Isso é muito bom. O seu filho precisa de uma transfusão urgente e, como devem saber, o sangue dele é raro. Um dos dois deve ter igual. Qual dos dois?

Olharam-se desesperados. Consuelo começou a chorar com mais força e desespero.

— Não podemos fazer nada. Ele não é nosso filho!

— Como não?! — perguntou Zeca e, antes que Consuelo respondesse, Célia disse:

— Doutor, meu sangue vai servir. Por favor, faça o teste.

— Claro, senhorita, vamos para o ambulatório.

Ela acompanhou o médico. Entraram em uma sala e fecharam a porta. Os outros se olharam sem entender.

— Como Célia tem tanta certeza que o seu sangue é igual ao de Robertinho? — perguntou Zeca — Dona Consuelo! Nunca poderia imaginar que o Robertinho não fosse seu filho!

— Isso jamais seria revelado. Só foi por causa desta emergência. Por favor, prometam que não contarão a ninguém. Principalmente ao Robertinho, ele é um menino muito feliz. Nos ama e é amado. Não pode existir essa sombra em sua história. Só nos traria muita infelicidade. Prometam, por favor!

Emocionados com o pedido desesperado de Consuelo, eles concordaram com a cabeça. Estavam confusos demais para conseguirem falar. O médico voltou dizendo:

— Está tudo bem. O sangue dela é do mesmo tipo do menino. A transfusão já está sendo feita. Não teve conseqüências mais sérias. Logo ele estará bem.

Todos respiraram aliviados e, intimamente, agradeciam a Deus. Só uma pergunta ficou na cabeça deles: Como Célia tinha tanta certeza de que o seu sangue era igual ao de Robertinho?

Conversavam tentando entender quando o médico voltou. Agora, acompanhado por Célia. Ele, sorrindo, disse.

— Agora, podem ficar tranqüilos, pois o perigo já passou. O garoto ficará bom. Essa moça salvou a vida dele. Ele só tem que repousar. Por isso, achei melhor deixar que passasse a noite aqui, para ficar em observação. Podem ir embora e, amanhã pela manhã, poderão vir buscá-lo.

— Não vou deixar o meu filho sozinho! — disse Consuelo.

— Não se preocupe, senhora. Ele ficará bem, só precisa repousar. É melhor que não fique algum conhecido. Já percebi que é um tagarela e, se alguém ficar com ele, não vai parar de falar um minuto. Se quiserem, podem entrar e se despedirem.

Claro que todos quiseram. Um a um foram entrando no quarto. Dona Consuelo, muito nervosa, falou:

— Robertinho, vou mandar a bicicleta embora. Seu irmão não devia ter dado um presente tão perigoso!

Um pouco tonto, por causa da anestesia local que havia tomado, Robertinho disse baixinho:

— Que é isso, mamãe! Não vai mandar minha bicicleta embora! Logo vou andar outra vez! Foi só uma pedrinha!

Ele estava realmente bem, um pouco fraco, mas logo ficaria bom. Célia foi a única que não entrou no quarto. Consuelo não a vendo, deixou os outros com Robertinho e saiu indo ao encontro dela. Sabia que precisavam conversar.

— Quero agradecer muito por tudo que fez por meu filho!

— Não agradeça! A senhora e eu sabemos que o menino não é seu filho. Ele é meu e vou levá-lo embora.

— Não pode fazer isso! Ele é a razão das nossas vidas e, afinal, a senhorita o abandonou sem se preocupar com o que aconteceria com ele! Não é justo agora vir tirá-lo de nós!

— Não o abandonei! — Célia gritou desesperada e chorando muito. — Ele foi tirado de mim! Agora que o encontrei, ninguém mais vai me separar dele! Ninguém!

Nesse exato momento os outros voltaram e puderam ainda escutar as últimas palavras de Célia. Seu Pedro correu para junto da esposa, que chorava copiosamente.

— Consuelo! O que está acontecendo aqui?!

— Ela vai tirar o Robertinho da gente! Ela vai tirar o Robertinho da gente!

— Como assim, tirar?! Como pode?!

— É a mãe dele!

— Não quero saber quem é! Ele só tem uma mãe! Você, Consuelo, que o criou com todo amor e carinho! Se ela é mesmo a mãe dele, não tem direito algum! Ela o abandonou!

— Não o abandonei! Ele foi roubado!

— Não me interessa o que aconteceu! Ele é nosso filho e ninguém vai tirá-lo! Ninguém!

— Isso é o que veremos! — Célia disse furiosa. — Sou sua mãe e tenho os meus direitos!

— Que direitos? Não tem direito algum! Você o abandonou!

Zeca, percebendo que todos estavam nervosos, disse:

— Esperem! Esperem! Estão muito nervosos. Não é gritando um com o outro que resolverão esse problema. Acalmem-se.

Consuelo olhou para ele e disse desesperada:

— Zeca! Como me acalmar? Ela disse que vai tirar o meu menino! Não posso permitir...

— Não podemos ficar discutindo aqui, no meio do corredor de um hospital. O médico disse que não é aconselhável ficarmos aqui. Agora, tenho que concordar com ele. Vamos embora, lá em casa conversaremos e encontraremos uma solução...

Simão e Paulina também concordaram. Paulina abraçou Célia e a conduziu para fora. Zeca fez o mesmo com Seu Pedro e Consuelo. O delegado e Elias, que ficaram lá fora esperando, assustaram-se ao ver as duas mulheres chorando e sendo amparadas.

— Zeca, o que aconteceu?! — Perguntou o delegado — Ouvi o médico dizer que o Robertinho estava bem!

— Não se preocupe, delegado. Robertinho está bem. Elas só estão um pouco nervosas, mas logo ficarão bem.

— Puxa, Zeca! Levei um tremendo susto!

— Ele está muito bem. Precisa passar esta noite aqui, só para observação. Amanhã viremos buscá-lo. Agora iremos para casa.

A viagem de volta foi silenciosa. Nenhum deles tinha o que falar. Pedro e Consuelo voltaram no carro do delegado. Os outros, com Elias. Foram todos para a casa de dona Consuelo. Regina estava esperando-os. Havia terminado o seu turno no posto de saúde. Assim que os viu chegar, percebeu que dona Consuelo chorava muito. Correu para eles.

— Zeca! O que aconteceu? Por que voltaram sozinhos? Onde está o Robertinho?

— Calma, calma, meu amor. Ele está bem, só ficou no hospital para observação. Amanhã cedo iremos buscá-lo.

— Por que a dona Consuelo está chorando tanto?

— É uma outra história, mas só saberemos mais tarde. Agora vamos deixá-los a sós.

Pedro e Consuelo desceram do carro. Elias e o delegado foram embora. Simão disse:

— Elias, depois passe lá no bar. Eu pagarei a corrida.

— O que é isso, Simão! Não quero pagamento algum! Estou feliz por ter ajudado o nosso menino!

Ligou o carro, acenou adeus e foi embora. Zeca, Simão, Regina e Paulina estavam indo embora, quando Célia disse:

— Meus amigos, este é um momento muito importante em minha vida. Por favor, fiquem comigo, preciso de vocês.

Olharam-se, não sabiam o que fazer. Paulina, colocando o braço em volta dos ombros de Célia, disse:

— Tem certeza que é isso mesmo o que quer?

— Sim, vocês hoje são minha a família.

— Se é assim que nos considera, não podemos recusar. Afinal, uma família tem que estar sempre unida. Na alegria e na tristeza. Vamos lá pessoal! Todos juntos!

Concordaram e entraram.

Uma história inacreditável

Entraram juntos na casa de Consuelo, que continuava chorando, abraçada a seu marido.

Pedro mostrou uma cadeira para cada um em volta da mesa da cozinha. Sentaram-se.

— Senhorita, disse Consuelo, sei que não me conhece, mas sabe que tenho sido uma boa mãe. Eu o amo com todo o meu coração, só lembrei que não era meu filho verdadeiro hoje. A senhorita não pode tirá-lo de mim! Por favor!

— Senhora, sinto muito, mas ele é o meu filho que estou procurando há vários meses. Agora que o encontrei, não posso me separar dele. Nunca mais. A senhora também não pode pedir isso. Não pode me impedir de, finalmente, ser feliz...

— Esperem, creio que está na hora da Célia contar por que abandonou seu filho.

— Paulina! Não o abandonei! Foi tirado, roubado!!

— Acalme-se e nos conte tudo. Sei que encontraremos uma solução, boa para todos e principalmente para o Robertinho, Célia.

— Obrigada, Zeca. Vou começar do início. Pertenço a uma família tradicional, que possui muitas fazendas de café e gado. Nasci e fui criada com tudo o que um ser humano precisa e até mais. Sempre gostei de estudar e, apesar de todo o dinheiro, nunca fui muito apegada a ele. Sempre quis ter o meu lar, casar e ter muitos filhos. Meus pais não entendiam por que eu era daquela maneira. Desde os quinze anos, sempre quis trabalhar. Meu pai, depois de muita insistência de minha parte, concordou e comecei a trabalhar em um escritório dele, que cuidava de todas as propriedades e dinheiro das fazendas. Aos poucos, fui aprendendo, e logo ele deixou quase tudo sob minha responsabilidade. Quando fiz dezoito anos, tive mais liberdade para tomar decisões e comecei a assinar papéis em nome do meu pai, evitando assim que ele fosse obrigado a ir todos os dias ao escritório. Fui fazer o vestibular, passei e comecei a estudar na faculdade de direito. Lá, conheci um rapaz simples, mas muito educado. Sempre tímida, encontrava muita dificuldade em me relacionar com as pessoas. Assim que o conheci, começamos a conversar. Sempre só como amigos. Aquela amizade foi crescendo. Ele tinha dificuldade em algumas matérias. Como sempre estudei em escolas boas, tinha mais facilidade para aprender. Assim começamos a estudar juntos. Primeiro na biblioteca da faculdade, depois em minha casa. Meus pais nunca estavam, viajavam muito. Precisavam percorrer as fazendas. Fui criada por Isaura, uma governanta que me viu nascer. Uma tarde de Domingo em que preparávamos um trabalho que deveria ser entregue na segunda-feira, deixei cair alguns papéis, nos abaixamos para pegá-los. Nossas mãos se tocaram e nossos olhos se cruzaram. Nos levantamos, sem conseguir afastar os olhos e, sem perceber estávamos nos beijando. Foi uma surpresa para os dois, pois até aí, nunca pensamos que poderíamos ter qualquer tipo de relação, que não fosse de amizade. Não entendíamos o que estava acontecendo, mas estávamos felizes...

Célia parou de falar. Seus olhos estavam parados. Seu pensamento estava todo no passado.

Todos a ouviam com atenção e sabiam que aquele momento estava sendo muito difícil para ela. Mas, em seguida, ela forçou um sorriso e continuou:

— Nos beijávamos com muito ardor. Quando finalmente nossos rostos separaram-se, ele falou:

"— O que está acontecendo aqui?

— Não sei, mas preciso confessar que gostei...

— Nunca pensei em você, a não ser como amiga!

— Nem eu! Por isso, não sei o que está acontecendo. Vamos esquecer e fazer de conta que nada aconteceu.

— Estou de acordo. Não quero que nada interfira em nossa amizade. Gosto muito de você e não quero que nossa amizade se estrague com um namoro inconseqüente..."

Resolvemos esquecer o episódio e continuar a nossa amizade. Continuamos o nosso trabalho quando terminamos ele foi embora.

Pela primeira vez, não me beijou no rosto como sempre fazia. Fui para o meu quarto. Por mais que tentasse, não conseguia esquecer aquele beijo. Ele disse mais tarde que também aconteceu o mesmo com ele. No dia seguinte, na faculdade, entregamos o trabalho ao professor e tentamos conversar, mas não conseguimos. Alguma coisa nos impedia de sermos amigos como éramos antes. Evitávamos qualquer contato. Eu, por ter descoberto que o amava, mas sabia que ele via em mim apenas uma amiga. Ele, pelo mesmo motivo. Os dias passaram, nunca mais tocamos no assunto. Um dia chovia muito e saí correndo para pegar o meu carro, que estava estacionado em frente à faculdade. Estava com um guarda-chuva e com muitos livros, olhando para o chão e correndo. Tropecei em algo que não sei o que foi. Estava caindo quando ele me segurou. Eu não sabia que ele estava logo atrás de mim. Novamente estávamos um nos braços do outro. Só que, desta vez, sabíamos que seria para sempre. Não conseguimos evitar e nos beijamos novamente, mas agora com amor e desejo. Quando nos soltamos, a chuva continuava, estávamos molhados, mas nada mais importava. Nos amávamos, nada e nem ninguém poderia nos separar. Fomos para minha casa. Como sempre, não havia ninguém. Em meu quarto todo aquele amor de novo fluiu. Nos amamos com todo o ardor e emoção de quem encontra pela primeira vez o amor. Estávamos felizes. Eu sabia que meus pais não tinham preconceito de nada. Não iriam se importar ao saber que ele era um rapaz pobre, vindo do interior e que morava com os pais em um bairro afastado da cidade. Apesar da faculdade, eu continuava trabalhando no escritório. Ele fazia estágio em um escritório de advocacia Nos encontrávamos e nos amávamos todas as noites. Se meus pais estivessem em casa, íamos para um hotel. No escritório, a rotina diária continuava. Minha secretária, Elaine, era eficiente e eu confiava plenamente nela. Trazia os documentos para eu assinar, e eu nem sequer os lia. Ela simplesmente mostrava e eu assinava. No meu aniversário, convidei-o para ir até a minha casa, pois haveria uma grande festa. Meu irmão viria do Mato Grosso, onde morava e cuidava da fazenda de gado. O outro morava no interior de São Paulo. Dos três, eu sou a mais nova. Eles já são casados e tenho cinco sobrinhos. O meu namorado a princípio não queria ir à festa, mas depois aceitou. Eu o apresentaria a minha família. No dia da festa, a casa toda estava iluminada. O grande salão foi aberto aos convidados. Eu estava muito feliz. Tudo estava dando certo em minha vida. Tinha uma família maravilhosa e, agora, ao meu lado, o homem que amava. Ele chegou tímido, mas muito bem vestido. Fui apresentando a todos, que o receberam muito bem. Quando chegamos perto dos meus pais, eu disse:

"— Este é o Fábio, meu namorado..."

— O nome do meu filho é Fábio.

— É dele que estou falando, do seu filho, dona Consuelo.

— O quê? Está dizendo que seu namorado era o meu filho?! Está mentindo! Ele nunca namorou com nenhuma Célia! Só com uma moça chamada Marisa!

— Meu nome é Marisa e sou aquela namorada.

— Não pode ser! Ele disse que você o abandonou!

— Sei que ele pensa isso, mas não foi a verdade. Vou continuar, para que possam entender o que aconteceu. Naquela noite, ao apresentá-lo a meu pai, foi muito bem recebido.

"— Estou feliz por recebê-lo em minha casa! — meu pai disse com um sorriso. — A que família o senhor pertence?"

— Fábio ficou encabulado, eu respondi:

" — Não é de família tradicional, nem rica. Mas é o homem que amo e com quem vou casar.

— Casar?! Minha filha, você é ainda muito jovem! Antes disso, tem muito para estudar, mas gostei muito do seu namorado. Meu jovem, será sempre bem-vindo em minha casa!

— Obrigado, senhor."

— Daquele dia em diante, Fábio começou freqüentar a minha casa, mesmo quando meus pais estavam. Tudo corria bem. Eu e Fábio continuávamos estudando juntos. Nos amando cada vez mais, até que senti necessidade de ir ao médico. Precisava tirar uma dúvida que estava me atormentando há vários dias. As minhas dúvidas tinham fundamentos. Eu estava grávida. Contei a Fábio, que a principio, ficou assustado. Estávamos em provas finais. Logo estaríamos em férias.

"— Como, grávida?! O que vamos fazer?! Não tenho um emprego com que possa sustentar essa criança!

— Isso não importa! Vamos nos casar e teremos o nosso filho sem problemas!

— Casar?! Acha que seus pais irão me aceitar?! Sou um pobre estudante que não tem onde cair morto! Meus pais são pessoas de bem, mas não somos ricos! Seu pai não vai aceitar!

— Eles querem apenas a minha felicidade, Fábio. Sabem que ela está ligada a você. Falarei com eles, e tudo ficará bem!

— Te amo e não quero te perder por nada desse mundo! Sempre quis casar e ter vários filhos, por isso estou estudando tanto. Desejo ser um advogado famoso e, com isso, ganhar muito dinheiro, para dar a você tudo o que precisar.

— Só preciso de você para ser feliz, todo o resto já tenho. Te amo, e agora, com a chegada do nosso filho, a minha felicidade será completa!

— Você é mesmo uma louca! Por isso é que te amo!"

— Naquela mesma noite, contei aos meus pais o acontecido, que seriam avós. A princípio meu pai ficou muito bravo:

— Como pôde fazer isso? Ainda tem muito para estudar e é muito jovem! Como vai cuidar dessa criança?!

—Vamos nos casar e moraremos aqui. Enquanto eu estiver trabalhando ou na faculdade, a Isaura cuidará da criança.

— O seu namorado, o que acha de tudo isso?

— Ele quer ter a nossa própria casa, mas também está estudando, sei que será um grande advogado!

— Enquanto esse dia não chega, querem morar aqui? Já perguntou a mim, ou à sua mãe se aceitamos?!

— Estou perguntando agora. Se não aceitarem, não tem problema, com o salário que ganho no escritório e mais um pouco que ele ganha no estágio, poderemos alugar um apartamento pequeno e tudo dará certo. Só precisam entender que nos amamos e seremos muito felizes.

— Quem vai cuidar da criança, se forem morar sozinhos?!

— Falaremos com a mãe do Fábio! Sei que ficará feliz!

— Meu neto vai ser criado por uma caipira qualquer e morar em um bairro da periferia?! Nunca! Nunca, mesmo!

— Viu por que te amo, papai! Sabia que iria aceitar. Por isso, nem perguntei. Sabia que aceitariam! "

— Sai de casa, fui encontrar com o Fábio e contei tudo a ele que ficou um pouco desconfiado.

“— Se tem certeza de que está tudo certo, então só me resta concordar. Tenho que falar com os meus pais. Eles não estão aqui. Foram para a minha cidade visitar alguns familiares, ver como está a nossa casa e ficarão lá por alguns dias.

— Está bem, assim que voltarem, faço questão de ir conhecê-los. Daremos a notícia juntos. O que acha?

— Também ficarão assustados, mas depois aceitarão. Já falei muito a seu respeito. Só não imaginam que serão avós! ”

— Era uma sexta-feira, pela manhã eu estava trabalhando no escritório, assinando alguns papéis. Minha secretária avisou que o Fábio queria me ver. Estranhei, pois ele não costumava ir ao escritório. Pedi que entrasse.

“— Que aconteceu, Fábio ? Deve ser algo grave!

— Nada disso, Marisa! Por que sempre temos que achar que só nos podem acontecer coisas ruins?

— Melhor assim, mas o que aconteceu?

— Vou aproveitar o fim de semana e ir para a minha cidade visitar meus pais e contar tudo sobre nós.

— Não havíamos combinado que iríamos juntos?

— Sim, mas acho melhor eu ir primeiro, para preparar o coração deles. Vou hoje, à tarde, e volto no domingo à noite. Na semana que vem iremos juntos, assim não serão pegos de surpresa. Sabe que sou filho único e isso, às vezes, pode ser um problema. Conheço meus pais e sei como lidar com eles.”

— Concordei com Fábio e ele foi embora. À tarde, o telefone tocou. Elaine disse ser o meu irmão do Mato Grosso. Atendi distraída. Estava colocando alguns papéis em ordem.

“— Alô Jonas! Tudo bem? Papai e mamãe estão aproveitando bem e descansando?

— Estou te ligando justamente por isso, Marisa. Papai não está bem, foi internado em um hospital!

— Como? Que aconteceu?

— Sofreu um enfarte, mas consegui socorrê-lo a tempo. Está querendo te ver! Venha urgente! Venha de avião. Pegue uma linha convencional, pois o nosso avião está aqui. Telefone para o aeroporto e veja a que horas sai o primeiro avião. Depois me telefone, porque estarei te esperando no aeroporto daqui!

— Está bem. Vou fazer isso agora mesmo e voltarei a te telefonar. Por favor, cuide bem do papai! ”

— Muito nervosa, desliguei o telefone. Falei com o aeroporto, e o avião partiria dali a duas horas. Não podendo falar com Fábio, escrevi um bilhete contando o acontecido. Não tinha o telefone da casa de seus pais. Entreguei o bilhete a Elaine pedindo que, na segunda-feira, se eu ainda não tivesse voltado e ele me procurasse, ela contasse o acontecido e entregasse o bilhete. Fui para casa, coloquei algumas roupas em uma maleta e fui para o aeroporto. Quando cheguei em Cuiabá, meu irmão estava me esperando. Parecia tenso e nervoso. Fomos imediatamente para o hospital. Meu pai estava em um quarto e minha mãe ao seu lado. Ao vê-lo, percebi que, embora um pouco abatido, estava bem.

"— Minha, filha! Ainda bem que chegou. Fiquei com tanto medo de morrer sem te ver mais uma vez.

— Que é isso papai?! Não vai morrer. Tem muita coisa para fazer. Estou aqui e vou ficar até quando estiver bem..."

— Pedi ao meu irmão que levasse a minha mãe para casa. Ela também estava muito abatida. Fiquei o tempo todo com ele. Só ia para casa por algum tempo, para tomar banho e descansar um pouco. Nesses momentos, alguém da família ficava em meu lugar. O médico dizia que ele já estava fora de perigo, mas que seria aconselhável ficar alguns dias para observação. Nós acreditávamos muito naquele médico, pois, além de médico, era também um velho amigo da família. Na segunda-feira, telefonei para Elaine perguntando sobre o escritório, transmitindo algumas ordens e para saber se havia falado com o Fábio. Ela respondeu que estava tudo bem e que havia falado com ele por telefone e mais tarde ele viria buscar o bilhete. Fiquei tranqüila, só me preocupava com a saúde de meu pai. Na sexta-feira seguinte, meu pai obteve alta e voltou para casa. Eu sabia que não conseguiria encontrar o Fábio por ser fim de semana. Estranhei o fato de não ter tentado falar comigo por telefone, mas a minha preocupação maior era com meu pai. A fazenda ficava a uma hora de Cuiabá. Resolvemos todos ir para lá. No domingo eu voltaria. Assim foi feito. Meu pai já estava bem e quis voltar para São Paulo. No domingo à noite, voltamos todos. Eu, minha mãe e meu pai. Na segunda-feira, liguei para o trabalho de Fábio, disseram que ele não trabalhava mais ali. Esperei por muitos dias por ele... e nada... ele simplesmente sumiu...

Célia parou de falar novamente. Pediu um copo com água. Lágrimas caiam de seus olhos. Estava pálida e muito nervosa.

— Célia, quer parar e continuar mais tarde?

— Não, ela não pode parar, Paulina! Precisamos saber de tudo! É a vida do meu filho que está em jogo!

— Dona Consuelo! — disse Célia nervosa — Ele é meu filho!

— Calma, Célia, se achar que pode, então continue.

— Vou continuar, Paulina. Dona Consuelo, a senhora tem razão. Preciso terminar. Esperei Fábio por vários dias, mas nada. Com o passar do tempo, fui ficando tensa e nervosa. Não me alimentava, até que um dia desmaiei e fui levada para o hospital. O médico, depois de me examinar, disse:

"— Você está muito tensa e isso está atingindo a criança. Com um mês de gravidez, o seu corpo está passando por mudanças. Precisa se alimentar bem e ter uma vida tranqüila."

— Entendi muito bem o que ele dizia, mas, como poderia ficar tranqüila, sem saber o que havia acontecido com o Fábio? Meus pais, vendo que eu estava desesperada, resolveram falar:

"— Minha filha, infelizmente ele não voltará. Sabe que temos muito dinheiro e ele é um jovem pobre. Desconfiei que queria ficar com você somente por causa de nosso dinheiro. Quis fazer um teste. Enquanto estávamos em Cuiabá, meu secretário o procurou e lhe ofereceu uma quantia em dinheiro, além de dois anos de estadia nos Estados Unidos para aprender Inglês. Só teria que se afastar de você. Ele aceitou e agora está lá...

— Não acredito, papai! Ele não faria isso! Tenho certeza de que gosta mesmo de mim!

— Não, filha. Ele não gosta, só queria o nosso dinheiro...

— O senhor está mentido! Ele jamais faria isso! Eu o conheço muito bem, o que fez com ele?!"

— Nada! Só ofereci dinheiro e ele aceitou...

— Não acredito! Vou investigar! Vou descobrir tudo!

— Tudo bem, minha filha! Faça isso, talvez assim possa continuar vivendo. Tem agora uma criança para pensar..."

— Saí de casa e andei por muito tempo, sem saber por onde começar. Depois de muito pensar, lembrei de um amigo do Fábio que eu só tinha visto uma vez. Naquele dia em que nos conhecemos, me deu um cartão. Revirei a minha bolsa, achei o cartão. Em um telefone público, telefonei:

"— Alô... preciso falar com o Wilson.

— Sou eu mesmo, mas quem está falando?

— Sou Marisa, a namorada do Fábio.

— Como vai, Marisa? Está tudo bem?

— Não, não está. Sabe onde posso encontrar o Fábio?

— Por que quer saber?

— Preciso falar urgente com ele, mas não sei onde os pais dele moram. Pensei que talvez você soubesse!

— Claro que sei onde moram, mas não adianta ir até lá. Ele foi para os Estados Unidos, fazer um curso de Inglês por dois anos. Ele não te contou?! "

— Fiquei parada, com o telefone na mão, sem poder emitir uma palavra sequer. Minha cabeça rodava, não conseguia acreditar no que estava ouvindo, mas não restavam dúvidas... meu pai falou a verdade. Larguei o telefone e saí correndo. Corri muito. Corria e relembrava os momentos de amor que havíamos tido. Chorei muito de desilusão e tristeza. Finalmente voltei para casa. Embora fosse difícil, tive que falar para o meu pai.

"— O senhor tinha razão, me perdoe por ter duvidado...

— Nada disso, minha filha. Você também não teve culpa, foi enganada e iludida, mas tudo passa na vida. Agora que tudo foi resolvido, ainda resta um problema...

— Que problema?

— Essa criança não pode nascer. Seria uma vergonha para todos nós. Você é minha filha. Pertencemos a uma sociedade que pode ser muito cruel...

— Papai, não acredito que ouvi isso que acabou de dizer...

— Por que não? Precisamos ser práticos. Essa criança, agora, não tem mais razão para nascer. Você é jovem, poderá casar com um homem à sua altura. Agora, só precisa pensar em seus estudos. Uma criança só iria atrapalhar a sua vida...

— Realmente, não estou ouvindo o que está falando!

— Não vou querer que as pessoas comentem, que a minha filha foi abandonada e ainda está esperando um filho bastardo! Se insistir em ter esse filho, não vai ser aqui! Terá que ir embora para uma de nossas fazendas. Já tive muita paciência com suas loucuras! Agora, chega! Escolha!

— Fiz a minha escolha! Trabalho há muito tempo e posso me manter! Não dependo do senhor! Meu filho vai nascer!

— Está esquecendo com quem está falando?! Acha que vai continuar trabalhando no escritório? Ou acha que vai conseguir um emprego em qualquer lugar desta cidade? Se conseguir algum, bastará uma palavra minha e será despedida!

— Pois vamos ver! Hoje mesmo vou sair, voltar empregada e com um bom salário! Tenho muita competência!

— Pode tentar, mas sei que não conseguirá! A sua única saída vai ser se desfazer dessa criança, ou ir para uma fazenda e ficar lá para sempre, porque não te quero aqui com uma criança!"

— Tomei um banho, troquei de roupa e saí para falar com algumas pessoas que sempre elogiaram o meu trabalho, mas foi inútil. Antes de me contratar, falavam com meu pai. Tentei por vários dias até que fui obrigada a aceitar. Mais uma vez meu pai tinha razão. Ele era poderoso e muito conhecido. Depois de andar mais um dia sem sucesso, voltei para casa. Ele estava na sala, sentado, lendo jornal. Me aproximei:

"— Papai, infelizmente, o senhor tinha razão. Não consegui um emprego, mas também não vou tirar o meu filho. Irei para onde o senhor quiser e ficarei lá. Depois que a criança nascer, verei o que fazer..."

— Eu estava arrasada, mas, no momento, era a melhor solução. Fui para uma das fazendas em Goiás. Escolhi aquela, porque não havia ninguém da família por perto. Quem cuidava de tudo era um capataz e sua mulher, pessoas simples e boas, que me receberam com muito carinho e atenção. Fiquei lá, ainda sofrendo muito, por toda a traição sofrida, por Fábio. Sempre que ficava triste, a criança se mexia, eu lembrava de quanto estava feliz e ansiosa por sua chegada, pensava:

"Minha criança vai nascer e será muito feliz! Será criada aqui, longe de toda aquela riqueza mentirosa. Terá uma vida saudável junto à natureza!"

— Manuela, a esposa do capataz, cuidou muito bem de mim durante todo o tempo em que estive esperando o meu filho. Minha alimentação era saudável e completa, com muitas verduras, legumes e frutas. A fazenda ficava afastada da cidade, por isso havia sempre um carro pronto para qualquer emergência. Com o passar do tempo, aquela mágoa que sentia por Fábio foi terminando. Por mais que quisesse, não conseguia odiá-lo. Procurei por muitas vezes me colocar em seu lugar. Sem dinheiro para ir a qualquer lugar, tivera com a oferta do meu pai a chance de poder viajar para o exterior, além de estudar. Ele me amava. Nisso, não sei por quê, continuei acreditando. Sendo assim, também deveria estar sofrendo muito. Fábio estava sozinho e eu, ao contrário, tinha o meu filho que, quando nascesse, preencheria a minha vida! Tentava me enganar achando que ele sofria. Esse era a meu modo de ser feliz. Assim o tempo foi passando. Estava decidida a nunca mais voltar. Em uma noite, comecei a sentir dores. Chamei Manuela, que, durante o último mês, dormia em um quarto ao lado do meu. Ela veio correndo. Ao ver o meu estado, saiu correndo e foi acordar o marido. Voltou para o quarto e me ajudou a sair da casa. O carro já estava esperando. Me acomodei no carro que seria dirigido pelo capataz. Lembrei que havia esquecido as malas. As minhas e as do bebê. Manuela foi correndo ao quarto buscar. As dores estavam cada vez mais fortes. O capataz tentou ligar o carro, mas não pegou. Tentou várias vezes, mas não adiantou. As dores aumentavam. Ele, desesperado, disse:

"— Não entendo o que está acontecendo. Ainda hoje à tarde andei com o carro pela fazenda e estava tudo bem! É um carro novo! Não tem problema algum!

— Tem gasolina?

— Claro que tem, Manuela! O tanque está sempre cheio!"

— Eu sentia muita dor e, me retorcendo, falei:

"— Não estou agüentando mais! O que vamos fazer?

— Ela tem que ser ajudada, Manuela! Vou buscar a dona Candinha! Ela é a parteira de todas as mulheres da fazenda!

— Vá, marido, vá correndo! "

— Ele saiu correndo. Ela me ajudou a sair do carro e entramos na sala da fazenda. Deitei em um sofá e fiquei esperando, com medo e muita dor. Logo depois, ele voltou acompanhado por uma senhora sorridente. Gorda, parecendo desajeitada, mas me inspirou confiança. Disse muito calma:

" — Moça, num percisa ficá cum medo. Vai dá tudu certu. Sua criança vai nascê loguinho."

— Pediu ao capataz que me levasse para o quarto. Ele, constrangido, me carregou. Fui deitada em minha cama. Ela fez um sinal para que ele saísse e pediu para Manuela esquentar água. Eu estava com muito medo. Havia planejado com tanto carinho a vinda do meu filho e, agora, estava ali indefesa, nas mãos de uma curiosa. As dores iam e vinham, ficando cada vez mais fortes, até que, finalmente, ouvi o choro de uma criança. Dona Candinha, sorrindo, me mostrou, falando:

"— *É um minino danado di bunito*!"

— Colocou o menino em meu peito e eu peguei suas mãozinhas. Olhei o seu rostinho. Logo depois ela o entregou a Manuela, para que fosse cuidado, e ela cuidaria de mim. Enquanto eu estava em trabalho de parto, o capataz telefonou para o médico que papai havia contratado para cuidar do parto e de tudo o que eu precisasse. Assim que sentisse as primeiras dores, o capataz, telefonaria para ele e depois me levaria para o hospital, onde estaria esperando. Como nada deu certo, quando ele chegou o menino já havia nascido. Ele me examinou:

"— Parece que está tudo bem. Agora, precisa descansar. Vou te dar uma injeção, você vai dormir e, quando acordar, estará como nova. Não sentirá mais desconforto."

— Sorri agradecendo, ele aplicou a injeção e eu adormeci. Quando acordei, não sei quanto tempo depois, Manuela e Dona Candinha estavam a meu lado:

— *Inda* bem qui a moça *cordou*. Manuela vai *busca* aquela canja de galinha. A moça deve de *tá* com fome!

— Estou mesmo! Mas antes quero ver o meu filho.

— Primero a moça vai *comê, dispoes* o médico vem *falá* com a moça... *tá* tudo bem, moça...

— Por quê o médico vem falar comigo? Que aconteceu?

— *Num conteceu* nada! A moça precisa *comê*. *Tá* fraca. Vai *tomá* a sopa e *despois* o médico vem *falá* com a moça."

— Ela falava sorrindo e com tanta tranqüilidade, que me convenceu. Eu estava com muita fome. Manuela entrou trazendo a sopa, que eu tomei. As duas trocaram as minhas roupas, me pentearam e só aí o médico entrou.

"— Como está, Marisa? Está sentindo alguma coisa?

— Estou muito bem. Só preciso saber do meu filho! Onde ele está? Deveria estar aí nesse berço.

— Agora que está bem, posso lhe falar francamente. Assim que examinei o menino, percebi alguma alteração em seu coração. Fui com ele rapidamente para o hospital, mas não deu tempo. Antes de chegarmos lá, ele faleceu, sinto muito...

— Como faleceu?! Vi quando nasceu e com que força chorou! Não pode ter falecido!

— Essas coisas acontecem. O parto foi difícil para você, mas muito mais para ele. Não suportou...

— Não acredito! Onde ele está?! Quero vê-lo!

— Está sendo feita a autópsia para sabermos o que aconteceu. Assim que for liberado, se quiser, poderá vê-lo!

— Claro que quero! É o meu filho!

— Fique calma, você é jovem e poderá ter outros filhos..."

— Comecei a chorar. Não entendia por que aquilo havia acontecido. Aquele menino era tudo para mim. Um pedacinho de Fábio que, apesar de tudo, eu não deixei de amar.

Célia chorava. Os amigos à sua volta não sabiam o que fazer. Consuelo levantou, andou em volta da mesa, chegou perto de Célia e a abraçou com força e muito carinho.

— Como sofreu! Quanta maldade! Agora posso entender quando diz que o meu filho é seu. Amo Robertinho, mas não sei o que fazer! Nunca imaginei que houvesse tanta maldade. Que Deus nos ajude a encontrar uma solução para esse drama de que, mesmo sem saber, participei e estou participando.

— Célia, acho que já falou muito e deve estar cansada. Se quiser, pode parar, mas confesso que estou curiosa para saber como conseguiu descobrir toda essa monstruosidade!

— Não, Paulina. Não estou cansada, só revoltada. Meu coração sente muito ódio de todos que conspiraram para a minha desgraça. Há seis meses atrás, meu pai ficou muito doente. Eu já pintava e estava melhorando a cada dia. Ainda sentia muito carinho por meu filho e um misto de ódio e amor por Fábio. Quando pensava nele, me esforçava para esquecer e me dedicava, ainda mais à minha pintura. Minha mãe foi me visitar; ao me encontrar pintando, disse:

"— Parece que está muito bem, Marisa.

— Estou, sim, mamãe, as cores me levam a um mundo bonito, onde nada de mal pode acontecer. Enquanto pinto, não penso. Sinto que só agora, estou começando a me conhecer. Estou quase pronta para voltar e tentar recomeçar a minha vida.

— Foi bom te encontrar assim. Vim até aqui para trazer uma notícia não muito boa...

— O que aconteceu?

— Seu pai está mal. Teve uma dor no peito e, ao fazer o exame, foi constado que tem um tumor e é maligno. Está sendo tratado, mas com pouca esperança.

— Meu Deus! Ele sabe disso?

— Ele sempre foi muito inteligente, mesmo que eu quisesse, não poderia esconder. Ele sabe do tumor e sabe que é muito grave. Sente muita dor. Por isso, precisa e quer falar com você. Acredita estar em condição de ir ter com ele?"

— Estou bem, claro que vou. Amo o meu pai e quero estar ao seu lado nessa hora difícil."

— Acompanhei minha mãe. Ao chegar em casa, quase não reconheci meu pai. Estava magro, abatido. Fiz o possível para não demonstrar o meu espanto.

"— Minha filha, não precisa disfarçar. Tenho espelho e sei que mudei muito... estou muito mal...

— Sinto muito, papai...

— Não precisa ficar triste, o ser humano, quando acredita ser tão poderoso para até poder mudar o destino das pessoas, vai encontrar, um dia, com uma força maior, que mostra a ele que nunca foi tão poderoso como julgava...

— Não estou entendendo, o que está querendo dizer?

— Depois dessa nossa conversa entenderá e aprenderá, cedo ainda, felizmente, que nada é mais forte e poderoso que a doença e a morte, e, contra elas, nada pode ser feito...

— Não fale assim, o senhor não vai morrer...

— Não, minha filha... às vezes peço a Deus que me leve logo, não agüento estas dores que estou sentindo. Chegou a hora de eu enfrentar essa força. Essa força que vem de um Deus justo e poderoso. Ele, sim, tem todo o poder do mundo..."

— Meu pai retorceu o rosto com uma expressão de muita dor. Minha mãe, se aproximou, falando:

— Você não está bem é melhor deixar essa conversa para depois. Marisa está aqui e ficará. Terão muito tempo.

— Não, tem que ser agora. Estou bem, mas não sei por quanto tempo... preciso falar agora...

— Está bem, mas não se esforce muito...

— Minha filha, depois que te contar tudo... talvez vá me odiar, mas, tudo o que fiz, foi sempre pensando no teu bem...

— O senhor está me assustando. O que vai me contar?

— Seu filho está vivo — ele disse de uma vez.

— Como?! Vivo?! — gritei assustada, mas feliz — o senhor deve está delirando por causa da doença!"

— Minha mãe também levou um susto.

— Não pode ser. Você deve estar mesmo delirando!

— Não estou delirando... — ele falou, se contorcendo de dor — ele está vivo. Tudo começou quando me apresentou aquele rapaz com quem começou a namorar. A princípio não dei muita atenção, mas, quando me disse estar grávida e se recusou a tirar a criança... não pensei muito... só sabia que você era jovem e tinha uma vida inteira pela frente. Não podia se casar com um rapaz que, não tendo nada, só estava interessado no meu dinheiro. Pensei que, se era dinheiro que ele queria, eu tinha muito para dar. Achava que estava só te protegendo.

— Ele parou de falar, minha mãe pediu que parasse. Eu, fora de mim, não queria que ele parasse de falar.

"— Não, mamãe pelo amor de Deus! Deixe ele continuar! Se meu filho está vivo, preciso saber onde está!

— Vou continuar... agora sei que não sou poderoso e que não tenho também muito tempo...

— Continue, por favor, papai, preciso saber de tudo...

— Sabendo que o rapaz queria só dinheiro, mandei o meu secretário procurá-lo e lhe oferecer muito. Ele deu um soco no meu secretário. O soco foi tão forte, que ele ficou por vários dias com o olho preto. Aquele rapaz é muito forte...

— Eu não sabia disso, ele não me contou!

— Deve ter achado melhor não te contar para não te preocupar. Eu, vendo que não adiantou, planejei outra coisa. Falei com o Novais, o dono do escritório onde ele estagiava.

— Fábio você é um bom estudante e será um bom advogado — Novais o chamou e disse — ,por isso, vou te dar uma estadia nos Estados Unidos de seis meses. Poderá aperfeiçoar o seu inglês e depois, se quiser, poderá ficar por mais tempo. É um prêmio pelo seu desempenho.

— Isso seria muito bom, mas vou me casar. Não posso aceitar antes de falar com ela. Vamos ter um filho.

— Está bem, Fábio, pode falar com ela, mas tem que ser hoje. Se não quiser, terei que escolher outro.

— Nesse mesmo dia, minha filha, ele foi ao escritório, não te encontrou porque você foi para Mato Grosso, lembra?

— Lembro, mas deixei um bilhete com a Elaine para que lhe entregasse, caso ele fosse me procurar!

— Mas ela entregou um outro, que dizia:

Fábio,

Estou indo embora, por favor, não me procure mais. Pertenço a uma classe social, à qual nunca poderá freqüentar. Gosto de você, mas não posso unir a tua vida à minha. Não se preocupe com a criança, vou hoje a uma clínica e ela não nascerá.

Marisa

— Nunca escrevi isso! Como ele acreditou?!

— Você sempre assinou os papéis sem ler. Por uma pequena quantia, Elaine colocou esse papel entre os da empresa e você, por confiar nela, como sempre fazia, assinou, sem ler.

— Não posso acreditar! Eu assinei sem saber? Ela sempre pareceu ser minha amiga, tinha toda a minha confiança...

— Eu a convenci de que seria para o seu bem...

— Como pôde fazer isso, papai? Sou sua filha...

— Julguei estar fazendo o certo... ser o melhor...

— Agora entendo a atitude de Fábio. Julgando-se abandonado, de uma forma tão mesquinha, aceitou a oferta e foi viajar, sentindo-se o homem mais infeliz do mundo...

— Foi assim mesmo que aconteceu. Ao receber o bilhete, ele, voltou ao escritório, aceitou a proposta e foi embora...

— O senhor disse que seria só por seis meses, por quê, quando liguei para o Wilson, ele disse que seria por dois anos?!

— Foi a informação que recebeu, quando procurou por Fábio. Achei que precisava se esquecer dele definitivamente.

— Como pôde fazer isso?! Quem é o senhor para comandar a vida dos outros?! O que fez com meu filho?

— Fiz para evitar que se encontrassem e, por isso, exigi que você fosse para uma de nossas fazendas. Assim, quando ele voltasse, se procurasse, não te encontraria...

— Foi tudo planejado?! A Manuela, a dona Candinha e meus irmãos, todos sabiam?

— Não, ninguém sabia, nem mesmo o capataz...

— Qual foi o plano para roubar o meu filho?!

— Combinei com o médico. Você seria atendida lá, depois ele me entregaria a criança.

— Como ele aceitou um serviço sujo desse?!

— Tudo e todos têm o seu preço. Eu sempre paguei e consegui tudo o que quis na vida.

— O senhor está aí, falando com toda essa calma, como se fosse a coisa mais comum! Acabou com a minha vida! Quase me levou à loucura! Mentiu para mim, enganou o homem que eu amava e roubou o meu filho! Agora vem e diz que tudo tem um preço! O que foi feito do meu filho? — gritei.

— O carro não pegou e até hoje não sei por quê. Aliás, agora sei. Foi Deus, me dando mais uma chance para eu não fazer o que estava programado. Os planos tiveram que ser mudados e o médico foi obrigado a ir até a fazenda. Depois de ver que estava tudo bem com você, inventou que o menino estava doente e o levou para a cidade...

— Depois, o que fizeram com ele?

— Queria te livrar daquele peso, mas não queria que fosse entregue a estranhos. Descobri, através do Novais, o endereço dos pais do Fábio. Achei que poderiam criá-lo. Uma mulher, contratada por mim, deixou-o na porta da casa deles.

— Quem disse ao senhor que eu queria me livrar dele? Como arriscou a vida dele assim?! Eles ficaram com o menino?

— Não sei, nunca mais me preocupei...

— O senhor é um monstro. Depois de me fazer sofrer tanto, vem agora dizer que o meu filho está vivo, mas não sabe com certeza onde está? Quando cheguei aqui, fiquei comovida com a sua situação! Agora, do fundo do meu coração, quero que morra, com todas as dores desse mundo! Todo o sofrimento que tiver, nunca será suficiente depois de tanta maldade. Odeio o senhor com todas as forças do meu coração. Nunca vou te perdoar. Nunca! Nunca!"

Célia agora chorava e soluçava sem controle. Regina viu um homem que estava encolhido em um canto da sala e que chorava também. Ofélia permanecia ao lado de Célia e continuava jogando a luz branca que, aos poucos, deixou-a mais calma. Regina pegou as mãos de Célia e disse:

— Sei que sofreu e está sofrendo por todo o mal que te fizeram, mas só o perdão pode te dar a paz de que tanto precisa...

— Perdoar? Nunca, Regina! Como posso perdoar aquele monstro? Ele destruiu a minha vida!

— Pode, sim. Não existe ninguém perfeito nesse mundo, todos nós temos defeitos e qualidades. Ele realmente agiu com maldade, mas, no seu pensamento, acreditou estar fazendo o melhor. O que para você parecia ser errado, para ele, na época, foi o certo...

— Não pareceu errado, foi errado! Não consigo perdoar!

— Apesar de toda a sua maldade, ele entregou a criança para pessoas que realmente a criariam com amor e carinho...

— Ele arriscou a vida do meu filho! Se dona Consuelo não o tivesse aceitado? Se o tivesse entregado a um orfanato? Onde estaria? Como eu iria encontrá-lo?

Consuelo ouvia tudo. Para ela também tudo era surpresa. Criou um menino que foi deixado em sua porta, sem saber ser seu neto. Ao mesmo tempo em que estava feliz, por saber que Robertinho era seu neto, também seu coração estava apertado e dolorido, pois temia que ,agora, seu filho seria afastado de si.

— Senhorita, estou surpresa com o que contou. Muitas vezes, enquanto Robertinho crescia, eu me perguntava qual teria sido o motivo que pudesse levar uma mãe a abandonar seu filho. Jamais poderia imaginar que estava criando o filho de meu filho. Por tudo o que sentiu quando lhe tiraram o seu filho, pode imaginar o que estou sentindo, agora que pretende tirá-lo de mim? Não suporto nem pensar nisso...

— Sei o que está sentindo, mas sinto muito. Estou há muito tempo procurando por ele. É tudo que tenho na vida!

Ofélia, agora, estava abraçada ao homem que continuava encolhido. Ela aproximou-se de Célia e novamente estendeu sua mão sobre ela. Regina, emocionada, acompanhava seus movimentos. Paulina, percebendo que Célia e Consuelo iriam novamente brigar e, não sabendo de que lado ficar, perguntou:

— Célia, por que não procurou Fábio, assim que descobriu?

— Procurei! Fui à periferia onde vocês moravam, haviam se mudado há muito tempo. Muitas vezes, Fábio me falara de sua cidade, sem nunca dizer o nome. Eu não tinha como saber onde era. Fábio não estava mais no antigo escritório. Não sabia se o meu filho estava com seus pais. Não sabia se ele havia se casado. Liguei novamente para o seu amigo. Ele também não sabia de Fábio, mas me deu o nome da cidade. Foi quando tive a idéia de vir disfarçada, assim não seria reconhecida por Fábio, caso ele estivesse morando aqui.

— Então, desde que conheceu Robertinho, já sabia que era o seu filho? Por que escondeu por tanto tempo?

— Não, dona Consuelo. Vim para cá sem saber o nome da senhora ou de seu marido. Sempre que Fábio se referia a vocês, ele dizia: Meu pai e minha mãe, nunca seus nomes. Quando cheguei, pretendia ficar por quinze ou vinte dias e, se descobrisse algo, me revelaria, pegaria meu filho e iria embora. Conheci o Robertinho. Aliás, ele me conheceu. Falou muito da cidade, quis me apresentar aos outros. Quando comecei a pintar, senti que as crianças gostavam de aprender. Seria uma forma de me aproximar delas. Algumas vezes, cheguei a pensar que poderia ser Robertinho, mas havia outros meninos com a mesma idade dele. Poderia ser qualquer um. Depois, conheci vocês, que se tornaram meus amigos, e o projeto do Grotão, gostei daqui e resolvi ficar. Sentia que, se meu filho estivesse aqui, Deus me mostraria.

— No hospital, disse com tanta certeza que poderia doar o sangue. Foi ali que descobriu?

— Não, Zeca. Ontem, durante a festa, vi a fotografia de Fábio, então tive certeza. Mas não quis estragar a alegria de todos. Hoje eu viria aqui para conversar com a senhora, dona Consuelo, mas tudo se precipitou com o acidente.

— Agora, o que pretende fazer? Sabe que é um menino feliz, amado não só por nós, mas por todos. Fábio também foi enganado. Não sabe que ele é o seu filho, mas o ama muito.

Novamente Paulina falou:

— Acho que antes de falar com Robertinho ou tomar qualquer decisão precipitada, você deve falar com Fábio, Célia.

Ofélia sorriu para Paulina e lançou sobre ela um facho de luz. Paulina não a via e nem imaginava que ela estivesse ali.

— Poderei falar, mas não vou mudar a minha intenção de ficar com meu filho. Onde está o Fábio? Casou-se?

— Ele ficou muito triste quando recebeu seu bilhete — Consuelo respondeu. — Não queria viajar, mas eu o convenci, porque seria bom para o seu futuro profissional. Após seis meses, quando voltou, ainda não se conformava com a sua atitude. Não sorria e não brincava mais como antes, mas continuou estudando. Quando o Robertinho foi colocado em nossa porta, senti medo, pois, apesar de querê-lo, me senti muito velha para criar e educar uma criança. À noite quando chegou, assim que viu o menino, Fábio começou a chorar, dizendo:

"— Mãe, vamos ficar com ele!

—Eu e seu pai já estamos velhos. Como vamos cuidar de uma criança?

— Que velhos, que nada, mamãe! Se o meu filho não tivesse sido morto, estaria agora nascendo e teria a mesma idade deste. Como fiquei triste por perder meu filho, Deus resolveu me mandar este. Será sempre o meu filho querido. Não se preocupe, vai ver ele crescer, se tornar um bonito moço."

— Saiu e comprou tudo o que o menino precisava. No dia seguinte, o levamos a um pediatra, ele me orientou como fazer. Registramos o menino em nosso nome. Fábio não deixa faltar nada e, de vez em quando, até brigo com ele por mimá-lo tanto. Dedicou todo o seu tempo, entre a faculdade, ao trabalho e a Robertinho. Depois que se formou, fez pós-graduação e prestou um concurso público. Hoje, está em Brasília. Vai prestar outro concurso para se tornar Juiz. Nunca se casou, porque nunca te esqueceu, Célia. Você foi a única a quem amou e ama.

Célia ouvia Consuelo falar e novamente as lágrimas escorriam. Todos estavam emocionados. Regina seguia os movimentos do homem e de Ofélia. Ele se aproximou de Célia e abraçou-a:

— Perdão, minha filha... Quanto sofrimento causei! Quando percebi já era tarde. Perdão... perdão...

Célia sentiu um frio estranho, seu corpo ficou todo arrepiado. Ele continuou preso a ela. Ofélia se aproximou, dizendo:

— Meu irmão, vamos embora. Este não é o momento para ela te perdoar. Quando fez aquilo, não pensou nas conseqüências. Agora que sabe, sente a necessidade de perdão. Um dia, com a ajuda de Deus, ele chegará, mas não pode continuar ao lado dela. Vamos dar a ela o direito de agir de acordo com sua vontade. Só ela poderá saber o que fazer.

Ele se agarrou mais a Célia, que começou a sentir tontura, baixou a cabeça sobre a mesa e seu rosto ficou branco como cera. Ofélia estendeu a sua mão sobre ela. Olhou para Regina, que a tudo acompanhava. Com a cabeça, fez um sinal. Regina fechou os olhos e orou com todo o seu fervor.

— Meu Deus! Ela vai desmaiar! — gritou Consuelo.

— Passou por muitas emoções — disse Paulina também assustada — ,doou sangue e a sua pressão deve ter caído. Vamos dar um pouco de sal para ela colocar embaixo da língua.

Consuelo pegou o saleiro e o colocou na frente de Célia. Ela colocou um pouco em baixo da língua.

Zeca estranhou que, em um momento como aquele, Regina permanecesse calada. Olhou para ela e viu que estava em profunda oração. Correu os olhos por todo o ambiente para ver se via alguma coisa, mas não viu nada. Regina continuou em oração.

— Obrigada, Regina — disse Ofélia — ,a tua ajuda foi maravilhosa. Fique com Deus, estamos indo embora...

Regina abriu os olhos e viu Ofélia saindo, abraçada ao homem. Célia levantou a cabeça voltando ao normal:

— Desculpem, não sei o que aconteceu...

— Passou por muita tensão — disse Consuelo — ,doou sangue e não se alimentou. Tenho uma idéia. Já que ninguém comeu, que tal comermos as sobras da festa?!

Pedro, durante todo o tempo, ouviu em silêncio. Ficou por muitas vezes triste com o sofrimento de Célia, mas não sendo dado a falar muito, só ouviu. Estava preocupado com seus filhos. Ouvindo Consuelo, falou nervoso:

— Comer restos da festa?! O que é isso?! A moça vai pensar que não temos o que comer e que Robertinho passa fome!

Todos se divertiram com a reação dele, até Célia:

— Não se preocupe com isso, senhor Pedro. Sei que o meu filho tem sido muito bem tratado. Além do mais, a carne estava uma delícia e deve ainda estar muito boa...

— Isso mesmo — disse Simão — ,estou com muita fome. Aquela carne está muito boa. Zeca, vamos acender o fogo?

Acompanhados por Pedro, os homens foram para o quintal.

— Hoje mesmo vou falar com Fábio. Não vou dizer que está aqui. Contarei sobre o acidente. Peço a senhorita que, antes que eu converse com Fábio, não fale com o Robertinho sobre tudo isso que aconteceu. Afinal, o Fábio também sofreu com toda essa história. Foi uma vítima inocente. Conheço meu filho, sei que saberá tomar uma decisão que deixará a todos bem...

— Está bem, só peço que me deixe ajudá-la a cuidar do Robertinho. Quero ficar ao lado dele o máximo que puder...

— Claro que sim. Desde que prometa não falar, por enquanto. Temos que pensar em uma maneira de contar para que ele entenda, sem ficar assustado...

— Tem razão. Não quero fazer algo que prejudique o meu filho, mas não posso deixar de dizer que sou a sua mãe e que o amo muito e que quero que vá embora comigo.

Paulina olhou para Regina e como se já pudessem se entender apenas com um olhar, entrelaçaram suas nas mãos.

— Esse assunto, agora, — disse Paulina — deve ser deixado para mais tarde. Estamos com fome. Vamos ver como os homens estão se saindo com o fogo?

Saíram levando as duas. Os homens conversavam animadamente. Zeca abanava o carvão, que insistia em não pegar.

Enquanto comiam, conversaram. Como sempre acontece nos churrascos caseiros, quando o fogo finalmente resolveu acender, já haviam comido muito. Aquilo também foi motivo para boas risadas. Apesar de o dia ter sido tão tenso, e embora Robertinho ainda estivesse no hospital, sentiam-se tão bem juntos, que, na medida do possível, estavam felizes.

Já escurecia quando se despediram e foram embora. Regina seguia calada ao lado de Zeca, que ia pensando em tudo o que havia acontecido. Subitamente ele perguntou:

— Regina, por que ficou calada, enquanto toda aquela sujeira era contada? Por que continua ainda calada? Posso saber?

— Pode sim, tive hoje uma experiência sem igual. A cada dia que passa, mais me surpreendo com tudo...

— Estava vendo algo, não estava?

— Sim, o tempo todo. Vou te contar. Agora já posso falar livremente, pois sei que não vai me achar uma louca...

Regina contou tudo, desde o momento que viu o homem, depois Ofélia, até quando foram embora...

— O homem é o pai de Célia?

— Sim, ele está arrependido. Chorou muito quando viu o que fez e que ainda está fazendo tantas pessoas sofrerem. Quer agora ajudar, mas não pode, a sua presença perto de Célia só vai lhe fazer mal...

— Por isso ela quase desmaiou?

— Sim, pois naquele momento ele a abraçou, sem querer largá-la. Queria pedir perdão e ajudar, mas as energias dele são diferentes das dela, o que lhe fez mal. Ainda bem que Ofélia estava ali, atenta a tudo, conseguindo afastá-lo e depois levá-lo embora...

— Quem é Ofélia!?

— É uma amiga espiritual da Célia e está sempre ao seu lado, para ajudá-la nos momentos difíceis...

— Se ela não estivesse ali, como seria?

— Haveria outra entidade, nunca estamos sozinhos, sempre tem um amigo olhando por nós. Mesmo o pai de Célia, que fez tanta maldade, tem Ofélia ao seu lado. Deus é um Pai maravilhoso, não nos deixa nunca abandonados...

— Não entendo isso. A pessoa faz maldade, basta se arrepender e pronto, fica tudo perdoado?

— Deus é um Pai supremo, perdoando e nos dando proteção, mas também é justo. Para isso é que existe a reencarnação. Não sabemos por que Célia nasceu filha dele e nem quem tem dívidas com quem. Por isso, não existem coitados. Existem aqueles que se afastam dos compromissos assumidos...

— Será que saberemos o que aconteceu realmente?

— Não sei, mas isso não tem mais importância. Agora, a única coisa que podemos fazer é rezar para que ele consiga encontrar seu caminho, e que Célia consiga, além de encontrar o caminho, perdoar. Só assim será feliz...

— Tudo isso que está me dizendo há vários dias soa estranho, mas faz com que eu pense muito...

— Essa é a idéia — Regina disse sorrindo — ,precisamos pensar, não simplesmente aceitar...

Chegaram à porta da casa de Regina:

— Nossa! Viemos conversando tanto, que nem percebi já estar em frente a minha casa! Quer entrar?

— Nem eu! Cada dia que passa, mais te amo. Não vou entrar, porque amanhã bem cedo irei buscar aquele fofoqueiro! Mal sabe, o coitadinho, quanta coisa aconteceu e ainda acontecerá com ele...

— Tem razão, Zeca, porém, não se esqueça que Deus está vendo tudo e encontrará uma solução. Boa-noite.

— Boa-noite, meu amor...

Beijaram-se, ela entrou, ele continuou andando e pensando em tudo o que estava aprendendo com Regina e no quanto a amava.

Simão e Paulina também caminhavam juntos.

— Simão, o que achou de tudo o que ouvimos? Até agora estou abismada com o que o poder pode fazer com uma pessoa.

— Tem razão Paulina, ele transforma as pessoas em deuses, com o direito de decidir a vida alheia. Odeio o poder!

— Calma, Simão. Nem sempre o poder é ruim! Pode também ser usado para ajudar muitas pessoas...

— Pode. Mas, na maioria das vezes, não é usado com esse fim. Tenho muito medo de ter poder, pois ele transforma mentes e idéias, corrompe e torna as pessoas insensíveis...

— Nossa! — disse Paulina, admirada. — Da maneira como está falando, até parece que já teve muito poder!

— Quem? Eu? Não, nunca tive, mas conheci várias pessoas que tiveram e o usaram muito mal. O pai da Célia é um exemplo!

— É verdade, mas conheci pessoas que, mesmo sem poder, prejudicaram outras.

No portão de Paulina, despediram-se. Ela entrou, ele foi embora pensando em sua vida passada e em tudo o que havia acontecido.

"— Odeio o poder!"

Consuelo tinha que telefonar para Fábio. Precisava se controlar. Estava com medo de perder Robertinho, mas, ao mesmo tempo, estava feliz por saber que ele era seu neto. Não imaginava qual seria a reação de Fábio ao saber que seu filho estava vivo e ao seu lado. Pedro, por sua vez, assim como a esposa, também estava preocupado. Não conseguia imaginar o que seria da sua vida se o menino lhes fosse tirado.

— Pedro, vou telefonar para o Fábio.

— O que vai dizer a ele?

— Não sei, não posso falar sobre Marisa. Eles terão que decidir o que fazer. Só não vou permitir que nos tirem o nosso filho! Vou lutar com todas as minhas forças! Ele é nosso!

— Estou com muito medo, Consuelo. Você sempre foi para ele uma boa mãe, e é a única que ele conhece. Qual será a sua reação quando descobrir que foi enganado? Que não é nosso filho?

— Não adianta ficarmos sofrendo. Vou ligar para o Fábio e pedir que venha. Quando chegar, vai saber como agir.

Pegou o telefone, discou e ficou esperando.

— Alô!

— Alô, filho!

— Mamãe! O que aconteceu? Não costuma me telefonar e já conversamos ontem. O que Robertinho achou do meu presente?

— Calma! Robertinho adorou a bicicleta...

— Sabia que ele iria gostar! E a festa, como foi?

— Ele gostou muito! A festa foi ótima, mas...

— Mas o quê, mamãe? Parece estar preocupada?!

— Ele caiu da bicicleta, machucou a cabeça e está internado.

— Não, mãe! Não fale isso! É grave?

— Calma, filho. Ele está bem. Só ficou para observação e amanhã cedo vamos buscá-lo.

— Tem certeza que está me contando tudo?

— Ele está bem, mas quer te ver.

— Claro que vou! Tenho alguns trabalhos, mas nada que não possa ser deixado para outro dia! Amanhã à tarde estarei aí! Tem certeza de que ele está bem mesmo?

— Tenho, filho! Ele está bem, mas é preciso que venha!

— Irei, mamãe! Pode me esperar!

— Está bem, meu filho... então, até amanhã... Até amanhã...

Consuelo desligou o telefone. Não podia contar sobre Marisa. Era um assunto complicado, teria que estar ao lado do filho. Só sabia que não permitiria que ela levasse Robertinho, nunca! Ela o criara, e ele era seu filho! Mas pensava:

"— Essa pobre moça também sofreu tanto... sem culpa. Oh! meu Deus, por favor nos ilumine..."

Célia preferiu caminhar sozinha. Eles entenderam. Tudo acontecera tão de repente. Por muitas vezes imaginou como seria o encontro com seu filho, mas nunca pensou que poderia ser daquela maneira. Estava desnorteada:

"O que farei? Qual será a reação de Fábio? Deve me odiar! Farei tudo para que não me odeie, mas não abrirei mão de meu filho! Não é justo, depois de procurar por tanto tempo... e, agora que o encontrei, deixar de lutar por ele..."

Paulina, em casa, abriu o piano, começou a tocar e pensava:

"Quando temos um problema, sempre achamos que as coisas ruins só acontecem conosco, mas, após todos estes acontecimentos, só posso deduzir que cada pessoa tem a sua própria história. O Zeca, a Célia, Consuelo, Pedro, e até Robertinho... Todos envolvidos em uma mesma história, sem saber. A vida é muito estranha, mas para todos haverá uma solução, encontrarão um caminho. E eu? Que caminho tenho? Nem um. Deus me abandonou. Só posso, agora, tentar ajudar o máximo que puder no projeto do Grotão. Só isso e esperar... Nada mais..."

A noite caiu. Os amigos estavam todos pensando. De uma maneira ou outra, estavam envolvidos naquele drama que atingia Célia, os pais de Robertinho e, principalmente, ele próprio, que era amado e tinha em seus olhos um brilho especial que encantava a todos. Em sua inocência de criança, a todos ajudava de uma maneira simples. Zeca tinha por Robertinho verdadeira adoração. Deitado em sua cama, recordou de como ele o ajudou, fazendo de conta que não o ajudava. Aos poucos todos foram adormecendo. O dia havia sido de muita emoção...

O reencontro

Amanheceu. Naquela época a primavera chegava com o céu muito azul. Logo cedo, Elias estava com seu táxi em frente à casa de Robertinho. Zeca, Consuelo e Pedro entraram no carro e foram para o hospital buscá-lo. O médico os recebeu com um largo sorriso:

— Bom-dia! Chegaram cedo! Ele está muito bem, já pode ir para casa. Vou avisar a enfermeira, ela o trará logo.

Saiu e eles estavam ansiosos, olhando para a porta que separava a recepção dos quartos. A porta abriu-se e Robertinho veio sorrindo, sentado em uma cadeira de rodas com a cabeça enfaixada, acompanhado por uma enfermeira e pelo médico.

— Aqui está o menino — o médico disse sorrindo — vai para casa e, daqui a uma semana, voltará para tirar os pontos.

— Posso andar de bicicleta?

— Nunca mais! —- disse Consuelo nervosa.

— Calma, mãe — o médico disse, ao ver a expressão de medo no rosto de Consuelo — ,também não é assim. Por enquanto ele não poderá. Vai para casa e ficará deitado, tomando muito cuidado com essa cabeça. Só depois que tirar os pontos, poderá voltar a andar de bicicleta normalmente...

— Não vou deixar, doutor! O susto foi muito grande!

— Mãe, ele só caiu porque estava desatento, mas agora andará com mais cuidado, sabe que sempre poderá haver uma pedra no caminho, não é Robertinho?

— Vou tomar cuidado! Mamãe, não vou mais cair...

Para Consuelo só restou concordar. Abraçou e beijou o filho querido. Estava aliviada ao ver que ele estava bem.

Zeca e Pedro também abraçaram o menino. Zeca o pegou no colo, e saíram. Ao chegarem na cidade, passaram pelo bar de Simão, que, também contente, o abraçou. Foram para casa. No portão, Célia os esperava ansiosa.

— Olá, Robertinho, como está?

— Estou bem, vou tomar mais cuidado quando andar de bicicleta de novo e tomar cuidado com as pedras.

— Vai andar novamente?!

— O que é isso, Célia? Está parecendo a minha mãe falando! O médico disse que eu posso andar, sem problema! Só preciso tomar cuidado. Não foi, mamãe?

Elas olharam-se. Os corações se apertaram.

— É sim, meu filho. Assim que tirar os pontos, poderá voltar a andar de bicicleta. Mas só aqui na nossa rua e tomando cuidado. Vai entrar, Célia?

— Não, dona Consuelo, vou para casa. Mais tarde voltarei para ver como ele está...

— Venha, sim, lá pelas cinco horas. O meu filho vai chegar logo depois do almoço.

Célia ficou olhando para ela sem saber o que dizer. Sabia que o momento estava chegando e também sentia medo, não imaginava qual seria a reação de Fábio ao vê-la.

— Fábio vai chegar hoje, mamãe?

— Vai, sim, filho. Falei com ele ontem, ficou assustado. Eu disse que você está bem, ele não acreditou e quer te ver...

— Que bom! Estou com saudade dele. Célia, ele é bonitão, sei que vai gostar! Célia! Que bom que tirou aquele lenço da cabeça. Mamãe, ela não é linda?!

— É, sim, meu filho, é muito bonita...

— Fábio também vai gostar dela, não vai?

— Acho que sim, é realmente muito bonita...

— Célia, não se preocupe, ele também é bonito. Vocês podiam até namorar, não é mamãe?

— O que é isso, Robertinho?!

— O que é que tem, mamãe?!

— Nada, Robertinho, mas a sua mãe tem razão, ele não vai gostar de me ver...

— Por que não, Célia?! Você é tão bonita!

— Está bem, mas vamos entrar. Mais tarde ela encontrará com ele. Vamos almoçar e esperar ele chegar. Até logo, Célia.

— Até logo, dona Consuelo. Talvez eu volte à tarde...

Célia foi caminhando e pensando:

"Quanto sofri sem necessidade, só por causa do egoísmo e preconceito de meu pai. Deus não foi justo, me deu por nascimento uma vida rica e sem problemas, para depois fazer com que essa mesma riqueza fosse a causa de todo o meu sofrimento. Fiquei feliz em saber que meu filho está vivo. Mais feliz em saber que ele se tornou um menino esperto, saudável e muito amado. Só não sei como agir. Agora que encontrei o meu filho, não é justo simplesmente me afastar. Mas será justo ele crescer sem saber que sou sua mãe e que sempre o desejei e amei muito? O que ele sentirá ao saber que não é filho de Consuelo, a quem ama tanto? Não! Não posso esconder a verdade. Tenho que contar e levá-lo comigo. Já sofri muito, não posso pagar eternamente por erros que não foram meus. Amo meu filho e tudo farei para tê-lo comigo. Quando penso que nada disso deveria estar acontecendo e que poderia, hoje, ser feliz com Fábio, Robertinho e, quem sabe, ter outros filhos. Se não fosse a sua arrogância, o seu poder sobre tudo e todos, nada disso teria acontecido! Nunca vou perdoá-lo papai! Quero que queime no fogo do inferno!"

Caminhando e pensando chegou à praça. Sentou-se em um banco. Olhou para o céu, estava realmente um bonito dia. Havia uma brisa suave que lhe causava uma sensação muito boa. Apesar de tudo o que estava acontecendo, sentia-se feliz, pois finalmente a longa busca havia terminado. Resolveu caminhar mais um pouco e, sem perceber, chegou ao bar de Simão. Notou que as pessoas olhavam em direção à igreja. Olhou também e viu uma grande movimentação de homens que carregavam madeiras.

— Simão, o que está acontecendo?

— Os homens estão montando andaimes para a igreja começar a ser pintada. Já encomendei todo o material que foi necessário.

— Padre Jorge deve estar muito feliz...

— Está sim, mas não queria usar o dinheiro para pintar a igreja. Só se convenceu quando contamos a ele o nosso projeto para o Grotão. Isso porque sabe que esse dinheiro que será gasto não vai ser necessário para ajudar as pessoas mais pobres.

— Ele é um bom padre. Por tudo o que ouvi, tem sido o anjo da guarda daquelas pessoas.

— Isso é verdade, mas agora nos transferiu esse encargo. Quer saber de uma coisa? Estou muito feliz por isso.

— Eu também. De qualquer maneira, é muito bom ser útil...

— Como você está, Célia? Desculpe por eu ter ouvido sua história calado, mas tudo o que estava contando me pareceu tão absurdo, que realmente fiquei sem palavras...

— Não te culpo, Simão. Eu mesma, embora tenha vivido todos aqueles fatos, custo a crer que realmente aconteceram. Finalmente a minha busca terminou...

— Já sabe como vai agir?

— Estou desde ontem pensando sobre isso, mas ainda não encontrei uma forma. Só sei que não ficarei mais sem o meu filho... não agora que o encontrei...

— Se fosse meu filho, também não ia querer ficar sem ele, principalmente não tendo acompanhado o seu crescimento. Já pensou no que Fábio vai dizer se tentar tirá-lo? É um menino adorável, mas tenha cuidado! Ele adora os pais e ao Fábio também.

— Sei disso, mas, se Deus permitiu que o encontrasse, não vai me proibir de tê-lo de volta. Se Deus não me ajudar, qualquer juiz da Terra me dará esse direito. Tenho como provar que ele me foi roubado...

— Tem razão, qualquer juiz dará a você esse direito, mas e o Robertinho? Vai te aceitar assim, sem discutir?

— Tenho muito dinheiro. Posso dar a ele tudo o que sonhar e mais um pouco. Por que não iria me escolher?

— Célia! Por tudo o que contou sobre o seu pai, me parece estar ouvindo ele falar por sua boca...

Ela ficou parada, tentando ouvir as próprias palavras ditas momentos atrás. Arregalou os olhos para Simão, que sorria.

— Simão! Tem razão! Estou usando as mesmas palavras dele. Estou, sim, como ele, usando o meu dinheiro para comprar tudo e todos. Isso é horrível. Não acredito que falei isso!

— É, Célia, o poder é assim mesmo. Você tem consciência de tudo por que passou e não vai usar o seu dinheiro para trazer infelicidade as outras pessoas...

Célia fechou os olhos. Nesse momento chegou Paulina:

— Bom-dia! Parece que a igreja vai mesmo ser pintada!

— Bom-dia! É, padre Jorge resolveu começar, mesmo antes de todo o material chegar.

— Célia, o que você tem?

— Não é nada, Paulina, estou pensando em algumas palavras que acabei de dizer...

— Bem, meninas, vamos deixar as tristezas de lado. Temos muito para comemorar. O padre está pintando a igreja, Robertinho já está em casa, o nosso projeto vai sair, e essa moça bonita resolveu mostrar o rosto. Por isso, convido-as para almoçarem aqui comigo. O que acham?!

— Vou aceitar, Simão, os meus pensamentos estão confusos e não quero ficar sozinha. Desde que comecei a conviver com vocês, estou conhecendo um mundo diferente. Estou aprendendo que o dinheiro só é bom realmente, quando pode trazer a felicidade. Tenho que descobrir um modo de ficar com o meu filho, sem usar o dinheiro e sem que sofra.

— Vou aceitar também, Simão. Já que todos temos problemas, talvez, juntos, possamos encontrar um caminho.

— É sempre bom poder dividir com amigos, Paulina...

— Pode deixar. Eu e o Juca faremos um almoço especial.

— Bom-dia pessoal! — disse Zeca, aproximando-se — Posso saber o que está acontecendo aqui? Parece que estão felizes!

— Estamos sim! Simão acaba de nos convidar para almoçar com ele! O que acha de aproveitar e aceitar também?

— Eu gostaria muito, Paulina, mas não fui convidado...

— Que é isso, Zeca? Sente-se aí! Somos, uma família!

Ele se sentou e começaram a conversar sobre vários assuntos, menos sobre Célia e Robertinho. Viram quando um carro passou pela praça. Um carro último tipo, que não era da região. Não conseguiram ver, mas o carro entrou em uma rua e parou em frente à casa de Robertinho. Tocou a buzina.

— Mamãe! É o Fábio? Ele chegou?

— Deve ser, Robertinho, mas fique aí! Não pode sair da cama! Lembre o que o médico disse! Vou até lá e volto com ele...

— Está bem, mas não demora!

Consuelo, sorrindo, saiu. Realmente, era Fábio. Estava descendo do carro quando sua mãe chegou.

— Meu filho! — ela disse abraçando-o. — Que bom que chegou! Mas não disse que só viria à tarde?

— É verdade, mas só falei para que não ficasse ansiosa se eu me atrasasse. Sei como é preocupada...

— Foi melhor assim. Se não chegasse no horário marcado, eu ficaria muito mesmo. Vamos entrar, Robertinho está na cama, louco para te ver.

— Ele está bem mesmo mamãe?

— Está, sim. Vá vê-lo, ele está louco para te ver. Depois temos algo muito grave para conversar.

— O que é ? Ele vai ter algum problema por causa da queda?

— Não! Não vai ter problema algum, mas o que temos para conversar também é muito grave.

— Por favor, mamãe! Fale logo!

— Agora, não. Primeiro vá falar com Robertinho e não se preocupe, tudo tem sempre uma solução...

Entraram no quarto. Fábio abraçou e beijou com carinho o menino, que não cabia em si de tanta alegria:

— Moleque! O que você fez com a bicicleta que te dei?

— Parece que a culpa foi minha ou da bicicleta, mas não foi... só parece... a culpada foi a pedra...

Fábio sorriu. Ele adorava aquele menino, que chegou em sua vida no momento em que mais precisava:

— A pedra, não é? Seu safado, como sempre tem uma desculpa, não? Não vai mais andar de bicicleta!

— Claro que vou! O médico disse que posso! Só tenho que tomar cuidado com as pedras do caminho!

— Se o médico disse, não está mais aqui quem falou...

— Sabe de uma coisa? Foi muito bom ter me machucado...

— Como, bom?! O que está falando?!

— Se eu não tivesse me machucado, você estaria aqui, Fábio?

— Não, não estaria. Sabe que tem razão?!

— Enquanto ficam conversando, vou terminar de preparar o almoço — disse Consuelo saindo do quarto.

— Sabe, Fábio, estou aprendendo a pintar em tela!

— É mesmo?! Não sabia que gostava de pintar.

— Nem eu, mas a Célia está me ensinando!

— Posso saber quem é esta Célia?!

— É uma moça que vivia sempre com o rosto coberto... parecia que era muito feia e, por isso, o escondia. Mas só parecia... agora ela descobriu o rosto e é bonita prá chuchu! Você tem que ver, Fábio...

— É mesmo? E, ainda, é artista?

— É e está me ensinando. Eu e um montão de crianças. Ela é muito legal! Você podia namorar com ela! Depois casar!

— Que é isso, moleque?! Nunca vou me casar! Com ela ou com outra qualquer! Pode esquecer!

— É uma pena... se eu ainda não fosse um menino... me casaria com ela, sim... já te disse! Ela é bonita! Bonita, prá chuchu...

— Mas é ainda muito menino sim! Quero ver a sua tela.

— Está na casa dela! Ela não deixa eu trazer para casa...

Pedro chegou. Entrou no quarto sem que os dois percebessem, ficou olhando para um e para outro e pensando:

"Olhando agora, dá até para se notar uma certa semelhança. Os olhos, o cabelo e até o modo de falar. Robertinho é a cópia viva de Fábio quando tinha a idade dele."

— Olá, meu filho! Como vai?

Fábio se voltou e viu o pai. Correu para abraçá-lo:

— Olá, papai! Estou bem, só fiquei preocupado com o nosso garoto, mas parece que está muito bem!

— Graças a Deus foi só o susto. Já conversou com sua mãe? Sabe o que está acontecendo?

— Ainda não, vim direto para o quarto...

— Vamos almoçar? O almoço já está pronto!

— Vamos, sim! Estou morrendo de saudade e louco para comer a sua comida! Restaurante algum, por melhor que seja, tem uma comida como a sua! Pode acreditar, mamãe!

Pegou Robertinho no colo e foram para a cozinha. A mesa estava arrumada com simplicidade, mas o aroma que vinha da comida enchia a boca de água. Sentaram-se e comeram. Fábio contou coisas do seu trabalho e de Brasília, e Robertinho bebeu cada palavra do irmão. Após o almoço, Consuelo disse:

— Pedro, você fica um pouco com o Robertinho? Vou até o Simão comprar alguns alimentos para o jantar. Quero fazer um jantar especial para o nosso filho. Fábio vai comigo.

Pedro, entendendo qual era a intenção da mulher, disse:

— Pode ir, esse menino tem que descansar. Ficarei aqui até voltarem, mas não demorem muito, preciso voltar para a farmácia.

Os dois saíram andando em direção à praça.

— Mamãe, por favor, o que está acontecendo? Estou vendo que está muito preocupada!

— Estou mesmo. O assunto é sério, por isso pedi que viesse para nos ajudar a resolvê-lo.

— Do que está falando? Estão precisando de dinheiro? Robertinho está com algum problema? O papai ou a senhora estão doentes? Fale logo, mamãe! Me tire dessa agonia!

— A mãe do Robertinho apareceu e diz que vai levá–lo embora!

— Como, apareceu? Quem é ela? Como, levá-lo embora? As coisas não funcionam assim! Ela o abandonou! Temos provas e ele é um menino feliz e muito bem tratado! Vamos brigar de todas as maneiras possíveis se ela insistir com essa loucura!

— Ela não o abandonou, foi tirado dela!

— Como, tirado?! Isso não importa! O que importa é que ele é nosso, e ninguém vai levá-lo embora! Como ela apareceu? Como nos encontrou? Quem é ela?

Consuelo contou, desde em que Célia chegou, misteriosa. Depois como resolveu ficar e ensinar as crianças a pintar.

— Ela fez tudo de caso pensado. Robertinho me falou a seu respeito e gosta muito dela...

— Ela não sabia que era ele e não o abandonou, foi roubado. Estava aqui para descobrir e só descobriu por causa do acidente.

— Por quê? Por causa do acidente?

Ela contou tudo a respeito do sangue.

— Preciso conhecer essa mulher e falar com ela francamente. Mostrar que não vamos simplesmente entregar o nosso menino. Se ela insistir, a briga vai ser boa!

Chegaram ao bar. Os amigos terminavam de comer.

— Boa-tarde! Quero apresentar o meu filho, Fábio.

Simão se levantou, estendeu a mão:

— Boa-tarde, Fábio! Seja bem-vindo à nossa cidade!

Os outros também se levantaram, menos Célia, que ficou presa à cadeira sem conseguir se mover.

— Meu, filho, esta é Célia — Consuelo disse apontando para Célia — ,a amiga do Robertinho...

Ele olhou com muita raiva para ela que estava de costas. Como ela não se mexia, ele deu a volta para ficar de frente:

— Muito prazer senhoriiiiii... — ao vê–la, parou de falar sem terminar a frase e tremendo muito.

Ficaram se olhando. Ela ainda sentada e ele em pé, parecendo ver à sua frente um fantasma. Os amigos foram saindo, acompanhando Consuelo que chorava baixinho. Simão foi para trás do balcão. Célia e Fábio olhavam-se calados, só sentindo a emoção do reencontro. Após alguns minutos, ele voltou à realidade:

— Marisa! O que está fazendo aqui?

Ela, com os olhos marejados, emocionada por reencontrar o amor de sua vida, respondeu:

— Vim aqui em busca do meu filho...

— Como, seu filho?! Ele não pode ser seu filho! Jamais o teria abandonado, te conheço o suficiente para dizer isso!

— Não o abandonei! Ele me foi tirado!

— Vamos nos sentar em um banco na praça. Temos muito para conversar.

Ela consentiu com a cabeça, levantou-se e saíram do bar.

Fábio estava ainda atordoado, disse

— Não acredito que, depois de ter quase me destruído, você volta agora. Após tanto tempo, só para destruir a vida de meus pais e principalmente a do meu irmão!

Ela parou, pegou em seu braço e quase gritou:

— Ele não é seu irmão! É seu filho!

Ele arregalou os olhos. Parando bruscamente, segurou–a pelos ombros e, também gritando, falou:

— O que está dizendo?! Você matou o meu filho!

— Não! Não o matei! Deveria me conhecer o bastante para nunca ter acreditado em uma mentira dessas!

— Li a sua carta! Quase morri de tristeza e desgosto! Guardo-a até hoje! Se quiser, poso mostrá-la!

— Você leu apenas um papel assinado por mim! Um papel como tantos outros que eu assinava sem ler!

— Não pode ser, está inventando uma história sem pé, nem cabeça! Nisso não dá para acreditar!

Chegaram a um banco da praça, sentaram-se. Fábio, ainda abismado, não entendia como tudo havia acontecido:

— Por que você sumiu, Marisa? Te procurei por toda parte, mas foi inútil! Você desapareceu!

— Foi um plano perfeito para nos separar...

— Quem fez isso?! Seu pai?!

— Sim... ele não queria o nosso casamento, achava que você só queria o meu dinheiro e, portanto, o dele também...

— Não pode ser...

— Isso não foi tudo, o pior veio depois...

— Por favor, me conte tudo! Preciso entender...

Ela, pacientemente, voltou a contar. Ele ouvia sem interromper. Ela chorava enquanto falava, ele também deixou algumas lágrimas caírem. Quando ela terminou de falar, disse:

— Entendeu por que preciso recuperar o meu filho?

— Entendi, só não posso concordar. Ele é agora filho dos meus pais e meu irmão muito querido, é uma criança feliz! Não é justo chegarmos agora e dizer: Robertinho, tudo o que você viveu até agora foi uma mentira! Sua mãe, não é sua mãe! Esta aqui, desconhecida até agora, é que é a sua mãe! Não podemos fazer isso! E os meus pais?! Eles adoram o filho! Seria a morte para os dois! Não pode fazer isso, Marisa!

— Não posso deixá-lo agora que o encontrei, conheci e sempre gostei, mesmo sem saber ser ele o meu filho!

— Mas você não pode fazer com que ele e meus pais sofram por um erro de seu pai!

— Sei que ele vai ficar um pouco desnorteado. Sei que gosta de mim e lhe darei tanto carinho que logo me aceitará.

— Não pode fazer isso! Como seu pai, acredita que tudo pode ser fácil? Quer agir sem se importar com os sentimentos das outras pessoas? Não vou permitir!

— Não tem o que fazer! Ele é meu filho! Não quero, mas se for preciso irei até os tribunais!

— O que está dizendo?! Deve estar louca! Está se esquecendo de que sou advogado? Não quero provocar sofrimento para meus pais e para Robertinho, mas, se for preciso, lutaremos, sim! E tem outra coisa! Você é a mãe? Eu sou o pai! Não o abandonei! Está comigo até hoje e continuará!

— Não pode fazer isso comigo! Não o abandonei! Não tive culpa! Fui vítima!

— Também não tive culpa! Durante todos esses anos, sofri muito pensando em como você foi cruel! Agora que nos reencontramos, poderíamos recomeçar, mas você parece que está tentando novamente me destruir e, o pior, à minha família! Não vou permitir! Se insistir, irei até as últimas conseqüências!

— Pois se é assim que quer, lutaremos por ele! Não vou desistir nunca! Você não vai destruir as nossas vidas!

— Faça o que quiser! Até logo. Mais uma coisa: afaste-se da minha família! Conversaremos no tribunal!

Fábio saiu com muito ódio. Não entendia por quê, depois de tanto tempo, ela voltou para fazer com que ele sofresse. Aos poucos, foi se acalmando. Ela foi o único amor de sua vida. Nunca mais amou ou confiou em outra pessoa. Agora, ela estava ali diante dele, mas como uma ameaça à sua família:

"Meu filho?! Ele é o meu filho por quem tanto chorei. Meu filho esteve sempre ao meu lado e é um menino adorável. Não posso permitir que o egoísmo dela coloque em risco a felicidade de meu filho. Não posso e não vou permitir, nunca!"

Célia, por sua vez, sentia também um forte aperto no coração. Aprendera com o tempo a não pensar mais em Fábio. Sempre o julgou um aproveitador e interesseiro.

"Ele continua bonito, agora muito mais. Está mais velho. Não tivemos culpa do passado, mas não é justo eu perder o meu filho. Vou lutar com todas as minhas armas. Não vou perdê-lo novamente. Robertinho já gosta muito de mim e com o tempo gostará mais. Ficará feliz ao saber que sou sua mãe.

Enquanto pensava, não conseguia impedir as lágrimas. Regina passou por ela e notoando que chorava, perguntou:

— O que aconteceu, Célia? Por que está chorando?!

— Sou muito infeliz, Regina. Nada nunca deu certo em minha vida. Terei que tomar uma atitude que talvez faça muitas pessoas sofrerem, mas não há outra forma!

— Não adianta chorar assim. Quer me contar tudo?

— Há muito tempo não consigo confiar em ninguém, mas agora estou sentindo necessidade de conversar. Você é minha amiga. Talvez possa me ajudar a encontrar um caminho que seja menos doloroso para as pessoas que também são inocentes.

Contou o encontro com Fábio e tudo o que conversaram. Regina viu o pai de Célia sentado ao lado dela, que também a ouvia. Quando Célia terminou de falar, Regina perguntou:

— O que está sentindo em relação a Fábio?

— Não sei, Regina. Desde que descobri toda a verdade, por algumas vezes, senti vontade de reencontrá-lo. Embora eu sentisse tristeza por ter me abandonado, nunca consegui odiá-lo. Mas hoje percebi que tudo terminou. Ele me odeia. Só o que sinto agora é ódio por meu pai! Espero que esteja sofrendo muito no inferno por ter destruído as nossas vidas!

Ao ouvir o que Célia disse, seu pai, que até pouco estava ali, quieto, sentado ao seu lado, a abraçou, chorando:

— Não diga isso, minha filha! Se pudesse voltar no tempo, jamais faria isso novamente, mas, por favor, me perdoe!

Célia como se houvesse levado um choque, começou a chorar em prantos no mesmo instante. Regina observava a tudo e, em silêncio, elevou seu pensamento a Deus, pedindo que aquelas duas almas se encontrassem e se perdoassem mutuamente. Ele, abraçado à filha, chorava sem parar.

— Célia — Regina disse — ,entendo tudo o que está dizendo e sentindo, mas não adianta ficar culpando seu pai. Ele, hoje, deve estar arrependido de tudo o que fez, deve estar precisando muito do seu perdão. Todos somos imperfeitos. Todos erramos, e para todos Deus dá o seu perdão. Procure tirar de seu pensamento esse sentimento de mágoa e ódio, isso de nada vai te adiantar. Procure perdoar e pedir ajuda a Deus. Com certeza algum caminho ele te mostrará, mas, para isso, é necessário que o seu coração esteja livre de qualquer sentimento ruim. Faça isso e verá como se sentirá melhor.

— Perdoar? Como posso? Ele foi culpado de tudo! Eu poderia, hoje, estar feliz ao lado do meu filho e do homem a quem amei! Por causa dele, não posso e estou nesta situação.

— Acabou de dizer a palavra mágica! O amor é o único sentimento que deve agasalhar o seu coração, através dele se consegue muito. Eleve seu pensamento a Deus e perdoe o seu pai, para que ele consiga prosseguir a sua jornada e você fique livre da sua presença, podendo assim decidir a sua vida.

— Li alguma coisa a esse respeito naqueles livros que me emprestou. Você acredita que o meu pai, enquanto não tiver o meu perdão, não poderá prosseguir?

— Não só acredito, como tenho certeza...

Embora ele continuasse abraçado a ela, já não chorava mais. Prestou atenção em tudo que Regina disse. Se afastou e ficou olhando para a filha, esperando a sua resposta.

— Tudo isso é muito bonito, mas, como posso tirar do meu coração esse ódio que sinto, perdoar a quem destruiu a minha vida? Sinto muito, mas não posso!

— Tudo tem seu tempo e sua hora. Pense a respeito. Não se precipite. Confie, pois Deus está sempre cuidando de nossas vidas. Agora tenho que ir. Espero que tudo termine bem.

Saiu e, em pensamento, disse para o pai de Célia:

— Venha comigo.

Percebeu que ele a ouviu e a estava seguindo. Sorriu.

— Posso imaginar o que está sentindo — continuou falando em pensamento — ,mas não adianta ficar ao lado de sua filha. A sua presença só está lhe fazendo mal. Nesse momento, ela precisa raciocinar sem a sua interferência.

— Ela nunca vai me perdoar...

— Nunca é muito tempo. O que fez foi muito grave, mas Deus sempre nos dá uma chance. Onde Ofélia está?

— Não sei, fugi dela para ficar ao lado da Marisa.

— Então, para o seu bem e o de Marisa, volte para junto dela e espere. No final, tudo se resolverá.

Ele, chorando sem parar, disse:

— Nunca pensei que, após a morte, tudo continuaria. Eu pensei ter todo o poder, mas vejo, hoje, que nunca tive...

— O seu poder talvez tenha lhe sido dado para ajudar as pessoas, porém o senhor não entendeu assim. Mas não se preocupe, tudo deve ficar bem. Deus é misericordioso...

— Vou tentar encontrar Ofélia. Ficarei distante de Marisa, pedindo perdão a Deus e a ela...

— Faça isso. Só assim poderá ajudar os dois. Em breve, tudo ficará bem e verá sua filha feliz novamente...

Ele se afastou cabisbaixo. Regina elevou novamente uma prece, agradecendo a Deus esse dom que Ele lhe havia dado.

Amor de mãe

Fábio chegou em casa. Consuelo estava no quarto dando um copo com suco para Robertinho. Ele aproximou-se de Robertinho, abaixou-se e o abraçou com muito carinho.

"Meu, filho querido... — pensou — quando poderia imaginar que você fosse meu filho perdido..."

Abraçou Robertinho com força e emoção. De seus olhos, lágrimas caíam. Robertinho estranhou:

— Que é isso, Fábio?! Por que está chorando e me abraçando assim?! Vou morrer?!

Só nesse instante Fábio percebeu o que estava fazendo:

— Que morrer, que nada! Só descobri o quanto gosto de você! Muito mais do que imaginei! Você é maravilhoso e eu te amo! Sempre vou te proteger e jamais sairá do nosso lado!

— Claro que não vou sair! Não vai dizer agora que, para me proteger, vai levar a minha bicicleta embora!

Fábio olhou para Consuelo, que também estava com os olhos cheios de lágrimas:

— Não! A bicicleta é sua. Só tem que ter cuidado. Mamãe, não quer me servir um café fresco?

— Vamos até a cozinha, vou passar. Robertinho, será que posso deixar você um pouco sozinho? Depois que coar o café, preciso ir até o Simão, e gostaria que Fábio fosse comigo...

— Pode ir, mamãe. Vou ficar bem quietinho. Quero sarar logo e andar de bicicleta de novo, mas a senhora já não foi hoje com o Fábio lá no seu Simão?

— Fui, mas esqueci de comprar aquela bolacha que você tanto gosta! Vou até lá buscar.

— Se for para comprar as minhas bolachas, pode ir!

Sorriram e foram para a cozinha. Robertinho ficou no quarto assistindo televisão. Na cozinha, Consuelo perguntou:

— Então, meu filho, como foi?

— Por que não me contou tudo?

— Não tinha esse direito, é a sua vida e só você pode decidir. Tome logo o seu café, depois iremos para a praça e lá poderemos conversar com tranqüilidade.

Tomaram o café e saíram. No caminho, Fábio foi contando tudo o que havia conversado com Célia:

— O que pretende fazer?

— Não sei, mamãe. Ela está irredutível. Não queria, mas acredito que teremos de ir aos tribunais e vai ser uma luta difícil. Os juizes sempre preferem dar a guarda dos filhos para as mães.

— Isso não pode acontecer, Fábio! Não quero que Robertinho saiba que não é nosso filho! É um menino tão saudável mentalmente! Isso poderá ser um choque!

— Também penso assim, mas no seu egoísmo ela não pensa desta forma. Diz que vai fazer de tudo para ter o filho de volta. Prepare-se, mamãe, a briga vai ser longa e dolorida...

— Não existe mais nada entre vocês? Não sobrou nada daquele amor que me pareceu tão sincero?

— Assim que a vi, senti que ainda a amava, mas, diante de sua atitude e vendo que não está pensando no mal que pode nos fazer, e principalmente ao Robertinho, não sei...

— Estou com muito medo, mas senti que é uma boa moça, só está perdida. Vou tentar falar com ela, talvez consiga convencê-la. Vá para casa, fique com Robertinho. Vou fazer algumas compras e irei logo em seguida.

Fábio aceitou a sugestão e foi embora. Consuelo ficou por um bom tempo ainda sentada no banco, pensando no que iria fazer.

Célia, após falar com Regina, foi para casa. Estava confusa, sem saber o que fazer. Ao entrar, viu sobre a mesa a tela que Robertinho estava pintando.

"Desde que o conheci tive um sentimento muito bom. Cheguei a pensar que fosse o meu filho, mas depois chegaram as outras crianças e fiquei com dúvidas. Gosto de todos. Qualquer um que fosse meu filho, me faria muito feliz"...

Ao lado da tela, estava o livro que estava lendo. Pegou, abriu em uma página qualquer e começou a ler. Falava sobre o perdão. Leu com atenção. Ao seu lado, sem que fosse vista, Ofélia sorria. Parou de ler quando ouviu a campainha tocando. Levantou-se, foi até a janela. Consuelo estava em seu portão. Era a última pessoa que queria ver naquele momento. Mesmo assim, foi até a varanda, dizendo:

— Olá, Dona Consuelo! Quer falar comigo?

— Quero sim, se for possível.

— Pode entrar, mas saiba que já tomei a minha decisão e nada poderá me fazer mudar de idéia!

— Não quero que mude de idéia. Isso será resolvido entre você e Fábio. Só quero conversar e te conhecer um pouco mais. Posso entrar?

— Sendo assim, entre, por favor.

Consuelo entrou. Notou que Célia vivia de uma maneira muito simples. Poucos móveis, mas tudo limpo e arrumado.

— A sua casa é simples, mas aconchegante. Suas telas também são bonitas. Qual é a tela que Robertinho está pintando?

— A minha casa é realmente aconchegante, gosto muito daqui. Esta aqui é a tela que Robertinho está pintando. Ele tem talento e, com um pouco de ajuda, será um grande pintor.

— É, esse dom herdou da mãe.

— Sente-se. Quer tomar alguma coisa? Um suco ou café?

— Um suco, por favor, está muito calor.

— Um momento, vou pegar, fique à vontade.

Célia saiu, Consuelo viu o livro. Pegou e também começou a ler sobre o perdão. Estava lendo quando Célia voltou, trazendo uma jarra com suco de laranja e dois copos.

— Está gostando? Esse livro é interessante.

— Parece ser muito bom. Do que se trata?

— É sobre a teoria da reencarnação e outras coisas sobre a Religião Espírita.

— Você pertence a essa Religião?

— Não, só estou lendo. Algumas coisas parecem ter fundamento, mas ainda tenho algumas dúvidas.

— Gostaria de ler também.

— Posso lhe emprestar, mas estou curiosa para saber qual o verdadeiro motivo da sua visita. Se foi para me convencer a deixar de querer o meu filho, não vai adiantar. Farei tudo o que for necessário para recuperá-lo, dona Consuelo!

—Fique calma. A nossa conversa vai ser decisiva. Falei com Fábio, que me contou a sua decisão de ir para os tribunais. Ele disse que irá até o fim sem esmorecer, mas que não te entregará Robertinho. Depois disso, eu fiquei pensando por muito tempo. Em seguida, fui até a farmácia de meu marido, conversamos e decidimos que eu deveria falar com você.

— Nada do que disser, fará com que eu mude de idéia!

— Enquanto eu estava sentada no banco da praça, muitas crianças passaram e brincaram. Algumas com suas mães, outras sozinhas. Algumas pequenas, outras maiores. Percebi que, para você, qualquer um daqueles meninos poderia ser seu filho. A qualquer um você aceitaria e amaria como seu. Eu, ao contrário, criei o meu filho. Acompanhei os seus primeiros passos. Ensinei as primeiras palavras e ouvi ele dizendo pela primeira vez a palavra mãe. Todos esses momentos teriam sido seus, se não fosse vítima de uma grande crueldade. Ele não é meu filho, mas é meu neto... é a minha continuação... e isso me basta.

— Não estou entendendo o que está querendo dizer.

— Estou dizendo que eu amo Robertinho, com todas as minhas forças, ainda mais agora que sei ter o meu sangue. Estou dizendo que podemos ir aos tribunais e lutar por ele, mas...

— Mas, o quê?

— Essa luta seria demorada e triste. Para ele também seria doloroso. Ele gosta muito de você. Eu já tive muitos momentos bons com ele. Há dias quase o perdi por causa de uma pedrinha. Não vamos lutar por ele! Convencerei Fábio e o pai que você está certa. Combinarei com eles, virei te buscar e juntos contaremos tudo. Só com uma condição...

Célia, atordoada com o que estava ouvindo, perguntou:

— Que condição? Fale logo, por favor!

— Com a condição de que não nos impeça de estar sempre com ele. Que não nos afaste dele, que ele saiba que somos seus avós e Fábio seu pai. Sabendo isso, ele não sofrerá muito...

— Claro que aceito! — disse Célia, entre atônita e feliz — Nunca poderia pensar em separá-lo de vocês. Só quero estar com ele e recuperar o tempo perdido...

— Sendo assim, espere. Vou passar na farmácia para conversar com Pedro e depois vou falar com Fábio. Assim que tiver uma resposta deles, eu volto. Está bem assim?

— Está bem! Estou nervosa! Não sei o que dizer...

— Não tem o que dizer. Apenas pense na felicidade de seu filho. Eu estou pensando na de meu neto.

Consuelo foi à farmácia, conversou com Pedro. Ele a acompanhou até em casa. Lá encontraram Fábio no quarto de Robertinho. Fez um sinal para que ele saísse. Ele a seguiu. No quintal, enquanto caminhavam, contou tudo o que havia conversado com Marisa. Fábio, furioso, disse:

— A senhora não podia ter feito isso! Ela não vai conseguir nos tirar Robertinho! Nós o criamos! Ele é um menino feliz! É meu filho! Tem tudo o que precisa!

Pedro, também furioso, continuou:

— Você não podia mesmo! Deveria antes ter conversado com a gente e saber a nossa opinião!

— Algo tinha que ser feito. Fui até lá para pedir que ela nos deixasse em paz. Mas, ao vê-la ali ,sozinha, vivendo humildemente, embora possuindo tudo na vida, e sabendo o quanto já sofreu, não tive coragem. Essa moça já sofreu muito. Além do mais, acredito que vai ser muito doloroso para Robertinho nos ver brigando. Para que, Fábio? Para, no final, como você mesmo disse, o juiz, após saber como tudo aconteceu, o dê para ela, por ser a verdadeira mãe? Precisam entender que ele é nosso! Nós o criamos, demos, e sempre tivemos por parte dele, muito amor e carinho. Acompanhamos o seu crescimento! Isso ela não nos tirará nunca!

Fábio e Pedro estavam nervosos, não queriam perder o menino, mas sabiam que Consuelo tinha razão. Ela continuou:

— Ela me prometeu que não vai nos proibir de vê-lo e que poderá nos visitar sempre! Isso deve nos bastar...

Eles soltaram os braços sobre o corpo num sinal de impotência. Ela entendeu. Saiu e voltou para a casa de Célia:

— Então? Conseguiu? — Célia perguntou ansiosa.

— Sim, eles também chegaram à conclusão de que é melhor para Robertinho saber toda a verdade, sem precisar presenciar brigas.

Sei que saberá como falar com ele. Estaremos te apoiando. Eles entenderam que você já sofreu muito e tem o direito de estar com o seu filho. Vamos? Estão nos esperando!

— Agora?! Não posso ir agora, não estou preparada! Vá, por favor, na minha frente. Vou me arrumar. Quero que ele me ache bonita quando souber que sou sua mãe!

— Está bem. Vou na frente preparar um lanche para tomarmos depois que tudo for esclarecido.

Consuelo saiu com o coração aliviado. Sabia que nunca perderia o amor de Robertinho, mas não tinha o direito de tirar de Célia a oportunidade de ser feliz. Ela já havia sofrido muito. Tantos anos internada em um sanatório, sem saber que o filho estava vivo. Agora, poderá estar com ele, mesmo tendo perdido os momentos mais bonitos de uma criança.

Em casa, Robertinho, alheio a tudo, brincava. Fábio e o pai conversavam na sala. Consuelo entrou e trazia nos olhos um brilho de paz e felicidade. Passou por Fábio e Pedro, foi para o quarto falar com o Robertinho.

— Meu filho, vai receber uma visita muito especial. Quero que a trate muito bem.

— Quem é mamãe? Fala logo...

— A Célia está querendo te ver e vai chegar logo. Tem algo muito importante para te contar. Trate-a muito bem...

— Claro que sim. Gosto muito dela!

Fábio e o pai ouviam o que Consuelo dizia. Ela saiu do quarto, passou pela sala puxando ambos pelas mãos. Na cozinha, contou a conversa que teve com Célia.

A campainha tocou, Consuelo foi atender. Fábio e o pai, nervosos, ouviram ela dizendo:

— Olá, Célia, estamos te esperando. Está muito bonita.

Célia tentou sorrir, mas tremia muito. Entrou. Estava bonita mesmo, havia se esmerado. Um vestido amarelo, cabelos soltos, trazia nas mãos um ramalhete de flores. Entrou. Tremia muito quando entregou as flores:

— Estas flores são para a senhora, em agradecimento por ter entendido o meu desejo.

— O seu desejo é o meu desejo. Nós duas queremos a felicidade de Robertinho, não é?

Entraram. Fábio a olhou como se estivesse diante de um monstro e não a cumprimentou. Seu Pedro quis dizer qualquer coisa, mas Consuelo o interrompeu:

— Pedro! Já está feito, nada pode ser mudado.

Pegou na mão de Célia e a conduziu até o quarto.

— Robertinho, olhe quem chegou — Consuelo disse.

— Célia! Que bom que veio! Estou muito feliz! Já viu o meu irmão? Viu como ele é bonito?!

— Estou mais feliz ainda por te ver bem — Célia disse, em lágrimas e beijando-o na testa — Você nos deu um grande susto. Agora vai sarar e ser o menino mais feliz do mundo e poderá ter tudo o que quiser.

Fábio quis se aproximar e tirá-la de lá, mas Consuelo o segurou. Robertinho sem perceber nada, disse:

— Não sei por que todos ficaram assustados. Foi só uma pedrinha! No fim foi bom, o Fábio veio até me ver! Viu como ele é bonito? Fábio! Não te disse que ela era bonita *prá chuchu*? Sabe que ela vivia escondendo esse rosto? Não sei por que... ela é tão bonita... Fábio... por que você não namora com ela?!

— O que é isso, meu filho? Está deixando a Célia constrangida! Ela veio aqui para te contar algo importante e que vai mudar a tua vida e as nossas. Preste bem atenção.

— Célia, conta logo! Já que não posso sair de casa, a cidade vai ficar sem notícias por muito tempo. Conta, porque, assim que eu sarar, vou contar para todos.

Ela, segurando suas mãozinhas, começou a falar:

— Escondi o meu rosto todo esse tempo, Robertinho, porque precisava encontrar um menino. Tenho muito dinheiro, fazendas e muito gado. Queria encontrar esse menino e dar tudo a ele. Procurei em muitos lugares.

— Quem é ele?!

Fábio por várias vezes quis impedir, mas Consuelo com lágrimas o segurava pelo braço. Pedro saiu do quarto, foi chorando para a sala. Consuelo, abraçada a Fábio, ouvia Célia, que, também com lágrimas, olhou para os dois e continuou:

— Procurei por muito tempo, mas não o encontrei...

Consuelo apertou o braço de Fábio, que também apertou o dela. Não entendiam o que estava acontecendo. Robertinho arregalou os olhos, perguntando, admirado:

— Não encontrou?!

— Não. Acredito que nunca vou encontrar, mas encontrei você, que me recebeu aqui na cidade com tanto carinho. Descobri, depois, que é muito querido por todos. Seu pai, sua mãe e seu irmão são pessoas que te amam muito e tudo farão para a tua felicidade. Como não encontrei o meu menino e, como vou continuar aqui na cidade trabalhando com os meus amigos no Grotão, resolvi que, quando você crescer e precisar estudar fora, eu pagarei tudo e você será um rapaz muito feliz. Que acha? Só quero que continue sendo da maneira que é, que ame muito os seus pais e o seu irmão, que é muito bonito mesmo! E que continue sendo meu amigo...

Robertinho, sem entender nada, olhou para Consuelo e Fábio que, abraçados, choravam baixinho.

— Por que estão chorando?! Ela disse que tem muito dinheiro! Vai pagar a minha escola! Tinham que ficar felizes! Fábio, quando eu crescer vou estudar lá em Brasília! Posso?!

Célia, que até agora estava ajoelhada perto da cama, segurando as mãos de Robertinho, levantou-se. Olhou para os dois, que estavam a alguns passos atrás dela. Consuelo largou o braço de Fábio e abriu os braços. Elas se abraçaram:

— Muito obrigada, minha filha — disse Consuelo chorando – – Que Deus a abençoe por este momento!

Por trás dos ombros de Consuelo, os olhos de Célia se encontraram com os de Fábio. Ficaram se olhando, sem nada dizer. Não precisavam. Os olhos falavam por si. Aquela conhecida ternura ressurgia. Consuelo largou Célia e foi para junto de Robertinho. Célia continuou olhando para Fábio, que, calado, a olhava como se a estivesse revendo naqueles tempos em que foram tão felizes. Os corações batiam de uma forma descompassada, voltavam nesse momento ao passado.

— Fábio! Não respondeu! — Robertinho gritou — Posso estudar em Brasília?

Fábio olhou para ele e respondeu:

— Claro que pode! Mas antes tenho que fazer um pedido. Você disse que a Célia é bonita... também acho... por isso...

Parou de falar, olhou nos olhos de Célia e continuou:

— A senhorita é a coisa mais importante da minha vida. Quer se casar comigo?

Ela ficou sem saber o que responder. Só sabia que amava aquele homem, sempre o amara, apesar de tudo. Olhou para Robertinho e Consuelo, que sorriam, e respondeu, chorando:

— Quero! Claro que quero! Robertinho, você tem razão, ele é muito bonito mesmo! Eu amo este seu irmão!

Abraçaram-se e beijaram-se com muito amor e saudade. O amor deles havia sido imenso, não poderia ter terminado por mentiras. Robertinho estava feliz:

— Só tem uma coisa! — disse sério — Vocês não vão contar *pra* ninguém antes de eu poder sair de casa! Eu quero contar *pra* cidade toda! Vou de casa em casa!

— Está bem — disse Fábio, rindo e abraçado à mãe e à Célia — ,vamos esperar. Agora, preciso ligar para Brasília e avisar que ficarei aqui por mais alguns dias.

Pedro, que permanecia na sala, esperando a qualquer momento o choro ou gritos de Robertinho, estranhou a demora. Não suportando, foi para o quarto. Ao entrar, viu Consuelo ajoelhada perto do menino, Fábio e Célia se beijando. Sem entender o que estava acontecendo, perguntou:

— Posso saber o que está acontecendo aqui?!

— Fábio e a Célia vão se casar, papai! Falei tanto pra um que o outro era bonito, que eles acreditaram!

Pedro olhou para a mulher sem saber o que falar.

— É isso mesmo meu velho! O nosso filho vai se casar!

Pegou no braço do marido e saíram. Foram até a cozinha e, enquanto preparava o lanche, contou tudo a ele. Logo depois, vieram Fábio, com Robertinho no colo e as mãos de Célia em seu ombro. Consuelo serviu o lanche e comeram.

A tormenta havia passado. O que parecia ser o fim do mundo, se tornou o recomeço de uma nova vida para todos. Enquanto comiam e conversavam, Ofélia e o pai de Célia, que estiveram o tempo todo ali, assistindo a tudo, saíram felizes.

— Tudo, agora, está bem com sua filha — já fora de casa, Ofélia disse. — Ela relutou, mas no final tomou a decisão certa. Que Deus a abençoe...

— Só falta agora ela me perdoar.

— Tudo vem a seu tempo. Agora precisamos voltar. Por enquanto, o nosso trabalho por aqui terminou...

A verdade sempre aparece

Regina, após conversar com Célia, voltava para sua casa, quando o carro de Elias parou perto dela. Elias disse:

— Dona Regina! Que bom encontrar a senhora. Minha mulher não está bem. Ela fica no canto do quarto, conversando com alguém que só ela vê. Dá para a senhora ir até lá?

— Você precisa ficar calmo. Vou e tentarei ajudar.

Entrou no carro e seguiram em direção à casa de Elias. No caminho, encontraram Zeca, que voltava do trabalho. Elias parou o carro. Regina colocou a cabeça para fora da janela:

— Zeca, estou indo para a casa do Elias. Quer ir também?

— Não sei, acha que devo ir?

— Se realmente está acontecendo o que estou pensando, a sua presença será de muita ajuda.

— Sendo assim, eu vou.

— Ao chegar lá — disse Regina, depois que Zeca entrou no carro — ,vou ver se é realmente o que estou pensando. Ao meu sinal devem começar a rezar pedindo ajuda a Deus, sem se importar com o que aconteça.

Concordaram. Chegando lá, encontraram a mulher abaixada em um canto do quarto e com os olhos em um ponto fixo a sua frente. Regina viu que uma entidade estava ao seu lado, ameaçando-a. Outras três, rodopiando a sua volta. A que estava ao lado da esposa de Elias, dizia com muito ódio:

— Você é culpada! Não pode se esconder! A gente te achou e, agora, a gente vai fazer você se matar ou vai ficar louca. Se escondeu nesse corpo, mas a gente te encontrou!

Regina fez um sinal para Zeca e Elias, que fecharam os olhos e começaram a rezar. Em pensamento ela, perguntou:

— O que os meus irmãos estão fazendo?

Eles não se alteraram e continuaram, como se não a ouvissem. Ela tentou por várias vezes falar com eles, mas não conseguiu. Fechou os olhos, rezou com fervor e pediu ajuda.

No mesmo instante, ela viu uma luz muito forte surgir no quarto. Eram quatro espíritos de luz. Um deles falou:

— Estamos aqui há muito tempo, tentando ajudá-los, mas está difícil. Eles estão tomados por muito ódio e sentimento de vingança. Por mais que tentemos, não conseguimos fazer com que nos vejam. Mesmo que isso acontecesse, eles não se importariam. A sua vinda foi providencial.

— Estou aqui para ajudar, só que tentei falar com eles por pensamento, mas não consegui. Eles não me ouvem?

— Não, nem estão te vendo. A atenção deles está toda voltada para ela. Na última encarnação, ela foi uma mulher muito rica. Tinha escravos e foi cruel com eles. Fez muita maldade, usando o poder que o dinheiro dá. Mandou que os quatro fossem enterrados, só com o nariz e a boca para fora. Eles ficaram assim por muito tempo, depois, mandou que fossem retirados, e os queimou vivos. Enquanto eles queimavam, ela ria feliz.

— Meu Deus! — Regina disse horrorizada.

— Quando ela morreu, eles a estavam esperando. Perseguiram-na por muito tempo. Ela descobriu que a vida continuava depois da morte e que ali não tinha mais o poder do dinheiro para conseguir tudo. Não sabia como se livrar deles. Fugiu por muito tempo. Percorreu lugares tenebrosos, até que um dia entendeu tudo o que estava acontecendo e pediu ajuda. Foi levada, então, para um lugar, onde entendeu e se arrependeu de todo o mal que havia feito. Pediu para voltar com uma vida simples, na qual precisasse trabalhar muito para ter dinheiro. Não queria mais ter poder, seria uma pessoa simples. Elias voltou também, pois a ajudou em todas as maldades praticadas. Algumas das suas vítimas não voltaram e ficaram procurando por ela, até há poucos dias, quando a reencontraram. Ela vivia bem, em uma situação humilde, cumprindo bem o seu papel de mãe e esposa. Muito religiosa, mas sem conhecimento algum da espiritualidade. O seu único defeito foi se revoltar com a vida pobre em que vive. Eles a envolveram com muita energia negativa e, se não conseguirmos fazer com que eles a perdoem e ela mude sua atitude, fatalmente cometerá o suicídio ou ficará louca.

— Ela ouve o que eles dizem?!

— Não com os ouvidos, mas no íntimo, sim. Fica olhando para um ponto fixo, pois acredita que naquele canto do quarto existe algo que a qualquer momento vai aparecer.

— Se eles não me ouvem — disse Regina preocupada — não sei como ajudar, a não ser rezar.

— Vai precisar falar com eles em voz alta. Só assim te escutarão. Olhe a luz forte que está saindo da cabeça do Zeca e do Elias. Eles estão rezando com muita fé e, neste momento, é o que você precisa para se fazer ouvir.

Regina se voltou e viu a luz saindo da cabeça dos dois e iluminando o quarto. Ao lado de Zeca, um índio com um cocar branco e muito bonito que sorria para ela. Ela se admirou:

— Quem é ele?

— É o um dos protetores de Zeca, que o acompanha há muito tempo.

— Um índio? Como pode ser?

— São amigos de muito tempo. Está sempre ao lado do Zeca. Ele o encaminhou para esta cidade naquela noite, sabendo que Zeca tinha uma missão para ser cumprida. Agora, reze com toda a sua fé e em voz alta, para que eles te ouçam.

— Deus de suprema bondade — Regina se ajoelhou e começou a falar — ,aqui estou com toda a minha fé pedindo para que esses meus irmãos possam me ouvir. Com a Sua ajuda, isso será possível. Que a sua luz divina caia sobre nós e me ilumine, para que eu possa dizer as palavras certas.

Zeca e Elias ouviram a voz de Regina, mas não pararam de rezar. Ouviam e seguiam em pensamentos as suas palavras. Regina, enquanto rezava, pedia ajuda. As entidades que envolviam a mulher de Elias, também a ouviram. Assustados com toda aquela luz que a envolvia, aproximaram-se, mas mantendo uma certa distância. Regina abriu os olhos em direção a eles. Deslumbrada, viu que não havia mais paredes. Estava no centro de um grande campo florido. À sua volta, vários índios e negros soltavam no ar uma espécie de fumaça com um perfume inebriante. No centro, somente ela, Elias, sua esposa, Zeca e as entidades.

Regina olhou para as entidades que estavam ao lado da esposa de Elias e percebeu que eles a viam.

— Meus irmãos! Em que belo lugar estamos, não acham?

Eles, abraçados e assustados, tentaram fugir, mas não conseguiram, pois a corrente feita pelos índios e negros não permitia. Aquele que estava próximo à mulher e que parecia ser o chefe, muito assustado, falou:

— Que lugar é este? Quem é você que se atreve a nos interromper? Quem são esses negros e índios?

— Não sei que lugar é este, mas estou achando lindo. Vocês não estão achando? Sou apenas uma filha de Deus querendo ajudar. Esses índios e negros são nossos amigos e também estão querendo nos ajudar.

— Ajudar em quê? Agora que encontramos ela, a gente não precisa de ajuda! Esse Deus de quem você está falando, dá o direito de a gente fazer o julgamento dela e é isso o que estamos fazendo! Julgando todo o mal que ela fez e dar o castigo que merece! Não pode fazer a gente mudar de idéia!

— Deus nos dá, sim, o direito ao julgamento, mas nos dá também o direito ao perdão...

— Perdão?! — ele gritou furioso — Deve estar louca! Como perdoar?! Ela usou de toda maldade para com a gente, pelo simples prazer de ver o sofrimento! Não merece e não vai ter o nosso perdão! A gente não vai sair do lado, nem quando morrer! Dessa vez ela não vai escapar!

— Acho que tenham esse direito, mas o que vão ganhar?

— O prazer da vingança! O prazer de vê-la sofrer por toda a eternidade! É só isso que queremos e vamos conseguir!

— Ela estará sofrendo sozinha... mas, e vocês, estarão bem? O que estão fazendo? Em que lugar estão?

— Estamos ao lado dela, perseguindo! Vendo em seus olhos o medo e o desespero! Só isso já faz a nossa felicidade!

— Estão aqui há pouco tempo, mas onde estiveram antes disso e para onde voltarão? Para um lugar feio e escuro, com figuras horrendas? Sendo que, com o perdão, poderão ver e viver em lugares lindos como este em que estamos!

— Está louca se acredita que vamos perdoar! Nunca! Não queremos viver em um lugar como este que estamos vendo! Nem nesse de que está falando! Só queremos a nossa vingança!

Regina viu que os índios e os negros estavam ao lado deles. Os índios soltavam fumaça de seus charutos. Os negros, com galhos e folhas, iam passando por seus corpos, tirando gosmas escuras que estavam presas neles. Percebeu, também, que eles próprios não viam, nem sentiam nada.

— É uma pena que não queiram ir para um lugar de luz e tranqüilidade... embora ela tenha feito muita maldade um dia, hoje está arrependida. Tem sob sua responsabilidade marido e filhos, por quem precisa olhar, criar e educar..

— Ela não pensou na nossa família! Não precisamos pensar na dela! Todos fizeram parte da sua maldade!

— Tudo o que ela fez, foi em outros tempos, dos quais não se lembra. Hoje está tentando ser uma pessoa de bem. Vocês sofreram por sua causa, mas Deus é nosso Pai e permitiu que sejam ajudados a encontrar a paz. Neste momento, vocês e ela estão sendo ajudados por irmãos que estão aqui. Procurem esquecer e sigam em frente. Estão aqui irmãos que os amam...

— Quem? Não temos ninguém! Só a nós mesmos!

— Como não? Quem são estes que estão chegando agora?

Eles olharam para onde ela apontava. Realmente, vários espíritos estavam chegando. Os quatro abraçaram-se com mais força uns aos outros. Logo estavam cercados por espíritos que conheciam. Homens, mulheres e crianças que sorriam para eles. Até Regina se espantou com tantos.

— Vejam! São seus amigos e vocês os conhecem. Sabemos que os amigos só querem o nosso bem. Se estão aqui, é para tentar ajudá-los. A vingança nada acrescenta, só traz ódio e destruição. Deus está dando a vocês, como deu a ela, o direito de voltarem a ser felizes, junto àqueles que os amam! Aproveitem!

Ficaram ali parados, vendo seus amigos se aproximando e abraçando-os. Olharam para Regina que sorria. Aquele que estava agarrado à esposa de Elias, olhou para os outro dizendo:

— Não se deixem enganar por ela! Isso tudo é mentira! Está enganado a gente com alucinações!

Os outros já não estavam mais ouvindo o que ele dizia, tamanha era a felicidade que sentiam ao rever pais, mães, irmãos e muitos amigos. A mãe daquele mais resistente se aproximou, dizendo:

— Meu filho, não é alucinação. Me abrace e veja que sou eu... sua mãe. Já faz tempo que estou tentando te tirar desse sofrimento. Agora chega, meu filho! Já perdeu muito tempo...

Ele segurou primeiro na mão de sua mãe, depois foi se aproximando e, chorando, abraçaram-se deixando fluir a enorme saudade que sentiam.

— Mãe! É a senhora mesma? Estou sentindo o seu cheiro! Estou cansado, mãe! Não sei o que fazer, nem para onde ir!

— Não se preocupe, meu filho. Estamos aqui e vamos te acompanhar para a luz de Nosso Senhor Jesus Cristo! Todo o passado ficou para trás, a gente vai recomeçar! A Sinhá fez muita maldade, mas agora está caminhando, cumprindo a sua missão. Vamos deixar que Deus a julgue... só Ele tem o direito de fazer isso... vamos embora, meu filho...

Ele, chorando muito, olhou para os companheiros que também estavam sendo abraçados e envolvidos em muita luz. Percebeu que nada mais restava a fazer, a não ser acompanhar aqueles que vieram, não sabia de onde, para buscá-los.

— Moça — disse para Regina — ,não sei quem é e nem por que está querendo ajudar a gente. Só posso agradecer e dizer que vamos embora com os nossos amigos e, como diz a minha mãe, só Deus pode julgar. Que esse mesmo Deus te pague todo o bem que está nos fazendo agora.

Regina abriu os braços e se abraçaram. Ficaram, assim abraçados por muito tempo, sem nada dizer. Negros e índios começaram a tocar tambores e a entoar uma música. Um perfume invadiu todo o ambiente. Aquela primeira entidade que se aproximou de Regina separou os dois, que continuavam abraçados. Aquele que parecia ser o chefe caminhou, abraçado por sua mãe e todos se afastaram cantando. Regina acompanhou-os, com os olhos cheios de lágrimas e agradeceu:

— Meu Deus, nunca poderei agradecer tanta beleza e felicidade que estou sentindo neste momento.

Aquele espírito que, no princípio, falou com ela, disse:

— Belo trabalho, minha filha. Soube como falar e os convenceu... agora serão levados, tratados e em breve estarão ao nosso lado ajudando a tantos outros.

— Que Deus os abençoe por toda essa bondade. Tenho uma dúvida. Essa senhora teve a minha ajuda e a de vocês; e as pessoas que não têm? Que não conhecem alguém que tenha mediunidade? Ficam à mercê dos inimigos? Sem ajuda?

— Não, Regina, nunca estamos sós... sempre teremos um amigo intercedendo por nós. Neste caso, ajudamos aos dois lados. Ela teve ajuda por ter se arrependido e, até aqui, cumprido o que prometeu. Eles foram vítimas, por isso, tiveram ajuda de familiares e de tantos outros. Assim vamos caminhando, uns ajudando os outros. Um dia, todos estaremos livres do egoísmo, ódio, rancor e usaremos o dinheiro e o poder apenas para fazer o bem. Mas, até lá, estaremos sempre sob a proteção da luz divina. Agora, temos de ir embora e acompanhá-los. Deus te abençoe. Já sei que, se precisar de ajuda, posso te procurar, não posso? — perguntou sorrindo.

— Claro que sim! Ajudarei sempre no que puder. Não estarei ajudando só a irmãos perdidos, mas a mim mesma, que a cada dia mais aprendo o quanto Deus é bom e justo!

A entidade foi desaparecendo. Regina seguiu-a com os olhos. Quando se voltou para Zeca e Elias, viu que continuavam rezando e de olhos fechados. Ela percebeu que estava novamente no quarto. Olhou para a mulher de Elias, que agora estava dormindo no chão. Tocou no ombro de ambos, dizendo:

— Zeca! Elias! Está tudo acabado!

Eles abriram os olhos. Elias correu para abraçar a mulher, que continuava dormindo. Zeca abraçou Regina.

— O que aconteceu aqui, Regina? Não entendi. Só senti, agora há pouco, um suave perfume que me inundou.

— Onde estou? — disse a mulher de Elias, acordando — Que aconteceu? Quem é a senhora? E o senhor?

— Somos seus amigos e estamos indo embora — disse Regina. — Esteve dormindo, mas agora está tudo bem. Se quiser, deve ir à igreja e agradecer a Deus por tudo o que tem na vida. Seu marido, seus filhos e sua saúde. Fique em paz.

A mulher não entendeu, mas disse:

— Não estou entendendo o que está falando, mas gostaria de lhe oferecer um café ou um suco.

— Não, obrigada. Estamos atrasados, temos muita coisa para fazer. Fique em paz, que Jesus a proteja e à sua família.

Elias os acompanhou, enquanto a esposa foi para a cozinha preparar o jantar.

— Dona Regina! Parece que ela voltou a ser como antes. Acha que ela vai ficar boa?

— Vai, sim. Tudo vai voltar ao normal. Deus te abençoe...

— Sabe, Zeca — Regina disse quando saíram — ,quanto mais vivo, mais aprendo. Hoje tive mais uma experiência maravilhosa...

— Ouvi você conversando com alguém. Confesso que não vi e nem entendi. O que aconteceu lá?

— Descobri, mais uma vez, até onde vai a bondade de Deus para com todos nós. Apesar de nossos erros, está sempre de braços abertos para nos receber. Obrigada, meu Pai...

Enquanto caminhavam em direção ao bar de Simão para o encontro de todas as tardes, ela foi contando tudo. Antes de chegarem ao bar, sentaram num banco da praça. Quando terminou de contar, ele pegou suas mãos e beijou.

— O que aprendeu que já não soubesse, Regina?

— Aprendi que Deus nos ama tanto, que dá a todos nós o direito à justiça e ao perdão.

— Como assim? Não estou entendendo.

— Nunca compreendi por que Deus permitia que pessoas aparentemente boas e inocentes fossem presas por obsessores. Hoje, aprendi que se trata simplesmente de justiça, Zeca.

— Como assim? Não estou entendendo...

— Quando fazemos algo de ruim para alguém, cometemos um crime. Esse crime, aqui na Terra, nem sempre tem um julgamento justo. Muitas vezes, nada nos acontece, mesmo que a nossa vítima tenha sido prejudicada. Quando ela exige o direito à justiça, Deus permite que ela faça o seu julgamento. Poderá condenar, ou perdoar, cabendo a ela decidir...

— Está me dizendo que, mesmo sendo inocente nesta vida, a pessoa fica a mercê do julgamento de sua vítima e, se for condenada, sofrerá o castigo imposto por ela?

— Não! Deus nunca abandona seus filhos, por piores que sejam. Dá o direito à justiça, mas também o direito ao perdão, para obsessores e obsediados. Para isso envia ajuda de espíritos amigos.

Para a mulher de Elias, a ajuda veio através de vários espíritos amigos, através de mim, de você e do próprio Elias.

— Continuo não entendendo. Eu e o Elias nada fizemos!

— Fizeram sim e muito. Só o desejo de ajudar e a fé com que ficaram rezando tornaram o ambiente propício para que espíritos de luz pudessem fazer-se notar por aqueles espíritos cegos e surdos de tanto ódio. No momento em que me ouviram e viram, consegui mostrar a eles que tinham o direito a vingança, mas que também poderiam perdoar e, assim, continuarem a sua jornada para a luz. Eles aceitaram e a corrente de ódio foi quebrada. Agora, seguirão caminhando, buscando a perfeição. Talvez, encontrem-se numa próxima encarnação, quando as arestas finais serão aparadas. Deus é mesmo maravilhoso!

— O que podemos fazer para não sermos obsediados?

— Tentar cumprir da melhor maneira possível a nossa obrigação. Sonhar e ir atrás desses sonhos. Nunca nos deixar abater por dificuldades, acreditando que Deus é nosso Pai e vela por nós. O mais importante é nunca prejudicarmos quem quer que seja. E perdoar sempre, por mais difícil que nos possa parecer...

— Nem sempre é possível perdoar, Regina!

— Se Deus sempre nos perdoa, por que não podemos perdoar? Ninguém neste mundo ou em outro qualquer é perfeito. Todos estamos caminhando. Uns na frente, outros mais atrás, mas caminhando...

— Se perdoarmos sempre, nos tornaremos fracos, e os outros poderão se aproveitar dessa nossa fraqueza...

— Perdoar, Zeca, não significa se humilhar. Devemos deixar passar e esquecer, caminhando sempre. Cada vez que perdoarmos um irmão, estamos fazendo a nossa parte. Só Deus tem o direito de julgar, porque nada sabemos...

— Você sabe tudo sobre a espiritualidade, Regina!

— Não sei tudo. Você diz isso porque não sabe que, naquele momento, com a esposa do Elias e, mesmo agora, eu estava e estou dizendo estas coisas por intuição de um espírito de luz, que está nos ensinando as coisas do céu...

— Quer dizer que só agora está aprendendo tudo isso?

— Exatamente, e agora estou agradecendo a esse espírito. Está na hora de irmos para o bar do Simão? Já devem estar estranhando a nossa falta.

Zeca sorriu. Beijou-a levemente e, felizes, foram para o bar. Paulina e Simão estavam realmente preocupados não só com eles, que não chegavam, mas com Célia também.

— Boa-tarde! — disse Simão — Até que enfim chegaram! Estávamos preocupados! Aconteceu alguma coisa?

— Não, só paramos na praça para conversar. Eu e Regina conversamos sobre algo muito sério. Ela está me ensinando algumas coisas sobre a espiritualidade.

— Pode parar, Zeca! Não quero conversar sobre isso! O que me interessa é o meu bar e, agora, o Grotão!

— Eu também não estou preparado para conversar sobre isso, Simão. Souberam algo sobre Célia? Que será que ela decidiu?

— Não sabemos, Zeca. Conversei com ela esta tarde, parece que está irredutível. Quer recuperar o filho de qualquer maneira. Estou preocupada.

— Acho que não precisa se preocupar, Paulina — disse Simão — ,olhem lá!

Olharam e viram Célia e Fábio, que se aproximavam abraçados. Chegaram perto dos amigos, que se levantaram para recebê-los. Simão foi o primeiro a falar:

— Parece que estão felizes, está tudo bem?

— Está tudo ótimo! Pensei muito e resolvi que, para não fazer mal a família do Fábio e, principalmente, ao meu filho, eu deveria renunciar a ele. Com esta renúncia, sem esperar, recuperei o amor da minha vida! Deus é maravilhoso! Continuarei sempre ao lado do meu filho e com o meu amor também! Que mais posso querer?

— Nada mais, mesmo! — disse Regina, piscando para Zeca, — Deus é realmente maravilhoso! Basta só escolhermos o caminho certo, que Ele nos ajudará em tudo!

— O difícil é saber qual é o caminho certo...

— Não se preocupe, Paulina, o caminho sempre nos é mostrado e teremos toda a oportunidade para segui-lo.

— A sua religião parece te dar muita segurança, Regina.

— Não é uma religião, é uma constatação. Aprendi que só é preciso acreditar na bondade e justiça de Deus, Célia. Mas vamos mudar de assunto? Quando vai ser o casamento?

— Ainda não decidimos. Fábio vai ter que tirar alguns dias de férias para que tudo seja preparado. Eu não queria sair da cidade antes de tudo estar pronto. O Grotão se tornou uma prioridade em minha vida. Como Fábio trabalha e mora em Brasília, terei que me mudar e não gostaria que fosse antes de ver o Grotão construído. Agora não tenho mais o que esconder. Sabem que sou uma herdeira muito rica e então resolvi que vou separar uma boa parte do meu dinheiro e oferecer ao projeto. Devo muito a esta cidade e principalmente a vocês. Robertinho nunca saberá que é meu filho, mas vou fazer meu testamento passando todos os meus bens para ele...

— O seu dinheiro para o Grotão será bem-vindo, mas o que é isso de testamento, Célia? Está pensando na morte?

—Claro que não, Simão, mas nunca se sabe!

Fábio permanecia calado. Algo de estranho passava por sua cabeça. Enquanto os outros conversavam, ele olhava para Simão, tentando lembrar de quando o tinha visto ou de algum lugar onde tivessem se encontrado.

"Eu conheço esse homem, mas de onde será?!"

Os amigos não prestaram atenção e ele continuou pensando. A conversa corria solta. Regina falou:

— Com todos esses milionários que estão surgindo, daqui a pouco teremos todo o dinheiro que precisamos para o Grotão! A vida do Zeca e da Célia já foi desvendada, só falta a do Simão e a da Paulina! Que mistérios ainda iremos descobrir?

— Na minha vida, não há mistério algum! Todos sabem que vim para cá atendendo ao chamado do meu tio, que estava doente e precisando de ajuda.

— Eu também, Simão, só voltei porque fiquei viúva e quis voltar para a minha terra, nada mais. Célia, foi você quem mandou o dinheiro misterioso?

— Não. Estava tão envolvida com os meus problemas, que nunca pensei nisso. Poderia ter sido, mas não fui.

— Quem terá sido? — insistiu Zeca.

— Não sei, e talvez nunca saibamos. Fábio, por que está tão calado? Estes são meus amigos e deverão ser seus também...

— Serão, só que tem algo me preocupando...

— O que é, Fábio?

— Não sei, mas a qualquer momento vou me lembrar...

Continuaram conversando. Fábio ficou tentando lembrar de onde conhecia Simão de repente soltou quase um grito:

— Lembrei! Você é o Teodoro! Assessor do deputado!

Todos, assustados, olharam para Fábio. Simão ficou pálido, sem palavras. Todo o sangue sumiu de seu rosto. Depois do susto, a primeira a falar, foi Célia:

— O que você está dizendo, Fábio? Você o conhece? É um assessor?

— Isso mesmo! É o assessor do deputado federal Murilo!

Simão voltou à realidade, dizendo:

— Deve estar enganado, não sou e nunca fui assessor de deputado algum, deve ser alguém parecido comigo...

— Claro que é! Tenho certeza! Está um pouco mais velho e com os cabelos mais brancos, mas é o Teodoro! Sou amigo do Luiz. Não se lembra de mim? Estive algumas vezes com ele em seu escritório lá na Assembléia. Ele sempre esteve muito preocupado com a sua atuação e ficou muito mais, quando tudo aquilo aconteceu e você desapareceu. Desde então está te procurando por todos os lugares...

Simão olhava para Fábio sem saber o que dizer. Regina, com sua tranqüilidade de sempre, disse:

— Meu amigo, sempre há uma hora certa para tudo. Nada fica escondido para sempre. Como aconteceu com Zeca e Célia, acho que chegou a sua vez. Somos seus amigos, nada poderá mudar essa amizade. Se estamos todos juntos, algum motivo há. Por isso, não tem com que se preocupar...

Simão olhou para Fábio, que estava preocupado, pois percebeu que havia cometido uma indiscrição.

— Desculpe, Simão, não sabia que não conheciam o seu passado ou, melhor, talvez eu esteja enganado mesmo.

Simão não respondeu, continuou olhando para todos. Seus olhos foram se modificando. A expressão era de quem não estava mais ali, mas em um lugar distante no passado.

— Não se preocupe, Fábio — disse após alguns minutos — ,sempre soube que esse dia chegaria. Realmente meu nome é Teodoro e fui assessor de um deputado. Vim para esta cidade, fugindo de tudo e de todos. É uma longa história. Não pode ser contada em poucos minutos. Não posso sair daqui agora, então vamos fazer o seguinte, às oito horas da noite, poderemos nos encontrar na casa de alguém e contarei tudo. O que acham?

— Tudo bem. Se preferir, pode ser na minha casa — disse Paulina. — Sabem que tenho uma sala ampla e uma mesa grande. Poderemos tomar um café enquanto escutamos o que tem a dizer. Simão, quero te dizer que, se não quiser, não precisa contar. Continuaremos sendo seus amigos.

— Obrigado, Paulina, mas chegou a hora e não há motivo para que não saibam de tudo.

— Bem, já que todos concordaram, vamos, agora, para nossas casas — disse Regina — ,jantamos e depois voltaremos.

Despediram-se e tomaram os seus caminhos. Cada um preso aos seus próprios pensamentos. Paulina foi para sua casa, Regina também. Zeca, Célia e Fábio seguiram para a casa de Consuelo, que já os esperava com o jantar pronto.

— Você viu, Zeca? — disse Robertinho assim que eles entraram em casa. — O Fábio vai se casar com a Célia! Agora ela vai ficar aqui para sempre! Estou muito feliz!

—Pois é, Robertinho! Também estou feliz, mas ela não vai ficar aqui para sempre. Fábio mora em Brasília e, assim que se casarem, ela irá embora com ele.

— Sei disso, mas posso sempre ir passear lá, não é, Fábio?

— Claro que sim. A minha casa será sua, poderá ir sempre. Vou até reservar um quarto que será só seu.

Robertinho, alheio a tudo o que estava acontecendo, continuou brincando com os carrinhos que Zeca lhe deu.

Uma história de poder

Às oito horas em ponto, estavam na casa de Paulina. Simão não chegou, o que fez com que ficassem preocu-pados. Zeca quis ir a sua procura.

— Não, Zeca, não vá. Dissemos que ele decidisse se viria ou não. Se ele não vier, não perguntaremos. É nosso amigo e não importa o que tenha acontecido em seu passado. Foi isso o que dissemos a ele e terá que ser cumprido.

— Tem razão, Regina, fiquei tão aliviado quando tudo a meu respeito foi descoberto, que queria o mesmo para ele.

Quinze minutos depois, Simão chegou. Estava com os olhos vermelhos, demonstrando que havia chorado muito.

— Desculpem, amigos. Estive pensando muito e não vi o tempo passar, mas agora estou pronto para contar tudo.

Sorriram aliviados. Embora Simão parecesse ter chorado, seu rosto estava tranqüilo. Sentou-se em uma cadeira:

— Estou aqui para contar tudo o que se passou em minha vida. Robertinho sempre diz:

"— Seu Simão fala que não é político, mas que parece, parece... isso parece... mesmo..."

— Realmente fui político. Por muito tempo, fui assessor de um deputado estadual. Tudo ia bem até aquele dia. Acordei pela manhã, olhei a minha volta. Ao meu lado, a cama estava vazia — pensei sorrindo.

"— Cláudia não está mais aqui, deve estar preparando as crianças para irem à escola."

— Levantei, olhei o meu quarto. Amplo, bem decorado, com todo o conforto. Fui até o banheiro, também muito grande e bonito. Havia terminado a construção da casa há pouco tempo. Era o sonho da minha vida. Foi desenhada por mim e por Cláudia, nos mínimos detalhes. Ela se tornou uma casa rica, linda e confortável. Olhei para o espelho e me assustei:

"Um fio de cabelo branco? Não pode ser!

— Hoje entendo, como não tinha com o que me preocupar! Eu tive tudo o que o dinheiro pode comprar, além de uma esposa que eu amava, e era amado, e um casal de filhos, que, para mim, era tudo. Só podia, mesmo, me preocupar, e muito, com um fio de cabelo branco. Tomei um banho, fiz a barba e desci. Cláudia lia o jornal sentada numa poltrona de vime, que ficava na varanda da casa e que dava para uma floresta nativa. Construímos a nossa casa nos altos de uma pequena serra. Ao vê-la ali, tão bonita, senti mais uma vez o quanto a amava. Percebendo a minha aproximação, ela levantou seus lindos olhos azuis:

"— Bom-dia, meu amor, dormiu bem? — disse sorrindo.

— Beijei os seus lábios suavemente:

"— Bom-dia. Dormi muito bem. Quando cheguei, você estava dormindo e eu não quis te incomodar.

— Já estou acostumada, desde que entrou para a política, muito pouco nos vemos. Está sempre ocupado, em reuniões e viagens. As crianças quase não te vêem. Hoje, pela manhã, após as crianças saírem, fiquei olhando toda a beleza que tem neste lugar e nesta casa. Lembrei do Luiz e da Rosana. Do tempo em que estudávamos e a ditadura chegou e resolvemos lutar contra ela. Vivíamos escondidos, sempre em perigo, mas estávamos juntos. O nosso amor era mais importante que tudo. Até mais que a nossa luta. Sonhamos tanto por dias melhores para o nosso país. E, agora? No que se transformaram todos aqueles dias, aqueles sonhos? Estamos cada vez mais distantes. O nosso amor, que era tão importante, se transformou em uma casa bonita e dinheiro. A ditadura terminou, mas o país continua da mesma maneira. O poder só trocou de mãos. Fico pensando se valeu a pena tanta luta, tantas mortes de jovens, tortura e sofrimento. Não sei se é essa vida que quero.

— Que está dizendo? Tem razão quanto ao país, mas precisamos nos adaptar com a nova ordem, a nova política. Eu te amo! Só estou garantindo um bom futuro para nós e nossos filhos. Já temos tudo o que sonhamos. Só mais um pouco de tempo, poderei deixar esse trabalho e viveremos, então, com todo o conforto, pelo resto de nossas vidas.

— Gostaria de acreditar, mas estou com medo que não seja só o dinheiro que esteja te levando. Você está apaixonado pelo poder e o poder é muito mais perigoso que o dinheiro.

— Não se preocupe com isso. Poder é bom, mas prefiro muito mais você e as crianças. Vamos deixar as eleições passarem, voltaremos outro dia a falar sobre esse assunto.

— Está bem, vou esperar. Estou lendo aqui no jornal, o comício foi muito bom mesmo.

— Foi sim, havia muitas pessoas. Acredito que conseguimos convencer, houve muitos aplausos.

— Acredita que ele vai se reeleger?

— Acredito que sim. O segredo é estar sempre em evidência, no rádio e na televisão, e isso ele sabe fazer muito bem. As crianças já foram para a escola?

— Sim, Gaspar as levou. Vai precisar dele hoje?

— Preciso que ele me leve até a Assembléia, depois poderá voltar e ficar à sua disposição.

— Não vou precisar. À tarde, enquanto Caio vai para a aula de judô e a Carina ao balé, vou ao cabeleireiro dirigindo o meu carro. Acho que, depois, vou até à casa de minha mãe.

— Sendo assim, é melhor que vá com Gaspar. Embora seja perto, vai ter que pegar uma rodovia.

— Está querendo dizer que não sei dirigir?

— Desculpe! Esqueci que é melhor motorista que eu. Hoje, novamente, devo chegar tarde. Por isso, pode ir tranqüila. O Gaspar ficará comigo o dia inteiro. Vá visitar sua mãe, mas não volte muito tarde. À noite, na rodovia, tudo é mais difícil.

— Não se preocupe. Também não gosto de dirigir à noite, voltarei antes de escurecer. Quer tomar café?

—Quero sim, me acompanha?

— Só um cafezinho, pois já tomei o meu."

— Fomos para a sala, a mesa do café ainda estava servida. Cláudia pediu a Maria que trouxesse o café. Após o café, fomos para o quarto. Eu precisava sair em seguida, mas ela não deixou antes que nos amássemos. Eu a adorava. Era o homem mais feliz da face da Terra. Depois de algum tempo, lembrei de uma reunião marcada com alguns construtores.

"— Meu Deus! Estou atrasado! Preciso ir correndo!"

Beijei-a e saí correndo. Gaspar já estava me esperando. No caminho, fui pensando em tudo o que Cláudia havia dito. Realmente, a minha vida se tornou uma loucura. Corria muito, não tinha tempo de ficar com ela e com as crianças. Em um ponto ela tinha razão, eu adorava o poder! Ver as pessoas me fazendo todos agrados para que eu conseguisse o que elas queriam. Cláudia reclamava, mas ia ao cabeleireiro e as crianças freqüentavam as melhores escolas. Não entendia por que reclamava. Falaria com ela naquela noite. Lembrei que não poderia, pois tinha uma reunião partidária. Na primeira oportunidade, falaria e mostraria que tudo o que estava fazendo era para a felicidade dela e das crianças.

— Chegamos na Assembléia. Estava examinando alguns papéis, quando ouvi a minha secretária, pelo interfone:

"— Doutor, o senhor Luiz está aqui e quer vê-lo."

— Fiquei preocupado, pois estava muito ocupado, mas não poderia deixar de atender o meu amigo de tantos anos.

"— Pode deixar ele entrar."

— Luiz entrou. Olhei para ele e notei que já estava com vários cabelos brancos e tínhamos a mesma idade.

"— Olá, Luiz! Há quanto tampo não te via?

—Olá, Téo, faz muito tempo mesmo. Vim até aqui, porque preciso de tua ajuda.

— Pode falar e, se eu puder, ajudarei! Sente-se, quer um café? Rosana, como está? E as crianças, estão bem?

— Não quero café, obrigado. Estamos todos bem. Eu e Rosana continuamos dando aula. É sobre isso que quero falar.

— Tudo bem, se eu puder, te atenderei com todo prazer.

— Pertenço a uma associação de bairro e estamos precisando de uma nova escola, pois há muitas crianças sem ter onde estudar. Talvez você consiga, junto ao deputado, um projeto nesse sentido... é muito importante para as crianças.

— Vou falar com o deputado, mas posso lhe adiantar que será difícil, pois toda a verba para a educação já está destinada.

— Sempre há um meio, Téo. Basta tirar um pouco daquela verba destinada às empreiteiras e colocar na educação.

— O que está insinuando? Que a verba das construções é maior do que as da educação?

— Não estou insinuando, estou afirmando. É voz corrente que você está enriquecendo cada vez mais com negociatas!

— Está me ofendendo. Te conheço há muito tempo. Sempre fomos amigos. Por que isso agora?

— Por me conhecer há muito tempo e por sempre ter sido teu amigo, posso te dizer na cara o que estou pensando! — ele falava nervoso. — Sempre fui amigo daquele Téo que, ao meu lado, junto com tantos outros, lutou contra a ditadura, em uma época em que muitos de nossos companheiros morreram, foram torturados, além dos que desapareceram e não se tem notícia até hoje! Sou amigo daquele Téo! Não deste que encontro agora! A ditadura está terminando e você vive bajulando os mesmos políticos, que antes eram nossos inimigos. Está nas portas das construtoras oferecendo seus serviços de intermediação por trinta moedas! Não se lembra de todos aqueles companheiros que foram mortos ou torturados?

— Você veio para me ofender! Quem pensa que é?!

— Sou um daqueles que um dia sonhou com o nosso país livre, com o nosso povo feliz e que vê, hoje, pouca chance de isso acontecer. Enquanto houver homens como você, não adiantará luta alguma. O nosso país continuará nas mãos dos poderosos, não importando quantas vidas se percam!

— Aquele Téo que conheceu morreu no dia em que conheceu a política por dentro! — eu disse, com a voz alterada e muito nervoso. — O sistema é assim, ou você aceita ou cai fora! Tem razão. O nosso país vai demorar muito para ser aquele que um dia sonhamos! Ou, talvez, nunca chegará a ser. Descobri que, já que não podia consertar, o melhor seria me aliar! Foi isso que fiz! Estou muito contente com a minha situação e não pretendo mudar!

— Vendo você agora, fico feliz por nunca ter aceitado um cargo público! Somos muito diferentes!

— Está vendo o quê? Somos muito diferentes, sim! Está vendo um homem bem vestido, em um escritório bem equipado, com bom carro e boa casa! Enquanto que você continua mal vestido. Não sei se tem casa, mas, se tiver, deve ser lá na periferia e o seu carro, se tiver, deve ter uns dez anos. Sabe por quê? Porque continua até hoje um simples professorzinho idealista, achando que conseguirá mudar o mundo! Minha mulher freqüenta os melhores cabeleireiros e as melhores lojas! Rosana não deve ter dinheiro nem para cortar os cabelos, deve andar de ônibus para dar aula! Meus filhos freqüentam as melhores escolas! Os teus devem estar em alguma escola pública! Tenho dinheiro aqui e em bancos do exterior! Se eu perder este emprego, viverei para o resto da minha vida com a mesma qualidade! Quanto dinheiro você tem? Junto ao poder, eu também sou poderoso! Gosto de viver assim! Nada, nem ninguém, pode acabar com isso! Quer saber mais? Nem Deus! Se é que realmente existe!

— Realmente, Téo, sou tudo isso que está dizendo! Não tenho boas roupas, nem boa casa ou carro novo. Meus filhos não freqüentam boas escolas, minha mulher não freqüenta cabeleireiros e lojas caras, muito menos tenho dinheiro guardado, aqui ou no exterior! Se, hoje, um de nós perdesse o emprego, seria difícil, mas temos muito amor em nossa família e vivemos em paz! Tenha certeza de uma coisa. Deus existe sim, só Ele tem todo o poder! Não percebe que, enquanto desvia dinheiro com suas trapaças, muitas crianças estão sem escolas e até morrendo de fome?

— A culpa não é minha! É do sistema! Eu apenas faço parte dele e confesso que gosto! Me preocupo com os meus filhos, você com os seus! Cada pai que se preocupe com os deles! Por que filho de pobre precisa estudar? Serão sempre uns perdedores, assim como você!

— Não sou um perdedor! Tenho paz e dignidade para olhar bem em sua cara e dizer: você é um canalha! Na sua opinião, filho de pobre não tem que estudar para, quando crescer, sem escola, sem instrução, continuar votando em canalhas como você? Realmente, o nosso país tem no poder muitos homens como você e políticos que são escolhidos por esse mesmo povo, que continuará sem escola, instrução e dignidade! Mas um dia, eu acredito que tudo mudará! ”

— Luiz saiu muito nervoso, sem se despedir. Eu, sorrindo, sem querer entender o que ele havia me dito, pensei:

“É mesmo um perdedor, se tivesse aceito o emprego que lhe ofereci, poderia hoje estar tão bem, quanto eu.”

— Logo depois, o pessoal da construtora chegou. A comissão que eu receberia seria muito grande. Aquela prática já se tornara normal. Eu encaminhava ao deputado os projetos, sempre superfaturados. O deputado apresentava a quem era responsável e aí, se aprovado, a gorda comissão viria. O meu deputado estava há muito tempo na política e agora tentava a reeleição. Como era muito conhecido, por estar sempre em evidência na mídia, acreditávamos que a reeleição seria tranqüila. Ele continuando, eu continuaria também. Durante todo o tempo em que estive com ele, consegui muito dinheiro. Embora nunca houvesse sido pobre. Minha família sempre pertenceu à política. Meu pai havia sido deputado, ministro e senador. Esteve sempre ao lado do poder. Quando veio a ditadura, eu estudava Direito. Ele ficou do lado dos militares, o que me revoltou e fez com que eu me tornasse um grande lutador. Junto com Luiz e muitos outros lutamos, fomos presos, torturados e exilados. Quando entrei para a política, foi com as melhores intenções, mas aprendi rápido que, para continuar, teria que me adaptar ao sistema. Percebi, também, que poderia ganhar muito dinheiro. Com o tempo, fui ganhando sempre mais. O povo e seus problemas ficaram distantes. Na eleição que se aproximava, eu ainda continuaria sendo assessor, mas na próxima seria candidato. Tudo caminhava bem. Nada poderia me parar. Meu destino, eu já havia traçado. Seria, um dia, deputado. Ganhava muito como assessor, ganharia muito mais como deputado, senador ou até governador. O meu orgulho e ambição não tinham fim.

Enquanto falava, Simão suava muito e tremia. Regina percebendo a sua aflição, disse:

— Simão, quer parar um pouco? Você parece cansado.

— Não, Regina, como aconteceu com Zeca e a Célia, não posso mais parar. Estou nervoso, não por estar contando, mas por me imaginar naquela situação.

— Tome, pelo menos, um pouco de água, ou café.

Tomou água e continuou:

— Depois que Luiz saiu, eu continuei com o meu trabalho, que consistia em dar telefonemas para saber como andavam os projetos que já havia enviado. Durante toda a tarde recebi várias pessoas, que vinham pedir desde emprego até médicos e remédios. Atendia a todos, dizendo que iria providenciar ajuda. Anotava nomes e endereços. Assim que saíam, eu jogava os papéis no lixo. Não tinha tempo para perder com aqueles assuntos tão insignificantes. Quase seis horas da tarde, estava ainda no escritório, quando o telefone tocou. A secretária já havia ido embora, por isso, eu mesmo atendi.

"— É o senhor Teodoro?

— Eu mesmo, quem está falando?

— Aqui é da polícia rodoviária, sinto comunicar, mas a sua esposa sofreu um acidente.

— Como? Que está dizendo? Isso é uma brincadeira?

— Sinto muito, mas não é uma brincadeira. O acidente foi grave, é melhor que venha até aqui."

— Tremendo muito, anotei o endereço que me passou. Antes de ir ao endereço, pedi a Gaspar que fosse pela estrada, para ver se havia algum acidente. Meu coração batia forte. Estava com medo do que iria encontrar. A voz da pessoa que ligou estava muito tensa. Não me deu o endereço de um hospital, o que me deixou ainda mais apreensivo. Faltando uns dois quilômetros para a saída que levaria até a minha sogra, vi um aglomerado de pessoas e os carros passando devagar. Meu coração se apertou mais ainda. Gaspar, que também havia visto, parou o carro no acostamento:

"— Doutor, não quer que eu vá na frente?"

— Notei que, assim como eu, ele estava preocupado.

"— Claro que não! Não devia ter parado! Vamos logo."

— Ele acelerou o carro, que, para mim, parecia estar parado. Não chegava nunca. Finalmente chegamos. Era realmente o carro de Cláudia que estava ali, todo retorcido. Ao vê-lo, fiquei parado dentro do carro, sem forças para sair. No estado em que o carro estava, realmente, algo muito grave havia acontecido. Dificilmente alguém escaparia com vida. Sem forças, sentindo até falta de ar, não conseguia sair do carro. Gaspar, vendo a minha aflição, disse:

"— Doutor, fique aqui. Vou até lá ver o que aconteceu."

— Saiu. De longe, fiquei olhando. Eu, que sempre fui tão forte e decidido, estava ali, paralisado e com muito medo de saber o que temia ter acontecido. Gaspar se aproximou de um dos vários policiais que estavam ali. De longe, vi meu motorista conversando e gesticulando. Colocou a mão na cabeça, como se estivesse desesperado. Não suportei. Saí do carro e fui correndo em direção ao carro de Cláudia.

Nesse instante, Simão começou a chorar e colocou as mãos no rosto. Suas mãos e corpo tremiam. Os amigos, adivinhando o resto da história, também estavam abalados. Não sabiam o que falar, aliás, não havia o que ser dito. Paulina se levantou, deu a volta, colocou as mãos, por trás, nos ombros de Simão:

— Simão, pode parar de falar, já podemos imaginar o que aconteceu. Relembrar está te fazendo mal. Não queremos que sofra. Entendemos, agora, porque está escondido aqui. O único que te conhece é Fábio e, com certeza, não vai contar a ninguém que te encontrou. Não é mesmo, Fábio?

— Pode ficar tranqüilo, Simão. Eu sabia o que havia acontecido com a sua família, mas não conhecia os detalhes. Não vou comentar com ninguém que te encontrei aqui.

Simão enxugou com as mãos as lágrimas.

— Estou bem, meus amigos, mas preciso continuar. Estou com estas lágrimas lavando a minha alma. Sei que são meus amigos e que continuarão sendo.

Regina, também abalada, segurou as mãos de Simão:

— Entre amigos não deve haver segredos. Aos poucos, estamos nos mostrando quem realmente somos. Isso nos mostra que Deus é nosso Pai e que sempre nos dá a chance de refazermos a nossa vida. Estamos envolvidos em um projeto que fará bem a muitas pessoas e será a nossa chance de recomeçar uma nova vida.

— Obrigado, Regina, mas vou continuar: saí correndo. Gaspar e os policiais tentaram me impedir de chegar junto ao carro. Assim que cheguei, parei. A cena que vi, nunca mais vou esquecer. Cláudia e as crianças ainda estavam lá, no meio dos ferros retorcidos. A cena era dantesca! Mais tarde fiquei sabendo que morreram na hora. Por isso, ainda estavam ali. Seriam logo mais retirados e levados ao Instituto Médico Legal. Os policiais falavam, mas eu não ouvia. Tudo parecia um pesadelo, do qual eu fazia um esforço enorme para acordar. Passaram-se alguns minutos até que Gaspar e um policial me retirassem dali. Gaspar me levou para casa, onde encontrei parentes e amigos, que me receberam constrangidos, sem saberem o que dizer. Vi todas aquelas pessoas me olhando. Reconheci algumas, outras não. Fiquei parado, respondendo algumas perguntas, mas não esquecia a cena que havia presenciado. Não podia me conformar! As três pessoas que mais amava, que eram tudo para mim, não existiam mais. Não conseguia chorar, porque não acreditava que tudo aquilo estava acontecendo. Alguém me levou para o meu quarto e me aplicou uma injeção. Dormi não sei por quanto tempo. Quando acordei, minha mãe estava ao meu lado:

"— Meu filho, sinto muito por tudo que aconteceu, mas agora tem que se levantar e ir até o velório."

— Ouvi a sua voz, mas ainda parecia um sonho. Olhei e vi que estava em meu quarto. Naquele maravilhoso quarto! O quarto que eu havia trabalhado tanto para construir e ver Cláudia feliz. Levantei, tomei um banho e acompanhei minha mãe até o velório. Quando lá chegamos, as pessoas correram para me cumprimentar. As horas se arrastaram, queria ficar sozinho, mas tinha que cumprir a minha obrigação social. Toda a minha vida se resumia, agora, em três caixões lacrados. Finalmente o sepultamento foi feito. Minha mãe me acompanhou até em casa. Chegando lá, eu disse:

"— Por favor, mamãe, me deixe sozinho, preciso colocar em ordem os meus pensamentos. Preciso entender o que aconteceu e o porquê de tudo isso. Não se preocupe, eu estou bem. Muito triste, cansado e confuso, mas estou bem.

— Tem certeza? Não será melhor ir para a nossa casa?

– Não, mamãe, preciso ficar aqui e colocar os meus pensamentos em ordem. Não se preocupe, ficarei bem."

— Estávamos sentados em um sofá na sala. Me levantei e a abracei. Ela me beijou e foi embora. Assim que fiquei sozinho, olhei a imensa sala com sua decoração bonita e caríssima. Abri a porta da varanda que dava para a piscina. Aquela mesma piscina, onde meus filhos e Cláudia brincavam. Parecia que os via, rindo e correndo. Só que eu nunca estava ao lado deles. Sempre os via de longe, sem participar de suas alegrias e brincadeiras. Sempre estava entrando ou saindo. Lembrei que já fazia alguns dias que não via meus filhos. Quando eu chegava em casa, eles já estavam dormindo. Quando eu acordava, eles já haviam saído para ir à escola. Voltei para a sala, tomei um drinque e subi para os quartos. O quarto de Carina era decorado na cor rosa. Em sua cama, havia bichinhos de pelúcia, bonecas e muitos brinquedos. Naquele quarto havia tudo o que uma criança poderia desejar. Só não havia mais a minha filhinha, a não ser em uma fotografia. Olhei tudo, tentando vê-la surgir correndo de algum lugar para me abraçar. Mas foi em vão, ela não surgiu, pensei:

"Há quanto tempo não a abraçava? Há quanto tempo não brincava ou simplesmente via meus filhos? Há quanto tempo eu não dava atenção para minha família?"

— Deitei em sua cama e chorei muito. Depois, saí e fui ao quarto de Caio. Também ricamente decorado, com tudo o que uma criança possa sonhar. Dei tudo a eles, menos a minha presença, o meu carinho e o meu amor. Também ali, eu o chamei em voz alta, esperando que a qualquer momento ele aparecesse. Foi em vão. Fui até o meu quarto, também amplo e bonito. Na imensa cama tentei ver Cláudia. Ela também não estava lá. Lembrei que, naquela manhã, havia quase me obrigado a amá-la. Eu não tinha tempo para essas pequenas coisas. Não tinha tempo de amá-la. Estava sempre correndo, precisava ganhar dinheiro. Dinheiro e poder, que eu precisava cada vez mais e que, para conseguir, abandonei a minha família e deixei de ter com eles momentos de felicidade. Agora, o que faria com todo aquele dinheiro? Com todo o poder? Com aquela linda casa? Com os carros? Enfim, com tudo que possuía? Não havia resposta, não sabia o que fazer. Deitei em nossa cama e mais uma vez chorei. Lembrei de Luiz, Rosana e tantos outros, que sacrificaram a sua juventude para o bem do nosso país. Lembrei de nossas lutas, dos momentos de medo e de fuga. Lembrei dos meus sonhos de juventude, que havia jogado fora, e da desilusão que senti ao entrar para a política e ver como o sistema era tão corrompido. Lembrei que, ao invés de lutar contra ele, preferi me agregar e jogar todos os meus sonhos para o alto, em troca de dinheiro e poder. Dinheiro? Para quê? Poder? Para quê? Nem o dinheiro, nem o poder poderiam me trazer de volta as pessoas mais amadas e que os usei como desculpa para cometer todos aqueles crimes. Minha cabeça parecia que ia estourar. Meus sentimentos eram de dor e sentimento de culpa. Lembrei-me de Deus.

"Será que Deus existe mesmo? Se existe, por quê ao invés de castigar Cláudia e os meus filhos, não matou a mim?"

— Lembrei-me mais ainda de Luiz e em todas as verdades que ele disse e que insisti em não aceitar. Ele disse não possuir tudo o que eu possuía, mas que era feliz, pois vivia em paz com sua família. Lembrei de Cláudia me dizendo essas mesmas coisas. Fiquei ali por muito tempo. Não recebia visitas e só atendia ao telefone quando fosse minha mãe. Os dias se passaram e eu sem vontade de reiniciar as minhas atividades. Não havia motivo, nada mais me importava. Fiquei assim por alguns dias, até que minha mãe me telefonou:

"— Téo, seu tio que mora lá em Céu Dourado telefonou, quer que vá passar alguns dias com ele. A cidade é pequena e tranqüila, lá poderá descansar. Talvez encontre um novo caminho.

— A princípio não quis aceitar, mas depois pensei:

"Não posso continuar assim. Preciso tomar uma atitude. Vou para Céu Dourado, ficarei lá por alguns dias e, quem sabe, encontre uma maneira de me redimir de todos os meus erros."

— Vim para cá de ônibus. Não queria mais usar aquele dinheiro que havia roubado. Meu tio, irmão de minha mãe, me recebeu com muito carinho. Idoso, solteiro e não tinha filhos. Logo que cheguei, comecei a me sentir melhor. A cidade simples e as pessoas vivendo de forma simples, mas me parecendo felizes. Comecei ajudando no bar. Vim para ficar alguns dias, mas encontrei aqui a paz tão procurada. Fui ficando. De repente, meu tio sofreu um ataque do coração e também morreu. Novamente a dor, pois, naquele pouco tempo em que vivi com ele, me afeiçoei. Toda a lembrança e a dor daquele dia voltaram ao ver o meu tio morto e sendo enterrado. Outra vez a fatalidade se abatia sobre minha vida. Novamente, perdi a vontade de viver. Resolvi que voltaria para casa, que ainda estava aberta e sendo cuidada por empregados. Estava arrumando minhas coisas, quando vi um envelope com o meu nome. Abri e encontrei uma carta. Comecei a ler:

Querido sobrinho

Você não sabe, mas estou muito doente. O meu velho coração não vai resistir por muito tempo. Em nossas conversas, pude sentir o grande arrependimento que sente por tudo que julga ter feito de errado. Logo mais partirei para a Glória de Deus. Desde que chegou, você mudou completamente. Está corado e feliz. Acostumou-se com o trabalho no bar. Vivi boa parte da minha vida aqui e sempre fui muito feliz. Quando eu morrer, não terei para quem deixar as minhas propriedades e, principalmente, o bar e a mercearia, que são importantes para os moradores. Por isso, peço que os aceite e continue o meu trabalho, vivendo aqui, até o dia que se sinta forte o bastante para voltar a tua antiga vida. Todos os documentos já estão assinados e guardados nesta mesma gaveta. Basta levar a um cartório para que tudo seja legalizado. O dinheiro que tem e diz ter sido roubado, haverá aqui na cidade, um meio de devolvê-lo, pois existe muita gente carente na região. Estou entregando a você não só os meus bens, mas toda a minha vida de trabalho e um caminho para seguir. Que Deus te abençoe.

Tio Mário

— Ao terminar de ler, senti um imenso carinho por aquele homem que, por tão pouco tempo, eu havia conhecido. Simples, embora com muita instrução. Um dia, também abandonara a sua vida na cidade grande, vindo viver aqui em Céu Dourado para nunca mais voltar. Fiquei com aquela carta em minhas mãos, vendo o seu sorriso. Resolvi que ficaria até encontrar alguém para ficar no bar. Mas o tempo foi passando, as pessoas me aceitando e gostando de mim. Gostando de mim, não por eu ser rico e influente, mas por mim mesmo. Todos se tornaram meus amigos. Estando aqui no bar, conhecia a todos, bem como os seus problemas. Um dia, apareceu você, Zeca, e depois, todos vocês. Foi do bar que soube do problema do filho do José. Queria ajudar, mas sem que as pessoas soubessem. Com a ajuda de minha mãe, mandei o dinheiro. Depois para Clara e para a igreja. Com o projeto do Grotão poderia ajudar muito mais. A minha casa, carros e dinheiro, ainda estão lá. A minha intenção era transformar tudo em dinheiro e usar no projeto. O dinheiro chegaria da mesma maneira, pelo correio, mas agora, vai ser impossível. Todos vocês já sabem.

Os amigos arregalaram os olhos, Zeca disse:

— Então foi você quem mandou o dinheiro misterioso?

— Sim. Minha mãe providenciou tudo.

— Por que não nos disse?

— Não havia motivo. O importante era que as pessoas precisavam de ajuda e eu podia ajudar. Quero pedir algo para vocês. Prometam que não contarão isso para ninguém.

Todos concordaram com a cabeça.

— Só não entendo uma coisa — disse Regina — Como soube do problema da Clara? Não comentamos com ninguém!

— Esqueci de dizer. Quando eu era criança, minha mãe, como voluntária, dava aulas de linguagem dos sinais e também leitura labial em uma instituição para deficientes auditivos. Eu a acompanhava, achava interessante e quis aprender também. Vi Clara e Gustavo conversando na praça. Entendi o que falavam. Por isso fiquei sabendo. Como sabia também do amor de vocês, Regina, mesmo antes de me contarem. Vi os dois conversando sentados no banco da praça.

— Quem poderia acreditar em uma história como essa?

— Mas é verdadeira, Paulina, agora que terminei de contar, estou me sentindo muito bem. Não aceitei ainda a morte dos meus amores. Penso muito neles e parece que os vejo a todo instante em que fico sozinho. Mas sei que, aos poucos, estou recebendo o perdão de Deus, se é que ele existe mesmo...

Desde que chegou, Regina via uma moça e um senhor que ficaram o tempo todo atrás de Simão enquanto ele contava a história. Regina ficou olhando por trás dos ombros dele como se ouvisse algo. Depois de algum tempo, disse:

— Simão, não sei se vai acreditar, mas está aqui o seu tio, que eu conhecia, e uma moça morena, com os cabelos longos, muito pretos e olhos azuis. Você a conhece?

— Cláudia era assim! Não pode ser! Ela morreu!

— Ela está viva, como antes. A morte é apenas uma transformação. Não existe morte para o espírito. Ela quer te falar algo. Se você quiser, poderá ser por meu intermédio.

— Você não a conhecia, eu não disse como ela era, só pode estar dizendo a verdade! Se puder falar com ela, é claro que quero! Ficaria imensamente feliz!

— Vamos nos dar as mãos e fazer a Deus uma prece para que nos conceda a graça de podermos falar com essa nossa irmã. Tenham em seus pensamentos um único desejo: ajudar.

Assim fizeram. Em poucos minutos, Regina viu a sala toda se iluminar. Perto dela estava Dona Júlia, que colocou a mão em sua garganta. Cláudia também se aproximou, ficando por trás dela que, aos poucos, começou a falar:

— Téo, meu amor. Estou feliz por finalmente você ter retornado ao seu verdadeiro caminho. Quando veio aqui para a Terra, foi para ajudar o próximo e assim redimir os erros cometidos em encarnações passadas. Afastou-se desse caminho, quando escolheu usar mal o dinheiro e o poder. Hoje, finalmente, está pronto para recomeçar a sua vida, inclusive na política, usando-a para ajudar o povo desta cidade e talvez de todo o país. Como político, tem em suas mãos a ferramenta para promover o bem estar de todo um povo. O teu erro não foi envolver-se na política, mas fazer mau uso dela. Para te dar a certeza de que sou eu mesma que estou falando, quero que se lembre da minha marca de nascença que tenho na perna direita. Agora está no rumo certo. Eu e as crianças estamos muito bem, torcendo para a tua vitória. Abre o teu coração para um novo amor. Não voltarei mais, mas estarei esperando o teu retorno, te amo, hoje e sempre.

Regina voltou, agradecendo a Deus aquela oportunidade. O ambiente todo estava reluzente.

— Foi ela mesma! — disse Simão em lágrimas. — Você não poderia saber da marca de nascença, Regina! Então a morte não existe mesmo? Ela está viva em algum lugar?

— Sim, Simão, a morte do corpo existe. Um dia, também morreremos, mas o espírito não morre nunca. Em algum lugar a vida continua. A morte é só um breve até logo, pois um dia nos reencontramos com amigos e inimigos. Vamos torcer para que os amigos sejam em maior número.

Zeca não se admirou, há vários dias, acompanhava Regina com suas visões, mas Simão, Célia, Paulina e Fábio estavam boquiabertos. Regina aproveitou a oportunidade para dizer.

— Entendeu, Célia, por que te disse ser necessário perdoar seu pai? Ele está sempre ao teu lado, pedindo perdão. Enquanto não obtiver, continuará perdido e vagando. Ficará sempre ao teu lado. A energia dele é diferente da tua, mesmo não querendo, vai te prejudicar. Nenhum ser humano é perfeito, todos temos os nossos defeitos, mas Deus, nosso pai, sempre nos dá o seu perdão. Quem somos nós para negar o perdão a um irmão, companheiro de jornada?

— Ela tem razão, meu amor — disse Fábio emocionado com tudo que viu. — Embora ainda não entenda tudo o que Regina está falando, em algo ela tem razão. Não somos perfeitos, estamos hoje juntos e com nosso filho. Temos uma vida inteira pela frente. Vamos esquecer o passado e recomeçar, sem mágoa ou ressentimento. Tudo já passou, vamos perdoar, para que, assim como ela diz, seu pai possa continuar a sua jornada e nós, a nossa. Eu também fui vítima de sua maldade, mas, se Deus nos deu a oportunidade de estarmos juntos hoje, e, se tudo for verdade, por que não dar a seu pai a oportunidade de se redimir, também?

— Tem razão. Estou muito feliz para guardar rancor ou mágoa. Papai, se estiver me ouvindo, quero que seja feliz, que continue o seu caminho. Eu já o perdoei. Meu filho está aqui por sua vontade. Poderia tê-lo matado ou sumido com ele e eu jamais o encontraria. Desejo que seja feliz.

Regina sorria enquanto via Ofélia, saindo com aquele homem, que há muito já havia amargado os seus pecados. Ele se aproximou da filha e beijou a sua testa. Depois sorrindo para ela, agradeceu e saiu feliz com Ofélia para uma nova etapa em sua vida. Mais uma vez, Regina agradeceu a Deus.

— Bem, meus amigos, agora está tudo em paz. Vamos comemorar esta noite de felicidade. Que a paz continue em nossos corações! Já está tarde. Não vimos o tempo passar e amanhã será um novo dia, cheio de muito trabalho e realizações. Que Deus nos abençoe, que a nossa amizade seja eterna...

Sorriram. Despediram-se e foram para suas casas sentindo em seus corações uma paz infinita.

Paulina ficou sozinha, intrigada com tudo que presenciou. Nunca poderia imaginar que Simão, um homem tão simples e camarada, tivesse uma história como aquela. "Nós obtivemos prova incontestável de que sua esposa estivera ali. A vida após a morte existe mesmo, não podemos mais duvidar."

"Se realmente existe, ele ainda está vivo e, quem sabe, ao meu lado. Regina falou em perdão. Como perdoar todo o mal que ele me fez? Já que realmente existe vida pós-morte, ele deve estar sofrendo muito. É o que mais desejo. Desculpe, Deus, mas não consigo ter outro sentimento em relação a ele! Não podia ter feito aquilo comigo! Acabou com a minha vida!"

Simão, por sua vez, na rua, olhou para o céu. A noite estava linda, o céu muito estrelado. Havia uma brisa fria, mas que não incomodava. Seu coração estava leve. Agora sabia que sua esposa e filhos continuavam vivos e felizes.

"Depois de tudo o que aconteceu hoje, não posso mais duvidar da existência de Deus. Agora que tudo foi esclarecido, posso continuar o projeto do Grotão sem ter que me esconder. Todo aquele dinheiro que consegui por meios inconfessáveis será usado para ajudar as pessoas desta cidade. Aprendi que não preciso de nada além do que já tenho para ser feliz."

Entrou em casa. Sobre uma cômoda, havia a fotografia de seu tio, que parecia estar sorrindo para ele. Deitou-se e dormiu tranqüilo, sem pensar no que acontecera. Dormiu com a figura de Cláudia, viva, falando com ele através de Regina.

Zeca e Regina chegaram ao portão da casa dela. Haviam combinado que não dormiriam mais juntos enquanto Clara não fosse embora, ainda mais por ser antes do casamento. O amor deles era puro e não queriam trazer constrangimentos para a menina. Beijaram-se e ele foi para o seu quarto nos fundos da casa de Robertinho. Fábio também se despediu de Célia e se encaminhou para sua casa. Encontrou com Zeca quando chegavam ao portão. Fábio perguntou:

— Zeca, o que me diz de tudo o que aconteceu hoje?

— Estou há alguns dias com Regina, presenciando muitos fatos parecidos. Por isso, não me admirei do que vi. Ela tem um dom que faz com que veja e ouça espíritos.

— Acredita mesmo nisso?

— Acredito, pois só me contou após eu ter dito a ela que também havia visto.

— Você também viu?!

— Sim, mas é uma longa história, outra hora te contarei. Vamos entrar? Amanhã será um outro dia.

Entraram. Na casa de Consuelo todos dormiam. Fábio não fez barulho. Estava cansado. Tudo estava acontecendo muito rápido. Sua vida mudava sem que pudesse evitar. Ainda bem que foi para melhor. Agora com a mulher amada e a descoberta de seu filho, só poderia ser feliz. Deitou-se.

Amanheceu. O sol brilhava forte. Zeca acordou e ficou por algum tempo deitado, pensando em tudo o que havia acontecido em tão poucos dias. Os segredos iam sendo desvendados. Ele, Célia e Simão, agora, estavam unidos por revelações que surgiram espontaneamente. Para eles, poderem se revelar como realmente eram foi muito bom. Não precisavam mais se esconder no anonimato.

Poderiam, agora, trabalhar no projeto e ajudar com o dinheiro necessário. O dinheiro que os três possuíam era muito!

Levantou-se, tomou um banho. Havia combinado de arrumar um jardim. Adorava o seu trabalho, jamais deixaria de ser jardineiro. Mexer com a terra, ver a semente germinar e crescer, era tudo o que queria na vida. Encontrou nessa profissão a sua verdadeira vocação. Não precisava de mais dinheiro do que aquele que conseguia com o seu trabalho. Durante o pouco tempo em que estava na cidade, foi mais feliz do que nunca. Conheceu o verdadeiro valor da amizade e o prazer de trabalhar em algo que realmente gostava. Foi para a casa de Consuelo, que estava terminando de coar o café.

— Bom-dia, dona Consuelo.

— Bom-dia, Zeca. Entre e venha tomar café.

Entrou e sentou. Ela lhe ofereceu café com leite e um pão quentinho. Ele não aceitou, só queria mesmo o café e conversar.

— Fiquei feliz em saber que tudo acabou bem. Célia e Fábio estão felizes. Robertinho, como está?

— A tempestade esteve em cima do meu telhado, mas passou, graças a Deus. Robertinho está muito bem. Feliz com o namoro dos dois. Logo mais, não vou conseguir mantê-lo na cama. Ainda bem que deu a ele os carrinhos, Zeca. Ele gostou muito e passa a maior parte do dia brincando.

— Ele é um garoto forte, logo estará bem e voltará a contar as novidades para as pessoas. Todos estão sentindo a sua falta.

— Ainda bem que tudo voltou ao normal. Onde esteve ontem com Fábio? Ouvi quando chegaram e já era muito tarde.

— Estivemos na casa da Paulina, ouvindo uma história.

— História?! Que história? De quem?

— Dona Consuelo! Dona Consuelo... está querendo saber muito. Até contaria, mas não tenho tempo, os meus amigos já devem estar me esperando para o nosso café matinal e hoje vou trabalhar. Fábio tem mais tempo e lhe contará tudo.

— Está bem, Zeca. Não entendo como ainda quer continuar sendo jardineiro. Agora que tudo foi esclarecido, poderia voltar para sua casa e retomar a sua profissão.

— Não, dona Consuelo. A minha profissão é de jardineiro. Com as plantas e a terra, encontrei uma felicidade imensa. Tudo o que tive no passado foi só aparência. Hoje, tenho a mulher que amo ao meu lado e trabalho no que gosto.

— Falando nela, quando vão se casar? Onde vão morar?

— Vamos nos casar daqui a um mês, antes de Clara ir para a faculdade, e continuaremos morando na casa de Regina. Eu não pretendo comprar outra... para quê? Depois da história que ouvi ontem, tenho mais certeza ainda. Nada vale mais do que o amor entre duas pessoas. O resto é resto...

— Concordo, já têm uma casa, não precisam de outra. Mas você pode ter uma bem melhor... não tenho nada a ver com isso, só o que quero realmente é que sejam muito felizes!

— Seremos, Dona Consuelo, seremos. Até logo. O seu café, como sempre, está muito bom.

Zeca saiu de casa. Olhou o céu e respirou fundo. Foi cumprimentando as pessoas que encontrava pelo caminho:

"O que preciso desta vida? Este ar puro, a terra e essas pessoas que gostam de um simples jardineiro. Como a vida é estranha. Pessoas se matam para conseguir mais dinheiro, sem saber que ele pode dar tudo, menos a alegria de viver..."

Chegou ao bar. Célia, Paulina e Simão conversavam:

— Bom-dia, pessoal! Estou atrasado porque tomei um café com Dona Consuelo.

— O Robertinho, como está?

— Não se preocupe, Célia, logo ele estará andando por aí, descobrindo e transmitindo as novidades.

— Sabem no que estive pensando? Meu filho será um grande jornalista! O que acham?

Acho que sim — respondeu Zeca, enquanto os outros riam– – jardineiro, embora ele tenha dito que era, não será.

— Ele ficaria bem aqui, atrás do balcão do bar — disse sorrindo Simão — é o lugar ideal para se saber tudo.

— Mas aí, Simão, ele seria o segundo! Quer ser sempre o primeiro! Concordo com a Célia, vai ser mesmo jornalista!

— Bom-dia — disse Regina chegando — ,desculpem por chegar atrasada, dormi demais.

— Não tem problema, sente aí que já vou te servir.

Regina sentou-se ao lado de Zeca. Simão terminou de servir a todos. Como sempre, tinha que ficar atrás do balcão servindo aos clientes, mas participava da conversa:

— Preciso agradecer por toda a paciência que tiveram em me ouvir e, como estou notando, agora, tudo continuará como antes. Estão aqui, como se nada tivesse acontecido...

— Acham que mudou alguma coisa? — perguntou Regina.

— Claro que não! Só se preferir ser chamado de Teodoro.

— Não, obrigado. Prefiro continuar sendo só o Simão.

Riram, continuaram conversando e tomando o café.

— Zeca, posso ir trabalhar com você? É meu dia de folga no posto. Também adoro mexer com a terra.

— Claro que pode, Regina. Vai ser um prazer.

Simão estava recolhendo a louça do café, quando Paulina quis ajudar. As suas mãos se tocaram. Um olhou nos olhos do outro. Ficaram olhando-se como se fosse a primeira vez que se viam. Os outros notaram que algo diferente estava acontecendo ali. Paulina olhou para a sua mão, que ainda continuava sob a mão de Simão. Arregalou os olhos e a retirou. Começou a chorar e saiu correndo. Eles ficaram espantados. Zeca perguntou:

— O que deu nela?! Por que saiu correndo dessa maneira?!

Simão, ainda sentindo o calor da mão de Paulina, respondeu assustado:

— Não estou entendendo! É melhor eu ir atrás dela.

— Acho que sei o que aconteceu — Regina, tranqüila como sempre, disse — Ela descobriu algo, só não entendo por que ficou tão nervosa. Vamos deixá-la pensar, mais tarde nos encontraremos aqui e saberemos de tudo. Simão, acho bom você também ir pensando no que aconteceu...

Simão ficou sem saber o que dizer. Foi tudo muito rápido. Célia foi para a praça, onde as crianças a esperavam. Zeca e Regina foram embora. Simão ficou sozinho, pensando:

"O que aconteceu aqui? Por que senti aquilo assim que toquei sua mão? Por quê ao olhar em seus olhos, senti como se fosse a primeira vez? Por que ela ficou tão nervosa?"

Os fregueses começaram a chegar, ele foi atendendo um a um, mas não conseguia esquecer de Paulina e de seus olhos.

— Regina, você sabe que estou ansioso para falar sobre ontem à noite, não é? — Perguntou Zeca enquanto caminhavam.

— Desconfiei, Zeca. O que quer saber?

— Entendi tudo que aconteceu, mas tenho dúvidas...

— Quais são?

— Aprendi muito com você, mas, nesse caso, não entendi. Deus seria capaz de castigar uma ou mais pessoas por erros cometidos por outra?! Simão acredita que a morte da mulher e dos filhos foi um castigo. Terá sido? Ele errou, mas a sua família não tinha nada a ver com os erros dele!

— Depende de como entendermos um fato. Já te disse que não sei de tudo, mas, por aquilo que ele contou, posso tirar algumas conclusões. A humanidade aprendeu a encarar a morte como sendo um castigo. O que ela não é. Pois, um dia, todos nós morreremos. Então todos seríamos castigados? Inocentes ou não? O tempo que passamos aqui na Terra é muito curto para a eternidade. Setenta ou até cem anos passam muito depressa. Pense em todas as pessoas que conhece ou já conheceu. Poderá me garantir que alguma delas é ou foi completamente feliz?

— Não, Regina, não posso. Todos temos momentos de felicidade, mas nunca é para sempre...

— Está vendo? Deus é perfeito e não faria algo para não dar certo. Se somos seus filhos, somos seus herdeiros, portanto com direito a tudo, toda a glória e toda a felicidade. Se não conseguirmos, é porque aqui não é o nosso verdadeiro lugar. Estamos na Terra apenas aprendendo e crescendo espiritualmente. A morte não é um castigo ou um fim... é apenas a volta ao lar. Simão não foi castigado, nem sua família. Foi tudo a vontade maior que conduz a nossa vida.

— Ele acredita ter sido o culpado!

— Como você acreditava ser o culpado da morte do seu irmão. Ele mesmo te disse que não foi culpa sua, esqueceu?

— Não, mas com ele foi diferente. Ele escolheu o seu caminho. A família de Simão não!

— Jesus disse: muito será pedido a quem muito foi dado...

— Não entendi...

— Já te disse que, quando nascemos, trazemos conosco alguns deveres. Deveres que nós mesmo escolhemos e nos propusemos a fazer. No caso de Simão, ele veio para ser político, mas um bom político. Ao político é dado o poder de elaborar as leis. Leis estas que devem ajudar o povo de uma Nação. Na maioria das vezes, esse poder é usado em benefício próprio, sem importar a quantos está prejudicando. Quando isso acontece, estão acumulando dívidas que deverão ser pagas. Como todos, o político um dia voltará para o plano espiritual e dele será cobrado muito mais do que de qualquer outro. Ele, com a sua ambição, não prejudicou a uma ou duas pessoas, mas a pessoas de uma Nação inteira. Simão deve ter se comprometido em ser um bom político. Ao chegar aqui, no corpo físico, se deixou envolver e se desviou do rumo. A sua família veio junto com ele para ajudá-lo a cumprir a sua missão. Talvez, no momento em que se desviou do rumo, não houvesse mais necessidade dela aqui permanecer. Ela não foi sacrificada, como muitos possam pensar. Simplesmente voltou ao seu lugar original. A missão deles era ajudar Simão; ele, mais uma vez, usou sua família como desculpa para a sua ambição. Deus, em Sua infinita sabedoria, os tirou de seu convívio para que ele, sozinho, pudesse reencontrar o seu caminho e crescer espiritualmente. Novamente, usando seu livre-arbítrio, ele se retirou e agora está voltando ao seu rumo, rumo esse que se traduz no projeto do Grotão.

— Se não tivessem acontecido coisas ruins com todos nós, não realizaríamos o projeto?

— Talvez sim, pois, de uma maneira ou de outra, nos encontraríamos, teríamos a oportunidade. Dependeria só do nosso livre-arbítrio.

— Com essa explicação, chego quase a entender...

— Quase?! O que mais está lhe incomodando?

— Ainda assim, a morte deles... foi causada por ele?

— Não sei, talvez eles teriam morrido da mesma forma, se estivesse em seus destinos. Não entendo tudo sobre os caminhos de Deus. Só sei que Ele sabe tudo e que nós nada sabemos. O importante é que, hoje, Simão está no rumo certo e, com essa atitude, ajudará muitas pessoas. Poderá, agora, voltar à política, se candidatar, ser eleito e, desta vez, usar o seu poder para o bem. Essa é a vontade de Deus. Quanto à sua esposa, pelo que vi, ela está muito bem e cercada de muita luz.

Chegaram à porta da casa, em que Zeca ia trabalhar. Passaram o dia juntos, ela ajudando-o a replantar as mudas das flores. Havia uma harmonia perfeita.

Paulina, em prantos, chegou em sua casa:

"O que aconteceu? Por que senti aquele arrepio pelo corpo, quando a minha mão tocou a dele? Nunca olhei para ele com outra intenção que não fosse amizade. Por que aquele olhar foi diferente? Será que está surgindo algo diferente entre nós? Será que estou apaixonada? Não, meu Deus. Não pode ser! Jamais poderei me unir a ele, ou a qualquer outro! Jamais! O que vou fazer? Talvez seja melhor eu ir embora, voltar para minha casa na Capital. Sei que um dia pedi um caminho, mas não esse! Regina fala em perdão! Como poderei perdoar Arnaldo? Ele acabou com a minha vida!

Enquanto isso, Fábio, ao acordar, foi para a cozinha.

— Bom-dia, meu filho, — Consuelo disse — chegou tarde ontem, que aconteceu?

— Nada aconteceu, mamãe, por que está perguntando?

— O Zeca disse que você tem uma história para me contar.

— Ele disse isso?

— Disse que é uma longa história. Começou a contar, mas teve de ir embora. Tinha contratado um jardim para cuidar.

— Vou lhe contar, mamãe. Estou abismado até agora!

Ele começou a contar desde o momento em que havia reconhecido Simão. Enquanto ouvia o filho, Consuelo ficou pesarosa. Quando ele terminou de falar, ela disse:

— Estou muito triste. Gosto do Simão. Lembro do dia em que chegou. Estava abatido e triste, mas, com o tempo, a sua fisionomia se modificou. Quando o seu tio morreu, ele voltou a ficar abatido. Depois voltou a ser como antes. Por várias vezes, presenciei Simão ajudando algumas pessoas com alimentos. Quem poderia imaginar que, por detrás daquele rosto amigo, houvesse um drama tão grande?

— É mesmo, mamãe, mas todos têm uma história. Nós mesmos temos a nossa. Ainda bem que no final tudo deu certo. Vou até a praça. Marisa deve estar ensinando às crianças.

— Também quero ir até a praça. — Robertinho disse, entrando na cozinha.

— Não pode! Tem de ficar mais alguns dias em repouso.

— Estou muito bem, mamãe. A Célia deve estar sentindo a minha falta... vai pensar que não quero mais aprender...

— Robertinho, você já está grande o suficiente para saber que precisa ficar totalmente bom. Sabe que esse ferimento foi grave, por isso tem de acatar as instruções do médico. Ele mandou você ficar em repouso. Célia sabe o quanto gosta de pintar e também está ansiosa por sua volta, mas ainda não pode. Volte para a cama. Vou levar o seu café.

Robertinho amuado, voltou para o quarto. Pegou os carrinhos e os colocou sobre a cama.

O dia transcorreu normal. Cada um cumprindo sua obrigação. No fim da tarde, como todos os dias, Zeca e Regina foram até o bar para o tradicional fim de tarde. Ao passarem pela praça, viram Célia e Fábio conversando.

— Eles estão felizes. O reencontro de duas pessoas que se amam é sempre uma manifestação de Deus.

Zeca apertou o seu ombro com mais força:

— Assim como o nosso encontro, Regina, também foi uma manifestação de Deus. Desde que te encontrei, a minha vida mudou e hoje sou o homem mais feliz do mundo.

Felizes chegaram ao bar. Simão estava sozinho.

— O que está acontecendo, Simão? Você está sozinho?

— É, Zeca, até agora vocês são os primeiros, estou vendo que Célia e Fábio estão ali no banco da praça, a Paulina já deveria estar aqui. Será que aconteceu alguma coisa?

— Não deve ter acontecido nada de grave, mas, se ela não vier, eu e a Célia iremos logo mais até a casa dela. Acredito que ela está precisando ter uma conversa só de mulheres.

— Que está querendo dizer, Regina? Ela está doente?

— Não, Simão! Ela não está doente, pelo menos não uma doença física, mas do coração.

— Do coração? Então, ela está doente!

— Não do coração físico, mas ela pode estar apaixonada...

— Apaixonada? Acredita mesmo nisso?!

— Quem sabe...

— Está bem, então vamos esperar. O que quer tomar?

— Um suco de laranja, pode ser?

— Claro, minha senhora, já vai sair!

Ele foi preparar o suco, Regina piscou um olho para Zeca.

Fábio e Célia também se aproximaram. Em seus rostos dava para ver a felicidade que os envolvia.

— Olá, pessoal! Chegamos atrasados?

— Não, Célia, estou feliz por vê-los tão bem.

— Estamos, sim, Regina! Graças a Deus, tudo de mal já passou. O nosso amor foi maior que tudo...

Sentaram-se e começaram a conversar. Simão quase não participou da conversa. Seus olhos não desgrudavam da direção da casa de Paulina. Não suportando mais, falou:

— Paulina não veio. Será que aconteceu algo com ela?

— Também estou estranhando a falta dela. Célia, vamos até lá ver o que está acontecendo? — perguntou Regina.

Célia concordou com a cabeça e saíram. Simão as acompanhou com os olhos.

— Que é isso, Simão? Por que está tão preocupado?

— Estou assim desde manhã, Zeca. Não sei por que Paulina saiu correndo sem dizer nada.

— Não sabe mesmo, Simão?

— Não, Zeca! Também fiquei intrigado. Ao olhá-la naquele momento, me pareceu tê-la visto pela primeira vez. Senti algo que há muito tempo não sentia. Senti um enorme desejo de abraçá-la e beijá-la. Não sei o que está acontecendo...

— Isso tem um nome... amor...

— Amor?! Está louco?! Ela é minha amiga!

— Quem te disse que entre duas pessoas que se amam não pode existir amizade?

— Impossível! Até hoje só senti amizade por ela!

— Por que está tão preocupado?! Nervoso dessa maneira?

— Estou nervoso e preocupado do mesmo jeito que ficaria se um de vocês não viesse! São meus amigos! Me preocupo!

— Verdade? Está bem... vamos esperar as meninas voltarem e saberemos o que aconteceu.

Regina e Célia tocaram a campainha da casa de Paulina. Ela demorou para atender. Quando abriu a porta, seus olhos estavam vermelhos, parecendo que havia chorado o dia inteiro.

— Podemos entrar, Paulina? Estamos preocupadas...

— Não sei se serei boa companhia, não estou me sentindo muito bem e não sei se quero conversar.

— Nós queremos conversar com você. Os amigos são para as horas difíceis. Talvez o seu problema não seja tão grave e juntas poderemos tentar resolver.

— Não, Regina, o meu problema não tem solução. Mas entrem, vamos tomar um café e conversar.

Entraram e sentaram-se; Regina perguntou:

— Esteve chorando e parece que foi muito! O que está acontecendo? Nada é motivo para desespero, tudo sempre tem uma solução. Deus é nosso Pai e nos cuida o tempo todo...

— Regina, não me fale em Deus. Ele pode ser Pai de todos, menos meu. Para mim foi um padrasto cruel. Não acredito Nele!

— Não fale assim. Para você também, chegou a hora de desvendar o seu problema, como aconteceu com Zeca, Célia e Simão. Pelo fato de tudo estar correndo tão rápido, nos mostra que Deus tem pressa. Todos que abriram seus corações, hoje estão bem. Zeca e Célia encontraram seus caminhos, e Simão também pode agora recomeçar. Quem sabe com você não acontecerá da mesma forma? Por tudo o que estão sentindo, você e Simão, quem sabe, não poderão recomeçar juntos?

— Não! Isso não pode acontecer! Não posso recomeçar com ele nem com ninguém! Por isso é que estou tão assustada!

— Por que não pode recomeçar a sua vida? Todos podem!

— Todos, menos eu! Porque não tenho vida! Estou condenada! Não sei quanto tempo ainda me resta!

Regina e Célia levaram um susto. Nunca poderiam imaginar que ela fosse possuidora de algum tipo de doença. Saudável, corada e parecendo transbordar saúde.

— Não posso acreditar, Paulina! Deve estar enganada!

— Não, Célia. Não estou enganada! Tenho uma doença fatal. Estou bem, mas a qualquer momento ela vai se manifestar.

— Se quiser, pode nos contar tudo. Poderá te fazer bem.

— Como você disse, Regina, o teu Deus tem pressa. Chegou a minha vez, só que quero contar a todos de uma vez. Não sei se poderei repetir. Vamos até o bar, falarei com os rapazes e, hoje à noite, voltaremos a nos sentar aqui, neste mesmo lugar. Contarei tudo e espero que o medo e o preconceito não os afastem de mim.

— Nada vai interferir nessa amizade, Paulina!

— Espero, Regina. Já estou mais calma, vamos até o bar?

— Vamos, eles estão preocupados.

Paulina passou a escova por seus cabelos, saíram. Chegando ao bar, os rapazes se levantaram para recebê-las. Simão estava atrás do balcão. Olhou para Paulina e, vendo os seus olhos vermelhos, não teve coragem de perguntar. Ela cumprimentou a todos e fez o possível para não olhar nos olhos de Simão. Ele notou e sentiu um aperto no coração.

— Desculpem por meu atraso. É que não estou bem, mas as meninas me convenceram que devia vir até aqui, pois é nas horas difíceis que devemos estar ao lado de nossos amigos.

Zeca olhou para Regina e percebeu um ar de preocupação. Sentiu que algo grave estava acontecendo, preocupado, disse:

— Sentem-se. Isso mesmo, Paulina. Posso ser testemunha de como a presença de amigos só pode nos fazer muito bem.

Simão, pela primeira vez, ficou calado. Não sabia o que dizer ou fazer. Regina, sentindo o sofrimento do amigo, falou:

— Simão, por favor, sirva-nos um refrigerante. Paulina tem algo para falar, e é importante que todos prestem atenção.

— Regina tem razão. Em poucos dias, todos os segredos vieram à tona. Agora, chegou a minha hora. Gostaria de contar a todos, pois sinto que não poderei repetir. Por isso, estou pedindo que venham esta noite à minha casa. Repetiremos o mesmo que fizemos ontem, mas, agora, a história será a minha.

Ela falou o tempo todo sem olhar para Simão.

— Também posso ir? — perguntou agoniado.

Só agora ela olhou para ele, e, sorrindo, respondeu:

— Claro que pode, Simão, é por você que vou contar.

Ele sentiu no olhar dela paixão e dor.

— Ainda bem, pensei que não gostava mais de mim!

— Claro que gosto! Gosto de todos, são meus amigos verdadeiros, espero que entendam e me ajudem...

Conversaram por mais alguns minutos, mas o ambiente estava tenso. Foram despedindo-se. Estavam confusos. Durante o caminho, Zeca, que acompanhou Regina, perguntou:

— Regina, o que está acontecendo com ela? Você sabe?

— Quase nada, mas o pouco que contou, me preocupou. Não pelo fato em si, mas por sua atitude em relação a ele.

— Não estou entendendo! Pode ser mais clara?

— Posso, mas não vou ser. Prometi que não contaria, a ninguém. Deixe de ser curioso! Ela mesma quer contar, devemos respeitar. Quer jantar comigo, lá em casa?

— Quero sim, preciso me acostumar com a sua comida.

Entraram. Clara estava em casa e, para surpresa de Regina, preparava um belo jantar.

— Que está acontecendo?! Não acredito! Minha filha diante do fogão! Não pode ser!

— Não estou entendendo a surpresa. Sempre cozinhei, além do mais, convidei Gustavo para jantar. Procurei a senhora no posto, me disseram que era o seu dia de folga. Resolvi que iria preparar o jantar. Fiz mal, mamãe?

— Não, filha! Fez muito bem. Estamos com fome. Eu e o Zeca trabalhamos muito hoje.

— Trabalharam?! Onde?

— Como era o meu dia de folga, fui com ele ser jardineira e te confesso que adorei mexer com a terra.

— Cada dia é um dia a mais de aprendizado. Nunca pensei em ver a minha mãe sendo jardineira.

Gustavo chegou em seguida.

— Olá, Gustavo! Veio se arriscar com a comida dessas duas? Será que vamos sobreviver?

— Não sei, Zeca, mas como o nosso corpo produz anticorpos, precisamos acostumá-los, pois pretendo comer a comida da Clara, por muito tempo! Tenho que estar preparado...

Regina e Clara, que estavam na cozinha preparando o jantar, ao ouvirem a voz de Gustavo, foram para a sala e chegaram no momento em que ele dizia as últimas palavras.

— O que está dizendo, Gustavo?

— Dona Regina, já que eu e Clara vamos para a faculdade, já que nos amamos, gostaria de me casar com ela, acho importante seu consentimento para o nosso casamento.

— Casamento?! São muito jovens! O seu pai já sabe?

— Casamento, sim, ou prefere que sua filha more com um homem sem se casar? Como a senhora disse, somos jovens, mas nos amamos desde crianças. Com relação ao meu pai? Depois que soube do dinheiro que Clara recebeu, mudou de idéia. Hoje, ela tem muito mais que ele, portanto está feliz em tê-la como nora! O que o dinheiro não faz...

Regina, atordoada, ouvia Gustavo. Não esperava por isso. Zeca por sua vez, se divertia com a expressão dela.

— Feche a boca, Regina! Sua filha vai se casar! Qual é o problema? Fique feliz, ela encontrou um ótimo marido!

— Não sei o que falar, não esperava. O que eu falo?

— Apenas diga, sim. Gustavo é um bom moço e fará Clara feliz. Também acho melhor que se casem. Morando juntos, um ajudará o outro nos estudos. Não é, crianças?

— Isso mesmo, Zeca! Essa foi a nossa primeira intenção.

— Sei disso menino! — Zeca disse com ar de deboche — Você pensou primeiro no estudo?! Isso é muito bom!

— Foi por isso que preparei o jantar. Queremos comemorar! — disse Clara.

— Sabia que havia algum motivo. Tudo bem, dou a minha benção e desejo que sejam muito felizes.

— Obrigada, mamãe. Sabe que te amo muito e que jamais esquecerei a mãe maravilhosa que sempre foi e ainda é. Eu, sim, por muito tempo, fui uma ingrata, me perdoe, por favor.

— Ora, minha filha, tudo já passou. Estou feliz por você. A vida é mesmo assim, aprendemos todos os dias. Agora vai começar a sua vida com um homem bom e que te ama. Nem todas têm a mesma sorte. Espero que seja muito feliz.

— Que nos dê muitos netos! Serão meus netos emprestados, mas prometo que os amarei muito!

— Obrigada, mamãe, obrigada, Zeca. Espero que vocês também sejam felizes. Mãe, a panela está queimando!

As duas saíram correndo em direção à cozinha, de onde vinha muita fumaça. Voltaram logo depois. Regina trazia nas mãos uma panela de onde ainda saía fumaça.

— Bem, o nosso jantar vai ter que ser sem carne, a não ser que queiram comer carvão.

Clara estava inconsolável.

— Logo hoje, que eu queria tudo perfeito!

— Está tudo perfeito, Clara! Tenho que ir me acostumando. Na Capital, existem muitos restaurantes, não se preocupe.

Riram. Regina pegou alguns ovos, dizendo:

— O que não tem remédio, remediado está. Vamos comer ovos? Garanto que será um jantar maravilhoso!

Comeram alegremente. Entre os quatro, a paz voltou.

História de perdas

Após o jantar, Regina e Zeca foram para a casa de Paulina. Estavam preparados para outra noite de muita emoção. Quando chegaram, Paulina já os esperava. Um pouco abatida, mas com a expressão tranqüila. Em seguida, chegaram os demais. Paulina recebeu a todos com um sorriso. Sentaram-se ao redor da mesa. Paulina começou falando:

— Meus amigos, o que vou contar é um segredo que está guardado há muito tempo. É o motivo pelo qual estou aqui.

Simão a olhava e via uma nova mulher, diferente daquela que havia visto até agora. Não entendia aquele sentimento estranho. Desde que houve toda aquela tragédia em sua vida, nunca mais sentiu atração por outra mulher. Mas agora, sentia um enorme prazer em olhar para ela. Já a conhecia há tanto tempo! Por que só agora isso acontecia?

— Paulina — ele disse — ,não sei o que vai contar, mas quero lhe dizer que seja o que for, o meu sentimento por você não mudará. Aprendi a te conhecer, e gostar, do modo que é. Por isso, digo: não precisa contar se isso te fizer mal.

— Obrigada, Simão. Mas acredito que, dividindo o meu problema com vocês, se entenderem e me aceitarem, sinto que terei o apoio de todos e de que, com certeza, irei precisar. Pensei muito durante o dia inteiro, cheguei à conclusão que será melhor contar. É difícil amargar um sofrimento sozinha. Por isso, vou começar. Nasci e me criei nesta cidade. Sempre tive ódio de morar aqui. Achava a cidade e seus moradores sem graça, além de muito pobres. Sonhava com uma vida com luxo e viagens por todo o mundo. Quando fiz quinze anos, consegui convencer meus pais a me deixarem ir para a Capital morar com uma tia, irmã de meu pai. Prometi que iria estudar, trabalhar, pois, se permanecesse aqui, não conseguiria ter uma profissão. Embora as moças fossem educadas para o casamento e filhos, esse não era o meu sonho. Queria ter uma profissão e ser independente. Por fim, eles concordaram e, feliz, parti rumo a Capital e aos meus sonhos. Lá chegando fui morar com minha tia. Ela era viúva e morava sozinha. Seus filhos já estavam casados, por isso, me recebeu com muito carinho, pois, a partir daquele momento, eu lhe faria companhia. Ela me matriculou em uma escola para cursar o magistério. Queria ser professora. Embora não pensasse ainda em ter meus próprios filhos, adorava crianças e desejava ensiná-las a ler e escrever. Adorei o curso e a cidade. Tudo era novo, as ruas e seus arranha-céus me encantavam. Quando vi o elevador, fiquei com medo, mas ao mesmo tempo me encantou. Minha tia me tratava com muito carinho. Tudo estava perfeito. Escrevia para os meus pais, dizendo da minha felicidade. Estudei muito e, no fim do primeiro ano, passei com louvor. Nas férias, por exigência de meus pais, vim passá-las aqui, mas fiquei o tempo todo ansiosa para que o tempo passasse e eu pudesse voltar. Eu não tinha nada que me prendesse ou fizesse com que eu ficasse aqui, por isso, eu só passava férias. Finalmente o dia chegou. Voltei feliz para junto de minha tia. Tinha encontrado finalmente a minha felicidade, longe desta cidade, do seu povo e sua pobreza. Recomecei as aulas. Já no primeiro ano, fiz amizade com algumas moças que freqüentavam a minha escola, mas a minha preferida chamava-se Norma. Nos tornamos inseparáveis. Ela vinha sempre à minha casa e eu ia a sua.

"— Meu tio tem uma empresa — um dia ela me disse — pedi a ele para me arrumar uma colocação. Ele disse que vai ver se tem uma vaga. Quero ter o meu próprio dinheiro.

— Também gostaria de ter o meu próprio dinheiro.

— Vou falar com ele, quem sabe arruma para nós duas."

— Ela conseguiu. Foi trabalhar no setor de contabilidade e eu como recepcionista. A princípio minha tia e meus pais não queriam. Diziam que eu não precisava, pois poderiam me manter, mas insisti. Trabalhava só meio período, o que me permitia continuar estudando. Logo aprendi o trabalho e, com o primeiro salário, comprei roupas e sapatos. O tio de Norma era um homem agradável. Tinha trinta e seis anos e era viúvo. Sua mulher tinha morrido com uma doença longa. Sempre muito amável, me presenteava com chocolates e frutas. Depois de seis meses de trabalho, ele me chamou em sua sala e disse:

"— Paulina, estive notando o seu trabalho. Acho que tem capacidade para mais. Estou pensando em te contratar como minha secretária. O salário vai ser maior. O que acha?"

— Fiquei sem saber o que falar, estava bem no meu trabalho, embora o achasse maçante, mas nunca pensei em mudar. Aquela oferta me entusiasmou. Poderia me tornar secretária, uma profissão bem melhor do que recepcionista.

"— Se acha que sou capaz, eu gostaria muito — respondi.

— É capaz, sei disso. Começará na segunda-feira. Estou contratando outra moça para ocupar o seu lugar.

— Está bem. Vou ensinar todo o meu trabalho a ela."

— Cheguei em casa e contei para minha tia que não gostou.

"— Secretária não é uma profissão bem vista!"

— Não liguei e fiquei ansiosa para começar a trabalhar. Ele foi me ensinando todo o trabalho. Depois de dois meses, eu já fazia todo o trabalho sozinha e ele continuou me dando chocolates e frutas. Em uma tarde, me chamou dizendo sério:

"— Paulina, hoje, vou precisar que fique até um pouco mais tarde. Estou esperando uma ligação do Exterior e, ao mesmo tempo, preciso ir a uma reunião. Tem algum problema?

— Não, senhor. Só preciso avisar minha tia.

— Faça isso, assim que anotar a ligação, poderá ir embora."

— Concordei e telefonei para a minha tia. Ela não gostou, mas não liguei. Ele foi embora, fiquei sozinha no escritório. O telefone tocou, era realmente do Exterior. Anotei, deixei o papel sobre sua mesa e fui embora. No dia seguinte, ele me elogiou. Aquela prática se tornou rotineira. Uma ou duas vezes por semana eu ficava até mais tarde. Minha tia ficava preocupada, mas eu sempre a tranqüilizava. Uma noite em que fiquei até mais tarde, ele teve que sair mais cedo:

"— Paulina, preciso sair, mas hoje vai chegar outra ligação. Por favor, anote e coloque sobre a minha mesa.

— Farei isso, não se preocupe."

— Ele saiu, eu continuei trabalhando. Quando todos do escritório saíram, ele voltou trazendo um enorme buquê de rosas vermelhas.

"— Desde que se tornou minha secretária — ele disse sorrindo — os negócios estão indo de vento em popa e, com a sua ajuda, já ganhei muito dinheiro. Por isso, resolvi lhe presentear com estas rosas. Espero que goste."

— Constrangida, peguei as rosas envolvidas em papel celofane branco e com um enorme laço vermelho. Olhei para ele sem saber o que dizer:

"— Muito obrigada, mas não precisa me presentear. Estou cumprindo apenas o meu dever.

— Não tem obrigação de ficar depois da hora. Faz isso porque é boa funcionária. Além das rosas, vou também lhe dar um aumento de salário.

— Isso é muito bom, doutor. Dinheiro sempre é bem-vindo, se achar que mereço, só posso agradecer."

— O telefone tocou em seguida. Atendi, anotei e passei para ele, que leu e sorrindo disse:

"— Mais um contrato aceito! Mais dinheiro chegando! Os negócios estão indo muito bem! Agora podemos ir embora."

— Saímos. Eu feliz por ter ganhado as rosas e o aumento de salário e ele mais dinheiro. Fomos conversando sobre o contrato. Tomamos o elevador e, já na rua, ele disse:

"— Está tarde, aquele táxi vai te levar para casa.

— Não precisa! O ônibus passa ali na esquina!

— Não é justo. Ficou até mais tarde por minha culpa. O mínimo que posso fazer é te dar esse conforto."

— Entrei no táxi. Ele acenou dando adeus. Durante o caminho fui pensando em como ele era gentil. Em casa, contei tudo para a minha tia.

"— Não estou gostando disso! — disse preocupada — Tem certeza de que ele não te fez nenhuma proposta? "

— Não, tia, ele não fez. Aconteceu do modo que contei. Apenas está contente com o meu trabalho...

— Cuidado, minha filha. Você é jovem e bonita, ele já é um homem vivido. Só pode estar querendo algo mais.

— Ele não fez proposta alguma, mas, se fizer, saberei como responder. Não se preocupe, tia, não sou nenhuma boba.

— Espero que saiba mesmo. O homem sabe como envolver uma mulher, ainda mais uma menina como você."

"Ela está fazendo uma tempestade em copo d'água. Ele só me vê como uma boa funcionária — sorri, pensando."

— O tempo passou e realmente ele aumentou o meu salário. Continuei trabalhando até mais tarde. Quando chegava pela manhã, sempre me dava um chocolate. Comecei a pensar nele a todo instante. Cada ligação que chegava, eu prestava atenção para ver se não era de mulher. Comecei a achá-lo bonito. Dormia e acordava pensando nele. O tempo foi passando e ele continuou atencioso e amável. Procurava fazer o meu trabalho, sempre melhor, para receber seus elogios. Em uma segunda-feira, após passar o fim de semana pensando, resolvi que me faria notar. Sabia que o amava. Quando cheguei no escritório, em cima de minha mesa havia um bilhete.

Paulina

Vou fazer uma viagem. Por favor, mantenha todo o trabalho em ordem, anote tudo o que achar necessário. Até a volta.

Arnaldo

— Aquele bilhete caiu como um balde de água fria. Havia pensado em mil maneiras de me fazer notar e agora estava ali com aquele papel em minha mão. Cheguei à conclusão de que estava sonhando, ele via em mim apenas uma funcionária, nada mais. Trabalhei a tarde toda, sem muita vontade. Não conseguia esquecer dos seus olhos e sorriso. Ele havia se tornado um pesadelo em minha vida. Um pesadelo que ao mesmo tempo, me deixava triste e feliz. Um sentimento que não conhecia. À tarde fiquei sabendo que receberia uma mensagem. Teria de ficar esperando. Eu já tinha lhe perguntado o porquê das mensagens chegarem após o expediente. Ele me explicou que era por causa do fuso horário, que em alguns países a diferença de horário era de até doze horas. Não sabia o que significava, mas fiz de conta que entendi, para não parecer ignorante. Quando todos foram embora, permaneci esperando o telefonema.

Estava triste, pois sabia que ele não viria. Entretida em meu trabalho, não percebi quando ele entrou e, ao vê-lo me observando, levei um susto e meu coração começou a disparar. Vendo a minha expressão, ele, sorriu:

"— Não se assuste, Paulina, estou aqui há algum tempo. Você leva o seu trabalho muito a sério, não é?"

— Completamente desajeitada por estar na sua presença, que eu não esperava, respondi:

"— Tenho um trabalho que está atrasado e, como tenho de esperar, achei melhor terminar.

— Pode continuar, não se preocupe com a minha presença.

— O senhor não foi viajar?

— Precisava ir, mas essa ligação que está esperando é muito importante. Por isso, resolvi adiar a viagem. Assim que obtiver a resposta, poderei ir mais tranqüilo."

— Continuei a fazer o meu trabalho. Tudo o que havia planejado no fim de semana, não consegui colocar em prática. Estávamos ali, sozinhos, e eu não conseguia dizer o que havia estudado. Finalmente, o telefone tocou. Atendi, anotei e passei a ele. Ao terminar de ler, ele disse sorrindo:

"— Aceitaram! Menina, você me dá sorte, mesmo! Com esse contrato, vou ganhar muito dinheiro! Vamos embora!

— Fico contente que tudo deu certo."

— Entramos no elevador. O prédio era velho, por esta razão o elevador era pequeno. Cabiam cinco pessoas. Enquanto descia, ele fez um barulho e parou bruscamente. Nos assustamos e, quando dei por mim, estava em seus braços. Ele me segurou com força. Senti o meu rosto em seu peito. Um calor imenso tomou conta de todo o meu corpo. Lentamente, levantei a cabeça e nossos olhos se encontraram. Ficamos nos olhando por alguns minutos, nossos lábios foram se aproximando e nos beijamos. Não sei como explicar aquele momento. Parecia que não existia chão e que eu estava levitando. Aquilo em nada se comparava a tudo que eu havia planejado. Ao nos separarmos, ele, constrangido, disse:

"— Desculpe, não sei como isso aconteceu. Gosto de você há muito tempo, só não disse por ser muito mais velho. Agora, com a sua reação, sinto que posso ter esperança."

— Fiquei calada, apenas me aproximei e nos beijamos novamente. O elevador voltou a funcionar. Rimos e descemos. No saguão não havia ninguém, tornamos a nos beijar.

"— Confia em mim? — disse olhando em meus olhos. "

— Eu disse que sim com a cabeça.

"— Então, vamos até a minha casa? Lá poderemos conversar mais à vontade, tenho muito para lhe dizer."

— Não respondi, não conseguia, deixei-me levar. Entrei em seu carro. Ao parar em um sinal, me beijou novamente. Eu só pensava na felicidade que estava sentindo. Chegamos em sua casa. O portão foi aberto por um homem. O carro seguiu por uma alameda. Parou o carro em frente a uma casa enorme. Ele desceu e abriu a porta do carro para que eu descesse também. Tudo parecia um sonho. Estava me sentindo a própria Cinderela. Abriu a porta de entrada e entramos em uma sala ampla e vi um ambiente maravilhoso. Era tudo tão bonito, nada que eu já tivesse visto em qualquer lugar. Sempre abraçados, me conduziu a um sofá. Sentei-me, ele foi até o bar e me ofereceu um drinque.

"— Nunca bebi e não sei qual será a minha reação.

— Não se preocupe, nada vai te acontecer, talvez fique um pouco tonta, mas, afinal, esta é a nossa noite. Estamos felizes e temos que comemorar..."

— Peguei o copo e bebi. A princípio não gostei, mas, aos poucos, fui me sentindo muito bem. Meu corpo começou a esquentar, mais do que já estava. Ele sentou ao meu lado e começou a me beijar. Eu não opus resistência, estava adorando tudo aquilo. Para mim, o sonho estava se tornando realidade. Começou a acariciar meu corpo e eu fiquei quieta, apenas sentindo suas mãos. Abriu os botões de minha blusa. Eu, feliz, não tinha preocupação alguma. De repente, ele parou. Abotoou a minha blusa, dizendo:

"— Vamos parar! Não te quero só por uma noite. Te quero para toda a vida. Quero me casar com você.

— Casar?! — perguntei assustada — Casar comigo?!

— Isso mesmo, casar e sermos muito felizes. Te amo, por isso, vamos embora agora mesmo. Vou te deixar em casa e quero que marque um dia para eu falar com a sua tia e depois com os seus pais. Vamos fazer tudo certo."

— Não conseguia acreditar que tudo aquilo estava acontecendo. Ele me beijou novamente e fomos embora. Minha tia viu quando o carro parou em frente à minha casa. Ele me beijou pela última vez. Entrei em casa, com um sorriso enorme no rosto. Minha tia, furiosa, disse:

"— Já é muito tarde! Estou preocupada! Que carro é esse? Quem é esse homem?"

— Fique calma, tia. Desculpe por ter chegado tão tarde, mas é que hoje foi um dia muito especial. Esse homem é o meu patrão. Estive com ele até agora. Ele quer se casar comigo!

— Casar?! Um homem rico como esse jamais se casaria com uma moça como você! O que esteve fazendo com ele?

— Não fizemos nada, tia! Apenas conversamos! Ele quer se casar, sim! Por isso, quer marcar um dia para vir falar com a senhora e depois com os meus pais.

— Você foi criada no interior, por isso é muito ingênua. Ele só quer se aproveitar! Não vou permitir!

— Ele quer se casar! Quer falar com a Senhora e com os meus pais! Ele quer fazer tudo certo!

— Não estou acreditando e não posso ficar com essa responsabilidade. Amanhã, vou mandar um telegrama para seus pais virem. Eles resolverão. Agora, vamos dormir."

— Hoje ainda são poucos os telefones aqui na cidade, imaginem há anos atrás. Minha tia estava preocupada e hoje entendo. A sua responsabilidade era muito grande. Imaginem se ele estivesse mesmo querendo me enganar. O que poderia acontecer? Não me preocupei, sabia que ele estava sendo sincero. Se quisesse me fazer mal, teria feito, porque eu não opus resistência alguma. No dia seguinte, contei a ele a conversa que tive com a minha tia e que meus pais, provavelmente, viriam no sábado. Ele disse para eu não me preocupar que, no sábado, estaria na minha casa, apesar de estar indo viajar no dia seguinte. Não o vi por alguns dias. Não sabia quando voltaria, mas sabia que meus pais chegariam antes do sábado. Na quinta-feira, eles chegaram. Vieram preocupados, pois no telegrama, minha tia não disse qual era o motivo, mas exigia a presença deles. Quando cheguei do trabalho, minha mãe me beijou:

"—Minha filha, o que está acontecendo? Sua tia não quis nos contar. Achou melhor você mesma contar."

— Eu estava insegura, pois durante toda a semana não telefonou. Fiquei calada, não sabia o que responder. Lembrei daquela noite em que parou dizendo que queria tudo certo.

" — Mamãe, papai, tenho de contar uma história que está acontecendo comigo. Vou me casar!

— Casar?! Como?! É ainda uma criança!"

— Contei como tudo havia acontecido, omitindo a parte dos beijos e tudo o mais. Não tinha essa liberdade com eles. Naquele tempo, e acredito que ainda hoje, as famílias não falem muito sobre essas coisas. Meus pais ficaram assustados, não por eu estar namorando, mas por ele ser muito mais velho e principalmente, muito rico. Para mim, nada daquilo importava. Eu o amava, sendo rico ou não. Sendo mais velho ou não. Disse a meus pais que ele viria no sábado.

"—Minha filha, tome cuidado. Você não tem experiência, e um homem como esse sabe como enganar uma moça, ingênua e do interior, como você...

— Não se preocupe, mamãe. Nada aconteceu comigo. Ele quer realmente se casar!

— Assim espero minha filha, assim espero..."

— No dia seguinte, sexta-feira, fui para o trabalho apreensiva. Prometi a meus pais que ele iria em casa, mas já não tinha tanta certeza. Esperei a tarde toda, mas ele não chegou. Durante a semana, nem um telefonema, nada. Recebi uma mensagem que deveria esperar um telefonema do Exterior. Já estava acostumada, por isso não dei muita importância. A minha única preocupação era a de que ele voltasse. Não sabia qual desculpa daria a meus pais se isso não acontecesse. O expediente terminou e nada. Comecei a arrumar o arquivo para fazer o tempo passar. O telefone tocou, apreensiva atendi:

"— Alô! Quem fala?

— Paulina, sou eu. Preciso que anote uma mensagem.

— Sim, um momento — eu disse muito nervosa.

— Meu amor. Estive trabalhando muito, não tive tempo para te ligar. Mas te amo! Anotou?

— Arnaldo?! Tem certeza do que está dizendo?

— Claro que sim, por que está perguntando isso?

— Estou ansiosa para te ver! Você não telefonou, pensei que tivesse me esquecido...

— Sabia que teria de fazer esta viagem. Não te esqueci. Te amo e vamos nos casar. Vou embarcar esta noite e amanhã bem cedo estarei aí. Seus pais chegaram?

— Sim, estão te esperando em casa, amanhã, às seis horas. Vou dizer que está viajando e por isso não poderá vir...

— Nada disso! Chego de manhã e às seis horas estarei lá. Não quero adiar por muito tempo o nosso casamento. Preciso do consentimento deles para dar entrada no cartório dos papéis de nosso casamento."

— Tem certeza?

— Claro que tenho! Por quê? Mudou de idéia?

— Não! Te amo muito!

— Está bem. Agora, pegue um táxi e vá para casa. Amanhã nos veremos e marcaremos a data do nosso casamento. Um beijo e não se esqueça de mim, te amo muito...

— Um beijo. Mesmo que quisesse não conseguiria te esquecer. Te amo também..."

— Desliguei o telefone. Eu estava feliz. Todo o meu sofrimento, durante a semana, havia sido perda de tempo. Como podia pensar que ele não me amava e não quisesse se casar? Fui para casa e confirmei com os meus pais. Eles, ainda desconfiados, queriam conhecê-lo. Meu pai não se conformava. Eu, com dezoito anos, e ele com trinta e seis. Dezoito anos de diferença. Para eles era muito. Para mim, não. Ele era tudo o que eu queria. No dia seguinte acordei tarde, pois não conseguira dormir. A ansiedade não permitira. Embora estivesse feliz, notei que a minha família não sentia o mesmo. Nada me importava. Limpei toda a casa,que ficou bonita e cheirosa. Um pouco antes das seis horas, um carro parou em frente da casa. Era o carro dele. Veio acompanhado de um motorista que desceu antes e abriu a porta. Meu coração batia forte. Fui recebê-lo. Meus pais e minha tia não saíram. Ao chegar perto de mim, beijou a minha testa, sem dizer nada. Peguei a sua mão e o conduzi até a porta da sala. Meu pai estava nos esperando. Arnaldo, sorridente, estendeu a mão para cumprimentá-lo. Meu pai estendeu a sua, mas sem sorrir. Diria até, que no fundo, queria matá-lo. Arnaldo não se deixou intimidar e entrou. Minha mãe e minha tia estavam sentadas no sofá e, ao vê-lo, se admiraram com a sua beleza. Ele se aproximou e beijou as mãos delas que receberam aquele beijo um pouco acanhadas, pois, como eu, eram pessoas muito simples. Sentou-se em um sofá. Meu pai continuou em pé, sempre com o rosto fechado. Arnaldo, após sentar-se, olhou para eles e disse com a voz firme:

"— Como sabem, estou aqui para lhes dizer que gosto da Paulina e quero me casar com ela. Espero que concordem para que tudo possa ser feito da melhor maneira possível."

— Meu pai, agora, um pouco mais calmo, respondeu:

"— Não entendo como um homem, na sua condição, pode estar interessado por uma moça como a minha filha. Ela vem de uma família humilde, não tem as mesmas condições das moças que o senhor deve conhecer.

— O senhor pode estar certo, mas amo a sua filha. Não me importo com a sua origem. Conheço várias moças, mas nenhuma delas me trouxe tanta felicidade quanto Paulina.

— Ela é jovem. Não sabe bem o que quer. Está estudando. Se casar, vai abandonar os estudos. Não foi isso que sonhamos.

—Ela não precisa abandonar os estudos. Ao contrário, se quiser continuar, terá todo o meu apoio. Quanto à sua idade, não se preocupe, é uma moça inteligente e sabe o que quer.

— Não sei o que responder, não estava preparado para essa notícia. Vocês se me pegaram de surpresa..."

— Minha mãe segurou a mão de meu pai, dizendo:

"— Meu velho, só pode concordar. Não adianta querer impedir. Quando essa hora chega, não há o que fazer."

— Ele sabia que não iria adiantar tentar impedir.

" — Está bem, concordo. O que o senhor pretende fazer?"

— Eu estava sentada e calada, ao seu lado. Meu coração batia forte. Ele segurou a minha mão e sorriu:

"— Já que concordaram, peço permissão para segunda- feira ir até o cartório e fazer correr os papéis. Paulina e sua mãe, claro que a tia também, podem ir até a igreja. Vamos nos casar o mais rápido possível. Não quero esperar muito tempo."

— Eu estava muito feliz. Apenas sorri, mas os meus olhos demonstravam a minha felicidade. Ficou mais um tempo. Minha tia serviu um lanche. Depois de alguns minutos, ele já dominava toda a conversa. Eu havia lhe dito que meu pai gostava de pescar. Ele aproveitou e começou a falar sobre as pescarias que havia feito. Logo, todos conversavam, como se já se conhecessem há muito tempo. Na segunda-feira, durante a manhã, eu, minha mãe e minha tia fomos à igreja. Marcamos o casamento para dali a dois meses. À tarde, ele me levou ao cartório. O casamento foi marcado para dois dias antes da cerimônia na igreja. Daí para frente a minha vida se transformou em uma roda viva. Não quis parar de estudar e de trabalhar. O resto do meu tempo gastei no preparo do meu enxoval e do vestido de noiva. Fui apresentada à sua família. Sua mãe me recebeu com muito carinho:

"— Paulina, estou feliz por ver meu filho sorrir novamente. Ele é muito bom e merece toda felicidade.

— Farei tudo o que for possível para que isso aconteça."

— Finalmente o grande dia chegou. Eu estava muito feliz. Meu vestido de noiva, apesar de simples, pois o casamento seria realizado durante o dia, era muito mais do que tudo que eu pudesse um dia ter imaginado. Nossa casa foi aberta aos convidados. A festa foi requintada, tudo organizado pela irmã de Arnaldo, que se tornou minha amiga. Estava feliz por ver o seu irmão voltar à vida. Desde que sua esposa morrera, ele se tornou triste e pensativo. À noitinha, quando as pessoas foram embora, ele mostrou a surpresa que havia me reservado. Sem me contar, reservou passagens e hotéis na Europa. Começaríamos por Paris, na França, e depois Itália e Alemanha. Eu havia lhe dito que gostaria de um dia conhecer esses países. Com muita alegria partimos. Pude realizar um sonho. Conheci a Torre Eiffel, a Igreja de Notre Dame, o Vaticano, a Capela Cistina, passeamos de gôndola em Veneza. Assisti a uma missa realizada pelo Papa e me encantei com as casas da Alemanha e as suas montanhas cobertas de neve. Tudo aquilo me parecia um sonho. Eu me sentia realmente a própria Cinderela. Após um mês de sonhos, voltamos com a promessa, por parte dele, de que em breve retornaríamos. A princípio, gostei de ficar naquela casa imensa, só aproveitando tudo aquilo. Tinha empregados para me servir. Arnaldo realizava o meu mais profundo desejo. A irmã dele me levou a cabeleireiros e lojas caras. Duas vezes por semana eu os freqüentava. Eu comprava roupas, jóias e tudo o que quisesse. A empresa cresceu muito, o que obrigou Arnaldo a viajar mais vezes. Aos poucos, fui me sentindo muito sozinha. Quis voltar ao trabalho, mas ele não deixou. Disse que queria me ver sempre bonita quando voltasse à noite para casa. Decidimos que eu teria um filho. Tentamos por seis meses, mas não consegui. Fomos a um médico e, após alguns exames, ele nos disse que não havia problema algum, que talvez a minha ansiedade estivesse fazendo com que eu não engravidasse. Finalmente, depois de oito meses, eu engravidei. A alegria foi geral em toda a família. Depois de muitos anos, uma criança que nasceria. Novamente, eu estava vivendo um sonho. Arrumamos o quarto do bebê, comprei roupinhas. Essa criança teria tudo para ser feliz. Embora não fosse a primeira da família, seria a de Arnaldo e isso a tornava privilegiada. Além de coisas materiais, teria o amor e carinho de todos. Embora Arnaldo continuasse viajando, a sua ausência já não me incomodava. Tinha, agora, algo mais para pensar. Quando estava com três meses de gravidez, durante a noite senti muita dor. Arnaldo me levou imediatamente ao hospital. Foi constatado que eu estava com hemorragia interna. A criança foi gerada nas trompas. Me submeti a uma cirurgia, na qual o médico foi obrigado a retirá-las. Nunca mais poderia ter filhos. Aquilo, para mim, foi como se a morte tivesse chegado. Entrei em depressão. Só chorava, nada mais me importava. Era a pessoa mais infeliz deste mundo. Meus pais e a família de Arnaldo tudo fizeram para que eu me recuperasse, mas foi em vão. Eu não reagia, não queria mais viver. Todo aquele luxo e riqueza, nada representava. Um dia, ele me disse:

"— Meu amor, sei que está triste, mas não adianta, temos que continuar a nossa vida. Vamos voltar à Europa. Iremos reviver a nossa lua-de-mel. Quando voltarmos, pensaremos no assunto. Existem muitas crianças que precisam de um lar e de pais. Poderemos adotar uma ou mais. Vamos recomeçar."

— A cada dia que passava, eu o amava mais. Nunca pensei em adotar uma criança, mas a idéia, agora, parecia ser boa. Viajamos novamente. Só que, desta vez, não existia toda aquela magia e eu já não era a mesma. Havia passado por momentos difíceis que me fizeram crescer e mudar. Mesmo assim, aproveitamos muito. O nosso plano, agora, seria adotar primeiro uma criança e depois outras. Dinheiro não faltava. Talvez por não poder ter filhos meus, agora queria muitos. Olhava para aquela casa tão grande, rica e sentia ser um desperdício só eu e Arnaldo morarmos lá. Eu pensava:

"— Logo, haverá muitas crianças correndo por aqui."

— A viagem me fez bem. Voltei com outra alma. Decidimos que adotaríamos uma criança. Arnaldo, sempre ao meu lado, continuou me tratando com carinho e muito amor. Agradecia todos os dias a Deus aquele homem que havia colocado em minha vida. Tinha consciência do quanto me amava e de como havia suportado a minha depressão. Precisava fazer tudo para que ele também fosse feliz. Possuía muitos amigos, entre eles, o doutor Ferraz, seu amigo de infância. Essa amizade continuou para sempre. Sabendo do nosso desejo em adotar uma criança, nos disse:

"— Trabalho em um hospital na periferia. Lá existem muitas mulheres que deixam seus filhos para adoção. Os motivos são vários, mas o mais freqüente é a impossibilidade de criá-los por falta de dinheiro. Se quiserem, poderei escolher uma criança para vocês."

— Eu e Arnaldo gostamos do que ele disse:

"— Qual é o procedimento nesses casos, Ferraz?

— A criança fica por um tempo no hospital. Quando está bem e fora de perigo, é enviada para uma instituição."

— Arnaldo pensou um pouco e disse:

— A mãe ou o pai poderá mais tarde reclamar a criança?

— Normalmente, as crianças deixadas não possuem um pai. Na maioria das vezes, são filhos de mães solteiras e pobres, que as deixam por saberem ser difícil criá-las. Por isso, no momento que renuncia à criança, perde também o pátrio poder. Não saberá, nunca, para onde a criança foi enviada."

— Ao ouvir aquilo, falei:

" —Não entendo como uma mãe pode abandonar um filho! Se ela se arrepender? O hospital ou a instituição não daria o endereço ou nome da família para onde a criança foi levada?

— Paulina — disse o médico, pacientemente — existe muita miséria, e moças inocentes que se deixam iludir. Normalmente, ao descobrir que sua filha está grávida, os pais as abandonam sua própria sorte. Sem elas poderem, sequer, se sustentar, menos ainda a uma criança, preferem doá-la."

— Arnaldo, que, assim como eu, queria um filho, disse:

"— Pode nos avisar quando aparecer uma, Ferraz?

— Claro que sim, Arnaldo. Conheço vocês e sei que a criança terá não só conforto, como também muito amor. Vocês têm preferência por tipo físico ou sexo?

— Quanto ao sexo, não me importo — respondi — ,mas quanto ao físico, gostaria que fosse parecido com o nosso. Pretendo criar essa criança como se fosse nossa. Não quero que saiba que não é nosso filho biológico.

— Se pensa assim, tem que ser do mesmo tipo físico que o de vocês. Crianças assim demoram mais para aparecer, mas a experiência já me provou que é melhor para a criança adotada saber por seus pais adotivos de sua condição, antes de saber por outras pessoas. A mentira nunca foi boa conselheira.

— Não quero que saiba, justamente para protegê-la. Quero que se sinta amada e nunca rejeitada. As pessoas do nosso relacionamento entenderão e respeitarão a minha vontade.

— Espero que tenha razão, Paulina. Assim que houver uma criança, eu os avisarei."

— Fiquei feliz e esperançosa. Teria, finalmente, uma criança em meus braços e seria a primeira de muitas. Arnaldo também estava esperançoso. Notou que voltei a ser aquela menina que havia conhecido. Eu sonhava com a criança. Fui preparando o seu quarto. Comprei roupas e tudo o que fosse necessário. Dois meses depois, doutor Ferraz nos telefonou:

— Tem aqui uma criança que a mãe deixou para a adoção. É um menino saudável. Se quiserem, podem vir amanhã."

— Arnaldo desligou o telefone e me abraçou:

" — Paulina! Vamos amanhã conhecer o nosso filho!"

— Eu chorava e ria ao mesmo tempo. Esperei tanto por aquele dia, e felizmente chegou. Naquela noite, quase não dormi. Não via a hora que amanhecesse. Pela manhã, bem cedo, fomos até o hospital. O doutor Ferraz já nos esperava:

"— Chegaram cedo! Vamos até o berçário ver o menino?"

— Fomos ao berçário. A um sinal do médico, a enfermeira nos mostrou através do vidro, um recém-nascido. Ele estava dormindo, mas achei a criança mais linda do mundo! Depois, acompanhamos o doutor Ferraz até o seu consultório.

"— Por essa expressão que estou vendo em seus rostos, posso deduzir que gostaram da criança, não? "

— A emoção era tanta que não conseguimos responder. Apenas concordamos com a cabeça.

"— O procedimento normal seria eu enviar a criança para uma instituição, mas seria uma adoção demorada. Conheço vocês e sei de que tudo farão para o bem dela, vou dar um papel, dizendo que você deu à luz aqui no hospital, Paulina. Com esse papel, poderão registrá-lo, como se fosse seu."

— Agradecemos. Ele nos deu o papel e nos levou até o berçário novamente. A enfermeira nos entregou o menino vestido com roupas que eu havia lhe dado. Ao pegá-lo em meus braços, não consegui evitar as lágrimas. Ele dormia, mas, quando o segurei, esboçou um sorriso. Eu e Arnaldo ríamos felizes. Ao sair dali, fomos ao consultório do pediatra que fora indicado por minha cunhada. Ele examinou o menino:

"— Ele está muito bem. Tem todos os reflexos perfeitos. Podem ficar tranqüilos. Vou dar uma dieta alimentar. Quero que me tragam o bebê todos os meses para acompanhamento.

"— Traremos, doutor. Queremos que tenha muita saúde."

— Chegamos em casa. Os empregados vieram correndo para ver o bebê. Mostrei a todos como se fosse uma jóia preciosa, e era! Arnaldo, assim que me deixou em casa, foi para o cartório e o registrou com o nome de Clóvis. Daquele dia em diante, ele tomou todo o nosso tempo. Arnaldo quis contratar uma babá para me ajudar, mas eu não deixei. Queria acompanhar o seu crescimento. Ele crescia saudável e feliz. Cada sorriso, cada som era, para nós, motivo de alegria. Começou a engatinhar, depois a andar. Arnaldo continuava com suas viagens, mas eu, agora, não me sentia mais só. Tinha aquele pequeno ser para me fazer companhia. O tempo foi passando. Um dia me chamou de "mamã." Eu queria morrer de tanta alegria. Tudo, agora, estava perfeito em minha vida. Amava, era amada e tinha Clóvis que completava a minha felicidade. Os dias, meses e anos foram passando. Estava próximo o seu aniversário de cinco anos. Estávamos animados com a festa, principalmente Clóvis. Um menino arteiro, mas muito carinhoso. Corria o dia inteiro e brincava com os primos que vinham sempre nos visitar. Uma semana antes do seu aniversário, a festa estava contratada. O tema seria "O Circo". Palhaços e mágicos viriam. Durante a noite, Clóvis acordou chorando. Corremos para o seu quarto, ele chorava muito dizendo que a cabeça doía. Coloquei a mão em sua testa. Percebi que estava muito quente:

"— Arnaldo! Ele não está bem, telefone para o pediatra."

— Arnaldo telefonou e, em menos de meia hora, ele já estava em casa examinando Clóvis, que não parava de chorar. Assim que terminou, nos olhou e disse preocupado:

"— Precisamos levá-lo agora mesmo para o hospital.

— Hospital?! O que ele tem?

— Não sei ainda, Paulina, mas, com esse pequeno exame, notei alguns sintomas que estão me preocupando. Lá poderemos elaborar um diagnóstico mais detalhado e teremos um resultado mais exato."

— Eu e Arnaldo ficamos desesperados. Não conseguíamos falar. O pediatra não permitiu nem que eu o trocasse. Enrolei-o em um cobertor. Arnaldo o carregou nos braços, colocou-o no carro e saiu em disparada. Arnaldo dirigia e eu atrás, com ele no meu colo. Clóvis não parava de chorar. Ao chegarmos no hospital, já havia uma enfermeira nos esperando. Pegou Clóvis e entrou em uma sala. Eu e Arnaldo fomos impedidos de entrar. Ficamos lá fora, calados. Meu coração, mais uma vez, batia forte. Lembrei do dia em que soube haver perdido o meu filho. Arnaldo andava de um lado para outro. Não sei o que pensava, mas devia ser o mesmo que eu. Após alguns minutos, que nos pareceram horas, o pediatra entrou na sala:

"— Infelizmente as minhas suspeitas se confirmaram.

— O que ele tem, doutor? Por favor, diga logo!

— Está com meningite e é a das mais complicadas. Só um milagre poderá salvá-lo."

— Não ouvi aquilo! Não quis ouvir!

Paulina, que havia falado sem parar, começou a chorar. Em seu rosto podiam ver todo o sofrimento que sentia.

— Paulina, pare um pouco. Não está bem e já falou muito, deixe o resto para outro dia. Não precisamos saber de tudo agora. Está lhe fazendo muito mal recordar — disse Célia.

— Não, Célia, não posso parar. Se fizer isso, não voltarei a falar novamente. Só preciso de um pouco de água, por favor.

Regina levantou-se, foi pegar um copo d'água e trouxe para eles também. Como Paulina, eles também estavam emocionados. Simão, a cada palavra dela, sentia que a amava mais. Ela bebeu a água e recomeçou:

— Embora eu não quisesse ouvir, as palavras estavam em meus ouvidos. Eu e Arnaldo choramos, um nos braços do outro. Uma freira passou por nós e parou dizendo:

Sei que estão passando por um momento triste. Nessas horas só encontramos apoio em Deus. Se quiserem, podem ir até a Capela. Lá poderão encontrar um pouco de paz."

— Olhamos para ela. Em seus olhos havia tanto carinho, que já nos confortou um pouco. Seguindo a direção que ela nos apontava, fomos para a Capela. Entramos e lá havia muita paz, realmente. Nos ajoelhamos. Eu, chorando, falei:

"— Deus, meu Pai, sei que tem todo o poder. Por favor, salve o meu filho. Ele é muito pequeno, tem toda a vida pela frente. É tudo para nós. Senhor, me leve em seu lugar."

— Arnaldo também rezava. Horas de esperança e sofrimento passaram. Voltamos para a sala de espera. Clóvis estava isolado. O pediatra voltou, algum tempo depois.

"— Estamos fazendo o possível para que saia do estado crítico, mas preciso dizer que, se ele sair deste estado, provavelmente ficará com alguma seqüela.

— Não faz mal, doutor. Eu não me importo! Sabe o quanto amamos esse menino! Eu cuidarei dele sempre, de qualquer forma que esteja! Só não quero que morra!

— Vamos esperar, está nas mãos de Deus. Tudo o que pode ser feito estamos fazendo, agora é só esperar."

— Mais horas de angústia. Eu e Arnaldo não saíamos do hospital, nem por um minuto. Voltamos várias vezes até a Capela e rezamos muito. Não sei quanto tempo se passou. O médico voltou. Em seu rosto havia muita tristeza:

"— Infelizmente, ele não resistiu. Acabou de falecer..."

— Desesperada, chorando e gritando, eu disse:

"— Não! Não pode ser! Como deixou isso acontecer?

— Fizemos o possível, mas Deus é quem sabe...

— Deus? Que Deus? Ele não existe! Se existisse não nos teria tirado o nosso filho! Como pôde levar uma criança que tinha tudo, saúde, dinheiro, carinho e deixar que muitas outras pobres e doentes continuem vivendo? Que Deus é esse?

— Não sei, o poder humano tem limites. Esgotamos todos. Só nos resta acreditar que foi a vontade de Deus."

— Saí correndo, Arnaldo não me seguiu, não chorou, não gritou e nem falou. Apenas ficou ali, parado, como se nada daquilo estivesse acontecendo. Fora do hospital, sentei em um banco e chorei muito. A única pergunta que me fazia, era:

"— Por quê? Por quê? Por quê?"

— Estava ali sem saber para onde ir ou o que fazer. Lembrei-me de Arnaldo, que também deveria estar sofrendo muito. Levantei-me e fui para porta do Hospital, quando o vi se aproximando. Não chorava. Corri para ele que me abraçou, mas ainda sem chorar. Ao vê-lo fiquei preocupada:

"— O que você tem? Seu rosto está estranho! Perdemos o nosso menino! Como vai ser?! "

— Me abraçou e só naquele momento começou a chorar:

"— Não é justo! Não é justo! "

— Nossa família foi chegando. O enterro foi sofrido. Para mim, nada daquilo estava acontecendo. Depois que tudo passou, eu não tinha forças para chorar ou reclamar. Odiava esse Deus tão injusto. Minha mãe ficou alguns dias comigo, mas a presença dela me incomodava. Não queria falar com ela ou com ninguém. Arnaldo, sempre em silêncio, entrava no quarto de Clóvis e ficava lá por horas, deitado em sua cama. Muitos dias se passaram. Ele voltou a trabalhar. Eu fiquei novamente sozinha naquela casa imensa. Tentei ler, sair e fazer algo, mas não conseguia. Tudo havia terminado.

"— Sei que está muito sozinha, Paulina — Arnaldo disse depois de alguns meses. — Preciso viajar e o meu trabalho me toma muito tempo. Estive pensando, que tal falarmos com o Ferraz e pedir que nos encontre outra criança?

— Nunca! Nunca mais! Para quê? Para morrer também? Eu não suportaria! Não quero!

— Acha que é só você que está sofrendo? Eu também sofro muito! Perdi primeiro a minha mulher a quem amava, depois meu filho e agora Clóvis! Só que ainda estamos vivos e precisamos continuar!

— Eu o abracei, sentindo toda a sua dor.

— Podemos continuar, só que sozinhos — falei baixinho."

— Eu sabia que tinha razão, mas era mais forte que eu, não suportaria amar outra criança e perdê-la também. Choramos abraçados. Ele foi se deitar. Eu fiquei ali na sala. Olhei para o canto, vi o piano. Quando criança havia estudado, mas, após ter crescido, nunca mais toquei. Naquele momento, senti desejo de ouvir o som do piano. Sentei e comecei a tocar Chopin. Estava tocando quando senti a mão de Arnaldo me abraçando por trás e seu rosto em meus cabelos. Ele chorava muito e não conseguia evitar. Naquele momento, deixou que sua alma fosse lavada. Eu me levantei e o abracei. Desta vez, não chorei, somente o abracei:

"— Paulina, te amo mais que tudo na vida. Estou vendo você murchar, quase desaparecer. Quero te pedir que não me deixe. Se continuar assim, vai morrer também. Esse é o meu maior medo. Nosso menino está no céu. Sei que é um anjo e que está velando por nós. Reaja meu amor. Por favor, reaja..."

— Senti uma profunda ternura por aquele homem, tão forte, seguro e que estava ali chorando como se fosse uma criança. Beijei os seus olhos, dizendo:

"— Não quero mais correr o risco de sofrer. Não quero mais filhos. Vamos ajudar alguma instituição, mas sem trazer criança para casa. Preciso mesmo reagir, por você e por mim mesma. Se continuar aqui em casa, sem nada para fazer, vai ser muito difícil. Por isso, quero voltar para o escritório. Trabalhando, vou ocupar os meus pensamentos. Daqui para frente, vamos viver um para o outro."

— Ele me abraçou e beijou:

"— Tem razão, volte para o trabalho. Preciso te confessar algo, nunca mais tive uma secretária tão boa como você."

— Fiz isso. Voltei para o escritório. O trabalho realmente ocupou meus pensamentos. Nunca esqueci de Clóvis. Só que agora pensava cada vez menos. O tempo foi passando, aos poucos a nossa vida voltou ao normal. Mamãe ficou doente. Veio para minha casa junto com papai. Levamos a todos os médicos, mas foi em vão, em seis meses, faleceu. Outra vez a dor da perda e aquela impotência diante de uma força maior. A única coisa que me confortava era que, agora, Clóvis teria alguém para cuidar dele. Um ano depois, papai, que amava muito a mamãe, também ficou doente e se foi. Agora eu estava sozinha, tinha somente Arnaldo, ele me amava e era amado por mim. Esteve ao meu lado nos momentos em que sofria pela perda de meus pais. Continuamos a nos amar como sempre. Apesar de tudo o que passamos, o nosso amor nunca foi abalado. Arnaldo continuava com suas viagens. Um dia, amanheceu com muita febre. Pensamos ser uma gripe, tomou um comprimido e fomos trabalhar. Passou mal o dia inteiro. Resolveu ir ao médico.

No fim da tarde, ele foi e eu fiquei no escritório. Voltou mais tarde para me pegar. Notei que estava abatido e tinha um semblante preocupado, perguntei o que estava acontecendo, ele respondeu:

"— O Ferraz achou melhor eu fazer alguns exames."

— Ao ouvir aquilo, senti um nó na garganta. Com Clóvis, havia acontecido o mesmo. Disfarcei para que ele não percebesse a minha preocupação. No dia seguinte, foi para o hospital. Fiquei com o coração nas mãos, pedindo a Deus que os exames dessem negativo. Ele voltou na hora do almoço:

"— Está feito, Paulina, fiz os exames. Agora, teremos que esperar o resultado. Ainda estou com um pouco de febre. Isso é o que está preocupando o Ferraz. Apesar de ter tomado vários remédios, ela não baixou. Só temos que esperar.

— O Ferraz te disse o que pode ser?

— Não, apenas pediu os exames."

— Os dias passaram, a febre continuava, não sumia. Ferraz telefonou avisando que os exames estavam prontos. Quis ir com Arnaldo ao consultório, mas ele não permitiu:

"— Não precisa ir comigo, tem muito trabalho. Vou e depois te conto tudo."

— Foi sozinho. Fiquei, ansiosa esperando:

"— Pode ficar tranqüila — disse, sorrindo, quando voltou — os exames estão todos bons. Ferraz acha que seja um vírus e que, dentro de alguns dias, irá embora."

— Ao ver a sua tranqüilidade, fiquei feliz. Depois de alguns dias ele foi viajar outra vez. Desta vez o destino era os Estados Unidos. Estranhei, pois seria a primeira vez que iria para lá a trabalho. Seus negócios sempre foram na Europa, no Oriente ou América Latina. Ele me disse que estava tentando um novo mercado. Viajou, continuei trabalhando. Ele me telefonava todos os dias. Acreditei que tudo estivesse bem. Voltou dez dias depois e me trouxe uma miniatura da estátua da Liberdade. Disse não ter conseguido o contrato. A febre continuava. Percebi que ele estava abatido, mas o trabalho continuava muito e não me preocupei. No dia em que voltou de viagem, foi falar com Ferraz. Depois de falar com ele, voltou para o escritório e disse:

"— Hoje vamos jantar fora, quero te levar a um restaurante caro e bonito. Sei que vai gostar. Esta noite tem que ser maravilhosa, quero que fique bem bonita!"

— Sorri e não estranhei. Aquela não seria a primeira vez que ele me proporcionava uma noite com muita alegria. Fomos para casa, nos trocamos e procurei colocar uma roupa bonita. Estava feliz. Ele parecia estar bem melhor. Antes do jantar, fomos ao teatro. Após o teatro, jantamos e dançamos. Tudo estava perfeito. Ele pediu champanhe, e ao fazer o brinde, disse:

"— Paulina, tudo o que quis na vida foi te fazer feliz. Aconteça o que acontecer, nunca esqueça que sempre te amei e amarei. Você foi e é tudo para mim, te amo."

—Estranhei aquele brinde e disse:

"— Por que está dizendo isso? Sei que me ama e também te amo muito. O que está acontecendo?

— Nada, só me deu vontade de renovar o meu amor por você. Nunca quis te fazer mal.

— Você nunca me fez mal! Ao contrário, só me fez feliz durante todo o tempo em que estivemos juntos. Mesmo nos piores momentos que passamos, sempre estivemos juntos.

— Sei disso, mas hoje é um dia de festa, só quero que não esqueça que sempre te amei e que te amo muito."

— Continuamos comendo. Ao terminar, voltamos para casa. Ele parou o carro na alameda, de onde se podia ver a casa. Desceu e ficou olhando. Estranhei aquela atitude, mas naquela noite ele estava diferente e estranho. Eu só não conseguia descobrir o porquê. Começou a andar e ficou olhando a casa, as árvores e flores. Eu o segui em silêncio. Entramos em casa. Ele me beijou na testa:

"— Preciso ir ao escritório — disse sussurrando. — Tenho que olhar alguns papéis, vá se deitar."

— Estranhei aquela atitude, pois pensei que teríamos uma noite de amor, mas não discuti. Fui para o quarto. Arnaldo entrou no escritório. Antes de entrar no quarto, olhei para a porta do escritório. Entrei no banheiro, tomei um banho. Sentia que algo estava acontecendo, só não entendia o porquê dele ter sido tão maravilhoso naquela noite e, agora, estar tão estranho. Assim que entramos no jardim de nossa casa, mudou. Seu rosto se tornou grave, distante. Terminei de tomar o banho, voltei ao quarto, sentei-me em frente ao espelho e comecei a escovar meus cabelos. Não entendia o que estava acontecendo. De repente, ouvi o barulho de um tiro vindo do escritório. O meu susto foi tremendo. Corri para a porta. Minha empregada e o motorista também ouviram e chegaram correndo. Eu fiquei parada do lado de fora, sem ter coragem de entrar. A porta estava trancada por dentro. O motorista, um homem forte, deu alguns chutes e a abriu. Eu chorava e gritava, abraçada a minha empregada. O motorista entrou, ela me segurou para que eu não entrasse, mas me soltei e entrei. Arnaldo estava sentado na cadeira com a cabeça caída sobre a mesa com muito sangue em volta. Fiquei desesperada e comecei a gritar sem parar. Não queria acreditar que aquilo estivesse acontecendo.

Novamente, diante dos amigos, Paulina chorava sem parar. Em seus olhos muita dor e sofrimento. Eles, agora, mostravam em seus rostos, horror. Regina sentiu um aperto no coração.

— Paulina, que momentos tristes você passou... pare um pouco. Está muito emocionada, isso poderá lhe fazer mal.

Paulina continuou chorando. Em seu rosto, as marcas do sofrimento agora se faziam notar. Revivia aquele momento com toda intensidade. Célia levantou-se, dizendo:

— Vou para a cozinha passar um café bem forte, acredito que todos estejamos precisando.

— Meu Deus — começou a chorar, assim que entrou na cozinha — ,sofri muito, mas acho que, nunca, tanto. Sempre soube que um dia encontraria meu filho, mas ela perdeu tudo!

Coou o café, voltou à sala trazendo uma bandeja com xícaras. Todos estavam calados. Paulina chorava, só que agora baixinho. Zeca e Regina, de mãos dadas, também pensavam. Simão olhava para Paulina com muito amor. Todos estavam condoídos de sua situação, mas não sabiam o que dizer. Regina foi a primeira a falar:

— Vamos tomar o café? Já está tarde, a noite já vai alta...

Olharam para ela agradecidos. Foi a única que teve a coragem de quebrar aquele silêncio sinistro. Tomaram o café em silêncio. Quando terminaram, Paulina disse:

— Sinto muito por ter causado este constrangimento.

— Que é isso! Não estamos constrangidos! Estamos é pesarosos por você! Acredito que, assim como eu, todos pensamos ser melhor que pare de falar. Está sofrendo demais ao relatar e reviver todos esses fatos.

— Não, Regina, por favor, não me peçam isso. Estou revivendo sim, só que agora não estou sozinha. Tenho vocês ao meu lado. Só vou parar se vocês disserem que estão cansados e que não querem mais me ouvir.

— Se achar que vai lhe fazer bem, ficaremos aqui. Confesso, que todos estamos curiosos para saber qual foi o motivo do teu marido ter praticado essa loucura, mas você é quem sabe.

— Quero e preciso, Célia. Sinto que, agora, não pode mais haver segredos entre nós. Hoje, eu descobri algo que me obriga a isso. Olhou para Simão, enquanto falava. Vou continuar. O motorista pegou o telefone e ligou para a polícia. A empregada me levou para fora do escritório. Eu não queria acreditar naquilo que havia visto. Estava perdendo outra pessoa que amava. Deus não podia estar fazendo aquilo comigo. Estava no quarto, quando a polícia chegou. Os pais de Arnaldo e sua irmã chegaram também e perguntaram o que havia acontecido. Contei a eles tudo sobre aquela noite, o teatro e o jantar. Tudo havia sido perfeito. Sobre uma cadeira ainda estava o vestido que eu havia usado e sobre a minha penteadeira as minhas jóias. Estava tudo ali, mostrando como a noite havia sido perfeita. Um policial veio até nós e me entregou uma carta, que encontrou sobre a mesa. Tremendo, peguei aquela carta. Olhei para ela, mas não consegui ler. Entreguei ao meu sogro, que também estava abatido, mas não chorava. Ele começou ler em voz alta.

Querida Paulina, queridos pais.

Quando lerem esta carta, estarei morto. Quero pedir perdão a todos por tudo o que ainda sofrerão com essa minha atitude. Paulina, meu amor, sabe que sempre te amei e que nunca pensei em te fazer mal, mas infelizmente acredito ter feito. Nos Estados Unidos, descobri que estou com uma doença muito grave. Doença essa que não tem cura. Foi adquirida em um momento de loucura, em um momento que esqueci o quanto te amava e era amado por você. Essa doença é muito cruel e castiga o corpo, mas, muito mais, a alma. Preciso que me perdoem por essa covardia, mas não suportaria sentir todo o sofrimento que ela traz. O meu pior pesadelo é imaginar que eu a tenha transmitido para você, Paulina. Converse com o Ferraz, ele lhe dará todas as instruções de como proceder. Precisa saber que nunca deixei de te amar. Que Deus, se puder, me perdoe.

Arnaldo

— Quando terminou de ler, nos olhamos incrédulos. Eu revivia toda a nossa vida e principalmente aquela noite.

"— Que doença é essa? — comecei a gritar e chorar. — Preciso falar com Ferraz. Telefonem para ele, por favor!

— Ele foi avisado, já deve estar chegando."

— Quem falou foi o motorista. Ele sofria muito. Era motorista da casa desde quando Arnaldo era um menino. Sentia por ele um amor paternal. Ninguém esperava por aquilo. Logo depois, Ferraz chegou. Meu sogro pegou a carta de minhas mãos e lhe entregou, perguntando:

" — O que significa isto, Ferraz? Que doença meu filho tinha? Por que você não nos contou, antes desta tragédia?

— Ferraz também estava abatido. Pegou a carta e leu:

"— Paulina, não pensei que ele chegasse a esse ponto. Disse que te daria uma noite maravilhosa e que depois te contaria tudo. Ferraz disse emocionado.

— Por favor, Ferraz, diga, que doença é essa?

— É chamada de AIDS. É uma doença nova que está surgindo agora. Pouco se sabe sobre ela. Só sabemos que ela ataca o sistema imunológico e que não tem cura. Já fez algumas vítimas e só agora os cientistas a estão estudando.

— Por que ele não podia esperar? Talvez a cura apareça! Nunca poderia ter feito isso com todos nós!

— Ele não esperou, porque, lá nos Estados Unidos, visitou alguns dos melhores médicos e alguns doentes terminais e viu todo o sofrimento que ela impõe a quem se contamina. O medo maior que sentiu foi pensar que pode ter te transmitido.

— A mim? Como?

— Dessa doença ainda não se sabe muito, só que é adquirida e transmitida através da transfusão do sangue e do ato sexual, pelo que se sabe até agora.

— Ele nunca fez transfusão! O que está dizendo?! Ele se contaminou através do ato sexual? É isso que está me dizendo?

— Foi em uma de suas viagens, saiu com alguns amigos e manteve relação sexual com uma moça que tinha o vírus.

— Não! Não! Não! — comecei a gritar, desesperada — Ele nunca faria isso! Sempre nos amamos!

— Foi levado por amigos e bebida.

— Não posso acreditar e muito menos aceitar! Amigos não fariam isso! Arnaldo não faria isso se realmente me amasse! Não posso aceitar e nem perdoar! Nunca! Nunca!

— Está no seu direito de assim pensar, por isso mesmo ele preferiu se matar a te enfrentar. É preciso que, assim que tudo termine, vá ao meu hospital para fazer alguns testes."

— Minha cabeça girava. Ele jamais poderia ter me traído. Sabia ou, pelo menos, pensava, que me amava. Agora eu não chorava mais. Sentia muito ódio por ele. Além de me trair, tinha me condenado à morte. Não teve coragem de me enfrentar e nem de enfrentar a doença, que, eu sabia, nunca conseguiria me matar. Eu sofreria toda a dor da doença e da traição. Quis entrar novamente no escritório para brigar com ele, mas um policial me impediu. O corpo foi levado. Mandei que todos fossem embora, precisava ficar sozinha e refletir. Ferraz me fez prometer que iria ao hospital. Todos entenderam o meu sofrimento e saíram. Eu não me conformava com a traição. Havia sido sempre sincera em meu amor por ele que sempre me pareceu ser correspondido. Como pôde ter me traído? O ódio era imenso. Pensei na doença que provavelmente eu havia adquirido. No horror que Ferraz havia descrito. Senti muito medo. Sabia que um dia todos morrem, mas eu era muito jovem e tinha medo do sofrimento. Saber que vamos morrer é uma coisa, mas com hora marcada é muito diferente. O medo, misturado com o ódio, me fez tomar aquela atitude. Não queria vê-lo e a mais ninguém, Não iria ao hospital para saber se estava doente ou não. Pensava que, enquanto não tivesse certeza, não sofreria tanto. Deixei uma carta, arrumei umas poucas coisas e vim para cá, esta cidade que eu havia odiado tanto quando adolescente. Voltei em busca de minhas raízes. Na casa em que nasci, me senti protegida. Depois conheci vocês, um a um. Em seguida, surgiu o projeto do Grotão. Senti que, embora, condenada à morte, posso ainda fazer algo em prol de pessoas que muito precisam. Iria ficar calada a respeito de tudo, mas hoje, pela manhã, senti que o meu coração batia mais forte por você, Simão. Isso não pode acontecer. Antes que esse sentimento se torne mais forte e que talvez te atinja, achei melhor contar tudo e voltar para minha casa. Não sei e nem quero saber sobre essa doença. Vim para cá e ficaria até sentir algum sintoma. Quando isso acontecesse, voltaria para me internar em um hospital e morrer.

— Que está dizendo?! — gritou Simão, nervoso. — Como sabe se está doente? Não fez os exames para ter certeza! Diz que vai embora, antes que o sentimento que sente por mim me atinja? Tarde demais! Desde hoje pela manhã, não faço outra coisa a não ser pensar em você! Depois de tanto tempo de solidão e tristeza, voltei a sentir um sentimento bom dentro de mim! Não vou permitir que se acabe mesmo antes de começar! Também não conheço essa doença. Aliás, só ouvi falar sobre ela muito superficialmente. Nunca me importei, mas agora vou procurar descobrir tudo sobre ela.

Os outros apoiavam Simão enquanto ele falava. Regina, com esforço, conseguia manter a sua calma de sempre:

— Paulina, Simão tem razão. Você não tem certeza de que está doente. Vá fazer o exame e depois resolverá o que fazer com a sua vida. Tem agora um motivo maior para viver. Além do Grotão, tem esse amor que brotou entre vocês.

— Tenho algo mais para dizer, interrompeu Simão. Se realmente estiver doente, não me importo! Perguntaremos ao médico como vai ser a nossa vida sexual e se poderá existir. Se não for possível, ficaremos juntos, simplesmente, nos amando. Não vou te deixar, agora que te encontrei.

— Não sabe o que está dizendo, Simão! Como pode ser uma vida a dois se não houver sexo?

— Não sei, mas não vou te deixar!

— Esperem, os dois! — disse Regina — Não adianta ficarmos discutindo. Estamos cansados. Acho que devemos ir para casa e dormirmos. Amanhã será outro dia e um novo dia sempre nos traz esperanças. Acho que viemos para cá com um só propósito. Nos encontramos e realizaremos algo em favor de outras pessoas. Na história de cada um pode-se ver que todos nascemos ou nos tornamos ricos. Apenas eu e Fábio não temos tanto dinheiro. Vocês tiveram tudo o que o dinheiro pode comprar, mas perceberam que o dinheiro, apesar de ser necessário, não pode nos dar a felicidade. Dizem que pode comprar, mas como podem ver, isso não é a verdade. A felicidade, paz e tranqüilidade são bens que o dinheiro não compra. Todos sofremos muito, mas hoje vivemos em paz e ao lado de amigos sinceros, que não foram comprados pelo dinheiro. Estamos tentando fazer algo que será um bem para aquelas pessoas do Grotão. Talvez seja essa a missão que viemos cumprir. Agora já está tarde. Vamos embora.

Eles ouviram e sentiram que tudo o que Regina disse tinha fundamento. Estavam cansados. As emoções haviam sido muitas. Concordaram e se despediram. Prometeram que estariam cedo no bar para tomar café. Foram embora.

Paulina, sozinha em casa, olhou para a fotografia dos pais que estava em cima do móvel. Parecia que estavam sorrindo para ela. Lembrou-se do modo emocionado que Simão falara do seu amor. Sentiu que nem tudo estava perdido:

"Não sei por quanto tempo vou viver, mas viverei intensamente. Regina tem razão. Tenho, agora, um caminho para seguir. Tenho amigos e o amor de Simão. Tudo isso me dará forças para continuar, até o último dia."

Tomou uma xícara de chá e se deitou. Estava com sono. Embora tivesse passado por muitas emoções, sentiu que estava bem. Lembrou-se de Arnaldo, agora sem ódio. Pensou nos momentos de felicidade que viveram juntos.

"Foi um homem maravilhoso. Fez tudo para que eu fosse feliz. Cometeu um deslize, mas quem não comete? Sinto não tê-lo acompanhado até o cemitério. Sei que ele ficou me esperando para ouvir o meu perdão... eu não fiz isso..."

Adormeceu. Sonhou que estava em sua casa no quarto de Clóvis e que ele corria para ela. Quando foi abraçá-lo, ele sumiu. Ela olhou para a porta e viu uma sombra que saía correndo. Acordou chamando Arnaldo. Sentou–se na cama:

"Foi só um sonho, mas tão real! Era o Arnaldo quem estava na porta, mas por que teria corrido daquela maneira?

Adormeceu em seguida. Não sonhou mais.

Zeca, Fábio e Simão acompanharam primeiro Célia e depois Regina até suas casas. Durante o caminho, seguiram em silêncio. Simão foi o próximo. Restaram Zeca e Fábio, que seguiram juntos caminhando. Em dado momento, Fábio disse:

— Zeca, o que achou de tudo o que escutamos?

— Foi uma história triste. Sempre pensamos que a nossa é a pior. Percebemos depois que é só mais uma. Cada um tem a sua dose de sofrimento. Nós conseguimos reencontrar os nossos destinos, estamos caminhando para a felicidade, mas e Paulina? Condenada à morte, sem culpa e sem esperar. Quantas pessoas não estarão nessa mesma situação?

— Estou pensando naquilo que Regina disse. Ela me parece sempre tão calma. Será que ela não tem problemas?

— Tem, sim, como nós todos. Mas ela vê tudo de uma maneira diferente. Para ela, a vida não se resume apenas a esta, mas a muitas outras. Acredita que tudo que nos acontece tem sempre um motivo maior, e que sempre aprendemos algo.

— Estranho. Esse pensamento não pode alienar a pessoa? Pensando assim, vamos aceitar tudo, sem reagir? Tenho medo das religiões que levam as pessoas a aceitar tudo sem discutir. Acharem que tudo é culpa de Deus ou do destino.

— Também já tive esse medo. Mas a vida me ensinou que, às vezes, somos levados, não conseguimos evitar. Existe uma força maior que nos conduz, sem que possamos interferir.

— Não sei. No meu caso, acreditei em mentiras. Se tivesse confiado no amor que sentia e sabia que havia por parte de Marisa, muito teria sido evitado. A culpa não foi de Deus, nem do destino. A historia de Simão foi a mesma. Ele usou mal a política. A culpa não foi de Deus, mas, sim, dele mesmo.

— Também usei mal o meu diploma, mas Paulina não. Ela foi boa esposa, excelente mãe. Por que teria acontecido tudo aquilo? Regina me disse que todos nascemos para sermos felizes e evoluir. Se não somos felizes, ou não evoluímos, não é por culpa de Deus, mas, sim, por nosso livre-arbítrio.

— Está dizendo que, se não evoluirmos, a culpa é nossa?

— Sim, mas no caso de Paulina e de muitas outras pessoas, acontecem coisas sobre as quais não têm controle.

— O que devemos fazer? Esperar as coisas acontecerem?

— Devemos lutar para o melhor em nossas vidas e para aqueles a quem amamos. Sem esquecer nunca que cada um é responsável pela sua própria vida, mas o que não devemos é prejudicar alguém para conseguirmos aquilo que queremos.

— Sabe, Zeca, tudo isso é muito difícil de se aceitar.

— É verdade. Já chegamos em casa e está na hora de dormirmos. Sua mãe deve estar aflita nos esperando.

— Tem razão, ela diz que não, mas sempre fica acordada até eu chegar. Gostaria de continuar esse assunto outro dia.

— Não sou a pessoa mais indicada para isso. Estou apenas aprendendo, mas ficarei feliz em falar sobre o que já aprendi.

Fábio entrou. Zeca foi para o seu pequeno quarto. Amava aquele lugar. Lá, encontrou a paz.

Simão, também em casa, pensava em tudo o que ouvira de Paulina. Não entendia por que Deus permitia que todas aquelas coisas ruins acontecessem.

— Por que esse amor por Paulina foi surgir agora em minha vida? Por que não poderei usufruir? Por que, agora que pensei ter encontrado a paz, tudo volta a ser difícil?

Por mais que pensasse, não encontrava respostas. A única coisa que sabia era que faria com que Paulina fosse ao hospital fazer os exames e, se realmente estivesse doente, ficaria ao lado dela até o fim. Assim pensando, adormeceu.

Regina, em casa, também pensava em tudo. No fundo de seu coração, colocou em dúvida a sua fé.

"Estranho. Em todas as outras histórias, havia sempre um espírito ao lado, os envolvendo. Isso aconteceu com o Zeca, com a Célia e o Simão. Já com Paulina, não percebi a presença de nenhum. Por que será? Por mais que acredite na bondade e justiça de Deus, às vezes, penso que Ele não precisava maltratar as pessoas. Todos erram, mas também se arrependem. Simão se arrependeu e encontrou um novo alento no amor de Paulina. Agora, ela está doente e esse amor não poderá ser consumado. Ela não teve culpa alguma. Só teve perdas durante o tempo todo. Meu Deus, me perdoe. Quem sou eu para julgar Sua vontade? Sei que deve ter um motivo para que tudo isso aconteça."

Olhou para os pés da cama e viu dona Júlia, que sorria. Ouviu sua voz, doce, dizendo:

— Não se atormente, Regina. Todos temos os nossos momentos de dúvidas. Esses momentos são bons. Fazem com que procuremos aprender mais o que Jesus nos deixou. Existiu alguém mais injustiçado do que Jesus? Tudo está certo nos planos de Deus. Procure dormir. Como você disse, a cada novo dia uma esperança nasce em cada coração.

Antes de Dona Júlia terminar de falar, ela já estava dormindo.

O despertar de Fábio

Amanheceu. O dia parecendo querer mostrar o estado de espírito das pessoas, surgiu encoberto e chuvoso. Estava cinza, um pouco frio e uma garoa fina caía. Um clima estranho para aquela época do ano. Zeca havia combinado a limpeza de um jardim, mas, com aquele tempo, seria impossível. Em frente ao espelho, olhou seu rosto. Estava queimado pelo sol e seus braços estavam musculosos. O trabalho ao ar livre lhe fizera bem. Sorriu para o espelho. Lembrou-se de Simão e Paulina. Seu rosto se modificou. Não aceitava aquilo, embora Regina dissesse ser a vontade de Deus.

"Fábio tem razão. Esse negócio de religião, que ensina a as pessoas a aceitarem tudo sem se revoltar, não é boa coisa. Só não se revolta quem for santo sem pecado. E isso não existe."

Escutou um barulho de panelas na cozinha de Consuelo. Terminou de se trocar e foi até lá:

— Bom-dia, dona Consuelo. Como está essa manhã? Robertinho passou bem a noite?

— Bom-dia, Zeca. Já sei, veio aqui para tomar o meu café. Robertinho está muito bem, está ficando cada vez mais difícil mantê-lo na cama. Onde estiveram ontem à noite? Ouvi a hora que chegaram, já era tarde. Tem outra história por aí?

— Ainda bem que Robertinho está bem. Quero o seu café e tem outra história também. Gostou das minhas respostas?

— Gostei. Já sei que não vai me contar a história.

— Não, não vou. Estou indo para o bar. Fábio lhe contará tudo. Vou encontrar Regina, temos que conversar.

Fábio entrou na cozinha, beijou a mãe, dizendo:

— A senhora vai ter que esperar, mamãe. Estou indo com o Zeca. Agora, já faço parte da turma do café!

— Zeca, vou sentir a sua falta quando for embora.

— Não deixarei que sinta saudade, dona Consuelo, não se preocupe. Voltarei sempre para tomar o seu café, mas agora tenho que ir. Até mais.

Ela sorriu. Aprendeu a gostar dele como se fosse seu filho. Desde o dia em que chegou na cidade e ela o acolheu em sua casa, sentiu por ele uma ternura muito grande.

Zeca saiu pelo portão. Do lado de fora, olhou para o céu e respirou fundo. Pensou em Regina e no seu casamento.

"Sou um homem feliz. Recuperei a paz de espírito e tenho ao meu lado a mulher que amo. O que mais posso querer..."

Caminhava e, ao virar a esquina, deu de encontro com Regina que também vinha apressada. Riram e se abraçaram. Estavam felizes, apesar de tudo. Foram para o bar. Célia e Simão conversavam e olhavam em direção à casa de Paulina.

— Regina! — Simão disse aflito. — Que bom te encontrar! Estou preocupado com Paulina, ela até agora não veio.

— Simão, você não pode esquecer que ontem ela viveu momentos difíceis. Deve ter dormido tarde e não acordou. Não se preocupe, logo estará aqui.

— E se ela não vier?

— Se ela não chegar, eu e Célia vamos até lá.

— Vamos esperar, mas estou muito preocupado.

Simão preparava a mesa para o café, mas seus olhos não se desviavam do caminho por onde Paulina deveria chegar.

— Ela não vem, Regina, acho melhor vocês irem até lá.

— Está bem, Simão. Vamos agora. Você vem, Célia?

— Claro, agora também estou ficando preocupada.

Levantaram-se, quando viram Paulina, que chegava:

— Bom-dia, pessoal!

Todos a olharam sem entender. Estava linda com um vestido muito bonito, cabelo preso e uma expressão feliz.

— Que estão olhando? Não estou bonita?

Simão saiu de trás do balcão, se aproximou, fez uma reverência e a conduziu até uma cadeira para que se sentasse:

— Está mais linda do que já foi. Estou encantado.

— Obrigada, Simão. Demorei porque estava me vestindo. Acredito que todos estavam preocupados.

— Estávamos, sim. Afinal, ontem tudo foi muito difícil.

— Foi, Regina! Hoje não é mais! Demorei para dormir. Repassei toda a minha vida. Só falei o que de ruim me aconteceu. Sozinha em meu quarto, comecei a lembrar de tudo de bom que me aconteceu e cheguei à conclusão, de que tive mais momentos bons do que ruins. Não fui fazer os exames por medo. Hoje o dia está chuvoso e até um pouco frio. Até a natureza tem seus dias bons e ruins. Hoje o dia está feio, mas amanhã, o sol brilhará! Assim é a nossa vida! Tive dias ruins, mas, quantas vezes o sol brilhou novamente?

Eles olhavam para ela com estranheza. Ela falava de uma maneira tão firme. Seus olhos brilhavam.

Regina a olhou e agora, sim, via ao lado de Paulina uma entidade, na forma de mulher, que, carinhosa e sorrindo, a abraçava por trás. De suas mãos jorravam pequenos raios de luz, que eram jogados sobre todos. Regina, ao ver aquela entidade tão bonita, sorriu. Fábio, também percebeu o sorriso de Regina e acompanhou os seus olhos, que estavam fixos na entidade. Sentiu um arrepio pelo corpo. Não via a entidade, mas os pequenos raios de luz, sim, nitidamente. Não entendia, mas sentiu que algo estava acontecendo. Ele não podia acreditar! Durante toda sua vida foi sempre muito cético em relação a religiões e até a Deus. Possuía uma teoria política que dizia ser a religião o ópio do povo. Assustado, pensou:

"O que é isso que estou vendo? Será que sou só eu?"

Olhou para os outros que continuavam conversando. Regina, seguindo a orientação da entidade, olhou para ele:

— Parece preocupado, Fábio, por quê?

Ele um pouco sem jeito, respondeu:

— Por nada... por nada. Estou só ouvindo a Paulina.

Os outros se voltaram para eles. Zeca olhou para Regina que, com os olhos, tentou mostrar a ele a entidade. Zeca não viu, mas sabia que algo acontecia. Regina olhou para Fábio que continuava intrigado e, com um sorriso, tornou a perguntar:

— Fábio, que cara é essa? Parece que está vendo um fantasma!

— Eu?! Não! Só estou preocupado com Paulina.

— Não precisa ficar preocupado, Fábio, estou muito bem!

Regina e Zeca sorriram. Fábio continuou olhando para a luz, com os olhos parados. A entidade sorria para Regina:

— Não se preocupe. Ele não está me vendo, só as luzes. Precisava ter algo para acreditar. Meu nome é Vitória, sou antiga amiga da Paulina e a ajudei a tomar uma decisão.

Quando terminou de falar, desapareceu. Regina não a viu mais. Voltou a atenção para Paulina, que continuou falando:

— Depois de pensar muito, resolvi que vou fazer os exames e, se estiver doente, vou aproveitar o resto de minha vida. Não quero mais continuar com essa dúvida.

— Pode não ter se contaminado!

— Não sei, Regina, mas, mesmo que tenha, vou continuar ao lado de vocês, no projeto do Grotão..

Célia se aproximou e a abraçou por trás, ocupando o lugar em que a entidade estivera e disse:

— Essa é a melhor decisão que poderia ter tomado.

— Estou decidida, mas no fundo tenho medo de ir sozinha. Será que vocês poderiam ir fazer os exames comigo?

— Mas é claro! — respondeu Regina. — Não precisava ter pedido! Não vamos te abandonar num momento como esse! Quando quer ir? Preciso pedir uns dias de folga no posto.

— Que tal amanhã? Pode ser?

— Está ótimo! Hoje mesmo vou pedir minhas folgas, tenho muitas guardadas. Não haverá problema algum.

— Está bem, Fábio? Quando você vai para Brasília?

Fábio, pensativo, não escutou. Célia voltou a perguntar:

— Fábio, quando vai voltar para Brasília?

— O quê? Amanhã. Preciso ir. Tenho que adiantar o meu trabalho, para poder tirar férias e me casar com você, amor.

Todos riram, sabiam que eles estavam mesmo apaixonados.

— Vou falar com o Elias e, amanhã cedo, partimos para a capital. Ficaremos na minha casa o tempo que for necessário.

Paulina, embora falasse com firmeza, sentia muito medo. Simão a olhou com um olhar apaixonado:

— Paulina, quero que saiba que, aconteça o que acontecer, nada poderá mudar o que descobri estar sentindo por você.

Paulina apenas sorriu. Terminaram de tomar o café, despediram-se. Paulina foi para casa. Célia foi até a praça avisar para as crianças que, por causa do dia chuvoso, não haveria aula de pintura. Zeca e Regina seguiram junto com Fábio. Caminharam um pouco, quando Regina perguntou:

— Fábio, por que ficou assustado? O que foi que viu?

— Nada! Só estava preocupado com a Paulina.

— Não precisa disfarçar. Sei que viu luzes caindo.

— Como sabe?! Também viu?!

— Vi, não só as luzes, mas também quem as estava jogando.

— Havia alguém jogando?!

— Sim, uma bela mulher. Seu nome é Vitória, está sempre ao lado de Paulina. É sua antiga amiga e, agora, guia espiritual.

— O que é isso?

— Poderia dizer que ela é o anjo da guarda de Paulina.

— Anjo da guarda?! Isso não existe! Isso tudo nos foi ensinado por poderosos, para que tudo fosse aceito como sendo a vontade de Deus e não lutássemos contra a tirania.

— Ainda acredita nisso? Que luzes eram aquelas? O poderoso pode até usar Deus para tiranizar, mas isso não quer dizer que Ele realmente não exista.

— Enquanto o povo acreditar que tudo é vontade de Deus, esse mesmo povo nunca terá o seu lugar na história.

— Apesar dos tiranos e do materialismo, a humanidade vem crescendo, evoluindo e conquistando seu espaço. Deus não quer o homem escravo, mas sempre evoluindo.

— Não posso desmentir que fiquei intrigado com as luzes, mais ainda quando percebi que os outros não as estavam vendo, mas não posso dizer que seja uma manifestação de Deus.

— Acreditar ou não, não é importante. O importante é que você, a partir de hoje, sentirá vontade de descobrir mais.

— Nunca serei religioso, me deixando influenciar por padres ou similares. Eles só pensam em seu próprio bem estar.

— Deus está acima de qualquer religião. Está presente dentro de cada um e não é necessário pertencer a uma religião para receber as suas graças. Ele é um Pai amoroso. Talvez você veja novamente luzes ou até mesmo quem as esteja jogando. Não se assuste, quando chega a hora de trabalharmos para a nossa evolução ou ajudar as demais pessoas, a presença de Deus se faz notar. Acredito que a sua hora chegou.

— Não venha me dizer que vou ter que receber espíritos!

— Não, não estou falando isso. Receber espíritos é o que menos importa. O importante é começar a enxergar em cada pessoa um irmão e, se for possível, ajudar. Caminhar sempre com a vontade de aprender, sem nunca julgar, sabendo que você é responsável por sua vida e por seu futuro espiritual.

— Vou pesquisar sobre isso. Realmente, agora estou intrigado. Não posso negar o que vi.

— Existem vários livros que tratam do assunto. As pessoas que os escreveram passaram por experiências, estudaram e se convenceram. É só procurar.

— Vou te contar algo que aconteceu comigo — disse Zeca.

Contou o que havia acontecido com ele, quando viu e ouviu o irmão e sobre o seu pai e a esposa do Elias.

— Você viu, Fábio, quando Regina descreveu a esposa de Simão sem nunca tê-la visto. Isso prova que ela, realmente, vê algo que os olhos humanos não conseguem ver.

— É... tem muita coisa que preciso pesquisar.

— Estudar, pesquisar e procurar é a melhor coisa que se pode fazer. Dizer simplesmente que não acredita não é o certo. É muito cômodo. Não dá trabalho.

— É... Zeca... acho que tem razão. Vi realmente aquelas luzes, não posso negar. Só preciso descobrir de onde vieram.

Chegaram em frente à casa de Regina:

— Querem entrar? Preciso arrumar minha mala e deixar algumas coisas em ordem para que a Clara não se perca. Não sei quanto tempo vai demorar o resultado dos exames de Paulina, só sei que ficarei ao lado dela o tempo necessário.

— Amanhã irei para Brasília. Também preciso me preparar, só que é para a minha lua de mel.

— Eu ficarei hoje o dia inteiro na preguiça. Com esse dia, não posso trabalhar. Por isso, ficarei brincando com Robertinho. Assim será mais fácil para ele esperar o dia de tirar os pontos.

Zeca beijou Regina e saiu acompanhado por Fábio.

No fim da tarde, tornaram a se encontrar no bar. O assunto foi a respeito do Grotão. Zeca queria começar fazendo as casas. Simão, a estrada que daria acesso. Célia, os quiosques. Elias parou o táxi em frente ao bar.

— Boa-tarde, pessoal. Dona Regina, preciso lhe agradecer! Minha esposa está bem, voltou a ser a mesma mulher de antes. Devemos tudo a Senhora! Muito obrigado...

— A mim, não! Devem a Deus. Apenas fiz o que qualquer pessoa pode fazer. Confiar em Deus e orar, só isso. Fico feliz que ela esteja bem. Só podemos agradecer a Deus e continuar vivendo. Fazer o possível para sermos sempre melhores e, assim, caminharmos para Ele.

— Que podemos fazer? Não temos muito dinheiro.

— Todos podem ajudar. O dinheiro é importante e precisamos dele, mas a sua falta não é desculpa para não se ajudar. Todos sabemos fazer algo para poder ensinar.

— Minha mulher sabe costurar muito bem!

— Ela pode ensinar algumas mulheres do Grotão. Elas, costurando, podem ganhar um pouco de dinheiro para ajudar nos gastos da casa ou costurarem para si mesmas e seus filhos.

— É... ela pode fazer isso mesmo.

— Viu como todos podemos ajudar?

Combinaram com ele a viagem para o dia seguinte.

Foram embora. Célia e Fábio foram para a casa dele. Consuelo os esperava para um jantar de despedida, pois ele voltaria para Brasília no dia seguinte. Regina e Zeca foram para a casa dela. Eles disfarçavam, mas estavam preocupados com Paulina.

Ritual necessário

No dia seguinte, bem cedo, os rapazes estavam no bar. Elias passou pela casa de Paulina. Depois pegou Cé-lia, Regina e as bagagens. Pararam no bar, tomaram café e seguiram viagem.

Durante a viagem, foram apreciando a paisagem. Muito verde, as flores nas árvores com muitas cores, era tanta beleza, que seria quase impossível para um pintor imitá-las. Embora o dia anterior tivesse sido nublado e chuvoso, esta manhã estava maravilhosa. O sol brilhava com todo o seu esplendor. Conversavam sobre tudo. Falavam sobre o Grotão, como seria depois que tudo estivesse pronto. Finalmente, chegaram na casa de Paulina e uma senhora veio recebê-las.

— Senhora! Que bom que voltou. Estou muito feliz.

— Olá, Dirce! Também estou feliz por ter voltado. Estas são minhas amigas, Célia e Regina, elas ficarão alguns dias aqui em casa. Prepare, por favor, o almoço e os seus quartos.

— Sejam bem-vindas! Arrumarei tudo para que fiquem bem instaladas, se precisarem de algo mais, é só falar.

— Não se preocupe, estaremos bem — disse Célia.

Enquanto Célia respondia para Dirce, Regina olhava a bela sala, em um canto, junto a uma janela, havia um piano. Na parede, quadros de pintores famosos. Olhou para a escada que levava aos quartos e, por ela, viu um vulto que descia correndo em direção à Paulina. Chegou junto dela a abraçou e beijou. Paulina não percebeu e continuou falando:

— Espero que fiquem bem. Vou telefonar para Ferraz.

O vulto continuava junto dela, vendo que ela o ignorava ficou desesperado e começou a gritar:

— Paulina, não me ignore, por favor! Estive aqui o tempo todo te esperando! Sei que o que fiz não foi certo, mas te amo e não quero mais ficar longe de você. Tentei me matar e não consegui. Você tem que me perdoar e voltar a viver comigo!

Regina o olhava. Percebeu que ele não sabia que havia morrido. Ficou intrigada, pois nunca pensou que isso pudesse acontecer. Embora estivesse com sangue pelo rosto e corpo, ele não se dava conta de estar morto. Como poderia ser aquilo? Olhou novamente para a escada, viu Vitória que sorria.

— Está intrigada? — Vitória perguntou em pensamento.

— Sim — Regina também respondeu em pensamento — ,parece que ele não sabe que desencarnou...

— Não sabe mesmo. Acha que não conseguiu se matar. Isso acontece muitas vezes com as pessoas que não acreditam na vida após a morte. No momento em que percebeu ainda estar vivo, se arrependeu por ter tentado o suicídio. Sentiu que não devia ter abandonado a esposa em um momento tão difícil porque, segundo ele, havia sido culpado por todo o sofrimento que ela passaria. Se arrependeu e pediu perdão a Deus. Como tem muitos amigos espirituais e encarnados que intercederam por ele, foi permitido que continuasse vivendo aqui, nesta casa, até o dia que ela o perdoasse e o fizesse ver que já não pertencia mais ao mundo dos vivos.

— Vai ser difícil ela o perdoar. Pior se estiver doente.

— Nada é impossível para Deus. Só precisamos esperar e acreditar na força do amor que existiu e ainda existe no coração dela. Não tenho como interferir, só posso ficar ao seu lado, como sempre estive, desde o dia em que nasceu.

— Posso ajudar de alguma maneira?

— Pode e deve. A sua missão é exatamente essa. Ajudá-los, principalmente, Arnaldo.

— Que posso fazer? Não sei...

— Na hora certa, as palavras surgirão em sua mente, como tem ocorrido sempre.

Arnaldo continuava abraçando Paulina. Chorava desesperado acreditando que ela o ignorava para castigá-lo.

— Paulina, não faça assim! Sei que tem motivo para me odiar, mas estou te pedindo perdão... quero voltar a ser o teu marido... Quero continuar te amando como antes. Lembra como éramos felizes? Continuo te amando!

Paulina continuava conversando, agora por telefone, com o doutor Ferraz. Ele, feliz, disse:

— Paulina, que bom que retornou. Fiquei muito preocupado por não querer fazer os exames. Se tiver a doença, sabendo antes, poderemos evitar muito sofrimento. Está sentindo algum sintoma?

— Não, Ferraz. Estou muito bem, só cheguei à conclusão de que não posso mais evitar esse momento. Tenho que saber se estou doente e em que grau. Por isso, marque os exames. Precisa ser logo, pois tenho que voltar para a minha cidade.

— Voltar para aquele fim de mundo? Por que não fica aqui e volta para o escritório? Seu cunhado tomou o lugar do Arnaldo, está cuidando muito bem de tudo, mas seria bom para você voltar a trabalhar. Não pode ficar sem trabalho.

— Não posso voltar. Tenho lá, na minha cidade, um projeto que preciso ajudar. Assim que tudo estiver pronto, talvez eu volte, mas, por enquanto, não. Agora preciso desligar. Até mais, Ferraz.

Regina percebeu que Arnaldo não conseguia escutar o que Paulina falava. Ele continuava abraçado a ela, que sentiu como uma pontada na cabeça e uma pequena dor. Colocou a mão na cabeça e fechou os olhos. Regina percebeu que ela estava com a dor que ele próprio sentia. Olhou firme para ele. Elevou o seu pensamento a Deus, pedindo ajuda e disse:

— Arnaldo, por favor, me ouça, não pode continuar abraçado à Paulina assim. Sua energia causa problemas.

Ele não a ouviu, nem viu. Continuou abraçado a Paulina:

— Estranho, estava tão bem e, agora, começou uma dor de cabeça que está se tornando insuportável — disse Paulina, assim que desligou o telefone.

Regina não sabia o que fazer. Tudo o que havia aprendido, agora, parecia não surtir efeito. Com os outros sempre conseguiu falar, mas com ele estava sendo inútil. O almoço ficou pronto. Almoçaram e voltaram para a sala. Regina continuou pedindo ajuda. Vitória se fez notar novamente:

— No estágio em que está, Regina, ele não vê, nem ouve. Só consegue ver a esposa. Por mais que você tente, não vai conseguir fazer com que te ouça.

— Como, não? Ele vai ficar para sempre assim?

— Não, ele precisa entender que desencarnou. Para isso, ele vai precisar de sua ajuda e da Paulina.

— O que posso fazer? Paulina não vai querer ajudar, ela sente ainda muita mágoa.

— Nada permanece igual para sempre. Todos mudam e sempre para melhor. Espere, no momento certo, terá instruções.

— Regina! O que está fazendo com os olhos fixos dessa maneira?

— Estou só pensando em como a sua casa é linda, Paulina.

— Gostaria de conhecer o resto dela?

Paulina as levou às dependências da casa. Ao chegar perto do escritório, disse emocionada:

— Desculpem, aqui é o escritório. Não quero abri-lo...

— Tudo bem, não precisa. Estamos satisfeitas com tudo o que vimos e a sua casa é realmente muito bonita. Não é, Regina?

— É sim, Célia, é linda! Paulina, não sei se foi a viagem, mas estou cansada. Poderia descansar um pouco?

— Claro que sim. Venha, vamos até o seu quarto. Estamos todas cansadas. Se quiser, Célia, poderá também descansar.

— Não, prefiro ficar no jardim apreciando a natureza!

Regina percebeu que Arnaldo, agora, caminhava junto de Paulina, falando, gritando e a sacudindo, mas ela nada sentia. Regina concentrou-se e voltou a fazer uma oração. Não sabia o que fazer num caso como aquele. Ele não a notava, portanto não havia como lhe falar. Paulina abriu uma porta e Regina ficou encantada com o que viu. Entrou em um quarto lindo. Viu uma cama grande e aconchegante. Deitou-se. Estava quase dormindo, quando percebeu Vitória aos pés da cama. Sentiu que aquele cansaço inesperado havia passado.

— Está aí? Senti tanto sono, mas agora estou bem.

— Fui eu quem fez você sentir sono. Precisava falar com você, mas a sós. Para Arnaldo continuar o seu caminho e Paulina também seguir o seu, será necessário que me ajude.

— Tudo o que eu puder fazer, farei de muito bom grado...

— Ele precisa saber e entender que não está mais vivo.

— O que preciso fazer? Ele não me vê ou ouve...

— Paulina ainda sente rancor e mágoa. Tomada pelo ódio, não assistiu ao seu sepultamento, por isso ele ainda continua vivo dentro dela. É preciso que ele compreenda que morreu, e que ela o perdoe e o enterre. Só assim ficarão livres.

— Onde eu entro?

— Precisa contar a ela que eu e ele estamos aqui.

— Ela vai acreditar?

— Presenciou a tua visão a respeito da esposa do Simão e já leu a respeito. Estarei ao teu lado, te intuindo no que dirá. Ela precisa ir até o escritório onde tudo aconteceu. Lá, faça com que te conte todo o ocorrido, em detalhes.

— Ela não vai querer! Sofre muito cada vez que se lembra!

— Diga que é preciso, para ajudar Arnaldo. Apesar de tudo, ela sempre o amou e não vai se recusar.

— Ele precisa entrar no escritório e Paulina tem que te contar como tudo aconteceu. Enquanto ela falar, você ficará em oração. Assim que ela terminar, diga a ela que ele está ali, e que precisam conversar. Diga que vocês vão a um lugar e que ele deve acompanhá-las. Provavelmente, a essa altura, ele já estará te vendo. Juntas, devem ir a um cemitério. Ali, acenderão velas, ao mesmo tempo em que Paulina mostrará a sepultura, dizendo que o corpo dele está ali, que já não pertence mais à Terra e que, naquele dia, ele realmente conseguiu se matar. Só que a vida continua e, por isso, ele deve olhar para frente e encontrar alguém que o acompanhará. Se ele aceitar, poderá me ver e me acompanhar.

— Não estou entendendo. É necessário tudo isso? O espírito precisa ver uma sepultura e a luz das velas para entender que morreu e seguir o seu caminho?

— Algumas vezes, sim. Por não acreditar na vida pós- morte, não entende o que lhe acontece. O encarnado aprende que, quando morre, precisa de um velório e da luz das velas. Arnaldo, como a maioria, seguia esses preceitos e, por isso, ao acordar, viu o seu próprio corpo e sentiu as mesmas necessidades, inclusive fisiológicas. Não entendeu que havia desencarnado. Ele acredita que esteve dormindo. É importante que veja o seu sepultamento, pois só assim entenderá. Paulina também precisa assistir ao sepultamento dele, pois, só assim, aceitará para sempre que é uma mulher livre.

— Com todas as pessoas e espíritos é assim?

— A maioria pensa que, ao morrer, vai para o céu ou para o inferno. E que seu corpo se transforma em fumaça. Enquanto isso não acontece, acredita estar viva. Pior é para aqueles que têm uma morte violenta e precisam de socorro mais rápido. Se as pessoas que aqui ficam entendessem isso, ao invés de ficarem chorando, saberiam que bastaria fazer uma prece e encaminhá-los para a luz.

— Isso é muito difícil. Uma mãe ou pai, não aceita a morte de um filho, ainda mais se tratando de morte violenta...

— É difícil. Por isso, sempre há uma equipe esperando por aqueles que são vitimas de morte violenta. São levados a hospitais e, lentamente, vão entendo a sua real situação. Quando sabem, a primeira coisa que desejam é voltar para suas casas e rever seus entes queridos. Ao encontrá-los desesperados, se desesperam também e, então, fica muito difícil levá-los de volta. Para aqueles que, como você, sabem que a morte não existe, que é somente uma mudança de estado, é sempre mais fácil o entendimento.

— Entendi. Só me resta convencer Paulina de tudo isso.

— Não vai ser uma tarefa fácil, mas conseguirá. Estarei ao teu lado, te intuindo nas palavras que deve usar.

— Farei tudo o que for possível.

— Agora, durma. Está cansada e precisando de repouso.

Sorrindo, Vitória desapareceu. Regina ficou pensando em tudo o que havia aprendido com ela. Adormeceu em seguida.

Quando acordou, olhou à sua volta e percebeu que não estava em seu quarto. Não sabia se havia conversado mesmo com Vitória, ou se apenas sonhara. Levantou-se, foi até o banheiro, tomou um banho, escovou os cabelos e desceu. Na sala, Paulina e Célia conversavam. Viu Arnaldo abraçado a Paulina acompanhando a conversa delas. Se aproximou e percebeu que ele não a estava vendo. Ao vê-la, Paulina disse:

— Dormiu muito, Regina. Estava mesmo cansada!

— Dormi mesmo! O quarto que me deu é tão confortável!

— Esta casa é toda confortável, mas, infelizmente, não tenho boas recordações do tempo em que aqui vivi.

— É justamente sobre isso que preciso falar com você. Sonhei com uma mulher. Ela disse algo sobre você e Arnaldo.

— Uma mulher?! O que ela disse?

— Não sei se vai acreditar, mas tenho motivos para crer que devemos fazer o que ela pediu.

— Seu rosto está estranho, Regina. O que ela pediu?

Regina contou o que havia acontecido. Paulina e Célia ouviram atentamente. Terminou de falar, percebeu que Paulina estava com lágrimas.

— Não estou entendendo. Está me dizendo que Arnaldo está aqui e que até agora não sabe que morreu?!

— Não sabe, nem vê ou ouve ninguém, a não ser você. Precisa do teu perdão e saber que não pode mais ficar ao teu lado, pois a energia dele só poderá te fazer mal. Se ele te ama realmente, deve seguir a entidade que falou comigo.

— Se eu conversar com ele, vai me ouvir?

Arnaldo se distanciou um pouco e ficou prestando atenção. Não ouvia Regina, mas percebeu que Paulina falava a seu respeito. Regina, vendo a atitude dele, respondeu:

— Tudo o que disser, ele vai entender.

— O que preciso fazer?

— Primeiro, é preciso que o perdoe sinceramente. Depois, chame por seu nome. Eu o estou vendo. Ele está te olhando. Assim que eu der um sinal, diga a ele que o perdoa, mas tem que ser verdade, pois o espírito sente e percebe tudo. Se estiver mentindo, ele saberá.

— Ainda sinto muita mágoa por sua traição, por me ter deixado doente, com essa doença da qual tão pouco se sabe.

— Você é quem pode decidir até onde vai essa mágoa. O que queremos saber é se vale a pena continuar com ela...

— Eu sempre o amei, fui fiel e ele me traiu!

— Tudo, para você, é passado, mas para ele é presente. Ele sofre a cada minuto, não consegue esquecer e se perdoar por seus erros do passado. Erros esses que, quase sempre, não podem ser reparados. Muitas vezes não se consegue corrigir, mas os do presente sim. Para que ele possa ser feliz e continuar o seu caminho de aprendizado, precisa realmente do seu perdão. Assim como você, para recomeçar sua vida, precisa também perdoar e começar do nada, livre de mágoas e recordações penosas para voltar a ser feliz.

— Ele errou muito, não só com ele, mas comigo também.

— Jesus disse: Quem nunca pecou, que atire a primeira pedra. Você nunca errou? Então atire a primeira pedra.

Paulina ficou sem saber o que dizer. Nunca pensou nesses termos. Sempre se julgou uma pessoa perfeita. Teria sido mesmo? Nunca teria errado? Olhou para Regina e para o lado em que ela dissera que Arnaldo estava.

— Regina, não sei o que dizer. Não sei se errei, mas como posso garantir se nunca magoei alguém? Não sei se realmente ele está aqui. Só sei que, apesar de tudo, eu o amei. Por isso, na dúvida, vou fazer o que está dizendo. Se tudo for verdade, não posso admitir que ele continue sofrendo. Apesar de tudo, foi um ótimo marido e não posso abandoná-lo. Estou, agora, com tantas esperanças de recomeçar a minha vida e sinto que preciso estar livre de qualquer sentimento que não seja o amor!

— Esse é o caminho. Todos nós que vivemos na Terra temos a nossa parcela de culpa. Ninguém está acima do bem e do mal. Por isso, o mínimo que podemos fazer é nos perdoar mutuamente. É o único caminho para se chegar a Deus.

— Está bem. Acredito que tenha razão. O que está feito, está feito. Só me resta perdoar e relembrar de todos os momentos felizes que passamos juntos. Sempre foi um bom companheiro, amigo e esteve sempre presente quando necessitei. Não é justo que, por um único deslize, seja condenado pela eternidade.

— Sabia que entenderia. Você também é um espírito muito bom. Deus não permite que um espírito seja condenado por toda a eternidade. Sempre haverá chance de resgate.

Célia acompanhou toda a conversa em silêncio, pensou:

— Como Deus foi bom comigo! Consegui recuperar meu filho e o homem que amo, mas não entendo e não acredito em tudo o que Regina fala. Tudo isso mais parece um conto da carochinha, mas, como Paulina acredita e está se sentindo bem, é melhor não contestar, pelo menos agora.

Paulina, ao contrário, sentia que Regina falava a verdade. Sentiu um forte aperto no coração que quase a sufocava, disse:

— Regina, como faremos isso?

— Amanhã, vamos até o hospital. Voltamos para casa, entraremos no escritório e você convidará Arnaldo para te acompanhar. Ali me contará como o encontrou naquela noite.

— É mesmo necessário? Tenho tentado, durante todo esse tempo, esquecer daquela noite!

— Sei disso, mas é preciso. Terá que fazer um esforço enorme, mas tenho certeza de que conseguirá..

— Só estou pensando no bem estar dele e que, se não fizer bem, mal também não fará. O que acontecerá depois?

— Iremos ao cemitério. Voltará a conversar com ele diante da sepultura. Se Deus quiser, ele acompanhará Vitória e recomeçará a sua vida do outro lado.

— Está bem. Célia, você quer ir junto?

Célia olhou para as amigas, pensando que as duas estavam ficando loucas, mas achou melhor ir.

— Vou com vocês, claro! Não sei se poderei ajudar.

— Pode e muito — disse Regina. — Só precisa ficar em oração pedindo a ajuda de Deus Pai e dos espíritos protetores. Se preferir, pode chamá-los de santos ou anjos da guarda.

A empregada veio avisar que o jantar estava pronto. Regina perguntou para Paulina se podia telefonar para Zeca e Simão.

— Claro que pode. Também quero falar com Simão, mas vamos primeiro jantar. Aproveitarei e telefonarei para os pais do Arnaldo. Eles sempre me trataram muito bem e também se revoltaram com a atitude dele.

— Ótima idéia. Deve lhes dizer que está bem e que já o perdoou, e também pedir que façam o mesmo.

Jantaram, a comida estava muito boa. Célia e Regina comeram muito. Paulina, embora não quisesse demonstrar, estava com muito medo de fazer os exames e muito mais de saber o resultado. Sabia que deles dependeria a continuidade de sua vida. Após o jantar, sentaram-se novamente na sala. Paulina pegou o telefone e o deu à Regina. Ela ligou para o bar de Simão, sabia que eles estariam lá. Zeca atendeu ansioso:

— Regina! Que bom que telefonou! Eu e Simão estamos aqui ansiosos para saber se chegaram bem.

— Chegamos, e está tudo bem. Não se preocupe, tudo vai dar certo e, em breve, voltaremos. Se Deus quiser, com boas notícias; passe o telefone para Simão. Paulina quer falar com ele. Um beijo e não esqueça que te amo muito.

— Eu também te amo e já estou morrendo de saudade.

Paulina falou com Simão, e, depois, como com os pais de Arnaldo. Disse que no dia seguinte faria os exames. Foram se deitar.

Paulina, em seu quarto, pensava em tudo que o Regina lhe dissera. Estava com medo, mas sabia que era o único caminho que deveria seguir para tentar ser feliz novamente. Adormeceu pedindo a todos os santos que conhecia.

No dia seguinte, se prepararam para sair. Célia e Regina tomaram um café rápido. Paulina não podia, os exames teriam de ser feitos em jejum. Foram para o hospital. Doutor Ferraz já as esperava. Assim que viu Paulina, abriu um sorriso:

— Que bom que tenha resolvido fazer os exames. Só assim saberemos o que fazer caso esteja doente. Está bem?

— Estou. Até agora, não senti sintoma algum. Aliás, não tive nem resfriado. Acho que não adquiri esse vírus.

— Esperemos que sim. Para Deus, nada é impossível.

Paulina acompanhou Ferraz até o laboratório, onde uma enfermeira colheu todo o material.

— Agora é só esperar o resultado — ele disse, assim que terminou a coleta. — Para não ficar ansiosa, esperando, acredito ser melhor que volte para a sua cidade. Deixe o endereço e eu mandarei o resultado pelo correio. Estou feliz por te ver tão entusiasmada e com um novo projeto!

— Ele é muito importante, e poderia ser para você também.

Contou a ele todo o projeto. Ele a ouviu e pareceu gostar.

— Eu poderia ajudar de alguma forma? Tenho alguns amigos que talvez se interessem também!

— Toda ajuda será preciosa. Aquela gente precisa ter uma melhor qualidade de vida. Se quiser, poderá nos visitar e mostraremos tudo. Caso queira participar, e os seus amigos também, ficaremos agradecidos e mais ainda os moradores.

— Irei, sim. Pensando melhor, não vou mandar o resultado pelo correio. Quando estiver pronto, eu e minha esposa iremos até lá. Assim, poderemos ver esse projeto de perto. Que acha?

— Ótima idéia. Quando vir que belo lugar é aquele, vai querer ajudar. Espero que me leve boas notícias.

— Também espero, Paulina. Só nos resta confiar na bondade de Deus. Ele é quem sabe de tudo.

Despediram-se de Ferraz, que ficou ansioso para conhecer o Grotão. Paulina pediu a Elias que as levasse até uma cafeteria famosa. Ali tomaram um café com direito a tudo. Após o término do café, Paulina pediu para que Elias as levasse para conhecer alguns pontos da cidade. Passearam muito. Voltaram para casa quase às duas horas da tarde. Ficaram encantadas com tudo que viram, esquecendo até da hora do almoço. Em casa, almoçaram. Paulina evitou falar sobre Arnaldo. Regina percebeu que ele não estava mais ao lado de Paulina. Após o almoço subiu para o seu quarto. Ao passar pelo escritório, percebeu que Arnaldo estava em pé, do lado de fora. Mais uma vez tentou falar com ele, mas não adiantou. Ele não a ouviu. Foi até o quarto, trocou de roupa e desceu. A sala estava deserta. Saiu e ficou apreciando a piscina, o jardim. Tudo muito limpo e bem cuidado. Pensou:

"Quem poderia imaginar que alguém que morasse em uma casa como esta poderia ter algum problema... Esta casa tem tudo para que qualquer um seja feliz, mas não foi isso o que aconteceu com Paulina. Ela só encontrou um pouco de paz lá em Céu Dourado, vivendo naquela simplicidade..."

— Está gostando da piscina? Quer tomar um banho?

— Ela é linda, Paulina! Até que gostaria, mas temos algo importante para fazer agora. Está disposta ou desistiu?

— Não sei. Estou com um pouco de medo. Pensava que há muito tempo Arnaldo já estivesse no céu ou no purgatório. É difícil crer que ele ainda esteja por aqui.

— Está sim e sofrendo muito, mas você poderá dar a paz que ele tanto precisa.

— Está bem, vamos. Estou acreditando em tudo o que está dizendo. Depois do que vi com Simão, não posso duvidar.

Paulina foi até a cozinha, pegou um pacote de velas e chamou o motorista da casa:

— Mateus, daqui a alguns minutos, precisamos que nos leve ao cemitério em que Arnaldo foi enterrado. Diga ao Elias para descansar o resto da tarde. Se quiser, ele poderá ir visitar seus familiares que moram aqui na cidade.

— Está bem, senhora, vou falar com ele.

Regina pegou as mãos de Célia e Paulina fazendo uma corrente e, com os olhos fechados, disse:

— Senhor, meu Pai, neste momento precisamos de sua presença. Permita que espíritos amigos estejam ao nosso lado para que tudo corra da melhor maneira possível.

Explicou para Paulina que ela deveria repetir tudo o que ela falasse. Subiram e pararam em frente ao escritório. Arnaldo continuava em pé, na frente da porta, como se quisesse evitar que elas entrassem. Regina apertou a mão de Paulina e disse:

— Arnaldo, sei que não quer entrar aí, mas é preciso. Permita que Paulina abra a porta.

Ele não ouviu, mas Paulina, sim, foi repetindo tudo o que Regina dizia:

— Arnaldo, meu querido, sei que está aqui. Faz muito tempo que não te vejo, mas agora, precisamos entrar no escritório para que nós dois possamos nos lembrar daquela noite e de tudo o que aconteceu. Isso só nos fará bem.

Ele, com lágrimas nos olhos, se afastou e disse eufórico:

— Está falando comigo, Paulina? Não está mais com ódio? Acredita que te amo e que nunca quis te fazer mal?

Paulina não ouviu. Regina respondeu, Paulina repetiu:

— Sei, sim o quanto você me ama. Sei, também, que nunca quis me fazer mal algum, mas deixe-nos entrar...

Paulina percebeu que precisava continuar falando:

— Sei o quanto me amou e me ama até hoje. Mas, querido, vamos entrar? Lá dentro conversaremos.

Ele se afastou. Regina fez um sinal e Paulina abriu a porta. Entraram. Tudo estava perfeitamente arrumado. Nada estava fora do lugar, mas Arnaldo começou a chorar e a gritar.

Regina não entendeu por que ele gritava daquela maneira, tornou a olhar e viu Vitória ao lado de Paulina, com as mãos estendidas sobre a sua cabeça. Ao lado de Arnaldo, um senhor de idade. Ele também estendia as mãos sobre a cabeça de Paulina. Ela olhou novamente para a sala e, agora sim, via o mesmo que ele. Deitado, com a cabeça sobre a mesa, estava Arnaldo, cercado por muito sangue. A cena realmente era chocante. Por alguns segundos ela ficou parada, atingida por aquilo. Olhou para Vitória que disse:

— Agora ele precisa de sua ajuda, Regina. Está revivendo tudo. Concentre todo o seu pensamento na bondade de Deus.

Regina fechou os olhos e orou. Seu único sentimento era o de ajudar Arnaldo. Abriu os olhos, se aproximou para ficar ao seu lado. Só agora ele percebeu a sua presença.

— Arnaldo, sei que está sendo muito difícil, mas é necessário para a sua libertação e de Paulina. Peça perdão a Deus por esse seu ato impensado. Deus nos perdoa sempre.

— Eu não fiz isso! Tentei, mas não consegui! Estou vivo, sinto o meu corpo!

— Infelizmente você conseguiu. O corpo que está sentindo é o espiritual. O de carne já não existe mais.

Paulina não percebeu o que estava acontecendo. Chocada por se lembrar daquele dia, apenas chorava.

— Arnaldo, vamos te levar a um lugar, onde poderá ver a verdade — Regina continuou falando. — Acompanhe-nos sem medo. Deus está conosco e nada nos acontecerá. Estão aqui também alguns amigos que só querem o teu bem.

Ele, chorando desesperado, olhou a sua volta, mas só via a si mesmo, com a cabeça deitada sobre a mesa.

— Paulina ficou chocada com a sua atitude, chegou até a odiá-lo, mas hoje, não. Só quer o teu bem e só lembra do amor que sentiram e dos momentos em que foram felizes.

Paulina e Célia ouviam Regina conversando com alguém que elas não viam, mas as palavras de Regina eram ditas com tanto sentimento, que não podiam deixar de acreditar e de se emocionar. Regina continuou falando:

— Vamos sair agora. Venha conosco.

Saiu devagar. Arnaldo a seguiu. Célia e Paulina também. Foram para fora da casa, onde o motorista já as esperava. Entraram no carro. Chegaram ao cemitério. Desceram do carro e entraram. Arnaldo caminhava entre Paulina e Regina. Vitória e o senhor os acompanhavam. Ao chegarem ao túmulo, viram ali uma fotografia de Arnaldo. Ele ficou a uma certa distância, sem coragem de se aproximar. Vitória se fez mostrar, pegou em seu braço e o levou ate lá. Ao vê-la, sorrindo, ele ficou confiante e a acompanhou. Regina, Paulina e Célia se ajoelharam, começaram a acender as velas. Paulina disse:

— Arnaldo, sei que para você tudo isto está muito estranho, devo te confessar que para mim também está. Eu te amei e ainda te amo muito, mas, infelizmente, você não pertence mais a este mundo. Por isso, não pode mais ficar sem nada fazer. Precisa continuar a sua jornada. Eu preciso continuar a minha.

— Não quero ir embora! Estou bem aqui ao teu lado!

— Arnaldo, sei que não está entendendo, mas o seu caminho é diferente do de Paulina. Destas velas estão saindo luzes, que te mostrarão amigos que estão te esperando. Olhe para a sua direita – – disse Regina.

Ele olhou e viu o senhor que sorria.

— Vovô! É o senhor mesmo?! Mas, está morto há muito!

— Sou eu mesmo, meu neto! Nunca estive tão vivo como agora. Estou aqui para que me acompanhe à outra vida. Venha comigo, sei que gostará muito do que vai ver.

— Não posso! Preciso ficar ao lado da Paulina! Ela é muito jovem, não saberá viver sozinha!

— Não, ela não é muito jovem, precisa e saberá viver sozinha. Se continuar ao seu lado, poderá lhe causar problemas. Precisa ir comigo. Se ficar sozinho, algo de mal poderá te acontecer. Você cometeu um erro muito grave ao se suicidar. Só está protegido, porque eu e alguns amigos intercedemos por você, mas o nosso tempo termina agora. Se não nos acompanhar, ficará sozinho e, então, nada mais poderemos fazer para te proteger.

Arnaldo chorava e olhava para Paulina, que se mantinha em oração. Ele se aproximou, beijou seu rosto, estendeu a mão para seu avô e o acompanhou. Antes, sorriu para Regina, agradecendo, e com as pontas dos dedos lhe mandou um beijo. Ela emocionada retribuiu. Ficou olhando até que desaparecessem envoltos em uma névoa densa.

— Pronto, Paulina, terminou. Ele agora vai finalmente encontrar o seu caminho. Está bem acompanhado e protegido, que Deus o abençoe. Vamos embora.

Saíram. Paulina sentia-se aliviada. Embora não tivesse visto Arnaldo, sentia que tudo realmente havia acontecido.

Voltaram para casa. Resolveram que passariam a noite ali e que no dia seguinte iriam para Céu Dourado. Não tinham mais o que fazer lá, só restava esperar o resultado dos exames.

Antes de sair, Paulina deu algumas ordens aos empregados para que a casa continuasse como antes e que tudo deveria estar sempre em ordem, pois, a qualquer momento, ela poderia voltar. Olhou mais uma vez tudo. Não podia negar que achava aquela casa muito bonita, mas nada se comparava a tudo que encontrara em Céu Dourado. A paz junto aos amigos sinceros que conhecera, e que Simão estava lá. Sorriu e saíram.

Chegaram em Céu Dourado por volta de cinco horas da tarde. Estavam cansadas, mas resolveram passar pelo bar antes de irem para suas casas. Simão e Zeca as esperavam ansiosos. Elias parou o carro bem em frente ao bar. Zeca e Simão, assim que viram o carro parando, correram para recebê-las. Elas desceram do carro. Se abraçaram, Paulina disse:

— Está feito, Simão. O sangue foi colhido, agora só nos resta aguardar o resultado e torcer para que tudo dê certo...

— Vai dar tudo certo, Paulina. Tenho certeza. Vamos nos casar. Viveremos juntos e felizes por muito tempo.

— Assim espero, Simão. É tudo o que desejo.

Conversaram um pouco, depois foram para suas casas. Elias foi para a sua. Estava feliz, porque sua mulher voltou a ser como antes. Cuidava da casa e dos filhos. O pesadelo de sua vida havia terminado. Zeca acompanhou Regina.

— Sabe, Zeca — Regina disse enquanto caminhavam — ,cada dia aprendo algo novo sobre a espiritualidade. Jamais poderia imaginar que o espírito poderia ver e ouvir apenas uma pessoa e que fosse necessário passar por todo um ritual para entender a sua condição de desencarnado. Somos ensinados que a morte nos leva a dois lugares, ao céu ou ao inferno, colocando Deus em uma posição, não de Pai, mas de algoz. Ao contrário, ele nos perdoa sempre e nos dá novas chances de arrependimento e redenção.

— Se você está admirada, imagine eu... que nunca pensei em algo tão profundo! Estou aprendendo, em poucos dias, muito mais do que aprendi durante a minha vida toda. Não vou entrar em sua casa. Amanhã conversaremos.

Cada um colhe o que plantou

No dia seguinte, encontraram-se novamente. Só, então, elas contaram tudo sobre a viagem. Regina co-mentou sobre os lugares novos que havia conhecido. Estavam conversando, quando o rapaz do correio entregou uma carta para Simão. Era uma carta do Prefeito convidando-o para que, naquela tarde, fosse a uma audiência na Prefeitura.

— Finalmente, parece que teremos uma resposta definitiva. Espero que seja boa, assim poderemos começar. Acredito que em pouco mais de seis meses, esteja tudo pronto. Poderemos finalmente inaugurar a nossa estância balneária.

— Simão, estive pensando, está na hora de organizarmos a festa para a população tomar conhecimento do projeto!

— Tem razão, Célia, mas primeiro vamos à audiência com o Prefeito. Depois falaremos sobre isso.

— A festa pode ser sobre os costumes e tradições de cada colônia e as outras pessoas participarão de alguma maneira.

— Pode deixar! — disse Zeca — Vou falar com Dona Consuelo, ela pode cuidar da colônia espanhola!

— Vou falar com a mãe de Gustavo — disse Regina — ela cuidará dos italianos, e o padre Jorge falará com as outras pessoas. Acredito que todos vão querer participar.

Passaram o resto do dia ansiosos, esperando a resposta do Prefeito. Finalmente, a hora chegou. Célia, Simão, Paulina e Zeca foram até a Prefeitura. Regina não quis ir. Assim que chegaram, a secretária os fez esperar um pouco, mas, logo em seguida, os conduziu até a sala do Prefeito, que os recebeu:

— Meus amigos, tenho boas notícias. O projeto foi aprovado, mas a Prefeitura não possui verbas e precisamos encontrar um meio de consegui-las!

— Não se preocupe com o dinheiro — Simão disse pegando o papel das mãos do Prefeito — ,precisamos apenas desta autorização para iniciarmos as obras.

— Já têm o dinheiro? O custo vai ser alto! Já tenho a construtora que fará o serviço.

— Não é necessário, pois o dinheiro empregado não será da Prefeitura, mas sim nosso e da população. Tenho um amigo construtor que terá imenso prazer em construir sem superfaturar, o que tornará tudo bem mais barato.

— Não vou poder usar a minha construtora favorita? Já havia combinado com o empresário!

— Sinto muito, Prefeito, mas não vai ser preciso. Já que o dinheiro será nosso, devemos ter a nossa própria construtora.

— O senhor me enganou, senhor Simão! — gritou o Prefeito — Disse que eu poderia usar a minha construtora!

— O senhor ficará contente em ver o seu povo feliz. Precisamos baixar os custos, e esse meu amigo fará isso...

O Prefeito sentiu-se enganado, mas não podia argumentar. Disse que a Prefeitura não tinha dinheiro, portanto, ele também não poderia ganhar em cima da construtora. Simão e os outros se fizeram de desentendidos, saíram de lá com a autorização nas mãos e rindo da cara do prefeito. Simão disse:

— Ao menos desta vez, esse cretino não vai ganhar prejudicando o povo sofrido. Vou mandar esse projeto para o meu amigo lá na Capital, ele o fará por um preço menor. Quero que acompanhem tudo, para que não haja dúvidas.

— Que é isso, Simão? Temos total confiança em você. Sabemos que hoje sabe como usar o seu espírito político!

— Obrigado, Zeca, mas, para evitar qualquer dúvida, mandarei a outros dois construtores. Aquele que tiver o melhor preço, será o escolhido.

Simão mandou os projetos para os construtores. Depois, ficaram tão envolvidos com a preparação da festa, que nem perceberam como os dias haviam passado rapidamente. Em um domingo, Paulina esperava Simão fechar o bar para se encontrarem com os outros e irem ao Grotão fazer uma visita, quando um carro parou em frente a sua casa. Ela olhou pela janela e viu Ferraz com a esposa e mais um casal.

— Que bom que vieram! Luísa, como vai?

— Muito bem, Paulina, faz muito tempo que não a vejo! Fiz questão de vir junto com Ferraz. Esses são meus amigos. Wagner e Solange ficaram empolgados quando Ferraz lhes contou sobre o tal projeto e quiseram vir conhecer.

— Sejam bem–vindos. Entrem, por favor, mas não reparem a minha casa é muito simples.

— Sabemos que vive aqui por opção, isso não é para qualquer um! São poucos os que têm essa coragem.

Entraram. Paulina tremia muito. A hora finalmente havia chegado, agora não poderia mais fugir da verdade. Acomodou todos ao redor da mesa. Olhou para Ferraz:

— Bem, sei que vieram visitar a cidade, mas, antes, preciso saber o resultado dos exames.

— Tire do rosto esse ar preocupado. Não tem o vírus! Os exames deram negativos! Você tem uma saúde de ferro!

— Está falando a verdade, Ferraz?! Como pode ser?!

— Não sei! Talvez a doença, em Arnaldo, tenha se manifestado rápido, e, com as inúmeras viagens que fazia, vocês não tenham tido contato físico. Talvez, Paulina, o seu organismo tenha reagido ao vírus, ou foi Deus quem evitou. Não sei, mas também não importa! Está bem de saúde. Embora eu ache aconselhável que faça um outro exame para termos certeza.

— Não estou acreditando! Parece um sonho! Quer dizer que estou livre e posso me casar novamente?

— Pode acreditar! Poderá se casar, sim. Quando quiser.

— Ferraz! Você não sabe como isso me deixa feliz. Meu noivo deve chegar logo e meus amigos também. Vamos até o Grotão e vocês poderão ir conosco e conhecer tudo.

Logo depois, chegaram Célia, Regina, Zeca e Robertinho, que veio pedalando a bicicleta. Entraram, foram apresentados. Robertinho foi até o bar, que Simão estava terminando de fechar.

— Seu Simão! Tem um montão de gente na casa da Dona Paulina! O senhor precisa ver...

— Quem é?!

— Não sei, parece que é um doutor lá da Capital! Não sei se é, mas que parece... parece...

Simão sentiu um aperto no coração, sabia que o médico viria trazer o resultado do exame. Ao mesmo tempo em que sentia medo, sabia que, finalmente, tudo seria esclarecido. Não importava qual fosse o resultado, casaria com Paulina da mesma forma. Ele a amava muito. Terminou de fechar o bar.

— Vamos ate lá, Robertinho.

Robertinho subiu na bicicleta e foram conversando. Ao chegar no portão de Paulina, Simão parou, seu coração batia forte. Robertinho gritou, chamando por ela. Paulina saiu na janela, viu Simão parado ali na frente, sem coragem de entrar.

— Entre, Simão, meus amigos estão aqui.

Em seu rosto, ele viu um brilho de felicidade, sentiu que o pesadelo havia terminado. Paulina já o esperava na porta com os braços abertos. Ele a abraçou e a beijou pela primeira vez. Depois de um longo beijo, se soltaram.

— Estamos livres, Simão! Não estou doente! Podemos nos casar e recomeçarmos! Seremos felizes para sempre!

— Paulina, estou tão feliz, que nem sei o que dizer!

Ela ria muito, enquanto dizia:

— Que tal nos casarmos todos no mesmo dia? De preferência no dia da festa! Que acham?

— É uma boa idéia, Paulina! — disse Regina, também rindo. — Será uma festa inesquecível! Que acha Célia?

— Acho ótimo! Será um dia inesquecível!

— Vou falar com Clara, ela vai aceitar com certeza! Esses casamentos ficarão na história da Cidade.

Zeca e Simão se olharam. Elas não perguntaram a opinião deles, mas não importava. Elas eram a razão de toda a felicidade que estavam sentindo naquele momento. Paulina os apresentou a Ferraz e os amigos. Ferraz disse:

— Estou feliz em ver a felicidade de vocês e já estou me convidando para essa festa, mas que tal irmos até o Grotão?

Riram e saíram. Foram a pé, felizes e fazendo planos para o casamento. Robertinho ia na bicicleta, sob o olhar de todos. Chegando ao Grotão, levaram Ferraz e os amigos para conhecerem a cachoeira. Simão mostrava e contava como tudo ficaria depois de pronto. Foram até o lugar em que as pessoas moravam. Simão explicou que tudo seria transformado, as pessoas mudariam para outro lugar, onde seriam construídas as casas. Ferraz disse entusiasmado:

— Simão, vai ficar muito bom! O lugar é mesmo muito bonito, mas como será administrado?

— Pensamos em formar uma cooperativa e os moradores serão os responsáveis. Claro que terão toda supervisão! Será cobrada uma entrada para que os turistas possam usufruir toda essa beleza. Haverá quiosques, onde serão vendidas comidas típicas. Num galpão, as pessoas aprenderão artesanato para ser vendido. Uma parte do dinheiro ficará para o artesão, a outra para a manutenção.

Ferraz, admirado com tudo o que estava vendo, disse:

— Com certeza os moradores terão interesse, pois viverão em melhores condições que hoje.

— É para isso que estamos lutando e precisamos de toda ajuda para chegarmos a esse fim.

— Falarei com alguns amigos, talvez se interessem. Muitas vezes queremos ajudar, mas não sabemos como. Acredito que aqui seja uma boa opção.

Ao passarem na frente das casas, as pessoas os recebiam com acenos. Ferraz e os amigos sorriam e respondiam.

Os dias foram passando. Zeca telefonou para a mãe, pedindo a ela que mandasse, com o motorista, o seu carro para ser leiloado e que levantasse quanto dinheiro ele tinha nos bancos. Pediu, ainda, que fosse vendido o apartamento. Ele usaria todo o seu dinheiro na construção do projeto. Célia, Simão e Paulina fizeram o mesmo. Diziam que, para serem felizes,não precisavam de nada além daquilo que possuíam. As pessoas da cidade foram envolvidas para ajudar na festa.

Depois de quinze dias, chegaram as respostas das construtoras. Optaram por aquela que oferecia o melhor preço.

A estrada foi construída em primeiro lugar, para facilitar a entrada do material necessário. Pessoas da cidade foram contratadas para a construção. A cidade mudou. Caminhões com material entravam e saíam, todos estavam ansiosos para ajudar. As fachadas das casas foram sendo pintadas. A única pensão da cidade passou por uma reforma, para receber os futuros hóspedes.

Regina trabalhava no posto de saúde, mas era funcionária da Prefeitura. Chegou um telegrama para que fosse até a Prefeitura.

Não entendeu o que significava, mas, no dia e hora marcados, estava ali. Foi anunciada ao Prefeito que a fez entrar.

— Boa tarde, Regina, como vai?

— Estou muito bem, obrigada, só não entendo o porquê de minha vinda até aqui!

— Sente-se, não precisa ficar nervosa. Te chamei, porque fiquei sabendo que vai se casar com o jardineiro. É verdade?

— É verdade, mas não sei qual o seu interesse.

— Como, não sabe? Não pode fazer isso!

— Como, não posso? Sou uma mulher livre e ele também!

— Você não é livre! — disse nervoso. — Temos uma filha!

— Espere um pouco, Prefeito! — disse Regina, também nervosa — Não temos uma filha! Eu tenho uma filha! Que, aliás, irá se casar no mesmo dia. Ela está muito feliz e eu também, por ter conseguido criá-la bem, apesar de tudo.

— Sei que sempre me amou e me esperou! Nunca poderia ter tido outro em sua vida! Você é minha!

Regina não conseguia acreditar no que estava ouvindo:

— Sua?! Sua?! Pare de ser pretensioso! Sempre soube que não podia esperar nada de você! É um infeliz, que vive uma vida mentirosa, só em busca de dinheiro e poder! No teu mundo, nunca houve lugar para mim ou para minha filha!

— Um jardineiro não vai ser o pai da minha filha!

— Não?! O que vai fazer? Espalhar para a cidade inteira que ela é sua filha, e que a abandonou durante todo esse tempo?

— Agora posso fazer isso! Minha esposa me abandonou! Foi embora para a capital com o meu motorista! Meus filhos estão casados, não tenho mais ninguém!

Regina, agora mais controlada, começou a rir sem parar:

— Não acredito que isso esteja te acontecendo! Diz o ditado que a justiça de Deus tarda, mas não falha! Fique sabendo que estou feliz por te ver nessa situação! Não deveria, mas estou! Talvez agora consiga compreender o grande mal que nos fez. Compreenda que nada poderá fazer para impedir a nossa felicidade. Você foi mau e egoísta. Hoje, está colhendo o que plantou. Assim como fez conosco, deve ter feito o mesmo com a sua esposa e filhos, para que agora eles não se importem com você. Por mais que pense, nunca conseguirá imaginar o quanto sofri por não contar à minha filha quem era o seu pai! O quanto ela sofreu, com preconceitos, por ser uma filha sem pai! Você poderia ter sido amado por nós duas. Muitas vezes vi minha filha chorando por ter sido discriminada. Hoje, ela superou tudo isso! Vai se casar com um homem que, apesar de muito jovem, a ama e é de bom caráter. Ela será muito feliz, apesar de você! Eu também sei que serei feliz!

— Não vou permitir que se case com um jardineiro!

— Faça o que quiser! Eu me casarei e serei muito feliz. Ele é jardineiro, mas possui o que você nunca possuiu, bom caráter! Passe muito bem!

Saiu da sala, tremendo de ódio. Não conseguia acreditar que ele tivesse a coragem de cobrá-la daquela maneira. Enquanto caminhava, reviveu todo o sofrimento por que passou. Lembrou-se daquele dia, sentada na praça com uma sacola de roupas nas mãos e uma criança por vir. O seu ódio aumentou. Naquele momento, não haveria no mundo, doutrina ou religião que conseguisse fazer com que ela o perdoasse. Ela sofrera muito por causa dele e, agora, esse atrevimento. Sentou-se no mesmo banco da praça. Viu Célia cercada por algumas crianças. Estava entardecendo, o sol se tornando dourado. Viu-se novamente no banco da praça, chorando sem saber o que fazer. Reviveu o momento em que dona Júlia sentou-se ao seu lado, estendeu-lhe a mão e deu a ela e a Clara todo o amor que precisava:

— Não posso continuar com todo esse ódio. Deus nunca me abandonou. Dona Júlia foi o anjo bom que Ele me enviou. Minha filha, apesar de tudo, hoje é uma moça linda e vai se casar com um homem bom, que a fará feliz. Eu também encontrei o melhor homem do mundo. Não tenho o direito de guardar rancor. Raul é um infeliz, que continuará vivendo como sempre viveu, correndo atrás de mais poder e mais dinheiro. Perdão, Senhor, por esse momento de ódio. Obrigada por tudo que me deu. Proteja Raul para que ele consiga, um dia, encontrar a paz e a felicidade que estou sentindo neste momento.

Levantou-se e foi ao encontro de Célia. As crianças pintavam e ela, com paciência, ensinava. Regina olhou e percebeu como ela havia mudado. Aquela moça que chegou na cidade escondendo o rosto, hoje sorria feliz e liberta de todo passado. Célia, entretida com as crianças, não percebeu a sua presença. Regina continuou andando, estava quase na hora de se encontrar com os outros no bar. Foi para lá passando em frente à casa de Paulina e ouviu o piano:

"Ela encontrou a felicidade aqui, nesta cidade que um dia renegou, e descobriu que o dinheiro pode muito, mas não tudo."

No bar, encontrou Simão que, feliz, começou a falar do andamento da construção. De todos, ele era o mais animado. Em seguida, os outros foram chegando. Simão contou a eles que vários amigos de Ferraz, inclusive ele, mandaram dinheiro.

O dia dos casamentos estava próximo. Na igreja não caberiam todas as pessoas, por isso padre Jorge mandou montar um altar na praça, assim todos poderiam participar. Tudo estava preparado. Na festa haveria dança, flamenca e tarantela, não podendo faltar o samba. Todos se esmeraram nas roupas.

O primeiro casal a entrar na praça foi Clara e Gustavo, seguidos por Regina e Zeca, Paulina e Simão e, por último, Célia e Fábio.

Ficaram em frente ao padre Jorge, que falou do significado do casamento e dos filhos que viriam. A manhã estava ensolarada. Em seguida ao casamento, teve início a festa, que durou até o anoitecer. Os familiares de todos vieram. O carro de Zeca foi leiloado, quem arrematou foi um fazendeiro da cidade, por um valor superior ao esperado. Com o dinheiro arrecadado, pôde ser construído o galpão que serviria como escola de artesanato. Clara e Gustavo partiram para a Capital. Foram morar em um apartamento perto da faculdade, que Simão havia comprado. Os outros não quiseram viajar. Preferiram usar para o projeto o dinheiro, que gastariam com a viagem.

Naquela noite, o amor tomou conta da cidade. Os moradores sentiram que uma nuvem de paz caiu sobre ela.

A construção continuava. O advogado da cidade queria se aposentar, Fábio conseguiu uma transferência e veio ocupar o seu lugar. Ele percebeu que, embora ocupasse um bom cargo em Brasília, seria mais feliz morando perto dos pais e, assim, estaria mais perto de Robertinho. Seu sonho de riqueza e poder agora se transformara em viver ao lado da mulher que amava e de seu filho. Célia, por sua vez, estava feliz naquela cidade e encontrou ali tudo o que precisava para ser feliz. Além do mais, seu filho era querido por todos e muito feliz.

Depois de oito meses, a construção ficou pronta. Tudo ficou da maneira como tinha sido imaginado. Cinqüenta metros abaixo da queda da cachoeira, foram formadas piscinas, onde as pessoas poderiam se banhar sem perigo. Uma área foi reservada para que barracas fossem montadas com toda a estrutura necessária. As casas, distantes da área do manancial, ficaram prontas. Nos quintais formaram pequenas hortas, onde os moradores poderiam plantar verduras, frutas e legumes. As pessoas do Grotão não acreditavam que tudo aquilo estava acontecendo. Um ônibus foi comprado para que elas fossem do trabalho para casa. Estava tudo perfeito. No dia da inauguração, muitas pessoas importantes de outras cidades foram convidadas. Simão fazia questão que aquele projeto servisse de referência para que outros fossem criados em outras cidades. Entre os moradores, foi formada uma comissão. Os horários de trabalho foram divididos, todos participariam da manutenção do lugar e receberiam um salário. A pedido de Robertinho, foi criado um parque de diversões e uma pequena escola, para que as crianças não precisassem se locomover até a cidade para estudar. Muitas pessoas vieram para a inauguração. Olhavam tudo e se admiravam com toda aquela beleza em que foi transformado um lugar tão pobre.

Simão estava sozinho sentado em um banco.

"Como estou me sentindo bem com tudo isso. Vendo as pessoas felizes, trabalhando no atendimento aos visitantes."

Não percebeu que alguém se sentou-se ao seu lado:

— Olá Téo, bonito o teu trabalho!

Simão ouviu a voz e a reconheceu. Demorou alguns segundos para se voltar. Finalmente se virou, ficou olhando Luiz que, com Rosana e os filhos, sorria para ele.

— Luiz, Rosana! Vocês aqui? Como souberam?

— Fábio me escreveu contando de todo o teu trabalho. Quis vir conferir, e foi um bom trabalho mesmo! Estou feliz por você e por todas as pessoas a quem ajudou!

— Meu amigo! Que bom te ver novamente, depois daquele dia em que te disse tantas barbaridades!

— Ora, deixe isso para o passado. O importante é que você voltou a ser o mesmo Téo que conheci, cheio de sonhos para um país melhor. Sonhos que se tornaram verdadeiros. Apesar de ser só num pequeno pedaço do país, já é um começo. Tenho muito orgulho de ser teu amigo.

— Muito disso tudo devo àquelas palavras que me disse naquele dia. Espero que, agora, as pessoas saibam votar em homens como eu! — disse, soltando uma gargalhada.

— Também espero. As eleições estão próximas, por que não se candidata a Prefeito, Téo?

— Eu?! Na política novamente?! Nunca! Estou muito bem agora. Encontrei aqui tudo o que precisava para ser feliz.

— Com o pensamento que tem agora, poderá ajudar muito o nosso país, que está precisando e muito...

— Para ajudar não preciso me envolver em política ou politicagem. Olhe o que está acontecendo aqui. Se fosse político, talvez não conseguisse ou não quisesse fazer.

— É uma pena que pense assim. Nem todos os políticos são maus, existem os bons que, sozinhos, não conseguem nada.

— Talvez tenha razão, mas por enquanto vamos deixar como está. Estou feliz por ter conseguido, com a ajuda de meus amigos, realizar este projeto. Vamos esperar que surjam outros, mas tudo fora da política. Por enquanto, vou continuar no meu bar, que é o suficiente para me fazer feliz.

— Se desfez do que tinha para empregar aqui?

— Tudo o que eu tinha foi conseguido por meios não recomendáveis e, por isso, nunca me deu a felicidade que estou sentindo agora. Nada daquilo me faz falta.

— Você mudou mesmo! De uma forma radical.

— A vida me fez mudar. Mostrou que a felicidade não está no muito que se pode ter, mas no quanto se pode dar.

— Bom-dia, senhor Simão! Está muito bonita a sua festa!

— Bom-dia, Prefeito, mas a festa não é minha. A festa é das pessoas do Grotão, que terão uma vida mais digna...

— Preciso confessar que nunca esperei que conseguissem, lamento que essa idéia não tenha sido minha.

— Não foi porque nunca se importou com as pessoas da sua cidade, mas, talvez, tenha outras idéias, pois notará que a felicidade do povo se traduz em votos.

— Não preciso me preocupar com isso. Como sabe, há muito tempo a minha família manda nesta cidade.

— Um dia, isso poderá mudar.

— Não acredito, o povo é fiel.

— Com licença, Prefeito, vou mostrar tudo ao meu amigo.

Simão o deixou sozinho. Saiu acompanhado de Luiz. Rosana conversava ao longe com Célia e Paulina. As crianças corriam de um lado para outro. Simão disse raivoso:

— Luiz, esse Prefeito é um cretino! Gostaria muito que família dele deixasse de mandar na cidade como ele disse.

— É muito fácil, basta que se candidate.

— Não, eu não poderia. Talvez, Fábio. Ele viveu muito tempo em Brasília junto ao poder, tem experiência e poderá ser um bom Prefeito. Sofreu na pele a discriminação por ser pobre e sabe o quanto as pessoas precisam ter uma vida digna. Falarei com ele e, se aceitar, nós o apoiaremos. Talvez consigamos vencer as eleições.

— É uma ótima idéia. O meu partido ficará feliz em ter vocês em seu quadro. Conheço Fábio há muito tempo. Sei que tem bons princípios e já fez parte do meu partido.

O dia transcorreu com muita alegria. O prefeito foi completamente ignorado pela população. Todos sabiam quem havia iniciado todo aquele trabalho. Ele passou por Regina que, abraçada a Zeca, o cumprimentou. Sozinho, sem esposa e filhos, sentiu-se muito mal e logo foi embora. Era um homem triste e infeliz. Chegou em casa, tudo era solidão. Começou a pensar em como teria sido a sua vida ao lado de Regina, a quem verdadeiramente sempre amou.

"Do que adiantou eu ter me afastado dela por causa da família? Hoje sou um Prefeito ignorado por meu povo. Minha mulher, a quem nunca amei, se cansou de tanta rejeição encontrou um novo amor e abandonou tudo para viver uma aventura. Meus filhos, de quem nunca tive tempo para ser amigo, hoje só me consideram aquele que paga suas contas. Enquanto isso, a filha do meu amor deve chamar o outro de pai. Meu Deus! O que fiz com a minha vida?"

Ficou ali sentado em uma poltrona, vendo a noite chegar, sozinho com seus pensamentos.

A noite chegou, todos estavam cansados, mas felizes. O sonho havia se realizado. Sabiam que as pessoas do Grotão, daquele dia em diante, teriam uma vida decente.

Como Simão e os outros previram, a cidade progrediu. Vieram turistas de todas as partes. O atendimento por parte das pessoas que ali trabalhavam era excelente, o que fez com que o lugar se tornasse famoso. No galpão, Célia ensinava não só pintura, mas também artesanatos, que eram vendidos aos turistas. Ensinava não só às crianças, mas também aos seus pais. Paulina formou uma pequena banda, e as crianças se apresentavam todos os fins de semana.

Zeca passou a residir na casa de Regina e continuou seu trabalho como jardineiro, o que lhe dava muito prazer. Não possuía mais dinheiro, tudo o que tinha foi usado na construção do projeto, mas não sentia falta. Era feliz ao lado de Regina. No bar, continuaram se encontrando. Nada mudou.

Estavam casados há mais de um ano. Fábio tomou a frente da administração do Grotão. Naquela tarde, Zeca estava conversando com Simão. Regina chegou:

— Zeca, você nem imagina o que tenho para contar! Não vai acreditar! Estou muito feliz!

— O que, Regina? Estou ficando nervoso!

— O que acha de ser pai?

— O que?! Pai?! Eu?

— Você mesmo! Fiz o teste e estou esperando um filho! Nós estamos esperando!

Zeca ficou de boca aberta, sem conseguir falar. Simão começou a rir. Paulina e Célia chegaram:

— Podemos saber do que está rindo, Simão?!

— Da cara do Zeca, Paulina! Ele está assim por que acabou de saber que vai ser pai!

— Meus parabéns, Regina! Eu pensei que seria a primeira!

— Eu não esperava, Célia, foi uma surpresa! Já estou quase com quarenta anos. Não sei o que Clara vai achar.

— Com certeza vai adorar, ela está muito bem.

— Está, sim, Paulina, disse que só vai pensar em filhos depois que se formar, e isso ainda vai levar muito tempo.

Simão veio até a mesa com uma garrafa de champanhe:

— Isso merece um brinde, e com champanhe!

Zeca, depois que voltou do susto, abraçou e beijou Regina, que não cabia em si de felicidade. Foram abraçados por todos. Fábio chegou logo depois, dizendo:

— Que alegria é essa? O que estão comemorando?

— Estamos comemorando o próximo nascimento do filho do Zeca e da Regina!

— Meus parabéns aos futuros papais! Espero que seja um garotão! Decidi que vou me candidatar ao cargo de Prefeito. Simão, estive pensando em tudo que você me falou, acredito que, com a ajuda de vocês, serei um bom Prefeito.

— Será mesmo! Só falta conseguirmos derrotar o primo do Prefeito que já foi muitas vezes eleito.

— Não custa tentar.

A campanha começou. Fábio, embora tenha saído da cidade quando adolescente, era conhecido e considerado por todos. Seus pais eram queridos e tinha como cabo eleitoral Robertinho, que agora estava feliz em poder fazer aquilo que sempre gostou, ir de porta em porta avisar a todos que seu irmão seria o novo Prefeito.

A notícia do sucesso do Grotão correu por todas as cidades vizinhas. Alguns prefeitos se interessaram em saber como tudo havia começado. Um deles resolveu promover um encontro com os demais, quando seriam discutidas as possibilidades de fazerem o mesmo em suas cidades, e onde os amigos seriam homenageados. Um convite chegou para Simão.

O convite se estendia a todos. Simão ficou feliz e transmitiu a notícia. Robertinho estava ao seu lado e ficou olhando sem nada dizer. Simão, que já o conhecia bastante, disse:

— Por que essa cara, Robertinho? Não está contente? Outros projetos como este poderão nascer e tudo começou com você!

— Então... por que... não fui convidado?

— É por isso que está assim? Claro que irá! Imagine se poderia ficar fora de uma homenagem como essa! Logo você?

— Vou poder ir mesmo?

— Claro que sim! Pode providenciar a sua roupa nova!

— Vou espalhar pela cidade toda!

Saiu correndo, Célia olhou para o filho com muito amor:

— Ele é realmente uma criança feliz. Eu também, por não ter tirado dele a felicidade de ter Dona Consuelo como sua mãe. Não preciso de mais nada para ser feliz...

Iriam em uma perua que também pertencia ao Grotão. Nela, a viagem seria confortável. Regina não estava passando bem. Acordou com dores, foi ao médico e ele receitou repouso. Sua gravidez era de risco. Por isso, ela não iria ao congresso. Zeca ficou triste, mas, em primeiro lugar, estava a criança tão esperada. Fábio também não poderia comparecer, por já ter marcado uma reunião com seus correligionários. No final, só poderiam comparecer Simão, Paulina, Célia, Zeca e Robertinho. Eles representariam os outros e falariam da ajuda que tiveram deles. Robertinho acordou com febre e o rosto cheio de pintas vermelhas. Levado ao médico, foi constatado que estava com sarampo, portanto, não poderia ir também. Chorou mas não conseguiu convencer ninguém.

— Não se preocupe, Robertinho — Célia falou ao lado de sua cama — ,outras homenagens serão feitas e você irá. Logo estará bem. Só tem que saber de uma coisa, te amo muito. Sou a pessoa mais feliz do mundo por ter te conhecido. Quero que cresça sempre assim, amigo de todos. Nunca vou deixar de gostar muito de você. Nunca me esqueça.

— Eu queria tanto ir junto. Tenho até uma roupa nova.

— Poderá usar na missa do domingo.

Após o almoço, saíram Simão, Zeca, Paulina e Célia. O dia estava quente, e Simão foi dirigindo. A homenagem começaria as sete da noite e terminaria as dez. A cidade ficava a duas horas de Céu Dourado, portanto, por volta de meia-noite estariam de volta. A reunião transcorreu bem, muitas perguntas foram feitas e respostas dadas. Alguns Prefeitos resolveram que tentariam fazer o mesmo ou algo parecido. No final, Simão fez o discurso de encerramento:

— O político muito pode fazer pelo povo. Cabe a ele escolher o caminho a seguir, mas as próprias pessoas que possuem condições devem também fazer a sua parte para a melhoria de si mesmos e de todos. O dinheiro é sempre bem-vindo e necessário, mas não deve ser o motivo principal de nossa existência. Ele só tem valor quando usado para fornecer trabalho e sustento a muitos. A felicidade está não no quanto se tem, mas no muito que se pode oferecer.

Foi muito aplaudido, pois todos ali sabiam que ele e seus amigos haviam se desfeito de tudo o que tinham para ver muitas pessoas felizes. Ele só não estava pregando, mas já havia feito. Zeca, Paulina e Célia sentiam a mesma felicidade e orgulho que Simão. Juntos, empreenderam um trabalho e, agora, também juntos, recebiam o prêmio. Esse trabalho seria também imitado. Para eles, não havia bem maior.

Após as despedidas seguiram viagem de volta. Estavam no meio do caminho, quando uma chuva começou a cair. A princípio fraca, mas foi ficando cada vez mais forte. O limpador de pára-brisa não conseguia dar conta da quantidade de água que caía. Simão não estava conseguindo ter uma visão perfeita:

— A chuva está muito forte — disse Simão — ,estou sem visibilidade, é melhor pararmos no próximo posto de gasolina.

Estavam apreensivos. Simão dirigia com cuidado, mas um carro, em alta velocidade, no sentido contrário, derrapou e bateu com toda força no carro de Simão que foi jogado para fora da estrada, capotando várias vezes. Os ocupantes gritaram de horror. Em seguida, tudo ficou escuro.

Regina estranhou a demora de Zeca. Ele sabia que ela não estava bem, portanto não iria demorar além do necessário, mas já eram duas horas da manhã e ele ainda não havia chegado. Ela acordara poucos minutos atrás, sentindo um aperto no coração. Olhou em volta do quarto, mas não havia ninguém. Levantou-se, foi até a cozinha pegar um copo com leite. A campainha tocou. Um carro estava parado em frente a sua casa. Ela foi atender. Era Fábio que, assim como ela, estava preocupado com a demora.

— Boa-noite, Regina. O Zeca já está em casa?

— Não, Fábio, estou ficando preocupada...

— Passei pela casa da Paulina e eles também não chegaram. Terá acontecido alguma coisa?

— Não sei, mas precisamos fazer algo para descobrir...

— Não será melhor irmos até a estrada e fazer o caminho que fariam? Choveu muito e algo pode ter acontecido.

— Vamos, sim. Espere um pouco, vou colocar uma roupa.

Fábio ficou esperando, Regina voltou logo e entrou no carro. Consuelo e Robertinho estavam dentro.

— Boa-noite, dona Consuelo. Robertinho, você não devia estar dormindo? Está doente...

— Eu estava dormindo, mas tive um sonho ruim e acordei assustado. A mamãe e o Fábio estavam saindo para procurar os meus amigos e eu quis vir junto.

— Está bem. Vamos, não deve ter acontecido nada.

Disse aquelas palavras sem muita convicção. Ainda sentia aquele aperto no coração. Fechou os olhos e fez uma oração pedindo ajuda para aqueles que tanto amava. A chuva havia passado, a noite estava clara. O carro seguia, eles permaneciam calados. Ao longe, viram luzes piscando. Fábio aumentou a velocidade. As luzes só podiam ser de policiais rodoviários, algum acidente havia acontecido. Ao se aproximarem, notaram várias viaturas policiais e muitos carros parados no acostamento. Consuelo gritou. Fábio parou o carro a uma certa distância, desceu enquanto os demais permaneceram sentados, olhando em direção ao provável local do acidente. Regina só conseguia rezar, pedindo que não fossem eles. Dona Consuelo chorava, segurando Robertinho que queria sair do carro de qualquer maneira. Fábio foi até o local do acidente e constatou ser a perua que Simão dirigia. Ela estava toda amassada, mas estava vazia. Foi em direção a um policial:

— O que aconteceu? — Fábio perguntou, desesperado. — Onde eles estão?

— Não sei onde estão, quando a viatura chegou, eles não estavam mais aqui. Talvez um outro carro tenha levado os ocupantes do carro. Mas, da maneira como está o carro, acredito que ninguém tenha se salvado.

— Está louco! Claro que se salvaram!

— O senhor sabe de quem é esta perua?

Fábio, apavorado, não conseguia responder. Apenas balançou a cabeça, dizendo que sim.

O policial percebeu que havia falado demais.

— Desculpe — tentou consertar — ,falei sem saber que os conhecia... é melhor ir até o hospital da cidade, provavelmente eles foram levados para lá.

Fábio, chorando, ficou ali por alguns segundos. Lembrou-se de sua mãe, Robertinho e Regina, que esperavam por ele. Não sabia como contar, mas teria de fazê-lo. Vagarosamente, caminhou até seu carro. Entrou e ficou em silêncio. Depois, olhando para trás, onde estavam Robertinho e Regina, falou:

— São eles… o acidente foi grave…

— Como e onde eles estão, Fábio? — Regina perguntou.

— Foram levados para o hospital.

Quiseram sair do carro, mas Fábio não deixou. Ele temia que, se vissem a situação do carro, pensassem o mesmo que ele estava pensando. Consuelo segurava Robertinho.

— Não adianta vocês irem até lá. É melhor que não vejam de perto… o acidente foi muito grave…

— Vamos até o hospital. Como você sempre diz, Regina, precisamos rezar e pedir proteção para eles e para nós mesmos.

Robertinho não chorava, estava em estado de choque e não parava de falar:

— Não vai acontecer nada com eles...parece que aconteceu algo ruim, mas...só parece...se aconteceu...quem vai cuidar dos jardins? Quem vai me ensinar a pintar? Minha tela ainda não está pronta... e a bandinha lá no Grotão? Quem vai ensinar às crianças? Quem vai fazer os meus sanduíches de mortadela?

Lentamente, Fábio virou o carro, tomando o caminho do hospital. Estava com o coração apertado.

"Por que Deus permitiu isso? Depois de tantos anos de separação, quando finalmente nos reencontramos... ela não pode morrer, não está certo, não é justo!"

Finalmente chegaram ao hospital. Assim que Fábio estacionou, desceram. Entraram e pararam em frente ao balcão. Falavam todos ao mesmo tempo com a recepcionista, que não conseguia entender nada.

— Desculpe — Fábio disse de uma vez — ,estamos muito nervosos. Houve um acidente de carro na estrada, precisamos saber como eles estão?

— O senhor é parente?

— Minha mulher estava no carro e meus amigos também. Por favor, onde eles estão?

— Sentem-se naquele banco. O médico vem falar com o senhor. Tenha calma.

Ao ouvir aquilo, ficaram apavorados. Para o médico vir falar com eles, era porque o pior havia acontecido. Consuelo abraçou Regina e Robertinho, que chorava também. Fábio, com os olhos, seguia a moça, que entrou em uma sala. Alguns minutos depois, ela saiu acompanhada por um médico:

— Deixe adivinhar. O senhor é o Fábio. A senhora deve ser a Regina e você é o Robertinho. Acertei?

Antes que qualquer um respondesse, Robertinho disse:

— Acertou, parece que eu estou com medo... mas não estou... só parece...

Antes que o médico respondesse. Ouviram uma voz:

— Sabia que vocês viriam. Estamos aqui e bem. Tivemos algumas escoriações, mas nada de muito grave. Só quebrei a minha perna, mas já foi engessada e o médico disse que, dentro de algum tempo, estarei andando novamente.

Quem falou foi Simão, ao lado dos outros. Olharam em direção da voz e, ao mesmo tempo, correram para se abraçarem. Após os abraços. Robertinho perguntou para o médico;

— Como o senhor conhecia a gente? Eu não conheço o senhor... é... parece que conheço... mas não conheço...

— Acontece que, desde que eles chegaram aqui, enquanto estavam sendo examinados, só falavam em vocês e na sorte que tiveram de não terem vindo junto.

Olhou para os outros e continuou:

— Como podem ver, eles estão bem. Só não sei como isso aconteceu, pois me parece que o acidente foi muito grave.

Regina, com os olhos marejados e abraçada a Zeca, disse:

— Proteção, Doutor! Proteção...

— Só pode ter sido isso, pois estarem vivos foi um milagre.

Começaram a rir de felicidade. Regina percebeu que luzes brilhantes caíam sobre eles. Olhou e lá estavam, sorrindo, dona Júlia, Ofélia e Vitória.

Sentiram um suave perfume invadindo todo o ambiente. Fábio foi o único que viu novamente as luzes, como havia visto da outra vez. Regina olhava sorrindo para algo ou alguém que ele não podia ver. A única coisa que via eram as luzes e sentia aquele perfume suave. Um pouco assustado, perguntou:

— Regina, o que está vendo? Que perfume é esse? Que luzes são essas?! Sabe o que significam?

— É a confirmação de que nunca estamos sós. Que, sempre, a proteção divina não falha. Obrigada, meu Deus…

Fábio não podia mais negar o que estava sentindo e vendo. Aquelas luzes realmente estavam ali. O perfume também. Os outros não estavam entendendo o que estava acontecendo, mas não se importavam de não ver ou não sentir. Estavam felizes e acompanharam Regina em seu agradecimento.

As luzes, o perfume, dona Júlia, Ofélia e Vitória, foram sumindo vagarosamente.

Como não viu, Simão disse, preocupado:

— Eu dirigia o carro e vi a hora em que o outro se arremessou sobre nós. Não tinha como evitar a batida. O impossível, mesmo, foi não termos nos ferido.

Regina sorriu dizendo:

— O importante é que estejam bem. Temos ainda muito trabalho pela frente. Talvez seja essa a resposta.

— Você tem razão — disse Fábio. Não importa, foi um milagre, apenas isso. Agora precisamos ir para casa, mas temos um problema. No meu carro, não vão caber todos. Preciso fazer duas viagens. Levarei primeiro as mulheres e o Robertinho, depois virei buscar vocês dois.

— Espere aí, Fábio — Robertinho falou alto — ,não vou com as mulheres! Também sou homem.

— Você está doente, Robertinho! Nem deveria estar aqui!

Elias e seu Pedro entraram correndo no hospital.

— Estão todos aí? Graças a Deus! Quando vi o estado da perua, pensei que ninguém tivesse escapado.

— Estamos todos aqui e muito bem, Elias, mas como chegou aqui?

— O seu Pedro foi até a minha casa, Zeca, disse que não haviam voltado e que o Fábio tinha vindo em busca de vocês. Pediu que eu o trouxesse, mas, mesmo que não tivesse pedido, eu teria vindo da mesma forma.

— Chegou na hora certa. Agora todos poderemos ir juntos.

— Zeca, eu vou no carro com os homens!

— Está bem, Robertinho, não precisa ficar nervoso! Você sabe que deveria era estar na cama!

— Sai dessa, Zeca! Se eu não estivesse aqui, como poderia contar para as pessoas?

Todos riram, se despediram do médico e foram para casa.

Epílogo

No dia seguinte, a cidade toda comentava o acontecido. Ninguém conseguiu segurar Robertinho na cama, que, embora, com um pouco de febre e com o corpo cheio de pintinhas, foi para o bar. Ficou lá por algum tempo, conversando e contando para todos o que havia acontecido. Simão não podia se mover muito, por isso Paulina e Juca atendiam a freguesia que, naquela manhã, estava numerosa. Queriam se certificar de que ele estava bem.

Por causa das emoções da noite anterior, e por causa da gravidez de risco, naquela manhã Regina ficou em casa, não foi com Zeca para o café habitual no bar do Simão. Estava deitada, lendo um livro, quando sentiu um perfume. Olhou em direção da porta, lá estava dona Júlia que lhe sorria. Sentou–se na cama dizendo:

— Sabia que a senhora ou uma das entidades viria. Sabem que estou curiosa para saber tudo sobre o acidente.

— Para isso estou aqui. Vou te contar em breves palavras. Em outras épocas, por ganância e por poder, todos vocês fizeram muito mal a várias pessoas. Quando desencarnaram e tomaram conhecimento de todo o mal feito, renasceram prometendo que voltariam e fariam só o bem. Simão, Zeca e Célia nasceram com muito dinheiro, que devia ser usado para esse propósito. Paulina, através do casamento, também conseguiu muito dinheiro. Você e Fábio se uniram a eles e cumpriram o prometido. Durante a jornada, com a facilidade que o dinheiro proporciona, distanciaram-se do compromisso feito. Foram obrigados a aprender o justo valor do dinheiro e voltar ao compromisso assumido. Encontraram-se e, juntos, cumpriram fielmente tudo aquilo a que se propuseram. Você, Fábio e o Robertinho fizeram parte da mesma trama passada. Graças a Deus, no final, todos juntos, conseguiram cumprir o que haviam prometido. Conseguiram trazer felicidade para uma cidade inteira, contando com a ajuda de Célia, Simão e Paulina, que se desfizeram do dinheiro que tinham...

— E o acidente? Por que aconteceu?

— Ele estava programado. Se não tivessem cumprido com o combinado, todos morreriam, pois o tempo teria se esgotado e voltariam para o plano espiritual. Poderiam mais tarde retornar e tentar novamente, mas isso não foi preciso. Todos agora continuarão no caminho. Sempre encontrarão um meio de ajudar as pessoas.

— Arnaldo, onde esta?

— O erro dele foi muito grave. Tirou a própria vida, fugindo assim de um compromisso antes feito. Está em um lugar aprendendo e se preparando para voltar à Terra novamente.

— Poderei vê-lo?

— Não sei, vou me informar e depois te digo.

— Gostaria muito, preciso dizer a ele que Paulina não está doente e que ela o perdoou de coração.

— Ele sabe disso e está feliz por ela tê-lo perdoado. A maior culpa que sentia era de tê-la traído e fugido da vida sem lhe dar explicação. O perdão dela fez muito bem a ele e mostrou a grande obrigação que terá em uma nova vida na Terra.

Após tomar o café e conversar um pouco com os amigos, Zeca foi para casa. Entrou e percebeu que Regina estava conversando em pensamento com alguém. Parou e ficou encostado na parede. Ela não notou a sua presença. Dona Julia se despediu e fez um sinal para que ela olhasse para o lado. Ela olhou e viu Zeca, que estava estático, sorriu e disse:

— Não vi quando chegou, Zeca. Faz tempo que está ai?

— Não, acabei de chegar.

Aproximou–se, beijou–a e colocou a mão em sua barriga. Sentiu e viu as luzes que caíam sobre eles.

— Simão e Paulina foram no carro do Elias até o Grotão. Apesar de não poder andar muito bem, ele foi ajudado pelos dois. Sentaram-se perto da cachoeira e olharam com orgulho tudo o que tinham feito ali.

A campanha continuou e, no dia das eleições, Fábio ganhou por maioria absoluta. O desejo de Simão estava sendo realizado. A cidade estava finalmente livre do jugo daquela família que a havia explorado por tanto tempo. Ele sabia que Fábio seria um bom Prefeito e, se não fosse, teria que se ver com eles. Regina teve o seu menino, que recebeu o nome de José Ricardo, levando assim os nomes pelos quais seu pai era conhecido. Clara e Gustavo continuaram estudando e depois do ocorrido, resolveram que, assim que recebessem o diploma, voltariam para a cidade e lutariam por um hospital. Robertinho continuou contando para todos tudo o que acontecia na cidade. O projeto do Grotão deu certo. A cidade ficou conhecida como uma cidade turística e cresceu muito.

Dona Júlia, Vitória, Ofélia, e todas as entidades que estiveram ao lado deles naquela jornada, continuavam no plano espiritual, esperando o dia em que cada um regressasse. Estavam felizes, pois no final, tudo saiu como o planejado. Enquanto eles não retornassem, elas continuariam ali, trabalhando para eles e para outros que necessitassem...

Fim

Editora Mensagem de Luz

Títulos da Escritora:

A vida é feita de escolhas
A missão de cada um
À beira da loucura
Deus estava com ele
É preciso algo mais
Nada fica sem resposta
Nem tudo está perdido
Quando o passado não passa
Sempre existe uma razão
Tudo a seu tempo

Recomendado pela escritora:

Desfazendo nós, criando laços
Autor: Wadson P. Souza

Mulheres de Fênix - recomeçando a vida
Suas verdades o tempo não apaga
Autor: Américo Simões

Este livro foi impresso na
LIS GRÁFICA E EDITORA LTDA.
Rua Felício Antônio Alves, 370 – Bonsucesso
CEP 07175-450 – Guarulhos – SP – Fax: (11) 3382-0778
Fone: (11) 3382-0777 – e-mail: lisgrafica@lisgrafica.com.br